Understanding by Design
(Expanded 2nd Edition)

[美] 格兰特·威金斯 [美] 杰伊·麦克泰格 著
Grant Wiggins Jay McTighe

追求理解的教学设计 第二版

华东师范大学出版社
·上海·

图书在版编目(CIP)数据

追求理解的教学设计:第二版/(美)格兰特·威金斯(Grant Wiggins),(美)杰伊·麦克泰格(Jay McTighe)著;闫寒冰,宋雪莲,赖平译.—上海:华东师范大学出版社,2016

ISBN 978-7-5675-5658-4

Ⅰ.①追… Ⅱ.①格…②杰…③闫…④宋…⑤赖… Ⅲ.①教学设计—研究 Ⅳ.①G42

中国版本图书馆 CIP 数据核字(2017)第 030430 号

Translated and published by [East China Normal University Press Ltd.] with permission from ASCD.

This translated work is based on [*Understanding by Design, Expanded 2nd Edition*] by [Jay McTighe, Grant Wiggins] © [2005] ASCD.

All Rights Reserved. ASCD is not affiliated with [East China Normal University Press Ltd.] or responsible for the quality of this translated work.

上海市版权局著作权合同登记 图字:09-2013-243 号

追求理解的教学设计(第二版)

著　者　[美]格兰特·威金斯　[美]杰伊·麦克泰格
译　者　闫寒冰　宋雪莲　赖　平
策划编辑　彭呈军
审读编辑　白锋宇
责任校对　胡　静
装帧设计　高　山

出版发行　华东师范大学出版社
社　　址　上海市中山北路3663号 邮编 200062
网　　址　www.ecnupress.com.cn
电　　话　021-60821666　行政传真 021-62572105
客服电话　021-62865537　门市(邮购)电话 021-62869887
地　　址　上海市中山北路3663号华东师范大学校内先锋路口
网　　店　http://hdsdcbs.tmall.com

印　刷　者　常熟高专印刷有限公司
开　　本　787毫米×1092毫米　1/16
印　　张　27.5
字　　数　437千字
版　　次　2017年3月第1版
印　　次　2025年4月第39次
书　　号　ISBN 978-7-5675-5658-4/G·9800
定　　价　68.00元

出版人　王　焰

(如发现本版图书有印订质量问题,请寄回本社客服中心调换或电话021-62865537联系)

目录

序 / 1
译者序 / 3
前言 / 7
致谢 / 11

绪论 / 1
 设计的两个误区 / 3
 本书内容 / 4
 本书受众 / 5
 关键术语 / 6
 关于本书可能误解的解释 / 8
 提醒与说明 / 10

第一章 逆向设计 / 13
 为什么"逆向"是最好的 / 14
 传统设计的两个误区 / 16
 逆向设计的三个阶段 / 18
 逆向设计模板 / 22
 设计标准 / 24
 设计工具 / 29
 鲍勃·詹姆斯的逆向设计实践 / 30
 关于设计过程的几点说明 / 33

预览 / 34

第二章　理解"理解" / 36
  理解作为有意义的推断 / 38
  理解的可迁移性 / 41
  理解作为名词 / 45
  专家盲点 / 47
  理解的证据 / 49
  学生的误解以及我们的感悟 / 54

第三章　明确目标 / 61
  标准制定 / 65
  解析标准 / 67
  究竟什么是真正的大概念和核心任务？/ 71
  一个确定了优先次序的框架 / 78
  发现大概念的更多建议 / 80
  教师的"新装" / 83
  根据迁移任务制定目标 / 87
  鲍勃·詹姆斯的逆向设计实践 / 90
  总结 / 91

第四章　理解六侧面 / 92
  侧面 1：解释 / 95
  侧面 2：阐明 / 99
  侧面 3：应用 / 104
  侧面 4：洞察 / 107
  侧面 5：神入 / 111
  侧面 6：自知 / 114
  理解六侧面对教与学的关键启示 / 117

第五章 基本问题：通向理解之门 / 119

问题：大概念航标 / 121

是什么使一个问题成为基本问题？/ 122

技能领域的基本问题 / 127

专题性与综合性的基本问题 / 129

对基本问题更细致的研究 / 131

基本问题：强调多元 / 133

提出基本问题的技巧 / 134

使用基本问题的技巧 / 137

围绕开放问题架构工作的重要性 / 138

鲍勃·詹姆斯的逆向设计实践 / 141

预览 / 142

第六章 架构理解 / 143

辨别理解的特征 / 144

界定理解 / 145

主题性理解和综合性理解 / 147

理解与事实性知识 / 149

对技能的理解 / 150

内容标准和理解 / 151

确定和架构理解的技巧 / 153

理解和发展的问题 / 155

回顾勾股定理 / 158

理解作为目标 / 159

对可预料误解的认知 / 160

要认识到可能不只有一种理解 / 161

理解的不可靠性和多元化 / 162

鲍勃·詹姆斯的逆向设计实践 / 163

总结 / 164

第七章　像评估员一样思考 / 165
　　三个基础性问题 / 169
　　一个非自然的过程 / 169
　　从"快照"到"剪贴簿" / 171
　　真实表现——必要而非虚饰 / 172
　　围绕问题而不只是围绕练习进行设计 / 174
　　使用 GRASPS 架构表现性任务 / 177
　　表现性任务的教学片断 / 179
　　使用理解六侧面作为评估蓝图 / 180
　　为评估使用基本问题 / 187
　　围绕证据进行 / 188
　　鲍勃·詹姆斯的逆向设计实践 / 190
　　预览 / 191

第八章　指标和效度 / 192
　　对指标的需求 / 192
　　从指标到量规 / 193
　　用量规评估理解 / 195
　　基于指标和量规进行逆向设计 / 197
　　侧面和指标 / 198
　　根据学生工作来设计和完善量规 / 202
　　效度的挑战 / 203
　　逆向设计中的效度自评 / 207
　　信度：对评估模式的信心 / 210
　　通用指导原则 / 211
　　本章结束前的提醒 / 212

第九章　设计学习 / 213
　　最佳设计兼具吸引力与有效性 / 217

最佳设计的特点 / 219

教学计划中的 WHERETO 要素 / 220

W——学习方向(Where)和原因(Why) / 220

H——吸引(Hook)和保持(Hold) / 224

E——探索(Explore)和体验(Experience)，准备(Equip)和使能(Enable) / 232

R——反思(Reflect)，重新考虑(Rethink)与修改(Revise) / 237

E——评价(Evaluate)工作及进展 / 240

T——量身定制(Tailor) / 243

O——为最佳效果而组织(Organize) / 245

将设计元素有效整合的技巧 / 247

鲍勃·詹姆斯的逆向设计实践 / 249

下一个问题 / 251

第十章 为理解而教 / 252

灌输与揭示 / 253

教材和为理解而教 / 256

教师的主要作用：设计正确的体验 / 259

揭示：深入主题的过程和论证 / 262

突破过度简化：质疑过去和现在的理解 / 267

对教学时间和方式进行更多有目的的思考 / 268

回到营养单元 / 269

谨防习惯和舒适引发的自我欺骗 / 270

将教学类型与内容类型相关联 / 272

时机就是一切 / 274

需要更多的形成性评估 / 276

理解以及知识与技能的应用 / 279

鲍勃·詹姆斯的逆向设计实践 / 282

预览 / 283

第十一章　设计过程 / 284

　　设计入门 / 286

　　修订已有设计 / 289

　　标准，而非"菜谱" / 297

　　设计中不可避免的困境 / 299

　　解决困境的拙见 / 302

　　调整 / 305

第十二章　宏观设计：将 UbD 作为课程框架 / 306

　　多大算大？ / 307

　　将基本问题作为课程和学科的基础 / 307

　　跨学科的问题 / 312

　　围绕表现性任务制定课程框架 / 315

　　从任务到量规 / 318

　　为了理解将"范围和序列"用于课程 / 323

　　内容的逻辑 VS 理解内容的逻辑 / 326

　　重新思考范围及序列 / 328

　　激发兴趣与反思、再反思 / 329

　　螺旋式课程 / 331

　　更好的课程大纲 / 335

第十三章　"虽然如此，但是……" / 337

　　错误观念1："虽然如此，但是……我们不得不为了应试而教。" / 338

　　错误观念2："虽然如此，但是……我们有太多内容要讲。" / 345

　　错误观念3："虽然如此，但是……这项工作太难，而且我也没时间。" / 353

　　结论 / 359

后记：开始行动吧 / 361

　　通过合作提高成效 / 362

行动胜于空谈 / 364

附录：6页模板范例 / 365
术语表 / 371
参考资料 / 397
作者简介 / 413

序

《追求理解的教学设计(第二版)》是一本非常有价值的书,特别是对于今天正在深入进行基础教育课程与教学改革的广大教育工作者来说。当前我国基础教育课程改革政策进入了一个新的历史阶段,我们已经提出了中国学生发展核心素养体系,并正在以学生发展核心素养为纲着力建设和完善基础教育课程体系。体系的建设和完善,需要以核心素养为指引提炼各学科的大概念,也就是要发掘各学科在培育学生核心素养中可能和应该作出的贡献;需要以核心素养为指引和依据来选择学习内容;需要设计保证核心素养目标得到落实的教学过程和教学方法;需要设计与核心素养培育的教学目标和方式相适应的评价标准和评价方法。当我们思考和推动上述工作的时候,是能够从本书中得到很多启发的。

这本书提出了"逆向设计"的概念和方法,以避开学校教学设计中的两大误区——聚焦活动的教学和聚焦灌输的教学。前者没有明确学习体验如何帮助学习者达到学习目标;后者缺少明确的大概念来引导教学,缺乏为确保学习效果而进行设计的过程。本书认为教师在考虑如何开展教与学活动之前,先要努力思考学习要达到的目的到底是什么,以及哪些证据表明学习达到了目的;必须首先关注学习期望,然后才有可能产生适合的教学行为;认为最好的设计应该是"以终为始",从学习结果开始的逆向思考。这个概念和方法对于今天我们为追求有意义、有效果的教学设计以及思考和寻找教师教学行为转变的路径颇有启迪。

这本书对"理解"在概念和实践上都进行了更加深入的阐述和解释,提出衡量"理解"的一个基本指标是能把所学的知识迁移到新的环境和挑战中,而不仅仅是知识的回忆和再现。特别有价值的是,格兰特·威金斯和杰伊·麦克泰格将具有多维性和复杂性的"理解"概括和界定为解释、阐明、应用、洞察、神入、自知六个侧面,对教与学的设计具有关键的意义。

这本书提出了一种课程与教学的设计方法，旨在促使学生参与探究活动，提升学习迁移能力；为学生提供理解概念的框架，帮助他们理解一些零散的知识和技能，并揭示与内容相关的大概念。通过对大量的教学实践进行积累和总结，本书还提出了一个关注学生理解的单元模板，以协助教师设计课程与评估；围绕大概念、基本问题和核心评估任务提出了如何把教学单元放在一个更大、更连贯、更结构化的课程和项目框架中进行设计的思路和方法；提出了一套在课程和评价中实现质量控制的设计标准。

书中提供的许多案例、创造的许多工具和支架对于我们的教学研究从经验型转向实证型，对于教学从知识为本转向核心素养为本，都具有既有理论高度而又有实操性的借鉴意义。

特别值得一提的是，从本书的第一版到第二版，经历了六年时间。其间，本书的作者与他的许多合作者持续地进行研究和开发，不管在理论还是实践上充实了体现全球改革共同趋势的最新要求，而且补充了大量的实践案例。这种扎根于实践的严谨科学态度也是令人敬佩的。

给本书作序的过程也是我的一次学习之旅。近两个月的读书习惯就是闲下来看这本书，虽然各项事务繁忙，每日接续读此书的愿望往往不能得偿，但即便是在这时断时续的过程中，也总能体会到此书的意义，理解了本书主译在过往经年始终关注此书的缘由所在，也常发现我们在过去20年中的所想所做能从这本书中寻找到一种契合和共鸣，得到一种启发和激励。

这是一本值得我们反复翻阅的书。当基础教育课程改革方案、课程标准已经制定，教材体系已经初步建设完成的时候，我们一定会感觉到，最紧迫、最需要的当是把理念转化为行动。所谓"行动"，指的是所有在日常课堂上每天与学生互动的老师们在主导教学中的具体行为。这是关系到课程改革理念和方案能不能真正落地、能不能达到预期效果的关键环节。此书的推出，可以说是正当其时，希望此书能够帮助更多的教育工作者突破"理念向行动"转化的关键环节！

尹后庆

2017年1月20日

（作者系中国教育学会副会长，国家督学，上海市教育学会会长）

译者序

第一次知道这本书是在2001年,我正在读博,参加了一个国际知名的教师培训项目"英特尔未来教育"。这个项目的教材那时正在改版,在当时学员们(中小学一线教师)普遍表示学习该项目受益良多的情况下,新版本教材"突然间"加上了"框架问题"(framing question)的内容,要求学员在设计单元之前构思单元的基本问题(essential question)、单元问题(unit question)和内容问题(content question),并通过活动设计在单元实施中加以落实。教学设计的难度瞬间升级,而这一内容也即刻成为培训必须突破的重难点问题。作为新版教材本地化工作组的核心成员,我将大量的时间与精力投入到对框架问题的研究上——于是,我顺着新版教材的参引找到了"框架问题"的出处,原来就是这本名为 *Understanding by Design* 的书!

在看到这本书之前,我们对于框架问题的研究是在不断回顾理论、解剖案例与试错纠偏的过程中进行的,基于自己在认知理论方面的学习积淀,也算是一路攻坚克难,授课时也总能从学员那里看到信服的神情。然而思考越深入,言之不详、思之不透的困惑也就越多——在这种状态下,可以想见当我拿到英文版 *The Understanding by Design Handbook*(是本书的姊妹篇,与本书内容一脉相承,但偏重实用工具与模板)时的喜悦之情,用"如获至宝"来形容实不为过!当时为了团队学习的便利,就组织师弟师妹们将手册基本翻译了出来。后来想及出版的时候,发现该书的国内翻译版权已授予出去,所以只是将译稿作为内部学习的材料。直到2014年教育部在《关于全面深化课程改革 落实立德树人根本任务的意见》中第一次提出"核心素养"的概念之后,中小学教师关于如何培养核心素养的困惑很快就显现出来了,并且因为有了课程改革的前期体验与切身经历,教师们已无法再满足于"是什么"和"为什么"的解读,亟待解决"如何做"的问题。此时,我再次想到了这本书。华东师范大学出版社彭呈军老师信任我对此书在新时期课程改革中的价值判断,与 ASCD(Association for Supervision and Curriculum Development)联系,欣闻此书已然改版,改动量很大,且第二版的国内翻译版权尚在,于是拿到了此书的国内翻译版权,翻译工作再度开启。本人之所以在十余年的时间里,对此书念念不忘,是因为该书在如何关注学习本质、如何追求深度理解方面既有富于启发意义的理论框架,又有颇具适用价值的策略方法。本人在面向中小学教师开展培训时,在指导名师团队开展研究时,多次引用(或改造)这些方法,每次都受到老师们的欢迎,得到老师们的认可,参加学习的老师们也不断表达想早点看到这本书的愿望。

谈及本书的内容特色,我想用三个词来概括,即"理解"、"逆向"和"实践智慧"。

第一个关键词是"理解"。作者综合分析了教育经典理论,结合数年实践,立体构建了"理解"框架,既有"横切面"上的解释、阐明、应用、洞察、自知和神入六个侧面,又在"纵切面"将理解的基础分为需要熟悉的知识、需要掌握和完成的重要内容、大概念和核心任务三个层面。这样的立体结构就如同为初登险峰者指明道路一般,让教师们在课程改革的过程中,有开阔的思路和清晰的路径;使学科大概念、本质问题、深度学习、核心素养等诸多浮在云端的理念,有了可循的方向与阶梯。

第二个关键词是"逆向"。该设计方法所"逆"于常态教学设计之处主要在于:在常态教学设计中,评估是教师最后要做的工作;而逆向教学设计要求教师在确定了所追求的结果后,首先就要考虑评估方案,书中称之为"可接受的证据"。熟识系统化教学设计理论的研究者可能对此不以为然,因为在确定教学目标后就考虑教学评估问题,本身就是系统化教学设计(如经典的迪克—凯里模型)所要求的。虽然如此,在实践一线却全然不是这样,本人数十次开展相关的教师培训,每每问到"设计好教学目标后,应该做什么"时,几乎百分之百的回答是"设计教学活动"。因而,此"逆向"正是与常态教学设计的思维有"逆","逆"得有理,也"逆"得值得关注。

第三个关键词是"实践智慧"。对于一线的实践者而言,这恐怕是本书最为可贵的地方。本书的作者格兰特·威金斯和杰伊·麦克泰格都是贯通理论与实践的学者，他们在本书第一版出版后，和美国50个州及8个国家的K-16（基础教育与高等教育的统称）教育者共同工作，开展了数百次的教师研修工作坊，以及借助专门网站（http：//ubdexchange. org）进行各学科案例收集、评价与修订工作，使得这本著作得到了持续不断的、扎根于实践的研究和开发。可以说，它凝结着专家学者、编辑团队以及核心培训师的智慧，因此本书字里行间充满了"以学习者为中心"的思维和讲解方式，案例、模板、评价工具总在最需要的时候出现。虽然适时的讨论将使学习者大有裨益，但我相信，即便是独自阅读，它也能够帮助学习者在教学设计领域有所探究、发现并在实践中有重大突破。

这是一本值得一读，值是花时间去翻译的好书，但不得不说翻译工作是折磨人的，这一点是所有从事过这项工作的人都知道的。在翻译过程中，教学、研究、管理各项工作都在挤压我的时间，我有时真是感到不堪重负，以至于翻译工作一度停滞。然而，每次和老师们谈及此书中的理念与方法，我都会在老师们的期待中得到再一次激励。因英特尔未来教育项目而熟识的赖平老师对此书非常关注，因他本人在美国访学之时，了解到以本书为核心内容的工作坊是非常受老师和校长欢迎的，因而多次催问翻译进度，并主动请缨参与审校，希望此书能早日面世。来自老师与同行的期待与激励，成为我持续翻译工作的动力。

本书的翻译是团队协作的成果。2001年，在学习第一版（当时接触的是"手册"）时，我们单纯从学习的角度对书稿进行了初译，当时参与翻译工作的有邓晖、郭友兰、薛梅、杨丽华、张玉玲、赵瑛和朱亚莉。李青同学协助我做了审校工作。参与翻译的同学都是我的师弟师妹，没有来自师长的压力，没有任何出版承诺，没有任何译稿酬劳，大家只是做一件有意义的事情，学习一本值得学习的书，现在回想起来，是多么难能可贵！本次翻译难度更大，首轮翻译时，费丽嫚翻译了前言、后记以及第一章和第二章；王玉翻译了第三章和第四章；张丽翻译了第五章和第六章；王文娇翻译了第七章、第八章和第十三章；庄秀凤翻译了第九章和第十章；赵俊翻译了第十一章和第十二章，并协助我承担了第一轮译稿的翻译及互校的组织工作；所有同学都参与了一轮互校。第二轮翻译时，李曼曼完成了第七章、第八章和第十二章的译校；赖平老师高质量地完成了第三章、第九章和第十章的译校；宋雪莲在此基础上，又对所有书稿进行了一轮译校。最后，本人对已完成的书稿进行了两轮终审校对与定稿工作。当我第一次看到这本书的时候,感叹于它的清晰明了、例证充分、通俗易懂,以为译成中文难度并不大。谁想到当从一种语言转换成另一种语言时,竟全然没有轻松感,每一次审校都会发现一些重要的理解偏差,于是反复琢磨,前后梳理,向国外学者请教更是翻译过程中的常态。在这里,要特别感谢来凤琪老师对于一些关键译语的指导。

一轮一轮地反复审校,一层一层地攀升理解,最终使我在其中生长出一种突破理解疆域的幸福感。值此书付梓之时,希望将这本书之于我的幸福感,传递给更多在课改道路上不断前行的老师们。

闫寒冰
2016 年 12 月 25 日

前言

对于首次接触《追求理解的教学设计》(Understanding by Design，UbD)这本书的教育工作者而言，你将接触到的理念与方法，其中很大一部分可能与你当前的所想所做是一致的。从某种意义上说，本书只是将那些在学习设计中总是行之有效的最佳实践整合在一起。但书中必然有些内容会让你去反思，重新思考自己（或同事）的一些与备课、上课以及评估有关的习惯；书中的内容还会让一些读者感到震撼，从而突破所谓的"习以为常"。不论你从哪里开始读起或你在阅读时的适应度如何，不管你的教学对象是三年级学生、大学新生还是教师，我们相信本书都将会帮助你创建更具吸引力、更为有效的学习行为。

对于熟悉《追求理解的教学设计》第一版的读者们来说，当他们看到第二版目录时或许会感到有些疑惑和担忧，这是可以理解的。经过六年持续不断的研究和开发，本书的作者、相关工作人员、十余名 ASCD[①] 支持的核心培训师以及更多来自全世界的教育工作者们对本书作了彻底的修订。对于那些在过去六年里紧跟我们工作的实践者而言，他们对这本书的更新与优化一定不会感到惊讶。他们总是喜忧参半地问：这次你们对哪些内容作了修改？简单来说，回答是：基于我们对不断完善本书的深切渴望，我们根据读者的反馈、自己的观察，经过多次修改，完成了 UbD（追求理解的教学设计）模板、UbD 关键术语、大量表单和一些大概念的修订工作。

自本书第一版出版以来，我们与来自美国的 50 个州和其他 8 个国家的、成

[①] ASCD(Association for Supervision and Curriculum Development)，是美国督导与课程开发协会的简称，成立于 1943 年，致力于卓越的学习、教学与领导力，是在开发和实施创新的教育项目、产品与服务方面的全球领导者。网址：http://www.ascd.org/。——译者注

千上万的K-16①教育者共同工作，每次都会收获一些新的想法——对于那些渴望稳定的读者来说，我们这样的工作可有点儿危险。但这正是我们真正的追求。而且更重要的是，这是"为理解而教"的精髓所在：更深地挖掘，不断探究基本问题，不断反思。所以，我们很抱歉有时使人们难以跟上我们的步伐，但我们不会对一直坚守和弘扬的实践理念感到抱歉：我们会一直尝试如何更好地理解"设计"和"理解"的内涵。

这里特别罗列并解释了第二版中所作的重要修改。

● 用于单元设计的UbD模板为修订后的本书提供了结构性的基础框架。这一特点不仅反映了模板作为工具在"追求理解的教学设计"中的有效应用，也证实了模板的主要价值在于培养更好的设计习惯。

● 从整体外观和感觉，以及形式和内容的整合方面来看，我们认为修订过的UbD模板变得更为清晰，更方便用户使用了。在修订过程中，我们不断地问以下的基本问题：要更改的要素是最终模板应该包含的内容吗？或者它只是改进设计的一个中间环节？模板中所有的变化和改进都源于对第一个问题的肯定回答，这个模板表征的是所有要素有序排列的最终设计形式。（所有能够帮助设计者们更清楚、更仔细地思考设计要素的关键过程，都以工作表和设计工具的形式呈现在《追求理解的教学设计专业发展工作手册》(*Understanding by Design Professional Development Workbook*, McTighe & Wiggins, 2004)一书中。)

● 无论在概念上还是在实践上，我们更清楚地解释了"理解"这个术语。有意思的是，对"理解"的最好阐述正是那些为"理解"服务的内容，也就是，对大概念的不断反思。我们为如何架构所需的理解提供了更多具体的指导（例如，以完整句子进行概括），同时更加注重学习的迁移（因为衡量理解的一个基本指标就是能把所学的知识迁移到新的环境和挑战中，而不仅仅是知识的回忆和再现）。

● 针对什么样的问题是基本问题，我们展开了更为细致的论证。在撰写第五章（基本问题：通向理解之门）时，我们进行了反反复复的修改。原因是我们发现最初的设想和普遍的应用是相互矛盾的，矛盾的焦点可以归结为一系列基本问题：基本问题必须是长期的和概括性的吗？为了实现单元目标，可以使用

---

① 美国基础教育与高等教育的统称。——译者注

更多具体的基本问题吗？基本问题必须具有哲学性和开放性吗？或者它可以指向特定的理解吗？简而言之，基本意味着什么，是管理和思考我们的生活，是专家看待事物的观点，还是成功的教学？来自人文领域的人倾向于第一种观点，来自科学领域的人倾向于第二种观点，小学老师或教授基本技能课程的人倾向于第三种观点。而我们的最终答案是：三种观点都对！因此，新增加的一章试图将那些内在凌乱的问题梳理得更加清楚。

- 在UbD模板的阶段3，我们创造了WHERETO模式，即在WHERE原型基础上增加了TO部分。我们这样做主要是遵从教学计划中的两个重要思想：差异化（根据需要进行"量身定做"）和序列化（为达到最好的效果进行"活动组织"）。T(Tailor)的添加不仅反映了关于教学计划关键挑战的常识——追求最大效益的个性化工作，而且体现了在一个为期两年的研究项目完成后所作的调整。在这个研究项目中，我们调查了数以千计的教育工作者，让其识别出具体的典型设计，以及总结这些设计的共同特点。（具体练习和结果将在第九章说明。）

  我们加入O(Organization)这个元素有两个原因。这个版本介绍了关于宏观设计——课程框架（UbD中的表达方式）——的讨论。在第一版中，我们依据"螺旋式课程"理念的发展历史，对一般性组织形式进行了讨论；同时也以将学习单元作为故事的方式对组织形式进行了讨论。但为了更清晰地阐明单元设计、单元是如何架构的以及如何通过课程和项目进行单元设计，我们似乎有必要从课程和项目系列中区分出单元内容。所以O这个部分能使我们有效地讨论单元的内在序列，同时考虑各单元之间的次序。说实话，第二个原因是我们认为以"to"结尾能更容易被人记住，同时以O结尾恰恰符合设计要表达的含义：去哪里？（Whereto?）。

- 我们删除或简化了"为理解而教"的内容（及其所需的思维习惯），我们认为这部分内容不在本书讨论范围之内。我们的目的是讨论"理解"这个目标的关键要素，以及为了达到理解目标该如何进行设计。"为理解而教"（包括如何帮助学生、家长和管理人员作好准备来应对这种变革）需要单独、彻底的论述。我们认为，第一版中的后面章节看起来已不再适合更为明确的目的。

- 这个版本中提供了更多的案例，跨越不同的年级和学科，并且可喜的是，该书已在小学教师和大学教师中广泛使用，而这两类人群最初并不是我们设定的受众目标。该书原本的主要服务对象是小学高年级开始到高中阶段(4—12年级)的教师,比如其中的案例和文字都是面对这些年级的。(现在回想起来,我们太谨慎了,限制了读者范围,这看来有些愚蠢。我们最初认为,专注于"理解"的设计只会在 K-12 的高年级中产生显著的共鸣。我们还没有与大学教师进行充分的合作以及产生好的教学案例。)然而,尽管最初提供的案例具有局限性,让我们欣慰的是不同层次的教育工作者都能有所讨论。

对于 K-16 系统中处于小学低年级和大学阶段的读者来说,他们将发现自己关心的问题在这个版本里已经得到了较好的体现,比如,有些插图就是从各级教师参加的工作坊中获得的。要为每个设想都给出针对不同年级和学科的相应案例是不太现实的,这本书也会因此而不具有可读性。因此,尽管我们已充分拓展了案例,但还是请读者以开放的和充满想象的思维来阅读这些看似和自己教学有差距的案例。支撑本研究的其他年级和学科的案例可以在以下网站订阅查看:http://ubdexchange.org。

致谢

许多人对发展和完善《追求理解的教学设计》的理念和素材提供了帮助,这样的人不胜枚举,但有一些人值得特别感谢。首先,我们要特别感谢 UbD 的核心培训师们——John Brown、Ann Cunningham-Morris、Marcella Emberger、Judith Hilton、Catherine Jones、Everett Kline、Ken O'Connor、Jim Riedl、Elizabeth Rutherford、Janie Smith、Elliott Seif、Michael Short、Joyce Tatum 和 Allison Zmuda。他们以 UbD 培训中的大量经验为基础,所提出的反馈和指导使本书的语言更精炼,案例更清晰,学习支架更有效。我们还要特别感谢 Elliott 和 Allison,他们花费大量的时间对本书进行复审和交流,提出有用的建议,使本书得以顺利完成。

特别感谢 Lynn Erickson,他在"基于概念的教育"(concept-based education)方面所作的努力对我们思考"理解"的含义有着至关重要的作用;同时感谢 Grant 在"真实性教育"(Authentic Education)的资深同事 Denise Wilbur,对本书来说,他是一个非常难得的合作设计者、评论家和编委;感谢 Everett Kline,她从事这项工作近 20 年,总是满怀热情地为作者提供帮助性的问题和评价。我们对参加 UbD 工作坊和相关会议的数以千计的教育工作者表示衷心的感谢,他们积极有用的反馈、深入透彻的问题以及在设计上付出的努力都有助于我们深入加工和精炼本书的素材和论点。

如果没有 ASCD 的 Sally Chapman 提供无数次的热心帮助,就不会有这本书的诞生。Sally 是第一个促使本书各位作者产生合作想法的人,而且,她坚信我们可以胜任并坚持到最后(即使本书已经延期一年)。我们非常感谢她,感谢她能不厌其烦地等待这项工作的完成。

我们也非常感谢 ASCD 的出版人员,他们让一本不成熟的底稿变成精心设计的作品,并以最大的热情来迎接这本姗姗来迟的书。本书的底稿充分体现了出版人员的能力与天赋。

最后,我们再次感谢家人,他们能容忍家中不厌其烦的电话,容忍我们频繁往返于马里兰州和新泽西州,以及容忍我们在应用和精炼素材上花费大量时间。我们相信他们能够再次理解和体谅我们的工作。

绪论

　　一开始就在头脑中想好结果和目标，这意味着你对自己的目的地有清晰的了解，这意味着你知道要去哪里，从而能够更好地知道你现在的位置以及如何走才能保证你一直朝着正确的方向前进。

　　——史蒂芬·R·柯维（Stephen R. Covey），《高效能人士的七个习惯》（*The 7 Habits of Highly Effective People*），1989，p. 98

　　令人感到兴奋的是：在应用 UbD 过程中，我和我的学生都感到比以前好多了。一切看起来如此放松，我更自信了，同学们也感到非常兴奋。他们似乎更能感受到我们教学的核心是什么。我想他们感觉到了目标的意义：目标通常不能被完整清晰地揭示出来。我知道学生所了解和不了解的知识，也知道自己该如何做。多么自由啊！

　　——一位教师对 UbD 应用的反馈

　　请看以下四个小例子，想一想：关于理解，关于课程与评估的设计，它们分别说明了什么？在这四个例子中，有两个是真实的，另外两个是根据相似的实践虚构的。

　　1. 在一个关于"理解"的研讨会上，一位资深的高中语文老师在学习日志中记录了其高中时代的亲身经历：

　　　　我那时感觉自己对所学的知识处于左耳进、（考试之后）右耳出的状态。我的记忆力很好，因此能成为毕业生代表，但我仍然感到很尴尬，因为我对课程的理解远远低于其他一些平时成绩不太好的学生。

2. 每个秋季有两个礼拜,所有三年级的学生都参加以"苹果"为主题的单元。他们参加与主题相关的各种活动。在语言艺术课上,他们阅读有关苹果佬约翰尼(Johnny Appleseed)的故事,并观看这个故事的插图幻灯片。他们每个人都编写了一个充满创意的有关苹果的故事,然后通过蛋彩画的方式来讲述他们的故事。在艺术课上,学生从附近的苹果树上收集树叶,然后用树叶做成了很大的拼贴画,挂在三年级教室走廊附近的布告栏上。音乐老师教孩子们唱关于苹果的儿歌。在科学课上,他们用自己的感官仔细观察和描述不同类型苹果的特征。在数学课上,老师向学生演示了如何按比例制作苹果酱,并为三年级的全体学生做了足够多的苹果酱。

该单元的一大亮点是去当地的苹果园进行实地考察,学生可以看到苹果汁的制作过程以及坐着当地的大车到处参观。单元最后的活动是三年级学生的苹果节,家长穿着苹果服饰来庆祝,孩子们则轮流开展各种活动:制作苹果酱、搜索有关苹果词语的比赛、咬苹果比赛,及包含苹果问题的数学技能题比赛。苹果节的最后环节是让被选出来的学生朗读他们的苹果故事,同时所有的学生享用由餐厅工作人员准备的糖果苹果。

3. 在国家教育进展评估(简称 NAEP)中的数学评估中,有一道针对八年级学生的考题:"每辆公共汽车能装 36 名士兵,运送 1 128 名士兵需要多少辆公共汽车?"要求以书面形式回答。几乎三分之一学生的答案是"31 余 12"(Schoenfeld, 1988, p. 84)。

4. 四月下旬,考试的压力随之而来。一位世界历史老师估计他将无法讲完教材的全部内容,除非他平均每天讲 40 页的内容直到学期末。最后,他决定删掉拉丁美洲这个小单元,取消几个比较耗时的活动,如模拟联合国的辩论和表决、针对已学过的国际时事进行讨论等。为了让学生迎接期终考试,这位教师采用了快速推进的讲授教学模式。

这些案例揭示了**理解**和**设计**中颇让人头疼的一些方面。(顺便说一句,奇数编号的案例是真实存在的,另两个案例是根据常规实践虚构的。)

那位高中语文教师的反思揭示了一个普遍现象——即使所谓"好学生"也并不总能深刻理解教师传授的知识,尽管他们在传统评价方式(课程分数和累计平均成绩积点)中取得了优异的成绩。在这位语文教师的案例中,测试主要集中在对课本和课堂中所呈现信息的回顾。她还说,很少有评估手段能测试出她是否真正深入理解了课程内容。

关于"苹果"的虚构单元展现了一个熟悉的场景——以活动为导向的课程——在这类课程中,学生参加各种各样的动手操作活动,这些活动单元往往能激发学生的兴趣。在这种情况下,活动可能围绕一个主题,提供了各学科之间的关联。但关于学习的价值却值得我们思考。教学想要达到的效果是什么?在单元活动过程中,大概念和要培养的主要技能是什么?学生知道学习的目标是什么吗?该单元活动(例如,创造叶子拼贴画,写作创意故事,完成单词搜索)的学习证据在多大程度上反映了有价值的内容标准?通过这些过程和结果,学生将获得怎样的理解?

NAEP 这个案例揭示了理解的另一个方面,即缺乏真正的理解。虽然学生准确地计算出了结果;但是他们没有抓住题意,他们显然不懂得如何用他们所知道的知识来得出 32 辆公共汽车这样的正确答案。是不是这些学生已经掌握了数学书或作业中的脱离现实情境的练习题,但很少有机会在实际生活中应用这些数学知识?我们能说回答"余数 12"的学生是真正理解了除法和它的应用吗?

考虑到要完成全部教学内容的压力,几乎每一个老师都很同情世界历史老师内心的挣扎。知识的自然增长已经让科学和历史这样的学科面临着极大挑战,更何况近年来要求必须参加外部测试,以及补充了新的课程内容(例如,计算机教学和反吸毒教育),更是让这些学科难堪重负。但最坏的情况是,不顾教材的优先顺序、预期结果、学习者需求和兴趣,或者恰当的评估方式而对教学内容进行通盘讲授,这可能会偏离我们的教学目标。当只有教师教,没有给学生真正的学习关键思想和关联点的机会(例如,一起工作,一起玩,参与探究,进行应用)时,学生能记住什么,更别提理解什么了。这种做法,准确地讲,可能会被贴上这样的标签:"教,考试,万事大吉。"

设计的两个误区

有趣的是,我们认为,无论是苹果单元还是世界历史课,尽管它们都是在课堂上发生的,形式完全不同(在小学课堂里,学生们在做大量的实践活动;而在历史课堂上,老师在给学生灌输知识),但它们都遇到了相同的一般性问题:没有明确的智力目标。我们称之为典型的学校教学设计的两大误区:聚焦活动的教学和聚焦灌输的教学。这两种情况都没有恰当地回答有效学习的核心问题:什么是重要的?核心是什么?作为一个学习者,学习体验如何帮助学习者达到学习目标?简单地说,这两个案例存在的问题正是这本书自始至终所关注的问题:没有明确的大概念来引导教学,没有为确保学习效果而制订计划。

本书内容

如本书书名所示,它倡导的是关于课程、评估和教学的优秀设计,专注于如何发展和深化对重要观点的理解。本书的精髓聚焦在一个问题上:**我们如何通过教学设计,使更多的学生真正理解他们所要学习的知识?**因为事实上,大部分情况是那些说"懂了"的学生可能仅是凭运气理解了知识,所以我们的教学计划该如何制订才能使每位同学都受到知识的影响,包括那些缺乏经验的学生、有较高能力但缺乏学习动机的学生、能力稍逊的学生、具有不同兴趣和风格的学生。

为了探讨这个问题,我们必须明确设计的意图,即本书所指的"理解"。当我们说希望学生理解而不只是参与和回忆时,我们的真实意思是什么?对一个学生来说,有没有可能他知道很多重要事情,但却没有理解其含义?或者反过来,有没有可能另一个学生犯了很多事实性错误,甚至没有完成学习任务,结果他却洞悉了关键观点?因此,虽然本书是关于课程设计的,鼓励学生探究大概念,但也是另一种尝试——更好地理解"理解"的内涵,尤其是为了评估的目的。

正如你看到的,我们提出了一个有用的方式来思考理解是什么,如何为了理解进行设计,如何在学生的表现中找到理解的证据,从而认识到"理解"有不同的方面。我们平时说到"理解"时往往代表不同的意思,因此有必要澄清它们。比如,"他不理解法国发言人所说的话"和"她不理解源文档的意思",想一想它们之间的区别。理解有不同种类,我们要清楚自己追求的是哪种理解。我们认为理解的内涵不是单一的,而是一系列相关联能力的组合——转化为六个侧面——为理解而教的教学应该要更有意识地发展这些侧面。

既要明晰"学生理解"的目标,同时要探究"好设计"的方法,这个双重目的当然会产生一系列实际教学中的关键问题。设计使学生既能掌握内容又能达到理解的教学的最好方法是什么？如果教材中有很多离散的知识内容,我们如何才能达到"理解"的目标？在一个基于内容标准和高风险测试①的时代,如何实现为理解而教？在本书中,我们通过以下努力来回答以上问题：

- 提出了一种课程与教学的设计方法,能够使学生参与探究活动,提升学习迁移能力,为学生提供概念框架,帮助他们理解一些离散的知识与技能,并揭示与内容相关的大概念。
- 为恰当评估学生理解、知识和技能的程度,检验了一系列方法。
- 在课程、评估与教学设计中,思考可预见的学生误解（misunderstandings）应发挥的作用。
- 对那些可能干扰学生理解能力培养的常规课程、评估和教学实践进行探索,并提出逆向设计法,以帮助制订既满足内容标准又不牺牲理解相关目标的教学计划。
- 提出理解的六侧面理论,并探讨其在课程、评估和教学中的理论和实践意义。
- 提出了一个单元模板,用于协助教师设计关注学生理解的课程与评估。
- 围绕大概念、基本问题和核心评估任务,展示了如何把单个单元嵌套在一个更大的、更连贯的课程和项目框架中。
- 为在课程和评估设计中实现质量控制,提出了一套设计标准。
- 通过网络数据库,分享来自世界各地的教学设计案例,主张教师应该更智慧而不是更辛苦地工作。

本书受众

这本书是为那些想加强学生理解,想为此设计更为有效教学的教育工作者准备的。本书受众包括各年级教师（从小学到大学）、评估专家、课程主管、职前

---

① 高风险测试（high-stakes test）,是指测试的结果对人的资质、机会等有较大影响,如没有通过测试的人不能升学,不能晋级,不能获得执照等。——译者注

和在职教师培训者、学校和教育主管部门的管理者和监督者。我们在书中提供了大量的案例,这些案例来自各个学段。当然,这些案例尚不足以在任意时间满足任意读者。想要获得更多的来自各学科和各学段的案例,可以查询《追求理解的教学设计专业发展工作手册》(McTighe & Wiggins,2004)和 UbD 网站(http://ubdexchange.org)。

关键术语

这里提到的少数术语是按照顺序排列的。在本书中我们多次谈到**大概念**,它是"为理解而教"的核心。大概念就是一个概念、主题或问题,它能够使离散的事实和技能相互联系并有一定意义。下面是一些例子:适应;形式和功能在系统中是如何关联的;数学中的分配律;通过有用的模型来解决问题;定义正义所面临的挑战;作为作家或演说家关注观众和目的的需要。在追求理解的教学中,一个重要的挑战是强调大概念,展现它们是如何安排学习优先顺序的,以及帮助学生了解大概念对理解所有内容资料的重要性。

参加本书修订的教育工作者都知道,**课程**(curriculum)和**评估**(assessment)的定义几乎和使用这两个术语的人一样多。在本书中,**课程**是指为获得预期结果对学习进行的具体规划,使之符合内容标准(无论是州立的还是本地的)。同时,对于如何开展有效且有吸引力的教与学,可以在课程中将学习内容(来自外部标准和本地目标)融入学习计划中。因此,课程不只是一系列主题和一系列关键事实与技巧("输入"),而且还是一张如何实现学生预期表现"输出"的地图,其中会提供适当的学习活动和评估以使学生更容易达到预期结果。

课程这个词的词源表明,课程是为了达到理想目标所设定的特定"运行路径"。**课程**不只是传统的项目指南,它超越了策划的主题和材料,明确提出了为达成目标而应用的最合适的体验、任务和评估。换句话说,最好的课程(和大纲)不只是对学习内容的覆盖,而且是根据预期学习效果来设计的。它们明确指出,为了实现预期结果,学习者应该达到什么水平,需要做什么以及老师需要做什么。总之,它们明确了预期结果和实现方法,而不仅仅是内容和活动的罗列。

评估是这样一种行为,即衡量预期结果将要达到的程度以及预期结果已经达到的程度。**评估**是一个概括性术语,有意运用多种方法收集实现预期结果的证据,这些预期结果既可以是州立内容标准,也可以是地方课程目标。我们收集证据的方法可能包括观察和对话、传统测验和测试、表现性任务和项目,以及随着时间推移收集的学生自我评估。因此,**评估**这个术语比**评价**更侧重于学习,两者不应被等同对待。**评估**是根据标准提供和应用反馈,以便改进和达到相应的目标。相比之下,**评价**更具总结性,与等级评定更为相关。换句话说,我们没有必要给我们需要反馈的所有事物都确定等级(评价)。事实上,我们论述的一个核心前提是:只有通过多种持续性的评估,以及更大程度地关注形成性(和表现性)评估,才能产生和激发理解。

预期结果是指那些经常提到的**预期成果**、**成就目标**或**表现标准**。这四个术语都是指将教学的重点从输入转向输出:学生在学习结束后,应该能够知道、实践和理解的相关内容,并在表现和作品中加以体现。**预期结果**也提醒我们,如果反馈表明我们可能无法取得预期的效果,那么作为"教练",我们必须调整我们正在进行的设计和做法。

尽管事实上我们一向将理解作为追求的目标,但是**理解**这个词却是一个复杂的、易混淆的目标。因此,我们自然应对它进行澄清和详细阐述,这也是本书的其余部分所面临的挑战。现在,思考一下我们最初对理解下的定义:理解就是将我们的知识联系和结合起来,从而弄清楚事物的含义(如果没有理解,我们可能只会看到含糊的、孤立的或无用的事实)。但理解这个词也意味着行动,而不仅是心智活动,正如布鲁姆(Bloom,1956)在他的目标分类法中讨论**应用**和**综合**时曾指出的那样,理解的核心是表现性能力。理解意味着能够智慧地和有效地应用与迁移——在实际的任务和环境中,有效地运用知识和技能。"理解了"意味着我们能够证明自己有能力转化所学习的知识。当我们理解时,我们能够灵活自如地运用知识,而不仅是僵化刻板的回忆和再现。

当我们说理解的产物——名词意义上的理解——时,我们形容的是难得的、独特的见解。例如,我们谈论科学家目前对宇宙的理解是认为宇宙是膨胀的;作家的后现代理解是他们对自己作品的含义也不具有评论上的特权。在教学中面临的巨大挑战是使这种微妙的成人理解转换为学生理解,而不是对理解打折扣,使其程度减弱而等同于"知识再现"的一种过于简单的陈述。我们通常说,如果学生获得了理解，他们就能"**真正掌握**"。在我们这些设计师和教练的帮助下，学生应能够达到理解。

然而，多年来，课程指南不赞成用"理解"这个术语来表达目标。布鲁姆(1956)认为"理解"这个词过于含糊，不能用来作为教学目标及其评估的基础，因此他撰写了目标分类法。但是，一个重要的概念上的区别仍然存在并需要仔细考虑：**知道**和**理解**之间的差异。在理论和实践上区分这两个概念并不容易。在本书中，我们提出以下观点：实际上大家对于不同类型理解的关注度还不够，知识和技能并不会自然导致理解；和我们可能意识到的问题相比，学生的误解是一个更大的问题；对理解的评估需要学习证据，而这些证据不能仅仅从传统测试中获得。

关于本书可能误解的解释

1. UbD 不是一个预设的程序。它是一种目的性更强、更为细致的思维方式，关注以理解为目标的设计本质。本书只是提供了一个概念性的框架、多种切入点、一个设计模板、多种工具和方法以及附带的一套设计标准，而不是让读者必须按部就班地跟随——这无论在教育还是建筑领域都不利于产生好设计。我们不具体指导课程内容应该包含什么，但建议以大概念和重要的表现性任务为核心。我们提供的是一种设计或再设计任意课程的方法，使学生更容易理解课程内容，更容易达到预期结果。

2. UbD 不是一种教育哲学，也不需要作为单一的教学系统或方法来信奉。它只是为如何处理与学生理解目标相关的教学设计问题提供指导。我们并不会指定你应该使用什么样的"大概念"。相反，我们可以帮助你更好地关注你的设计工作，使你知道如何实现对你（或已有标准）所规定的重要观点的理解。（我们确实提供了许多关于各学科大概念的案例。）因此，不应该将本书与其他项目或方法看作是竞争关系。事实上，有关理解的观点，有关逆向设计的方法，与各种行之有效的教育观点是完全兼容的，这些教育观点包括跨课程的问题化学习(Stepien & Gallagher, 1997)，苏格拉底式问题研讨法，4MAT 教学模式（八步教学法）(McCarthy, 1981)，学习维度论(Marzano & Pickering, 1997)，基于内容标准的教学，核心知识，教学技巧(Saphier & Gower, 1997)，哈佛大学研究生院的零点项目小组（Project Zero team）授权的题为"为理解而教"的材料（Wiske，1998；Blythe & Associates，1998），等等。事实上，在过去的五年中，应用讲授教学模式的大学教授，应用蒙台梭利法的教师，在学校使用国际文凭工作的教师，全体成功项目（Success for All）①，大学预修课程项目以及基础学校联盟体系都利用 UbD 来改善他们的设计。

3. 本书呈现了一种强大的设计方法。即使我们认为各种教学方法都能够促进和加深学生的理解，我们也极少谈及教学策略本身。不谈特定的技术，我们假设所有目的明确、追求效率的教师都遵循一个循环：计划——修订——教学——评估——反思——调整，不断循环往复。这是一条值得注意的提醒，因为关键的再设计信息必定来源于对学生工作的分析和预评估。（参见第十一章"设计过程"。）

4. 本书主要集中在课程单元（而不是单课或范围更大的项目）设计上。虽然我们极力建议，一个单元应植根于更广范围的项目和课程内（如第十二章中所讨论的），但是在本书中我们还是刻意地将注意力限定在具有更多细节的、教师也更容易接受的单元设计上。通过与数以千计的教师一起工作多年，我们发现单元为设计过程提供了恰当而实际的切入点。虽然将 UbD 方法运用到日常的单课教学中看起来也是比较自然的，但我们不鼓励这样做。单课相对简单，时间太短，以至于无法考虑大概念的深入发展，也无法探究基本问题和实际应用。换句话说，单课时间太短，不能实现复杂的学习目标。当然，单课计划理应依从单元计划：当一堂课被包含在更大的单元和课程设计中时，通常会更有目的性和连接性。

5. 虽然追求深入理解的教学是学校教育的一个重要目的，但是，这当然也只是多种教学形式中的一种。因此，我们不建议所有的教学和评估总是着眼于深入和复杂的理解。在某些特定情况下，这既不可行，也不可取。例如，学习字母表，获得某种技术本领（如键盘输入），或习得外语的基本知识；这些都不要求有深入的理解。在某些情况下，学生的发展水平将决定概念化的合适程度；在另一些情况下，一门课程或一个项目不太需要深入的理解或者不涉及重要目标。

---

① Success for All（SFA）是基于标准的学校整体改革（standards-based Comprehensive School Reform）的一个典型范例，涉及学前到中学学段的教学。由非营利性组织 Success for All Foundation（SFAF）发起。——译者注

有时候,对于某些主题来说,在某些时间点,"知道"这个目标就已经是非常合适和足够了。其实既没有时间,也没有必要深度理解所有事情,尤其当目标是要表达一个较大整体的概念时,这样做会适得其反。因此,本书是建立在一个假定的前提下:如果你希望发展学生更为深入的理解,那么这本书的理念和方法是适用的。

提醒与说明

虽然本书读者愿意并准备以"理解"为目标进行设计和教学,但我们还是要提醒读者注意以下三个问题。

首先,虽然教育工作者经常谈论希望自己超越灌输式教学,以确保学生真正理解内容,但你可能会发现,你先前认为的指向理解的有效教学,其实并不能达到理解的目的。你也可能发现,你并不是像自己想的那样清楚所从事的工作,尤其是不确定学生还有哪些地方不理解。事实上,我们猜想你的教学多少会被下面的几项内容干扰:难以界定理解;不知道如何评估理解;在计划、教学和评价学生学习的过程中,容易忽视与理解相关的目标。

其次,虽然很多课程会适当地关注技能(如阅读、代数、物理、初级外语),但教学设计师可能在看完本书后发现,大概念对于熟练掌握关键技能——也就是说,知道如何善用技能——来说也是必不可少的,因此需要在教学计划中给予更多的关注。例如,在语言能力培养中的大概念就是:文本的意义不在于文本本身,而是在字里行间,在于积极的读者与文本之间的相互影响。想让学生达到"理解"的目的不仅有一定难度,而且还需要特殊的设计,提出与众不同的教学问题,而不能只专注于离散的阅读策略。教师面临的核心挑战是帮助学生克服误解,让他们知道阅读不仅仅是解读,以及帮助他们知道当孤立的解读不产生意义时,他们应该做些什么。

第三,尽管许多老师认为,追求理解的设计不符合已有的内容标准和考试要求,但我们相信当你阅读完整本书的时候,你就不会这么认为了。大多数内容标准明确指出,或至少暗示了需要**理解**大概念,而不仅是**讲到**大概念。以下这些例子来自俄亥俄州的11年级社会科学内容标准和加里弗尼亚州的物理内容标准:

追踪与宪法条款相关的最高法院判决（例如，有关立法选区的重新分配、言论自由，或教会与州分离的案例）。

尽管在许多过程中，能量以热能的方式被转移到环境中，但能量既不能产生，也不能消失。作为理解这一概念的基础：

a. 学生知道热量的辐射与传导是系统间能量转化的形式……

通常，一旦你理解了我们提议的元素是优质设计的核心时，你的设计方法就会有所改变。

我们预计，你在阅读本书时会有两种完全不同

> ■ **误解警报！**
>
> **误解1. 只有另类的或革新的教学和评估方法才能产生理解。这一切都是关于过程而非内容的。** 然而事实远非如此。如果不掌握学科知识，就无法获得理解。例如，所有所谓的追求高水平学习的传统方法，其目的都在于产生深度理解，而且经常会取得成功。目前所面临的挑战不是在各种教学策略中选择一种，然后排斥其他的，而是在更多考虑学习目标潜在含义的基础上，扩展并更好地丰富我们的教学本领。在实践中，我们发现，不管教育理念是什么，所有的教师通常都被局限在过于有限的设计选择中。当前的挑战是确保教师运用更加多元、更加适当的教学方法，而不是忽视教学理念，只按传统做法开展教学实践。（具体内容见第九章和第十章）
>
> **误解2. 我们反对传统测试。** 事实并非如此。在这里，我们做的是拓展常规技能，去发现更多适合的、多样的、有效的课堂评估方法，去满足大多数项目的不同目标。目前的挑战是要知道使用哪种方法，什么时候使用，以及为什么使用这种方法，并更好地了解每种评估方式的优点和不足。（具体内容见第七章和第八章）
>
> **误解3. 我们反对等级计分制度。** 如果成绩等级能有效评估学生的理解程度，那我们有什么理由反对呢？总的来说，等级计分制保留下来了，在本书中没有与等级评分、成绩单和大学录取标准相矛盾的内容。相反，本书是要帮助教师（特别是中学和大学教师）更好地说明和验证自己的分级系统，为学生提供更加公平的评估、更有价值的反馈以及关于各等级含义的更清晰的阐述。

的感受。有时你会对自己说："嗯，当然，这只是常识！这只是将好的设计者一直做的事情具体化了。"在其他时候，你会觉得，我们在教学、学习、评估和设计方面提出了具有挑战的和违反直觉的观点。针对后者，我们将对可能发生的误解提供补充说明，我们称之为"误解警报"，以试图预测在表达观点时可能使读者产生混乱的地方。

这些特殊的补充说明传达了一个重要信息：如果想要使"追求理解的教学"

达到效果,那么它必须能够成功预测学习过程中潜在的误解和学习难点。实际上,我们提出的设计方法的核心就是我们需要对教学和评估进行设计,使其能够预测、唤起以及克服学生最有可能产生的误解。本书第一个这样的补充说明就在上一页的方框中。

你也会发现少数以"设计技巧"命名的补充说明,它们将帮助你领会如何开始将UbD理论应用到实际的计划、教学和评估中去。我们还提供了术语表,以帮助你查找本书所使用的专业术语。为了让你感受设计者的思维过程,我们假想了一个虚拟教师——鲍勃·詹姆斯,以他对营养单元进行的设计与再设计工作为案例进行讲解。《追求理解的教学设计专业发展工作手册》提供了一套全面的设计工具、练习和案例,以协助设计者开展工作。)

所以,读者们,准备好了吧!我们希望你去探索关键概念,重新思考关于课程、评估和教学中的许多传统习惯。我们提倡对教学实践不断反思。因为,正如你将看到的,追求理解的教学需要学习者重新思考习以为常或显而易见的事情——无论学习者是年轻的学生还是资深的教育工作者。我们相信,你会收获很多精神食粮,以及许多关于如何通过设计让学生达到理解目的的实用技巧。

第一章 逆向设计

设计(动词):有目的和意图;计划和执行

——《牛津英语词典》

设计工作的复杂性往往被低估。许多人认为自己知道很多关于设计的知识。他们没有意识到要想作出独特、精致和完美的设计,还需要知道更多。

——约翰·麦克林(John McClean),《有助于项目顺利开展的20条注意事项》(*20 Considerations That Help a Project Run Smoothly*),2003

教师是设计师。该职业的一项基本工作就是精致地设计课程和学习体验活动,以满足特定的教学需求。我们也是评估设计师,诊断学生需求以指导我们的教学,使我们自己、我们的学生,以及他人(父母和管理者)能够检验我们的工作是否已经达到了预期的目标。

和其他设计领域(如建筑、工程、平面艺术)的专业人员一样,教育领域中的设计师也必须考虑他们的受众。设计领域的专业人员十分注重以客户为中心。他们的设计的有效性取决于是否达成特定终端用户的明确目标。显然,考虑到课程、评估和教学设计的有效性最终都取决于学生对预期学习目标的完成程度,所以学生是我们的主要客户。我们可以把我们的设计想象成软件,就像电脑软件旨在使用户工作更有效率一样,我们设计课程的目的就是提升学习效果。

在所有设计行业中,设计工作都要受标准的指导和约束。软件开发者致力于最大化用户使用的方便程度,减少妨碍正常使用的程序错误。建筑师在建筑规范、顾客预算以及街道美学的指导下开展工作。教师作为设计师也会受到类似的限制。我们不能随心所欲地以任何方式讲授任意主题内容。相反,我们要遵循国家、州、地区或者机构的标准,它们规定学生应该知道哪些内容,具备哪些技能。这些标准提供了一个有用的框架,帮助我们明确教与学的优先次序,并指导我们的课程设计和评估设计。除了外部标准外,在设计学习体验活动时,我们还必须考虑我们多数人和不同学生的需求因素。例如,学生的兴趣差异、发展水平、班级规模以及前期成就都会影响我们对学习活动、任务和评估的思考。

然而,正如一句老话提醒我们的那样,在最好的设计中,形式服从于功能。换句话说,我们使用的所有方法和材料,都取决于对预期结果的清晰界定。这意味着,不论我们面临什么约束,我们必须能够清楚阐明,作为设计结果,学生应该理解什么以及能够做什么。

你可能听说过这样一句谚语:"如果目的地未定,那怎么走都行。"哎呀,这在教育中可是一个严肃的问题。我们能够很快说出**我们喜欢讲授什么内容,我们愿意做什么活动,我们使用什么样的资源**;但是如果不能明确教学的预期效果,我们又怎么知道我们的设计是适合的还是随意的呢?我们如何将只是有趣的学习与**有效**的学习区别开来呢?再说直白一些,如果我们不考虑清楚这些目标对学习者的活动和成就意味着什么,我们如何能够使设计符合内容标准,使学生收获珍贵的理解呢?

良好的设计,不仅仅是为了让学生获得一些新的技术技能,而是为了以目标及其潜在含义为导向,产生更全面、更具体的学习。

为什么"逆向"是最好的

如何将对设计的基本考虑应用到课程计划中呢?要想作出思虑成熟且重点突出的教学设计,需要教师和课程开发者在思考工作性质的时候作出一个重要转变。这个转变是指教师在思考如何开展教与学活动之前,先要努力思考此类学习要达到的目的到底是什么,以及哪些证据能够表明学习达到了目的。虽然我们习惯上总是考虑教什么和如何教,但现在必须要挑战自我,首先关注预期学习结果,这样才有可能产生适合的教学行为。

我们的课堂、单元和课程在逻辑上应该从想要达到的学习结果导出,而不是从我们所擅长的教法、教材和活动导出。课程应该展示达到特定学习结果的最佳方式。类似于旅游计划,我们的框架应该提供一组设计详细的旅行指南,以达到文化层面的目标,而不是在某个国家的各大景点漫无目的地游览。总之,最好的设计应该是"以终为始",从学习结果开始的逆向思考。

当我们考虑到本书关注的教育目的——"理解"时,逆向设计法的适用性就更加清晰了。如果我们不清楚所追求的特定理解是什么,不知道在实践中这些理解是如何表现的,那我们就不知道如何"为理解而教",不知道应该采用哪些材料或开展哪些活动。就像导游一样,只有在清楚地知道希望"游客"对文化有哪些特定理解的情况下,我们才可能作出最好的决定:让我们的"游客"游览哪些"景点",以及让他们在短时间内体验什么特定的"文化"。只有明确知道预期结果,我们才能专注于最有可能实现这些结果的内容、方法和活动。

但许多教师从输入端开始思考教学,即从固定的教材、擅长的教法,以及常见的活动开始思考教学,而不是从输出端开始思考教学,即从预期结果开始思考教学。换句话说,太多的教师都只关注自己的"教",而不是学生的"学"。他们首先花大量的时间思考的是:自己要做什么、使用哪些材料、要求学生做什么,而不是首先思考为了达到学习目标,学生需要什么。

> **设计技巧**
>
> 思考下面这些在读者头脑中产生的问题,关于这些问题的答案有助于架构学习的优先次序。这些问题包括:我应该如何阅读这本书?我希望得到什么?我们将讨论什么内容?我如何为这些讨论作准备?我如何知道我的阅读和讨论是有效的?这些阅读和讨论最终要达到的表现性目标是什么,从而使我能在学习和做笔记的时候明确重点和优先顺序?在这本书中,有哪些与其他读物相关联的大概念?以上这些问题是学生们关于学习可能提出的问题,而不是关于教学的问题。好的教学设计应该在一开始以及学习过程中通过应用工具和策略(如图形组织器、书面指导)来回答这些问题。

我们来看一个典型的**内容**导向而非**结果**导向的教学片断。教师可能基于某个特定的主题开始一堂课(例如,种族偏见),选择一本书作为学习资源(例如,《杀死一只知更鸟》),然后根据资源和主题选择特定的教学方法(例如,采用苏格拉底式问题研讨法来讨论这本书,以小组合作的方式分析电影和电视中的典型形象),并希望由此引发学习(并满足部分英语/语言艺术的内容标准)。最后,老师可能会设计几个问答题或小测验来评估学生对这本书的理解。

这种教学方法非常普遍,以至于我们可能马上就会反驳:"这有什么错?"我们试着问几个关于学习目标的简单问题,答案自然就出来了。我们为什么要求学生阅读这本小说?换句话说,我们让学生阅读这本小说要达到什么目标?学生是否能够理解这个目的为什么对自己的学习产生影响,以及如何产生影响?通过阅读这本书,我们希望学生从中获得哪些与目标(超越这本书)相关的理解,期望他们做出哪些与目标相关的行为?如果我们不能够在教学设计之前对更大的目标有清晰的洞察——通过这种洞察,我们将会明白这本书只是一种达到教育目的的工具,而它本身并不是目的的——学生不大可能**真正地理解**这本书(和要求他们做的事情)。如果没有清醒地意识到我们追求的是对于种族偏见的特定理解,如果不知道如何阅读和讨论这本书才有助于发展这种洞见,那这目标也太模糊了。与其说是"设计"教学,还不如说是在"撞大运"。这就好比站在讲台上丢下一些内容和活动,然后盼着总有些内容或活动会起作用。

回答高年级学生经常问(或想知道)的"为什么"和"那又怎样"的问题,并在作课程计划时将这些问题的回答作为重点进行具体落实,这正是追求理解的教学设计的本质所在。教师很难发现(而学生更容易感觉到):如果没有设置清晰明了的学习优先次序,很多学生会感觉日复一日的学习是令人困惑和沮丧的。

传统设计的两个误区

正如绪论所提到的,一般而言,薄弱的、盲目的教学设计有两种类型,我们称之为传统设计的"两个误区",这两个误区在从幼儿园到大学的整个教育过程中都是明显存在的。"活动导向的设计"的不当之处在于"只动手不动脑"——就算学生真的有所领悟和收获,也是伴随着有趣的体验偶然发生的。活动纵然有趣,但未必能让学生获得智力上的成长。正如绪论所提到的"苹果"主题的典型案例,以活动为中心的课程缺乏对存在于学习者头脑中的重要概念和恰当的学习证据的明确关注。学生们认为自己的任务只是参与,认为学习只是活动,而不是对活动**意义**的深刻思考。

第二种类型就是"灌输式学习",即学生根据教材(或教师通过课堂讲稿)逐页进行学习(讲授),尽最大努力在规定时间内学习所有的事实资料(正如绪论中的"世界历史"的案例)。因此,"灌输式学习"就像是走马观花式的欧洲之旅,没有总括性目标来引导。

> ■**误解警报!**
> **灌输**和**有目的的探究**是不同的。为学生提供一门学科或某研究领域的整体概览就其本身来说并没有错,问题是所有这些必须在明确的目标引导下进行。**灌输**是一个贬义词(而**介绍**或**调查**不是),因为当"灌输"内容时,学生就会淹没在无休止的事实、观点和阅读中,很少或根本感受不到能促进学习的总括性观点、问题和学习目标。(详见第十章的"灌输与揭示"。)

总的来讲,以活动导向的设计在小学和初中比较典型,而灌输式学习则普遍存在于高中和大学。然而,尽管"苹果"单元和"世界历史"这两个案例的教学方法看起来完全不同,前者有很多实践活动,整个教学过程很热闹,后者只是教师讲授和学生安静地记笔记,但这两个案例的设计结果却是一样的:没有引导性的智力目标,或没有清晰的优先次序来架构学习体验。在这两个案例中,学生都不能理解并回答如下问题:学习要点是什么?大概念是什么?教学帮助我们理解什么,做什么?学习与什么有关?为什么我们要学习这个知识?因此,学生竭尽所能地跟随教师的步伐参与学习,希望能发现其中的意义所在。

在学生完成整个学习任务过程中,如果教学设计没有突出强调清晰的目的和明确的表现性目标,那么学生无法作出令人满意的反馈。同样,如果教师采用活动导向或是灌输导向的方式,那么下面的一些关键的设计问题将不会得到令人满意的答案:作为"活动"或"灌输"的结果,学生应该理解什么?这些体验活动或讲座能够让学生获得什么能力?应该怎样设计和实施这些活动或课堂讨论,从而达到预期结果?学生在学习过程中,如何证明自己获得了预期能力,领悟了相关的知识内容?应该如何选择与使用活动和资源,以保证学习目标的实现,并提供最有利的证据?换句话说,如何**通过设计**帮助学生了解学习活动或资源的目的,以及活动和资源在实现特定表现性目标时带来的帮助?

于是,我们提倡将习惯的做法进行"翻转"。我们要求设计者在开始的时候就要详细阐明预期结果,即学习优先次序,以及根据学习目标所要求或暗含的表现性行为来设计课程。与很多常见做法不同的是,我们要求设计者制定目标

> **设计技巧**
>
> 为了验证我们的观点——当前很多教学缺乏目的性,我们建议你试着在任一堂课上课时,悄悄走近一名学生,问他以下问题:
> - 你在做什么?
> - 你为什么这么做?
> - 它会帮助你做什么?
> - 它和你先前做的事情有什么关系?
> - 你如何证明自己已经掌握了相应的知识?

之后思考以下问题:什么可以用来证明学习目标的达成?达到这些目标的证据是什么样的?教与学所指向的、构成评估的表现性行为是什么样的?只有回答了这些问题,我们才能在逻辑上导出合适的教学和学习体验,从而使学生成功地完成学习任务,达到内容标准的要求。因此,这种转变使我们不再以下列问题作为开始:"我们会读什么书?""我们将做什么样的活动?""我们会讨论什么内容?"而是转向下列问题:"不管我们组织什么活动或使用哪本教材,学生怎样才能脱离活动或教材本身去理解?""什么可以用来证明学生获得了这种能力?""哪些教材、活动和方法最有助于达到教学效果?"在"为理解而教"时,我们必须把握主要观点——**我们是培养学生用表现展示理解的能力的指导者,而不是将自己的理解告知学生的讲述者。**

逆向设计的三个阶段

我们将这种三阶段方法称为"逆向设计"。图表1.1用最简单的术语描述了这三个阶段。

阶段1:确定预期结果

学生应该知道什么,理解什么,能够做什么?什么内容值得理解?什么是期望的持久理解?在阶段1中,我们思考教学目标,查看已发布的内容标准(国家、州、地区),检验课程预期结果。通常要传授的内容比我们在有限时间里能够讲授的内容要多得多,所以我们必须作出选择。设计流程的第一阶段需要明确学习内容的优先次序。

图表1.1　UbD：逆向设计三阶段

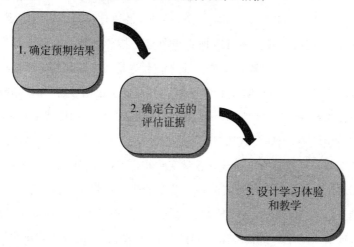

阶段2：确定合适的评估证据

我们如何知道学生是否已经达到了预期结果？哪些证据能够证明学生的理解和掌握程度？逆向设计告诉我们要根据收集的评估证据（用于证实预期学习是否已完成）来思考单元或课程，而不是简单地根据要讲的内容或是一系列学习活动来思考单元或课程。这种方法鼓励教师和课程设计者在设计特定的单元和课程前，先要"像评估员一样思考"，思考如何确定学生是否已经达到了预期的理解。

阶段3：设计学习体验和教学

在头脑中有了清晰明确的结果和关于理解的合适证据后，就该全面考虑最适合的教学活动了。在逆向设计的第三阶段，我们必须思考几个关键问题：如果学生要有效地开展学习并获得预期结果，他们需要哪些知识（事实、概念、原理）和技能（过程、步骤、策略）？哪些活动可以使学生获得所需知识和技能？根据表现性目标，我们需要教哪些内容，指导学生做什么，以及如何用最恰当的方式开展教学？要完成这些目标，哪些材料和资源是最合适的？

需要注意的是，只有在我们明确预期结果和评估证据，搞清楚它们意味着什么之后，才能真正做好教学计划的细节——包括教学方法、教学顺序，以及资源材料的选择。教学是达到目的的一种手段。一个清晰的目标能够帮助我们在设计时有所聚焦，并能指导有目的的行为朝预期结果发展。

换句话说，我们可以认为逆向设计是有目的的任务分析：给定一个值得完成的任务，我们如何使每位学生都获得最佳装备？或者我们可以把它看作是使用地图去安排一个智慧之旅：给定一个目的地，最快且最有价值的路线是什么？或者如之前所提到的，我们还可以把它想象成是指导计划：学习者需掌握什么才能有效地执行任务？在教育领域中（而不仅仅在练习中），哪些可以被看作是**实际证据**，来证明学生已真正掌握了学习内容，并作好了**运用理解、知识和技能**来独立完成任务的准备？怎样设计学习才能使学习者通过应用和反馈来发展能力？

在教育领域中，当你尝试从习惯和传统教学的"逆向"视角去理解时，你就会发现这是非常合乎逻辑的。与常规教学实践相比，这种视角的一个主要变化是：设计者在决定教什么和如何教之前必须思考如何开展评估，而不是在一个单元学习即将结束时才构建评估（或者依赖教材编写人员提供的测试，而这些测试可能不会充分或恰当地评估标准和教学目标的达成程度）。逆向设计要求我们在开始设计一个单元或课程的时候，就要通过评估证据将内容标准或学习目标具体化。

> ■ 误解警报！
>
> 当我们谈到面向预期结果的证据时，我们指的是通过在单元或课程学习过程中开展各种正式和非正式的评估而收集起来的证据，而不仅仅是指教学结束后的测试或最终完成的任务。我们收集到的证据，既包含传统的测验和考试、表现性任务和项目、观察和对话，也包括不同时间内的学生自我评估。

逆向设计的逻辑适用于任何学习目标。例如，课程设计者要以州立内容标准为起点，确定标准中明示或暗示的恰当评估证据。而培训开发者应该在规划各类工作坊活动之前就确定什么样的证据能证明人们学到了预期的知识或技能。

我们要让评估发挥实际作用。三位不同的教师可能根据相同的内容标准开展教学，但是如果他们的评估方式完全不同的话，我们如何知道哪些学生已经学习了哪些知识？教师对所需的学习证据持有相同观点可以保证课程的连贯性和评价的可靠性。同样重要的是，教师、学生和家长要是明白了什么样的内容可以（或不可以）作为达到复杂标准的证据，他们将受益匪浅。

这种聚焦于预期学习结果的观点并非首创。泰勒（Tyler, 1949）在50多年前就清晰简洁地描述了逆向设计的逻辑：

教育目标成为材料选择、内容规划、教学程序开发、测试以及考试准备

等过程所依据的指标……

阐明目标的目的是表明将带给学生的各种变化，从而规划和开发可能实现这些目标的教学活动。（pp. 1, 45）

波利亚（Polya）在1945年首次出版的名著《怎样解题》（*How to Solve it*）中，特别指出将"逆向思维"作为解决问题策略的提法可以追溯到希腊人：

当人们在反其道而行或逆向工作时总会存在一定的心理困难……然而，通过逆向工作解决具体的问题并不是只有天才才能完成的事情，只要有一点常识，任何人都可以做到。我们专注于预期的结果，并将我们期望的最终结果可视化，然后去思考：要到达最终的位置，我们之前要达到哪个位置？（p. 230）

以上表述已有些陈旧。我们在这里提出的新说法是：我们根据最终的结果提供有用的流程、模板、工具和设计标准，凭借设计而非运气使教学计划和学生最终的表现更有可能成功。一位在加拿大亚伯达省教四年级的老师说："一旦我头脑中有了清晰定义教学结果的方式，单元设计剩下的事情就是'各就各位'了。"

以活动为导向的设计和灌输式教学设计这两大误区的弊端在于没有通过逆向设计方法彻底想清楚教学目的。考虑到这一点，让我们再回顾一下绪论中虚构的两个案例。在"苹果"单元案例中，该单元自始至终通过明确和熟悉的对象（苹果），似乎把重点放在一个特定的主题（收获期）上。然而，正如案例描述所示，在该单元中，学生没有产生持久性学习，因此没有达到真正的学习深度。因为学生不需要（也没有真正地挑战）提取复杂的观点或联系，所以该学习任务只需动手，不用动脑。学生不需要理解，只要参与到活动中即可。（唉，仅仅参与而非真正理解就给予学生奖励，这种现象是很常见的；作为最终学习结果，参与是必要条件，但不是充分条件。）

此外，当你查看"苹果"单元时，就会很清楚地发现该单元没有明确的优先次序——所有的活动都似乎表现出相同的价值。学生的任务仅仅是参加到通常令人愉快的活动中，而不用证明他们是否理解了核心主题的任何大概念。这种活动导向的教学与结果导向的教学截然不同，在"苹果"单元的设计中，几乎没有要求学生从单元中获得关于水果的知识，这是非常大的缺憾！有人可能将这种以活动为导向的方法描述为"潜移默化式学习"。确实，个别学生有没有可能学习到一些关于苹果的有趣知识呢？当然可能。但是，在一个没有清晰目标的学习计划中，学生们有没有可能形成可供后续发展的共同理解呢？可能性不大。

在"世界历史"的案例中，教师在学年的最后阶段灌输了大量学习内容。然而，在他忙于赶进度讲完一本教材的时候，他显然没有考虑以下问题：通过这些学习内容，学生将会获得怎样的理解和应用能力？什么样的学习支架能够引导学生理解重要的观点？希望学生如何应用这些观点来明确事实的意义？哪些表现性目标能帮助学生知道如何记笔记，以使它在课程结束时发挥最大用处？灌输式教学意味着教师只关注讲授、检查主题、推进学习进度而不管学生是否理解，这种方法也可以称为"提及式教学"（teaching by mentioning it）。灌输式教学通常依赖于教材，通过教材来定义教学内容和教学次序。相比之下，我们建议以结果为导向的教学，将教材作为一种资源而不是教学大纲。

逆向设计模板

我们已经描述了逆向设计的过程，现在我们用一种有用的格式——模板——把这些内容整合在一起，这种模板有助于教师设计关注理解的单元教学。

许多教育工作者意识到逆向设计有普遍意义。然而，当他们第一次使用该方法时仍会感到不自然。除非你已经掌握它的精髓，否则这种工作方式在应用时会让你觉得有些棘手和耗时。但这种努力是值得的，正如学习使用一款好软件一样，一开始是困难的，可一旦熟练掌握，便带来极大帮助。我们将追求理解的教学设计比作软件，事实上，这是一套最终能够提升你的工作效率的工具。因此，设计模板是追求理解的教学设计的实用性基础，其目的是养成正确的思维习惯，完成有助于学生理解的设计，避免活动导向和灌输式教学设计中的错误习惯。

图表1.2提供了UbD模板的雏形，在一个页面中包含了不同域中的关键设计问题。这种形式直观地体现了逆向设计的思维，可以指导教师应用UbD中的不同要素。在后面章节中将提供一个更完整的模板及其每个域的细节内容。

虽然这个单页版本的模板没有提供大量的细节，但它的价值在于：首先，它提供逆向设计的全景图，简洁清晰；其次，它可以用于快速检查、调整评估（阶段2）

和学习活动(阶段3)与既定目标(阶段1)的匹配程度;第三,该模板可以用来审查教师或地区开发的已有单元;最后,这个单页模板提供了一个初步的设计框架。我们还有一个多页的版本,包含更详细的规划,例如:一幅表现性任务蓝图,一张关于重要学习事件的列举和排序的日程表。《追求理解的教学设计专业发展工作手册》(McTighe & Wiggins,2004,pp.46-51)提供了一个包含更详细规划的六页模板。

图表1.2　包含设计问题的单页模板

阶段1——预期结果	
所确定的目标: ⓖ ● 此设计将达到什么目标(例如:内容标准、课程或项目目标、学习结果)?	
理解: ⓤ 学生将理解…… ● 大概念是什么? ● 期望他们获得的特定理解是什么? ● 可预见的误解是什么?	**基本问题:** ⓠ ● 什么样的启发性问题能够促进探究、理解和学习迁移?
学生将会知道…… ⓚ ● 作为本单元的学习结果,学生将会获得哪些关键知识和技能? ● 习得这些知识和技能后,他们最终能够做什么?	**学生将能够做到……** ⓢ

阶段2——评估证据	
表现性任务: ⓣ ● 学生通过哪些真实的表现性任务证明自己达到了预期的理解目标? ● 通过什么标准评判理解成效?	**其他证据:** ⓞⓔ ● 学生通过哪些其他证据(例如:小测验、考试、问答题、观察、作业、日志)证明自己达到了预期结果? ● 学生如何反馈和自评自己的学习?

阶段3——学习计划
学习活动: ⓛ   哪些学习体验和教学能够使学生达到预期的结果?设计将如何: W=帮助学生知道此单元的方向(Where)和预期结果(What)?帮助教师知道学生从哪(Where)开始(先前知识、兴趣)?   H=把握(Hook)学生情况和保持(Hold)学生兴趣?   E=武装(Equip)学生,帮助他们体验(Experience)主要观点和探索(Explore)问题?   R=提供机会去反思(Rethink)和修改(Revise)他们的理解及学习表现?   E=允许学生评价(Evaluate)他们的学习表现及其含义?   T=对于学生不同的需要、兴趣和能力做到量体裁衣(Tailor)(个性化)?   O=组织(Organize)教学使其最大程度地提升学生的学习动机与持续参与的热情,提升学习效果?

通过定期观察，我们发现教师在使用 UbD 模板时，开始内化逆向设计过程。阶段 1 要求教师考虑自己想要学生理解什么，根据问题构建理解框架。在完成阶段 1 的前两部分的内容时，模板提示教师要确定学生的理解目标和基本问题，从而为自己的特定单元构建一个更大的思考情境。

阶段 2 提示教师为预期的理解目标思考多种评估方法以收集证据。它的两个组成部分为详细描述单元教学中所应用的特定评估方法提供了思考空间。教师需要根据收集到的证据来思考，而不是仅仅依据单一的测试或表现性任务。

阶段 3 要求列出主要学习活动和课程。一旦填入这些内容，教师（或其他人）应该能够识别我们称之为"WHERETO"的各个元素。

这种模板的*形式*提供了一种呈现单元设计的简洁方法，其功能是指导设计过程。当该模板完成后，还可将其用于自我评估、同行评审以及和其他人共享已完成的单元设计。

为了更好地理解此模板为教师设计带来的好处，让我们来看一个已完成的模板。图表 1.3 是一个关于"营养"单元的三页模板。

要注意，在图表 1.3 所示的模板中，逆向设计思维体现在，其所制定的长期目标比传统教案更加明确，这些目标将贯穿阶段 2 和阶段 3，从而保证设计的一致性。很明显，阶段 1 集中关注大概念，不过也没有完全忽略那些较为离散的知识和技能。最后，模板要求我们设计合适的、不同类型的评估方法，这是提醒我们，如果我们的目的是理解，那么通常需要各种各样的证据和评估来表明学习者实现了知识迁移。

设计标准

除了 UbD 模板，本书还配备了一套设计标准，与逆向设计法中的各个阶段相对应。该标准为设计过程提供了指标，用于单元设计的质量控制。作为问题框架，UbD 设计标准服务于课程设计者，就像评分量规服务于学生一样。在学生开始工作之前就将量规呈现给他们，量规通过明确学生应努力获得的重要品

图表1.3 三页模板：营养案例

阶段1——确定预期结果

所确定的目标：

内容标准6——学生将理解有关营养和饮食的基本概念。　　**G**
　　6a——学生将运用对营养的理解，为自己和他人安排合理的饮食。
　　6c——学生将了解自己的饮食习惯和方式，以便对其进行改进。

我们需要思考哪些基本问题？　　　　　　　　**预期的理解是什么？**

- 什么是健康饮食？　　　　　　**Q**
- 你是一个健康饮食者吗？你是如何知道的？
- 对一个人来说是健康的饮食，为何对另一个人来说却是不健康的？
- 尽管有很多可用的信息，但为什么在美国还有这么多由营养不良引发的健康问题？

学生将会理解……　　　　　　**U**
- 均衡饮食有益于身心健康。
- 美国农业部食物金字塔（The USDA food pyramid）提出了相关的营养指南。
- 个体饮食需求因年龄、活动量、体重和整体健康状况的不同而不同。
- 健康的生活需要个体根据现有的、关于良好营养的信息去行动，即使这可能会打破舒适的生活习惯。

作为单元学习的结果，学生将会获得哪些重要的知识和技能？

学生将会知道……　　　　　　**K**
- 关键术语——蛋白质、脂肪、卡路里、碳水化合物、胆固醇。
- 每个食物种类中的食物类型及其营养价值。
- 美国农业部食物金字塔指南。
- 影响营养需求的因素。
- 营养不良引发的普遍健康问题。

学生将能够……　　　　　　**S**
- 阅读并解释食物标签上的营养信息。
- 分析食物的营养价值。
- 为自己和他人制订均衡的饮食计划。

图表 1.3　三页模板：营养案例（续）

阶段 2——确定合适的评估证据

什么能够用来证明学生理解了所学知识？

> **表现性任务：**
> 人如其食——学生们创作一本图文并茂的手册，向低年级学生宣传良好营养对健康生活的重要性，为打破低年级学生的不良饮食习惯出谋划策。
> 大快朵颐——学生们为即将开始的户外教育夏令营制作一份三天的菜单，包括正餐和点心。他们需要给营地主管写一封信，解释为什么应该采纳他们的菜单（说明其符合美国农业部关于食物金字塔的提议，而且对学生来说也足够美味）。他们要为特定饮食条件者（糖尿病患者或素食者）或有特殊宗教信仰的人群至少修改一次菜单。

根据阶段 1 的预期结果，还需要收集哪些证据？

> **其他证据：**
> （例如：测试、小测验、问答题、工作样本、观察报告）
> 小测验——食品种类和美国农业部食物金字塔。
> 简答题——描述两个可能由于营养不良导致的健康问题，并解释如何避免该类问题。
> 技能测试——口头解释食品标签上的营养信息。

学生的自我评价和反馈：

> 1. 自评宣传手册"人如其食"。
> 2. 自评夏令营菜单"大快朵颐"。
> 3. 在单元学习结束时，反思你的饮食的健康程度（与单元学习开始时作比较）。

图表 1.3　三页模板：营养案例（续）

阶段 3——设计学习体验

　　教与学的体验顺序该怎么安排才有助于学生参与、发展和展示预期理解？下表逐次列出了关键的教学和学习活动，同时以 WHERETO 元素中的相应首字母为每个活动编码。

> 1. 以一个问题（你吃的食物会引起青春痘吗？）切入，吸引学生思考营养在他们生活中的作用。H
> 2. 介绍基本问题，讨论单元的最终表现性任务（大快朵颐和饮食行动计划）。W
> 3. 注意：根据各种学习活动和表现性任务的需要介绍主要的术语。学生阅读和讨论健康教材中的相关章节，以支持学习活动和表现性任务。作为一个持续性的活动，学生用图表将他们的日常饮食记录下来，以便后期检验和评估。E
> 4. 播放关于食物种类概念的介绍视频，然后让学生依据食物图片进行分类练习。E

续 表

5. 介绍食物金字塔,辨别不同种类的食物。给学生一些食物图片,让他们以小组为单位制作一张关于食物金字塔的海报,并在教室或走廊中展示这些海报。E
6. 进行关于食物种类和食物金字塔的小测验(匹配题)。E
7. 回顾和讨论来自美国农业部的营养手册。讨论问题:每个人都必须遵循相同的健康饮食原则吗?R
8. 开展小组合作,让学生分析一个虚拟家庭的饮食状况(故意提供不均衡的饮食案例),然后给出改善饮食的建议。在此期间,教师在旁观察,并为学生提供相应的指导。E-2
9. 每个小组分享他们关于虚拟家庭饮食状况的分析,然后在全班范围内讨论。E,E-2(注意:教师收集和点评这些关于饮食的分析,并找出需要指导的错误理解。)
10. 每个学生设计一份带插图的营养手册,向低年级学生介绍良好营养对于健康生活的重要性以及与不良饮食相关的问题。这个活动在课后完成。E,T
11. 各小组内学生相互交换小册子,根据标准列表进行互评。允许学生根据评价反馈进行修改。R,E-2
12. 播放并讨论视频《营养和你》,讨论和不良饮食有关的健康问题。E
13. 学生们聆听主讲嘉宾(当地医院的营养学家)的讲座,并对营养不良引起的健康问题进行提问。E
14. 学生们以书面形式回答简答题:描述两个由营养不良引起的健康问题,并解释如何通过改变饮食来避免这些问题。(教师收卷并评分。)E-2
15. 教师示范如何阅读和解释食物标签上有关营养价值的信息,然后学生利用捐赠的空包装盒、空罐头和空包装瓶进行相应的练习。E
16. 学生独立制作一份三天的夏令营菜单。评估和反馈夏令营菜单项目。学生利用量规自评和互评他们的项目。E-2,T
17. 在单元总结时,学生回顾他们完成的日常饮食图表,并自评饮食的健康程度。他们注意到改变和提升了吗?他们注意到自己的感觉和外貌上的变化了吗?E-2
18. 学生以健康饮食为目标,制订个人的"饮食行动计划"。这些内容将保存下来,并在即将到来的、学生也参与的家长会上进行展示。E-2,T
19. 在单元结束时,让每个学生对个人饮食习惯进行自我评估,并以"健康饮食"为目标,制订一个个人行动计划。E-2,T

质来提供表现性目标。同样,根据 UbD 框架,设计标准明确了有效的单元设计应达到的质量水平。图表 1.4 介绍了四个 UbD 设计标准,并随附了评价指标。

设计标准对于设计工作的功能体现在以下三个方面:

● **作为设计过程中的参考点**——教师可以依据设计标准进行定期检查,例如,定义的理解是否是大概念,是否具有持续性,或评估证据是否充分。像量规一样,这些问题对于设计应包含哪些要素起到提示作用,如对基本问题的关注。

● **用于设计草稿的自评和互评**——教师及其同伴可以使用指标来检查他们的单元设计草稿,确定是否还需要改进,比如从各个方面来深入挖掘抽象的概念。

- **用于所完成设计的质量监控**——在把单元设计派发给其他教师之前,独立评审(例如课程委员会)可以利用设计标准来对设计进行把关。

在我们的职业中,很少有学科教师设计的单元和评估能通过这种水平的严格审查。尽管如此,我们发现在设计标准指导下进行的结构化的同行评议会让教师及其设计作品受益匪浅(Wiggins,1996,1997)。同行评议会的参与者们定期与同行交流分享,评课议课。我们认为这样的会议是促进专业发展的有效方法,因为交流的重点都是教学与学习的核心问题。

我们必须要强调使用设计标准定期评审课程的重要性——包括现有的和新开发的单元与课程。对于教育工作者来说(包括新教师和老教师),养成根据恰当的指标来自评设计的习惯还有些困难。我们行业内的一个普遍规范似乎是,"如果我在进行教学设计时非常努力,非常用心,那成果一定是好的"。UbD 设计标准为我们提供了质量监控的方法,从而有助于打破这种所谓的规范。它们既能帮助我们发现课程的优势,也能揭示其不足之处。

除了使用 UbD 设计标准进行自我评估外,教师还应参与结构化的同行评议,这样课程产品(单元计划、表现性评估、课程设计)的质量也会不断地得到提高,因为在同行评议过程中,他们能够互相检查单元设计,分享反馈观点并提出改善建议。这样的"诤友"评论为设计者提供了反馈,帮助教师内化良好设计的特点,同时使其有机会了解可替代的设计模型。("哎呀,我从来没有想过用一个问题作为单元的开始。我想在下个单元中尝试一下。")

图表 1.4　UbD 设计标准

> **阶段 1——设计中对于目标内容的大概念的关注要达到什么程度?**
> *思考:是否……*
> ○ 所指向的理解具有持续性,以处于学科核心、需要被揭示的可迁移的大概念为基础?
> ○ 所指向的理解以问题为框架,这些问题能引起有意义的联系,激发真正的探究和深入的思考,促进知识迁移?
> ○ 基本问题具有启发性,没有标准答案,并可能会围绕核心概念产生探究(而不只是一个简单答案)?
> ○ 确定了恰当的目标(例如:内容标准、基准、课程目标)?
> ○ 明确说明了有效且与单元相关的知识和技能?
>
> **阶段 2——对于预期结果,评估在何种程度上提供了合理、有效、可靠以及充分的检测?**
> *思考:是否……*
> ○ 要求学生通过真实的表现性任务展示他们的理解?

> ○ 采用合适的、基于指标的评分工具来评估学生的成果和表现？
> ○ 采用各种合适的评估模式来提供额外的学习证据？
> ○ 用评估来为学生、教师和评价提供反馈？
> ○ 鼓励学生自我评估？
>
> **阶段3——学习计划在何种程度上具有有效性和参与性？**
> **思考：学生能否……**
> ○ 知道他们将到达哪里（学习目标），这些材料为什么重要（学习这些内容的原因），以及他们需要什么（单元目标、表现性要求和评价指标）？
> ○ 被吸引——积极挖掘大概念（例如：通过探究、调查、问题解决和实验）？
> ○ 有足够的机会探究和体验大概念，并获得知识来武装自己，以达到预期的学习表现？
> ○ 有充足的机会根据及时反馈来反思、练习、修改和完善他们的表现？
> ○ 有机会评价他们的表现，反思自己的学习以及制定的目标？
>
> **思考：学习计划是否是……**
> ○ 个性而灵活的，能够专注于所有学生的兴趣和学习风格？
> ○ 有组织的和有序的，使参与性和有效性最大化？
>
> **整体设计——整个单元设计在何种程度上和三个阶段中各元素是连贯一致的？**

设计工具

除了设计标准，我们还开发和完善了一组全面的设计工具，为教师和课程开发人员提供支持。这是一项复杂的工作！我们已建立了一系列学习支架——提示、向导、概念模板、案例——帮助教育者产生更高质量的设计。《追求理解的教学设计专业发展工作手册》还提供了全套资源。

我们认为一个好的模板就是一个智力工具，不仅能够记录想法，还能在设计过程中关注和引导设计者的思考，从而使高质量工作成为可能。在实践中，课程设计者从复制模板开始，以特定的设计工具和大量优秀单元设计案例为支撑来开展工作。这样，我们采用了与指导学生学习一样的方法：预先提供模型和设计标准，并从一开始就关注设计者的表现。[①]

但是我们为什么说模板、设计标准和相应的设计工具是"智力的"呢？正如

---

① 要了解更多信息和认知工具案例，参见 McTighe & Lyman(1988)。

物理工具(例如：望远镜、汽车或助听器)延展了人类能力一样，智力工具有助于提高认知任务(如学习单元的设计)的绩效。举个例子，一种有效的图形组织器(graphic organizer)，如故事地图，能够帮助学生内化故事的元素，提高阅读和书写故事的能力。同样，通过经常使用模板和设计工具，用户有可能发展出一种思维模板，该模板包含着本书的关键概念：逆向设计的逻辑、评估员思维、理解六侧面、WHERETO和设计标准。

■ 误解警报！

虽然这三个阶段表明了设计的逻辑，但并不表示在实际操作中必须遵循这样的步骤逐步完成。正如第十一章所述，不要将最终产品的逻辑与设计工作的复杂过程混淆。设计从何开始或如何进行并不要紧，只要能够在结束时完成一个反映三个阶段逻辑的连贯且一致设计就可以了。一次进展顺利的大学讲课的最终提纲并不能反映出形成过程中反复迭代的复杂思维过程。

我们通过有形的方式(例如：模板和设计工具)将UbD元素具体化，希望为教育工作者学习和运用UbD提供支持。当新观点对固有的、常态的教学习惯提出挑战时，可能会导致教学失衡，这时设计工具就像辅助轮一样，可以保证教学的稳定性。而一旦UbD的关键概念被内化并得到经常应用后，就不一定要使用工具了，就像年轻的自行车骑手在达到平衡、有了信心后，就可以摆脱辅助轮一样。

鲍勃·詹姆斯的逆向设计实践

背景：鲍勃·詹姆斯是新城中学(Newtown Middle School)六年级的教师，当他开始设计持续三周的营养单元时，参与了UbD的学习工作坊。他关于该单元的最终设计见图表1.3。但是，鲍勃是使用UbD的新手，所以他将不断展现和修订他的设计。在整本书中，我们将展示他的思考和反思过程，因为他充分考虑了模板元素的意义。

阶段1：确定预期结果

该模板要求我突出单元目标，对我来说，意味着遵循我们的州立标准。在浏览关于"健康"这个学科的标准时，我找到了三条针对这个年龄段的关于营养的内容标准：

- 学生将理解有关营养的基本概念。
- 学生将理解均衡饮食的元素。
- 学生将理解自己的饮食习惯以及改善饮食的方式。

将这些标准作为起点,我需要确定我想要学生从本单元中学到什么。知识和技能是我一直关注的重点:食物金字塔的知识,在商店和家中阅读商品标签的能力等。虽然我从来没有刻意想过"理解"这回事,但我喜欢这个概念,认为它会帮助我在教学中和有限的课堂时间内关注本单元真正重要的内容。

当我仔细思考"理解"这个概念的时候,我认为自己真正关心的是与营养元素的理解有关的内容,这样学生可以为自己和他人规划平衡的饮食。大概念必须要以一种可行的方式与营养和饮食规划关联起来。接下来,重要的问题是:什么对你有好处?什么对你没有好处?你是怎么知道的?什么让正确了解和合理规划饮食变得困难?(垃圾食品的好口感使其变得困难!)

这种观点显然是重要的,因为规划营养菜单是一个真实的、终身的需求,也是运用营养学知识的有效方法。但在这种情况下,我还是有点不清楚"理解"意味着什么。我需要进一步反思理解是什么,它如何超越具体的知识,以及如何运用理解。就像规划菜单的技能一样,关于营养的基本概念已经很明确。本单元中还有哪些内容需要深入透彻的**揭示**吗?例如,是否有典型的错误理解需要我特别关注的?

和我预想的差不多,我发现许多学生都有两种错误认识:如果一种食物对你有好处,那它肯定不好吃;那些在高大上的地方卖的东西,或者很多人吃的东西,一定是没有问题的。在本单元中,我的目标之一就是消除这些误解,使学生不会主动规避健康食品,也不会无意中吃太多不健康的食品。就参与度而言,那应该是没有问题的。对于10—11岁的孩子来说,任何与食品有关的东西他们都喜欢。在规划菜单时,有一些要点(如成本平衡、品种、口味和饮食需求)并不都是显而易见的,通过这种方式考虑单元教学能使我更加集中地思考这些要点。

阶段2:确定合适的评估证据

这让我颇费思量。通常面对这样三周或四周的单元教学,我会进行一两个小测验,一个评分项目,最后再进行一个单元测试(一般是多选题或匹配题)。尽管用这些评估方法能比较容易评出等级,给出成绩,但我一直觉得有点不安,因为这些方法无法反映单元的要点。项目等级有时也与大概念无关，而更多地与学生是否用功有关。我倾向于利用"测试"来检验那些易于检验的内容，而不是评估那些超出营养事实的更深层次的目标。事实上，一直使我感到不安的是，孩子们往往把重点放在他们的成绩而非学习上。也可能是因为我以前使用的评估方法更倾向于给出分数，而不是帮助他们发展和记录学习，所以在某种程度上让他们养成了"关注成绩"的学习态度。

现在，我需要想想什么可以作为我所关注问题的证据。在浏览了一些表现性任务的例子以及和同事讨论关于"应用"的观点后，我决定尝试设置以下任务：

> 因为我们一直在学习与营养相关的内容，户外教育中心的营地主管邀请我们为今年下半年举行的为期三天的夏令营准备一份营养均衡的菜单。你要根据食物金字塔指南及食物标签上的营养表，设计一个为期三天的计划，包括三顿主餐和三顿点心（上午、下午和夜宵）。你的目标是：一份美味而营养均衡的菜单。

因为这项任务要求学生展示我真正希望他们在本单元学到的知识，所以我有些兴奋。这个任务还和本单元的另一个项目——分析一个假想家庭一周的饮食，并对如何改善其营养提出建议——有很密切的联系。脑子里有了这个任务和这个项目，我现在可以通过小测验检查学生对食物种类和食物金字塔指南的掌握情况，然后利用一个包含更多内容的测试，检查他们对以下内容的理解：缺乏营养的饮食如何导致健康问题。哇，这是我历次单元评估计划中设计得最好的一个啦！它不仅能提供学生理解的证据，同时也能激发学生的兴趣。

阶段3：设计学习体验和教学

这部分的设计工作是我的最爱——它将决定在本单元中学生做什么活动，以及做这些活动时需要哪些资源和材料。但是根据我学习的逆向设计法，我需要首先思考：如果学生想用表现证明他们理解了我想要他们理解的知识，他们需要哪些基本的知识和技能。

嗯，学生需要了解不同的食物种类以及每个食物类别中包含的食物，这将有助于他们理解美国农业部提出的食物金字塔建议。他们还需要了解人体对碳水化合物、蛋白质、糖、脂肪、盐、维生素和矿物质的营养需求,以及能提供这些营养元素的各种食物。他们需要学习人体每天对这些营养元素的最低需求和由于营养不良引起的各种健康问题。在技能方面,他们需要学习如何阅读和解释食物标签上的营养信息,以及如何按营养比例配制食谱,这些是学生完成最终项目——为夏令营规划健康菜单——所需的技能。

说到学习体验,我会利用过去几年收集的资源:美国农业部制作的关于食物种类和食物金字塔建议的小册子;一个精彩的视频——《营养与你》;当然还有"健康"教材(我打算选择性使用)。和过去三年的做法一样,我会邀请当地医院的营养学家来讲授关于饮食与健康,以及如何规划健康菜单的内容。我知道,孩子们非常注重对自己所学知识的实际运用。

教学方法会按照我的基本教学模式进行,是讲授、启发、小组合作以及个人活动的融合。

逆向设计对起草新的教学设计很有帮助。一旦确定了单元目标,我可以更清楚地知道哪些知识和技能是必不可少的。这样,我就可以集中精力关注该主题中更重要的内容(而且,不会因为没有将所有内容都讲完而感到愧疚)。有趣的是,我意识到:尽管教材中有些关于营养的章节非常重要(例如,对因营养不良引起的健康问题的描述),但是有一些内容没有我使用的其他资源(小册子和视频)作用大。就评估而言,我现在更清楚地知道我需要利用传统的测验和考试来评价什么,以及为什么需要表现性任务和项目来使学生展示他们的理解。我现在开始对逆向设计有感觉了。

关于设计过程的几点说明

需要注意的是,"营养"单元的初步设计过程揭示了逆向设计的四个关键点:

1. 要在课程完全开发之前就彻底想清楚评估内容(表现性任务和相关证据的来源)。评估作为教学目标,有助于聚焦教学重点和修订之前的课程计划,因为它们用非常具体的细则明确了我们希望学生理解什么,能够做什么。因而,教学可以被理解为"使"这些表现性行为得以发生的过程。评估还能指导我们区分教学内容的重要程度。

2. 要根据评估预期结果所需的证据对熟悉和喜欢的活动及项目作进一步修改。例如，如果本书绪论中的"苹果"单元使用逆向设计的话，我们将能看到一些活动的修改，以便更好地支持预期结果。

3. 教学方法和资源材料的选择是放在最后的事情，教师要记住设计学生工作是为了让他们达到标准。例如，我们不能因为合作学习是一种流行的教学策略就使用它。从逆向设计的角度来说，我们应该提出的问题是：什么样的教学策略能够最有效地帮助我们达到教学目标？面对特定的学生和标准要求，合作学习可能是，也可能不是最好的方法。

4. 教材的角色可能会从主要资源变成支持材料。事实上，这位六年级的教师在设计营养单元时意识到：如果要实现教学目标，仅仅依赖教材是有局限性的。有了其他有价值的资源（美国农业部的材料、视频和营养学家），教师不需要再被动地照本宣科了。

介绍鲍勃·詹姆斯的设计，是为了初步呈现逆向设计法的概貌。随着鲍勃·詹姆斯对于理解、基本问题、有效评估及相关学习活动的认识逐渐深化，他将会继续精炼他的单元计划（并且多次修订他的想法）。

预览

图表 1.5 给出了 UbD 方法的关键要素，从而概述了本书的要点。在后续章节中，我们将"揭示"具体的设计过程，检验 UbD 方法对评估的开发和使用、课程的计划和组织、有效教学方法的选择等方面的意义。在图表 1.5 中，每列都会包含一些解释要点，帮助你了解本书的全部内容。

该图最好从左到右依次按行阅读，了解设计的三个阶段在实践中的操作方法。三阶段设计过程（预期结果、评估证据和学习计划）所涉及要素的大纲都在列标题中有所强调。以一个关键设计问题开始；思考如何通过智能优先次序（设计注意事项）限定各种可能；自我评估，自我调整，最终根据适当的指标（参考依据）反思各个设计要素；根据成就目标（最终设计要达到的目标）设计出满足合适的设计标准的产品——至此结束。

综上所述，逆向设计会使预期结果、关键表现以及教与学体验之间产生更大的一致性，从而使学生有更好的表现——而这，正是设计的目的所在。

图表 1.5 UbD 矩阵

	关键的设计问题	书中章节	设计注意事项	参考依据(设计指标)	最终设计成果
阶段 1	• 什么是有价值的、恰当的结果？ • 关键的预期学习是什么？ • 学生应该理解什么，及能够做什么？ • 什么样的大概念能包含所有这些目标？	• 第三章——明确目标 • 第四章——理解六侧面 • 第五章——基本问题：通向理解之门 • 第六章——架构理解	• 国家标准 • 州立标准 • 地方标准 • 区域特色主题 • 教师经验和兴趣	• 关注大概念和核心挑战	• 与清晰目标和内容标准相关的，围绕标准持久理解和基本问题的单元基本架构。
阶段 2	• 预期结果的证据是什么？ • 尤其是，什么是预期理解的恰当证据？	• 第七章——像评估员一样思考 • 第八章——指标和效度	• 理解六侧面 • 评估类型的连续统	• 有效 • 可靠 • 充分	• 为达到预期结果而锚定在单元目中的、可靠且有用的证据。
阶段 3	• 什么样的学习活动和教学能促进理解，增进知识和技能，激发学习兴趣并发挥长处？	• 第九章——设计学与教的策略库 • 第十章——为理解而教	• 基于研究的学与教的策略库 • 恰当的使能知识和技能	参与性和有效性、使用WHERETO 的元素： W: 将要达到什么目的 H: 把握学生情况 E: 探究和装备 R: 反思和修改 E: 展示和评价 T: 根据学生需求、兴趣和风格量体裁衣 O: 组织教学以发挥最大的参与性有效性	• 学习活动和教学的一致性，能唤起和理解、激发学习兴趣，使优秀的表现性行为成为可能。

第二章 理解"理解"

关于精神生活最独特的事情是人们会不断地超越所给的信息,而不只是理解周边世界发生的事件。

——杰罗姆·布鲁纳(Jerome Bruner),《超越所给的信息》(Beyond the Information Given),1957,p. 218

教育就是向智者揭示智慧,对愚者掩盖无知。

——安布罗斯·比尔斯(Ambrose Bierce),《魔鬼辞典》(The Devil's Dictionary),1881—1906

本书揭示了两个不同但相关的概念:设计和理解。在上一章中,我们讨论了通常情况下一个优秀的教学设计是什么样的,以及模板所特别要求的内容是什么。但是,在我们更深入地探讨模板之前,我们需要回过头来想想本书的另一部分内容:理解。鲍勃·詹姆斯对"理解"感到有一丝困惑。他的困惑是一个相当普遍的问题。当我们让教学设计者去界定预期理解,由此来区分预期的"知道"和"理解"时,他们常常会感到茫然。两者之间有什么区别?什么是理解?于是我们有必要停下来思考一个本质性问题:我们对"理解"的理解程度如何?当我们要求学生理解这个或那个知识点时,我们真正想要达到的目的是什么?现在,我们想当然地使用"理解",就好像我们完全知道它代表着什么一样。但是,正如我们所看到的,讽刺的是,虽然我们作为教师要求学生**理解**学习内容,但我们自己却不能充分**理解**这个目标。这种说法似乎有点奇怪。教师每天都在有意识地为"理解"而努力,不是吗?我们怎么可能不知道我们的目的是什么呢?然而,有足够的证据表明"理解"和"为理解而教"是含糊的、不明确的术语。

在《教育目标分类学:认知领域》(Taxonomy of Educational Objectives:

Cognitive Domain)一书中,我们可以了解到这类概念的不确定性。该书由布鲁姆(Benjamin Bloom)和他的同事于1956年完成,书中对智力目标从简单认知到复杂认知的可能范围进行了分类和说明。事实上,该书有意要对理解程度进行分类。正如作者经常提到的,这本书是根据测试中一直存在的问题来撰写的:"充分掌握"、"彻底了解"等词语是试题编制者必须使用的,但它们的含义没有得到清楚界定或形成一致看法,对此,如何对其教育目标或教师目标进行测量呢?

在关于目标分类学的介绍中,布鲁姆和他的同事认为理解是一个常见但不够清晰明确的概念:

> 例如,一些教师希望他们的学生"真正理解",其他教师希望他们的学生"内化知识",还有一些教师希望学生"掌握核心和本质"。他们讲的是一回事吗?尤其是,学生"真正理解"的时候会做什么,不理解的时候又不会做什么?通过参照目标分类学……教师可以定义这些模糊的术语。(p.1)

回忆一下,当我们的健康教师鲍勃·詹姆斯思考他的营养单元(参见第一章)时,他似乎不确定"理解"是什么以及"理解"和"知道"相比有何不同。事实上,因目标分类学的作用,两代课程开发人员已被告知在他们的框架中应避免使用"理解"这样的术语。例如,在美国科学促进会(the American Association for the Advancement of Science,简称AAAS)的《科学素养的基准》(*Benchmarks for Science Literacy*,下文简称《基准》)中,作者简要描述了他们在制定科学教学和评估的基准时所遇到的问题:

> 基准使用"知道"和"知道如何"来统领基准的每一部分。还有一种选择是使用一系列细化等级的动词,包括"识别、熟悉、领会、掌握、知道、领悟、理解"等,每一项都比前一项更为复杂和完整。该分级系列的问题在于不同读者对于认知顺序的划分会有不同的意见。(1993, p.312)

然而,**理解**和**知道**的意思肯定是不同的。我们经常说,"他知道很多数学知识,但没有真正理解数学的本质",或是"她知道每个词语的意思,但并不理解整个句意"。另一种可以说明问题的现象是：在布鲁姆之后的50年里，许多州立标准都详细描述了理解和知道之间的区别。思考下面来自加利福尼亚州科学标准的例子，该标准将**知道**和**理解**作了明确区分，**理解**的含义更为广泛，**知道**是其子内容：

牛顿定律可以预测大多数物体的运动，学生理解这个概念的基础是：

a. 学生知道如何解决匀速或平均速率的问题；

b. 学生知道二力平衡时没有加速度产生，因此物体继续保持匀速运动或保持静止状态（牛顿第一定律）；

c. 学生知道如何运用公式 $F=ma$ 解决恒力作用下的单向运动问题（牛顿第二定律）；

d. 学生知道当一个物体对另一个物体施力的同时会受到相反方向、相同大小的反作用力（牛顿第三定律）……

科学进步是由有意义问题的提出和严谨的科学研究来推动的。作为理解这个概念和阐述其他四个部分内容的基础，学生需要学会提问和进行调查。学生们将要：

a. 选择和使用恰当的工具和技术（诸如计算机连接的探测器、电子表格、图形计算器）来进行实验、收集数据、分析关系以及呈现数据；

b. 辨别和交流不可避免的实验误差来源；

c. 揭示导致不一致结果的可能原因，例如误差原因或不可控条件……

尽管我们质疑像"科学进步是由有意义问题的提出和严谨的科学研究来推动的"这样的阐述是否是一个**概念**，但是这项标准的内涵已经足够清晰：理解是智力层面的建构，是人脑为了弄懂许多不同的知识片段而进行的抽象活动。标准进一步指出：如果学生**理解**了，他们可以通过展示他们知道和能够做到的特定事情来证明自己理解了。

理解作为有意义的推断

但是，理解和知道是如何关联的？内容标准中的"作为理解这个概念的基础……"这句话将两者的关系变得有些含糊不清了。理解仅仅是知道的更为复杂的形式,还是与知识内容相关但又从中分离出的其他事物呢?

我们在日常交谈中对"知道"、"知道如何"和"理解"的混用使事情变得更糟糕。许多人会说我们"知道"牛顿定律可以预测物体运动;也会说我们"知道"如何修车和我们"理解"如何修车,就好像这两个观点表达的意思相同。我们的用法也会有发展的一面:我们曾经费力"理解"的事情,现在说"知道"了。这意味着曾经需要一系列的推理才能把握的事情,现在不需要了:我们已经"知道"了。

我们往往倾向于混用"理解"和"知道"这两个词,那么,当我们谈论"知道"和"理解"的区别时,我们要作哪些有价值的概念区分呢?图表2.1展示了这两个术语之间的实用区别。

图表2.1 知道和理解

知道	理解
● 事实	● 事实的意义
● 大量相关事实	● 提供事实关联和意义的理论
● 可证实的主张	● 不可靠的、形成中的理论
● 对或错	● 有关程度或复杂性
● 知道一些正确的事情	● 我理解为什么它是知识,什么使它成为知识
● 根据所知回应提示	● 我能够判断何时使用以及何时不用我所知的内容

约翰·杜威(John Dewey, 1933)在《我们如何思维》(*How We Think*)中对理解作了清晰的总结,认为"理解是学习者探求事实意义的结果":

> 掌握一个事物、事件或场景的意义,就是要观察它与其他事物的联系:观察它的运作方式和功能、产生的结果和原因以及如何应用。而那些我们称作无意义的事情,是因为我们没有领悟到它们之间的联系……方法—结果的关系是所有理解的核心。(pp. 137, 146)

为了强调这些相同点与不同点,我们进行这样的类比:仅用黑色和白色的瓷砖铺地板。我们的全部事实性知识都可以在瓷砖中找到。每个瓷砖都有定义好的特征,这些特征可由其相对准确性来确定,这没有什么可争论的。每个瓷砖都是一个事实,理解就是从许多瓷砖中可以看出来的图案,会有很多种图案,每种图案包含了或多或少的瓷砖。突然我们发现一些小图案可以组成更大的图案,这一发现在开始的时候并不明显。而且,可能你看到的图案和我们所看到的不一样,所以我们会争论哪个图案是我们所见到的最好呈现。从某种意义上来说,其实图案并非真的固定存在,我们只是把它们推理出来,投射到瓷砖上面。铺设这些瓷砖的人只不过是将黑白瓷砖相间隔进行铺设,他不需要在大脑中有任何图案的概念:我们可能是看到图案的第一人。

让我们作一个更贴近智力生活的类比。在一张纸上写出可以组成一篇"事实"故事的词语。我们可以在词典中查每个词的意思,然后说我们知道了它的意思,但是整篇故事的内涵依然是开放的,可以讨论和探讨。故事的"事实"部分是已经获得认可的细节内容,但是故事的内涵仍"在字里行间"。(也许作者并没有想要表达我们所推断出的内涵——和瓷砖的例子一样。这也是现代文学评论中特别关注的一个事情:如果有多种不同看法,那么,怎么来分析它们呢?)文学研究中的一种典型做法将这件事解决得很漂亮:

> 首先你要将事物进行归类。当然,也许只需要一个类别就足够了,这取决于我们要处理事情的多少;但是,有些事物很明显要与其他事物区分开。在这里如果处理不当将会为后续工作带来麻烦,因此同时归类的事物最好不要太多,由少到多进行。该过程不需要很长时间;初次归类完成之后,你需要对事物进行二次归类,从而确保这些事物被归到正确的类别中。
> (Bransford & Johnson, 1972,载于 Chapman, 1993, p.6)

而一位作家在一本关于批判性阅读技巧的书中,参引了下面这段文字:

> 有一点对于不同读者来说是存在差异的,当读者们跟踪自己对内容的理解时,发现尽管他们知道每个单词的意思、单个句子的含义、相关事件发生的顺序,但是他们并没有真正懂得其内涵。此时,批判性阅读者为了理解内容,通常会慢下来,集中注意力并尝试不同的阅读策略。(Chapman,

1993, p. 7)

本篇的以上内容是比较模糊和冗长的描述。一般来讲,理解的目标是利用已有内容生成或揭示一些有意义的事情——利用我们记忆中的已有知识去发掘事实和方法背后的含义并谨慎地加以运用。相比之下,当我们希望学生"知道"中世纪史的一些重大事件、做一个熟练的打字员或有能力演奏一段乐曲的时候,专注的都是一系列必须"用**心习得**"的事实、技巧和过程。

因此,理解面临着对思维的挑战。如果遇到一个智力问题、一段充满困惑或者没有意义的经历,我们会对其加以判断并利用全部知识和技能来解决它。正如布鲁姆(1956)所指出的,理解是通过有效应用、分析、综合、评价,来明智、恰当地整理事实和技巧的能力。因此,将某些事情做对本身并不是理解的证据,这也许是偶然或者是机械完成的。理解意味着以正确的方式完成任务,通常反映了人们有能力解释**为什么**特定技巧、方法或知识主体在特定情境下是合适的或不合适的。

理解的可迁移性

我们在教育中怎样强调概念理解的重要性都不过分。也就是说,概念的含义具有通用价值,因为尽管有所不同,但它们的含义在各种不同情况下都是可以应用的……当我们陷入懵懂未知之境时,它们是我们可以参考的已知……没有概念生成的过程,就不能获得任何知识的迁移,更不能对新体验产生更好的理解。

——约翰·杜威,《我们如何思考》,1933, p. 153

不明白各种调料作用的烹饪,就像蒙着眼睛做烹饪……有时候这样做也行得通,但当出问题的时候,你就不得不想着如何去改变……正是理解使我能够既有创造力又能成功。

——罗丝·利维·贝兰堡(Rose Levy Berenbaum),《蛋糕圣经》(*The Cake Bible*),1988, p. 469

为了知道要应用**哪一个**事实，就要了解更多的事实。这个过程需要理解，即需要洞察本质、目的、受众、策略和手段。训练和直接指导可以使离散的技能和事实变得自动化（所谓"用心"去记），但这并不能让我们具备真正的能力。

换句话说，理解是关于**知识迁移**的。如果具备真正的能力，那就能够将我们所学的知识迁移到新的甚至有时令人感到困惑的情境中去。对知识与技能的有效迁移能力是我们在不同的情境和问题面前创造性地、灵活地、流畅地应用所学知识的能力。迁移不仅仅是引入先前所学的知识和技能。正如布鲁纳（Bruner）所言，理解是"超越信息本身"。如果我们通过理解一些关键的想法和策略来学习，我们就可以创造新的知识并达到更深入的理解。

什么是迁移，它为什么这么重要？我们希望将在一堂课上学到的知识应用到其他不同但相关的情境中。发展个人的知识迁移能力是良好教育的关键（参见 Bransford, Brown, & Cocking, 2000, pp.51ff）。这是一项基本能力，因为教师只能帮助学生学到整个学习领域中相对很小范围里的观点、范例、事实和技巧，所以我们需要帮助他们将内在的有限知识迁移到许多其他环境、情况和问题中去。

举一个体育运动中的简单例子。当我们领会到"防御的时候我们需要靠近任何可能被进攻的空间"这个观点的时候，我们可以将其应用在防御其他队**任何**移动的成员上，而不仅仅是在三三对抗演练时教练所教的一两个位置。我们可以应对全部的进攻问题，而并非仅仅是与演练相似的情形。不能在具体情境中领会和应用这个观点需要付出代价：

"我从中场接到球，开始带球。"（全国大学体育协会（NCAA）男子足球）锦标赛最佳进攻球员拉夫里年科（Lavrinenko）说道，"我正在找机会传球，但我的队友们打开了空间，我就继续跑。当我传球给阿列克谢（Alexei）时，两个球员跑到他那里，给我的空间更大了。"（纽约时报，1999-12-13，D版，p.2）

因为"限制进攻空间"这个大概念可以在体育领域中**迁移**，所以也同样适用于足球、篮球、冰球、水球、橄榄球和曲棍球。在阅读和数学中也是一样的：要获得机械学习和记忆之外的知识,我们必须学会和拥有看到模式的能力,当我们遇到"新"问题的时候,我们可以将它们看作是由熟悉的问题和技术衍生而来的变种。这需要我们学习如何用大概念和迁移策略来解决问题,而不仅仅是引入特定的事实或公式。

大概念是必要的,因为它为迁移提供基础。例如,你必须要知道,单一策略是构成特定行动和环境的所有可能组合的基础。这个策略就是要使团队中的成员有机会使用各种运动技能和假动作,不论其他团队做什么,也不管真实比赛情况是否和操练时相同。人们在学习时,必须要学会迁移知识和技能的能力:

> 影响迁移能力的是人们对知识的理解程度,而不仅仅是对事实的记忆或对固定流程的遵循……尝试快速灌输大量内容往往会阻碍学习,阻碍即将产生的迁移。(Bransford, Brown, & Cocking, 2000, pp. 55, 58)

大约一百年前,怀特黑德(Whitehead, 1929)对教育中的"呆滞思想"进行批判时提出了如下观点:

> 在训练儿童进行思维活动时,首先要注意我所提出的"呆滞思想"——几乎没有经过使用、检验或引入新的联系,直接吸收到头脑中的观点……有"呆滞思想"的教育不仅是无用的,甚至是有害的……我们引入的主要观点应是少量且重要的,并且能被应用到每一种可能的联系中去。(pp.1-2)

在阅读中,我们之前可能没有读过**某**个作者的**某**本书,但是如果我们理解"阅读"和"浪漫主义诗歌",我们就可以毫不费力地将我们先前的知识和技能迁移过来。如果我们仅仅通过重复练习和记忆的方式学习阅读,把阅读当作解码过程,那么阅读一本新书将会成为巨大的挑战。对于大学水平的高级读者也一样,假若我们逐字逐句地"阅读"一篇哲学文章,教授讲什么就听什么,而没有学会对所读的内容进行积极的提问和解答,那么读下一本类似书籍时不会更容易。(关于该观点的更多内容,参见 Adler 和 Van Doren, 1940)

迁移是布鲁姆和他的同事们所提出的关于"应用"的核心内涵。我们面临的

挑战不是从记忆中"再现"所学,而是修改与调整一般性观点,使之适用于特定情境:

> 学生仅仅通过记住答案或知道解答同类问题的常规方法,是不能具备应对新情境和解决新问题的能力的。如果一个问题除了数量与符号不同,其他内容都与课堂上解决过的问题相同,这不算新问题或新情境……新情境和新问题是指,学生在没有指导或帮助的情况下,针对给定问题,必须完成以下内容……1. 为了解答问题,学生对它的表述进行某种修改……2. 在提取前面所学的一般性知识之前,要将问题表述修改为某种特定模式……3. 问题表述要求学生从记忆中检索相关的一般性知识。(Bloom, Madaus, & Hastings, 1981, p. 233)

知识和技能是理解的必要元素,但是仅仅有这些条件还不够。理解还需要更多条件:具有敏锐的洞察力,有缜密、灵活地处理事情的能力,有自我评估、解释和批判的能力。迁移包括搞清楚哪些知识和技能与**当前**问题相关,以及如何运用已有知识去处理当前面临的挑战。

我们讨论的所有案例都是为了阐明一个重要问题:让学生直接思考真实问题有助于激发和唤醒学生的理解。这与仅仅要求学生死记硬背的课堂教学和考试(在考试中嵌入了高度提示,学生们只需将明显空缺的内容填上)有很大差异。(详见第六章至第八章中关于架构理解和有意义评估的深入讨论。)

很多学科中都存在学生(包括好学生)不能灵活应用所学知识解决相关问题的案例,这种现象在数学学科中尤为明显。请浏览下面几道数学题,它们都是在测试相同的概念(每道题约有**三分之二**的学生答不对):

选自纽约州统考:

> 从学校回家,贾马尔向东走了 5 英里,然后向北走了 4 英里。当希拉从同一所高中回家时,她先向东走了 8 英里,然后向南走了 2 英里。贾马尔家和希拉家之间的最短距离是多少?精确到小数点后一位。(可以使用辅助坐标)

选自美国国家教育进展评估(NAEP)12年级的数学统考：

在xy坐标系中，点(2,10)到点(−4,2)之间的距离是多少？
☐6　☐14　☐8　☐18　☐10

选自《波士顿环球》刊登的文章，关于马萨诸塞州综合评估系统(MCAS)的10年级数学的统考分数：

数学中最难的试题(只有33%的正确率)是让学生计算两点之间的距离。如果学生知道用图表画出要点并使用勾股定理——已知直角三角形两边的长度来求斜边长度——来计算的话，这些问题都是小菜一碟。难度排在第六的数学问题(只有41%的正确率)，同样是让学生使用勾股定理。"看起来利用勾股定理是这些孩子们的短板。"布伦特里公立学校的数学学科主任威廉·肯德尔说道，"这些都不是直接应用勾股定理的问题，而是需要多做一些转换。"(Vaishnav，2003)

这三个问题都要求学生理解勾股定理并将其迁移到新的问题情境中。看起来，尽管每个州的内容标准都把掌握勾股定理作为关键的预期结果，美国的大部分学生仍然做不到。

我们前面讨论了那么多，所以在看到上述消息时并不感到讶异。我们猜想教师是将 $A^2+B^2=C^2$ 这则定理作为事实来讲授，当作一种对已知直角三角形以及其他简单问题的特定计算规则。然而，当移除了一些明显线索后，学生就无法基于理解迁移他们所学的知识了。是不是有点儿奇怪，学生怎么就没有**理解**他们应当**知道**的内容呢？然而，很少有教师意识到：为了应试而让学生反复进行练习其实是一种失败的教学策略。

理解作为名词

再次强调，**理解**既有动词意义，也有名词意义。动词的**理解**就是能够智慧而有效地**使用**(或用布鲁姆的术语"应用")知识和技能。名词的**理解**是努力去理解(动词)的成功结果——对一个不明显的观点的最终掌握,对许多无关联(可能看起来不重要)的知识元素所作的有意义推断。

真正的理解包含另一种形式的迁移。我们利用大概念超越所看到的信息,使其变得有意义。正如杜威早期在《我们如何思维》一书中所提到的,一个学生在思考20世纪移民时激动地意识到:"哦,这和祖辈们西迁时的情境差不多啊!"——这就是我们所寻找的迁移。我们面临的挑战是通过设计,而非靠运气或天性,使迁移成为可能。在精致设计的、促进迁移的教学(以及不断需要这种迁移的评估)中,学生需要把最初所学的没有清晰结构和用途的知识看成是一个更大的、更有意义的、功能更强的系统中的一部分。如果课程设计没有与生活联系到一起,那么像荣誉、宿命或水循环这样的概念就只是需要记忆的空洞词语,学生们不会意识到这些概念的价值。

第一章中讨论的设计的优先顺序和学生理解的特定目标之间是有联系的。围绕大概念的设计能够使学习效果更显著、效率更高。正如《人是如何学习的》(*How People Learn*)一书作者所指出的:

> 在学习特定主题或技能之前,没能在一个更大的基础性框架背景下认清这些主题或技能所处的情境,这样的教学是不经济的……对基础性原则和观点的理解是培养迁移能力的主要途径。将事物作为一般性事例(意味着更具基础性的框架)的一个特例来理解,就是不仅仅要学习该特例,还要将其作为其他可能遇到的类似事物的模型来理解。(Bransford, Brown, & Cocking, 2000, pp. 25,31)

迁移必须作为学校所有教学的目标,这是必须的,因为在教学时,我们只能传授在整个学科中占小部分的样本。所有教师在下课时都会想:"哦,要是时间再多一点就好了!这些内容只是沧海一粟。"我们从来都没有足够的时间来教授所有内容。迁移是最重要也是最困难的任务,因为我们要让学生能够自主地学到更多的知识,远比从教师那里学到的多。

矛盾的是,迁移与"新"知识往往背道而驰。追求理解的教学要求我们更加密切地检查学生的先前知识和我们称之为知识的假设。在这方面,苏格拉底是一个榜样,他质疑存在的知识以求了解和学习更多。当我们提出某些问题:为什么是那样?为什么我们那么想?什么证明了这个观点?证据是什么?论点是什么?假设是什么?——我们就学到了另一种有效的迁移方式:掌握知识何以成为**知识**的能力,而不仅仅将知识当作信条,从而使我们处于更有利于增进知识和理解的状态。

专家盲点

　　在学习特定主题或技能之前,没能在一个更大的基础性框架背景下认清这些主题或技能所处的情境,这样的教学是不经济的。
　　——杰罗姆·布鲁纳,《教育过程》(*The Process of Education*),1960,p. 31

　　理解迁移的重要性可以帮助我们领悟一些教育家的思想,如布鲁纳,他认为传统的灌输教学是"不经济的"。他怎么能这么说呢?这看起来明显不对:追求理解的教学可能更有**成效**,但怎么可能更有**效率**呢?与那些为学生设置探究任务以帮助他们获得更深理解的教学相比,灌输式教学难道不是会讲授更多的内容吗?

　　然而,这种观点混淆了**教**与**学**的区别。为什么传统的灌输式教学从长期来讲是不经济的,布鲁纳认为主要有以下三方面原因:

　　　　第一,这样的教学使学生很难对当前所学的知识和日后所学的知识进行归纳。第二,这种学习毫无智力成就的快感。第三,在没有相互关联的结构基础上所获得的知识非常容易被遗忘。没有相互关联的知识在记忆中的半衰期是非常短的。(Bruner, 1960, p. 31)

　　换句话说,作为教育者,我们在进行灌输式教学时并没有理解"理解"本身。所谓的专家盲点会使我们在工作时遇到困难,使我们(或者教材编者)混淆学习内容与学生为了掌握和应用学习内容所需要的积极意义建构。因此,很多老师都是这么想的:"我讲得清楚,学生就会'明白',就能在以后需要的时候回忆起来。我讲得越多,学生就学得越多,考试时也就表现得更好。"

然而,我们希望你读完本书时能意识到这个普遍的假设是不成立的。对大多数学生而言,这种灌输式教学的学习收获是相当低的:

> 三十多年前,医学教育者进行了一项关于医学院一年级新生记忆几千个新术语的研究。学生们已经在一年级的人体解剖学课上熟记过这些术语,他们每隔一段时间被测试一次。学生对人体解剖学术语的遗忘曲线和一个世纪之前艾宾浩斯(Ebbinghaus)所做的经典实验——对无意义音节记忆的遗忘曲线是一致的。该数据的公开发表在医学教育领域是一个标志性事件。自那以后,医学院的解剖教学发生了彻底改变。(Shulman, 1999, p.13)

灌输式教学就像在玩连接点拼图时快速讲话一样,学生会感到更加困惑,认为理解仅仅是在页面上多加几个点,从而导致画面与实际相比更不清楚,更加混乱。灌输式教学使学生体会不到那些对于专家来说显而易见的全景。除了极少数优秀学生之外,几乎所有学生都会感到迷茫和无助。

蜻蜓点水般地讲授每一项内容,不会优化学生的表现,即便在统考中也是如此。学生最终遗忘或误解的内容远远超出了必须掌握的知识,因此在学校里总要重复教(想一想,你是不是会经常对学生说:"天啊,难道×年级的时候,老师没教给你们吗?")。所以,我们把在很多学校看到的现象(也由 NAEP 测试结果证实)总结一下:学生通常可以完成低水平任务,但在需要知识迁移才能完成的高层次任务方面普遍显得十分薄弱。

关于学习的研究(在第十三章中有更为具体的阐述)支持了这样的常识:如果学习是为了在以后应用中保持灵活性、适应性,那么灌输式教学就不起作用了。它只能让我们更加困惑,更容易忘记事实、定义和公式,陷入似乎学过的僵化问题之中。而且,由此我们使学生更难在日后以更为复杂和流畅的方式学习"同样"的内容。他们会感到非常困惑,并且通常会拒绝重新思考早期学过的知识。简言之,正如卡内基教学促进基金会主席舒尔曼(Lee Shulman)

所言,传统教学导致三种"伪学习疾病:忘记了,不知道自己已经误解了,以及不会运用所学知识,我把这些状况称为健忘、臆想和呆滞"。(Shulman,1999,p.12)

我们的分析更进一步指出:为了避免遗忘、误解和缺乏迁移,在追求理解的设计和教学中需要三种"揭示":

- 揭示学生的潜在误解(通过聚焦问题、反馈、诊断性评估实现);
- 揭示问题、疑问、假设以及隐藏在字面描述之外的未知领域;
- 揭示对于初学者而言并不明显的(也许是违反直觉的,或令人困惑的)、关于一门学科本质的核心概念。

理解的证据

区分革新思想家与非革新思想家的从来都不是知识的多寡。对于从比格尔(Beagle)航海中所收集到的各种生物,达尔文的知识远远不及那些为他将这些生物作了分类的英国专家们。然而,一个又一个的专家都忽视了达尔文的收集所具有的革命性意义。达尔文,知道得少,但懂(理解)得多。

——F·J·萨洛韦(F. J. Sulloway),《天生反叛》(*Born to Rebel*),1996,p.20

如果理解是指弄清楚事实的意义以及将知识迁移到其他问题、任务和领域中,那么这种理解(或缺少这种理解)是什么样的?如果我们的学生对于他们所学的知识能有一个更好的理解,我们会看到什么?提出这些问题就是要把对教学目标的讨论转移到实现教学目标所需要的证据上。

萨洛韦(Sulloway)对于达尔文的评论揭示了探究的层级。想一想我们在最高级别研究中描绘理解时所用的词汇。我们经常将理解表述为"深入的"或"有深度的",使之区别于浅层次的认知目标——知道。学习者必须在"表面"下"挖掘","揭示"不易发觉的"核心"观点。理解"需要时间和练习"。理解是"来之不易的",并不是一蹴而就的,甚至是被诸多知识所忽略和隐藏的,正如萨洛韦所言。所有这些内涵强调的都是要透过表层,挖掘隐藏在内部的精华。我们无法通过**灌输**概念使其被理解;我们必须**揭示**它们的价值,事实上,这些概念正是探究和讨论的结果。

47　　下面两个问题是逆向设计三阶段中的前两个阶段要回答的问题,它们紧扣与理解有关的核心目标(以及所有更普遍的教育目标),请注意它们之间的区别:

阶段1:学生需要达到怎样的理解?
阶段2:哪些可以作为理解的证据?

第一个问题关注的是与内容及我们应该学什么相关的重要概念。它要求设计者明确学生应该学到什么,提供对应的概念、事实和技能(细化我们追求的理解是非常困难的,我们将在第六章中讨论)。第二个问题有所不同,它没有谈及我们应该学会什么,它关注这些目标的可接受体现:通过评估来决定学生学习中的哪些方面构成了恰当表现和成果。

第二个问题实际上是围绕构成逆向设计第二阶段的特定问题提出的:

- 我们应该从哪里寻找证据?根据内容标准,我们需要学生能够出色完成的任务**类型**是什么?
- 不考虑特定的方法,我们应该发现什么(特别是在学生的表现中),从而可以判断学生理解的程度?

简单地讲,关于证据的第一个问题涉及对任务评估的设计标准(例如,有效的任务、测试、观察是什么?),关于证据的第二个问题涉及通过量规或其他指标相关的指南对任务完成情况的实际评价。

逆向设计认为,不管怎样定义"理解"这个术语,如果不清楚怎样才算是"理解"的**证据**,我们就不太可能达到"理解"这个目标。而且我们越是多问细节性的评估问题,就会有更多的教师意识到他们并没有充分理解"理解"本身。

■ 误解警报!
标准与绩效指标是不一样的。标准代表目标,属于阶段1。绩效指标,如经常在陈述内容标准的项目列表中所看到的,代表可能的评估证据。但可能令人产生困惑的是,有时候标准也会指向学习活动,像我们在阶段3中所做的那样。(参见术语表中的**标准**词条)

为什么我们可能不确定哪些是构成理解的合理证据?因为,如果不注意,那些我们乐于关注或更显而易见的证据会轻易地误导我们。当学生们回答出了准确的知识,我们很容易把这种回应与理解混为一谈。布鲁姆和他的同事们(1956)讲述了约翰·杜威的一个著名的故事,借此提醒我们要对"理解"与"证据"进行区别:

> 几乎每个人都有这样的经历,当问题以一种方式提出时,我们不知如何回答……而当以另一种方式提出时,我们会感到回答起来相当容易。这种情况在关于杜威的故事里得到了清楚的说明与验证。在这个故事里,杜威问全班学生:"如果在地球上挖一个洞,你们会发现什么?"没有人回答,他又问了一遍,教室里还是一片沉默。教师打断杜威教授:"你的问法不对。"她转向全班学生,问道:"地心的状态是什么?"全班学生一致回答:"岩浆。"(p.29)

这个故事充分说明了有必要对内容目标和证据加以区分,同样有必要在所需证据方面强调迁移的重要性。学生如果仅仅能够"回答"短句,即便正确,也不能说明他们理解了自己的回答。而且,在考试中换一种提法或应用时换一种情境,他们就不能灵活运用了,前面关于数学统考的例子就说明了这个问题。

获得"理解"的证据意味着需要开发能够激发迁移的评估:判断学生能否明智地、灵活地、创造性地利用所学的知识。例如,目标分类学的作者指出,"真正的"知识包括以新的方式对其加以应用。他们称之为"智能",并将其同依靠回忆再现和照本宣科的"知识"区分开来。同样,戴维·珀金斯(David Perkins)在《为理解而教》一书中将"理解"定义为"能够灵活利用所学知识进行思考和行动的能力……",完全不同于机械记忆与固守答案的方式(Wiske,1998,p.40)。真正理解所学知识的人比那些一知半解的人能更好地应对在真实世界中遇到的挑战,这些挑战不能靠将知识打包去回应。(回忆一下绪论中那个毕业生代表的例子,尽管他在考试中得了高分,但他承认对所学的知识缺乏理解。)

可迁移理解的证据用于评估学生在不同情境中审慎且有效应用知识的能力,也就是说,评估学生们在学科中"做"的能力。正如《人是如何学习的》(Bransford, Brown, & Cocking, 2000)一书作者所写:

> 学生将自己所学知识迁移到新情境中的能力为适应性和灵活性学习提供了一个重要的标志……当将记忆作为测量学习的唯一方式时,那么许多教学方法看起来都是一样的……当从是否可以很好地将所学知识迁移到新问题或情境中这一角度进行评价时,教学差异就变得非常明显了。(p.235)
>
> 当学生学会如何从他们的练习中提取内在的原则和主题,他们就能够形成对何时、何地、为什么以及如何运用所学知识来解决新问题的灵活理解了。(p.224)

这个观点并不新鲜。早在50年前,布鲁姆和他的同事们(1956)在目标分类学中就"应用"提出了相同的观点。对"应用"的评估需要包含一个要求迁移的新任务,而且在理想状态下应包含对观点的情境性与实践性运用:

> 如果情境包含我们在这里所定义的应用,那么它们对学生而言要么是全新的,要么是包含了新要素的……理想情况是,我们能够找到让学生通过实践方式应用抽象知识的问题,以此来测试理解程度。(p.125)

理解的证据需要我们以完全不同的方式进行测试。我们要看到学生"提取"理解,并将其在情境化问题中加以运用的证据,这与仅仅观察他们能否回忆知识或引用教师或教材所教的基本原则在表现上是有很大差异的。

这就需要我们将评估中的参照样例对应到每一领域的典型表现中,说明哪些表现可以成功表明理解。例如,有能力设计一个科学实验,对其进行调试并反过来分析构成物质的化学元素;有能力运用在历史课上学到的事实和技能,写一篇真实描述本地某时期历史的记叙文。(这两个例子反映了学习领域中的许多"核心任务",我们建议课程框架和计划都应该围绕这些核心任务和大概念来设计。关于核心任务更详细的讨论,请参见第七章和第十二章。)我们需要观察理解能力有限的学生是否能够实现迁移,也就是说,在全新情境下,学生能识别出**可能起作用的知识储备**,并进行有效应用。因此,我们很少使用描述性提示来诱导学生对相似问题作出"正确"回答。

上面提到的"岩浆"的例子确实是极端情况,但它比我们看到和关注过的大多数问题更能切中要害。当我们在测试时看到正确或听上去有道理的答案时，我们经常是准备得太好了，以至于不能将其归为理解。换句话说，相比我们意识到的错误，"显而易见"的理解使我们犯了更多的错误。在高风险测试和学生分数评级中，这种问题可能更加恶化。如果教育提倡这种猫抓老鼠的游戏，学生借此既有动机取悦教师，又能**看起来**理解了他们应该学习的知识（不管他们是否真的理解了），那么评估真正的理解就变得更加困难了。

总之，只要懂得"知道"和"理解"的真正区别，那么如何从术语上界定两者就不那么重要了。所谓的**理解**并非仅仅是文字层面的事情，而是借这个清晰的概念来区分转述的专家观点和内化的灵活观点之间的差异。如果我们的评估过于肤浅和以事实为中心，我们会错过对所收集证据的差异性判断。最后，我们如何描述与理解相关的目标已无关紧要，重要的是我们要懂得"理解"和"当给出提示时知道正确答案"之间的区别，重要的是要把握住对迁移进行评估所带来的挑战。

当判断一个学生是否真正理解时，我们必须明确指出需要哪些学生任务和评估证据。《科学素养基准》（1993）的作者说，他们决定不使用特定的行为动词或可以观察的行为来阐述可以表明理解的证据，因为"它们之间的选择是随意的"，而使用特定的动词"可能会产生限制或暗示一个非预期的特定表现"（pp. 312-313）。

尽管我们承认对于理解目标并没有唯一的或本身就是完美的评估方式，但与其他评估方式相比，某些特定类型的挑战要更合适。许多教师都需要知道哪些类型的评估能够使标准具体化，这也是布鲁姆撰写目标分类学的初衷所在。如果不特别考虑哪些评估类型可以作为满足标准的恰当证据，教师可能会认为知识性测试就够了。然而，只有通过复杂的探究，保障正确的方法和结果，才能真正发挥标准的公正性。

如果"正确的"答案并不能提供充分的理解证据，那么应该如何评估才能将真正的理解和表面上的理解区分开来呢？在回答这个问题之前，我们先要解决另一个问题：有时正确答案中隐藏着"误解"。这怎么可能？评估理解的含义是什么？有意思的是，通过思考误解现象，我们可以从为理解而进行的设计、评估和教学中获得更深层次的领悟。

学生的误解以及我们的感悟

不知什么原因,专心好学的、有能力的学生也常常产生误解。当我们谈到这些学生时会抱怨,"他们知道每一个事实,但是放在一起就是出错"或者"他们没有思考自己在说什么"。例如,《麦田里的守望者》是美国高中必学的语文内容,许多学生认为这是一本描写霍尔顿逃学后奇妙历险的书,而事实是霍尔顿在精神上非常痛苦,他是在精神病院的病床上讲述这个故事的,这是许多学生没有注意到的。同样,许多小学生觉得乘法非常难,算出的答案比原始数据还小。或者想想在阅读时遇到的重大挑战:简单的发音规则并不总是有效。我们将"lose"读成"loze",教师说我们念错了,但是我们认为自己是按照发音规则来的!

因此,误解并非无知。它是指在一个新情境下用貌似合理但并非正确的方式解决问题。这里有一些例子:

- 孩子问我:"爸爸,西班牙语和英语用词一样,为什么发音如此不同呢?"
- 还是那个孩子,几年后又问:"为什么 4.28+2.72=7 呢?7 不是一个小数啊!"
- 在高中历史课上,在"路易斯安那购地案"单元结束后,一个学生悄悄地问她的老师:"那么,路易斯安那到底买了什么?"
- 一位小学教师讲了一件特别令她恼火的事情,一个四年级学生说他和家人乘飞机跨越国境时从没看到过经纬线。
- 一位聪明而博学的男生,以前学过科学课,认为科学中的"误差"由可消除的错误所导致,而不是归纳推理过程中的固有原则。

矛盾的是,要形成这些误解,学生也需具备相关知识和迁移知识的能力。

误解对于教师来讲非常有价值,而不仅仅是一个需要纠正的错误。它意味着一种尝试性的、看似有道理但是并不成功的知识迁移。应对这类问题的挑战在于既要鼓励这种尝试,又不能强化错误或者抑制学生未来对迁移的尝试。事实上,许多教师不仅没有看到学生误解所反馈的价值,反而对它感到不满和气愤。具有讽刺意味的是,因学生没学"明白"而失去耐心的教师自身也同样没能意识到"理解"的真谛,这又是专家盲点。如果认真学习的学生没学明白,这说明只是教师自以为讲得清楚,而事实并非如此。学生持续的误解会让一些教师感到不安,这不难理解,因为这看起来是在质疑自己讲得不好,或者目标设置得不正确。然而,这些天真的教师可能没有意识到大概念从来不是显而易见的。正如第一章中提到的,大概念往往是违反直觉的。简言之,如果你听到自己对学生说:"这是很明显的!"你很有可能陷入了专家盲点。花一些时间想一想:对于初学者来说有哪些内容不是显而易见的?什么是我认为理所当然但容易引起误解的?为什么学生会得出那样的结论?

更严重的事情是,过去20年的研究说明,误解现象非常多,误解程度也很深。许多学生,甚至是**看起来**很好地理解了学习内容(从测试和课堂讨论中体现)的最优秀学生,只有在后来被问到针对理解的问题和需要应用所学知识解决问题时,才暴露了他们对这些知识存在着的重大误解。的确,这不仅是我们的观点,也是那些顶尖的认知研究者的看法,他们深挖学生的观念和误解,在设计学习时对它们加以重视是获得更好学习效果的关键。(与追求理解的学习和教学相关的研究综述,参见第十三章。)尽管在教育科学领域关于误解的研究可以追溯到70年代,但直到十年前,霍华德·加德纳(Howard Gardner)、戴维·珀金斯和他们在哈佛大学"零点项目"中的同事才彻底辩证地总结了这些发现。加德纳(1991)在研究中总结道:

> 一篇基于广泛调研的文献表明,许多甚至是大多数学生都没有达到通常程度上的理解。当一个大学生已在课堂上证明她已掌握了某种物理法则、几何证明或历史概念,那么期待她在新情境下去应用是合情合理的。因此,如果测试环境稍有变化,学生就表现出无能为力的话,这说明"理解"并未发生。(p.6)

甚至传统的测试都可以为缺乏理解提供证据,只要这些测试在设计时能够考虑到学生的误解。在绪论中我们谈到一个美国国家教育进展评估(NAEP)的数学评估的案例,其中大多数学生回答"32余12"辆汽车。这一结果具有普遍性。大多数美国青少年都学习并通过了代数Ⅰ的考试,但是NAEP(1988)调查结果表明,只有5%的美国青少年在相应任务上表现良好。第三届国际数学和科学研究(The Third International Mathematics and Science Study,简称 TIMSS,1998)通过严谨的科学研究也得出了相同的结论(《特伦顿时报》(*Trenton Times*),1997)。同样,NAEP 的最新测试也显示,"绝大多数学生学习基础原理的能力和应用知识或讲解所学知识的能力之间存在着巨大的鸿沟"(《纽约时报》(*New York Times*),1997)。(测试由多选、简答和表现性任务问题组成。)

在物理学领域,早在十多年前就开发和使用了针对关键误解评估的特殊测试。其中最为广泛使用的测试为力学概念测量表(Force Concept Inventory),为克服最常见(并且不断重复的)误解提供前测和后测指导。

美国科学促进会(AAAS)在它的《基准》(1993)和《科学素养的导航图》(*Atlas of Science Literacy*,2001)中,对在科学领域中所要求达到的理解作了详细阐述,并描述了与之相关的主要误解:

> 当用符号表示一种关系的时候,除了表示关系的符号之外,数字可以被任何其他符号所代替,并且这些符号的值是可以计算的。有时这种关系由一个值即可满足,有时多于一个,有时一个也没有。
> - 学生在学习代数时对符号的应用理解困难。他们毫无意识地乱用各种字母。这种困难会一直持续到学完代数导论课甚至到大学阶段。所有年龄段的学生经常不把方程式中的等号看成是相等关系的代表,而是将其作为计算开始的标志,他们认为,等号右侧应该展示"答案"。
>
> 比较两组数据,包括比较他们的中间值以及数据范围。数据分布的中间值可能会误导我们,特别是当数据分布不对称,或者具有极大数值或极小数值,或者数据分布不均匀的时候。
> - 平均数这个概念对于所有年龄段的学生,乃至接受过多年正规教育的学生来讲都是很难理解的……研究表明对"代表性"有一个好的认知是掌握平均数、中位数和众数定义的前提条件……过早地讲解与实际语境脱离的计算平均数的运算法则会阻碍学生理解"平均"的含义。(AAAS,2001,pp.122-123)

人们对于那些自以为知道的事情是很容易产生误解的。让我们思考下面这个比较基础的科学问题：为什么冬天冷，夏天热？几乎所有的美国学生都学过基础天文知识，他们"知道"地球绕着太阳转，其轨迹是椭圆的，而且地球自转时南北轴有大约20度的倾斜。但是当我们问哈佛大学毕业生这个问题时（正如哈佛—史密松天体物理中心制作的关于误解现象的记录视频一样），几乎没有学生能正确说明原因（Schneps，1994）[①]。他们要么没有把他们所知道的内容充分解释清楚，要么给出看上去似乎有道理但是实质上是错误的解释（例如，地球与太阳的距离不同导致了季节的变化）。

当我们让成年人解释月相的时候，会有类似的发现：许多受过良好教育的人把月相理解成月食。在一系列关于误解的名为《他们自己的想法》的科普视频中，有一段记录的是哈佛大学的物理系学生，他们能够解答小学四年级的电路问题，描述将会有什么现象发生，但当问题以另一种非常规方式表述（你能只用电池和金属丝将灯泡点亮吗？）时，他们却错误百出。

很早以前人们就认识到：即使优秀的学生，对于科学或数学领域中看起来明确的和符合逻辑的定律，也会不可避免地产生误解。柏拉图的对话生动地描述了对理解的追求和思维习惯与误解之间的相互作用，这种误解也许会无意识地调整或约束我们的思维。400年前，弗朗西斯·培根（Francis Bacon，1620/1960）在《新工具》（*The New Organon*）中，对我们自己无意识的智力倾向所产生的无意识的误解作出了清晰描述。他指出我们将类别、假说、规则、优先级、态度和做事风格映射到"现实"中，并利用各种方式不断地"证明"我们的直觉是正确的："人类的理解……一旦采纳了一个观点，就会调动一切其他事物来支持该观点并与它达成一致。"（pp. 45－49）从康德和维特根斯坦到皮亚杰，这些哲学家和心理学家以及其他现代认知研究者都尝试解开顽固误解和随之而来的执念之谜，以及能够超越这二者的自我评估和自我约束之法。

实际上，在设计评估时，我们必须要识别出概念基准（conceptual benchmark）的必要性，而不仅仅是一些表现能力。我们在设计评估时不仅要考

[①] 有关科学教育项目的信息可以从哈佛—史密松天体物理中心获得。地址：60 Garden Street, Cambridge, MA 02138；网址：http://cfa-www.harvard.edu/。

虑到大概念，也要考虑到这些大概念有可能会被误解——不容易被克服，就像舒尔曼(Shulman，1999)所举的生物学例子：

> 对于学生一直以来对"进化论"和"自然选择"产生的误解，生物教师必须不断地与之做斗争。这门课程是强调进化论和自然选择的，而大部分学生在选这门课时，是直觉型的拉马克主义者，他们相信某一代获得的任何属性会遗传给下一代。在该课程的教学中，教师会强调达尔文对这一立场的批驳。这些学生在课程学习过程中表示他们理解达尔文的观点，并在考试时拿到A和B的成绩。但是三个月之后，他们依旧会是直觉型的拉马克主义者，事实上我们中的一些人也是这样。我怀疑这种情况在学生和高等教育的毕业生中是很常见的，它潜伏多年，在关键时刻才表现出来。(p.12)

下面是一些关于重要概念的常见误解的例子，以及对这些概念的正确理解：

- **印象主义是画家根据由场景激发的主观印象和感觉进行创作的。**事实正好相反：印象主义是尝试真实地作画，并非凭抽象或感觉。印象主义是借用了哲学中的专业术语，认为直接的感官印象与将印象转化为观念再放到脑子里是不同的。
- **每个月中，当月亮看不见的时候就有月食。**月相是根据地球、太阳和月亮之间的相对位置而产生的，因此我们看到的月亮是由太阳照亮的。正在进行的月食并非由月相所产生。
- **科学就是揭示原因。**科学家寻找相关性，将其说成"原因"是过于哲学化了，也不科学。现代科学、经济学和医药研究都是基于统计模式的。这就是为什么尽管医生可以开出有疗效的药品，但当问他们"致病原因"时，他们不一定答得出来。
- **当两数相乘时结果变大。**乘法并非是对加法的重复。分数相乘的时候会使结果变小，相除的时候会使结果变大。为什么会这样？学生经常将分数和小数看作是独立的数字系统。正确的理解是将它们看作是表示"相同"数量的替代方式。

- **历史是关于已经发生的事实的。**历史学家是讲述故事的人,而不仅仅是事实的收集者和提供者。为什么只有极少的学生能意识到相同的历史可以有多种不同的故事版本呢?
- **在游泳的时候把手掌弯起来可以"抓住水",从而游得更快。**表面积越大,产生的驱动力也越大。因此,在游泳时,应该把手掌放平,使推拉的水量最大化。
- **明亮的光线是亮的,暗淡的光线是暗的。**这不正确。两个光束在波峰和波谷相遇时会相互抵消。产生黑暗!除噪耳机是利用声音来产生安静的效果。同样地,镜像的光波或声波可以相互抵消。
- **负数和虚数是不真实的。**负数、虚数与其他常规数字一样真实,它们的存在是算数和代数法则的对称性和连续性所必须的。
- **进化论是具有争议的。**不是的,具有争议的是自然选择是否是进化的原动力。达尔文的进化论在几个世纪中一直处于主导地位,而且与宗教教义并无冲突。
- **美国的奠基人是自由主义者。**美国革命者坚持个人主义而非政府至上,个体通过劳动行使自然权利(根据约翰·洛克关于财产的观点)。因此,在某种意义上,他们是"保守的"(例如,个人财产权是基本权利)。
- **讽刺即巧合。**讽刺不仅仅是巧合,尽管几乎每一个体育节目都误用了这个词。讽刺是聪明人看到了其他看似聪明的人没有看到的东西。观众看到了俄狄浦斯没看到的,俄狄浦斯的骄傲和我们知道的事实真相之间的矛盾才是戏剧的力量所在。

既然可能存在根深蒂固的、潜在的误解,那么对于大多数人来说,必须使用前瞻性的、不熟悉的方式来设计评估。为了成功地推动理解,我们必须逆向思考:有或没有理解分别是什么情况?我们要有能力对这个问题进行描述:理解是如何自证的?如何区分表面的理解(或误解)和真正的理解?哪些误解最有可能产生(因此干扰了我们的目标)?我们能否找出并扫除影响进一步理解的主要障碍?换句话说,在思考教学和学习之前,我们要先考虑评估。

正如我们提到过的,任何设计都依赖于明确的目的。但是由于受外部强加的一些目标(例如,州立内容标准)和自定目标的影响,教学变得复杂起来。我们该如何安排先后次序?为了保证有效统一的设计,我们该如何从众多义务中作出明智选择?在需要不断关注多个交叉的课程和项目目标的同时,我们如何设计连贯一致的单元?我们接下来说明这些问题。

第三章 明确目标

> 爱丽丝问柴郡猫:"你能否告诉我,我应该走哪条路。"
> 柴郡猫答:"那取决于你想要去哪里。"
> 爱丽丝说:"我不在乎去哪里。"
> 柴郡猫说:"那你走哪条路也无所谓了。"
> 爱丽丝又补充了一句:"只要我能到达某个地方就行。"
> "噢,只要你走得足够远,那你一定能做到。"柴郡猫说。
> ——刘易斯·卡罗尔(Lewis Carroll),《爱丽丝梦游仙境》(*Alice's Adventures in Wonderland*),1865

> 要理解生活,向后看;要过好生活,向前看。
> ——索伦·克尔凯郭尔(Soren Kierkegaard),《日记》(*Journals*),1843

逆向设计是以目标为导向的。我们以具体的结果作为目标,然后根据这些结果相应地进行逆向设计。阶段 1 的预期结果决定了在阶段 2 中评估所需证据的本质,同时也为阶段 3 计划的教学类型和学习体验提供建议。虽然,为了达到具体目标而采取直接教学和评估的方式是符合逻辑的,但关键是要意识到所有的学习目标并不是同等重要的。这些目标的差异性由目标的性质所确定,即由目标的具体表述,以及对教学和评估的意义所决定。

回想一下,在本书中,我们主要是为了解决在教学设计中反复出现的两个问题或两个误区:无目的的灌输,以及孤立的活动(这些活动对学习者来说顶多是有趣而已),它们与学生头脑中的智力目标是割裂开来的。逆向设计的过程是用一种成熟的方法帮助设计者以更谨慎、更理性的态度思考预期结果。为什么这么说呢?因为有时我们的目标往往不像我们认为的那样清晰,并且不同类型的目标也可能会同时出现在课堂中。为此,模板对我们既定的目标、理解、基本问题、知识和技能都有清晰的指示(见图表3.1)。在本章中,我们将对以下问题作出解释:阶段1中的每个"预期结果"代表什么,以及为什么它们是必要的。

图表3.1　阶段1——主要设计元素与设计提示

阶段1——确定预期结果

所确定的目标:

> 在**目标**Ⓖ栏中,我们确定一个或多个目标(例如:内容标准、课程或项目目标、学习成果)。　　　　　　　　　　　　　　　　　　　　　　　　　　Ⓖ

预期的理解是什么?

> 学生将会理解……　　　　　　　　　　　　　　　　　　　　　　　Ⓤ
> 在**理解**Ⓤ栏中,要基于可迁移的大概念来确定持久性理解。大概念赋予内容意义,将知识和技能联系起来。

我们需要思考哪些基本问题?

> 　　　　　　　　　　　　　　　　　　　　　　　　　　　　　　　Ⓠ
> 在**问题**Ⓠ这一栏中,要确定基本问题,用以指导学生进行探究学习,关注教学过程以揭示所学内容的重要概念。

作为单元学习的结果,学生将会获得哪些重要的知识和技能?

> 学生将会知道……　　Ⓚ　　　　学生将能够……　　　　　　　　　Ⓢ
> 在本栏中,包括**知识**Ⓚ和**技能**Ⓢ。我们确定关键**知识**Ⓚ和**技能**Ⓢ,希望学生知道并能够操作。要达到的**知识**Ⓚ和**技能**Ⓢ有三种类型:(1)为了达到预期**理解**Ⓤ而构建的基础知识;(2)明确阐明或暗示的**目标**Ⓖ中所包含的知识和技能;(3)为完成阶段2中的复杂评估任务所需的"使能"知识和技能。

　　所确定的目标(在模板中,我们简单记为**目标**)指的是正式的、长期的目标,例如,州立内容标准、区域项目目标、学科目标以及表明学习结束水平的成果——这些预期结果是教学和评估要优先考虑的,它们为具体课程和单元的短期目标提供了基本依据。通常,它们指的是各种学业目标的复杂混合体:事实的、概念的、程序的、倾向的和专业化表现的。(包含思维习惯——"对模棱两可事物的容忍","对高要求挑战的坚持";价值观和态度,如渴望自己拥有阅读能力,对运动场上的纠纷进行调解;以及更多学业和主题性目标。)

我们应该充分强调长期目标的优先次序的重要性。只有对学习最终目标的优先次序形成一致意见后,我们才能够对要教什么、不教什么、重点是什么和需要弱化的是什么作出合理的判断。如果没有长期目标,也就没有定位,从而不会去检查教师的教学习惯——只为达到短期的、与内容相关的目标——是否可行。的确,从整体角度看,教师教案的最大缺陷就是在课堂、单元以及整个课程学习中缺乏重点以及知识点之间的联系,没有强调对大概念的深入理解,没有培养完成核心表现性任务所需的能力,而仅仅是陷入成千上万的零散知识和技能之中。这就是内容标准(这里暂且不考虑具体标准的质量问题)之所以会存在的原因,它帮助我们优化工作、聚焦于主要目标、避免知识贫乏和支离破碎。知识之所以支离破碎,是因为我们将所有教学目标等同看待且彼此割裂,无论是教学还是考试都缺乏具体情境。

除**目标**外,在阶段1,我们还要求设计者明确**基本问题**。可以肯定的是,这些问题都不是典型的"目标",并且有些问题是相对模糊的,即提出的基本问题与确定的学习结果之间没有必然的联系。相反,我们认为,基本问题的提出就是为了强调大概念,大概念是教学设计的核心,同时学生也将围绕它们开展学习。由于许多真正的基本问题不断重现,并且没有得到最终解决,因此,与其说预期结果是"回答问题",倒不如说是"认真探究问题"。通过提出基本问题,我们鼓励教学设计者避免知识灌输,致力于真实的探究——讨论、反思、解决问题、研究和辩论,这些是对基本概念产生深入理解的必要条件。

当我们设计方案时,**理解**可以被看作是任何探究和反思活动的预期结果。换句话说,理解是学生通过探索、表现和反思来弄清楚所学内容和课程的含义,试图建构知识的结果。另一方面,知识是对相对直接的事实和概念的总结,这些事实和概念可以通过学习和教学活动获得。杜威的研究表明:理解必须是"领悟",但知识只需"获取"。(第五章和第六章分别详细地介绍了**基本问题**和**理解**。)

技能不仅是指那些离散的技术,也包括复杂的程序和方法。教学设计者需要说明经过指导、实践与训练,学生在技能上所能达到的预期结果,即在本单元

> ■ 误解警报!
>
> 请注意,UbD模板是从教师而非学习者的角度来界定工作内容。至少在最初阶段,学习者没有必要明白模板上架构的**目标**、**理解**和**基本问题**。阶段3的工作就是把教师在阶段1提出的预期结果转变成有效的、有吸引力的学习体验,使学习者清楚明白。

结束时,学生**能够做什么**,例如,"利用长除法解决问题"或"针对读者及阅读目的评论书面作品"。与技能相关的目标主要关注的是技术、方法(如:画透视图、长除法、跳绳)和过程(如:阅读、研究、解决问题)。它们与诸如"写出精彩的散文"之类的绩效目标不同,该绩效目标是复杂且长期学习的结果,需要通过许多单元和课程的学习,整合不同的技能才能实现。

通常而言,我们发现许多教师忽视了**使能**技能在长期成功绩效中的核心位置。例如,在大学教授参与的工作坊中,他们经常抱怨学生不能将在课堂中学习到的或通过阅读获得的知识应用到新的问题或情境中。当我们问道:"你们使用的课程大纲在多大程度上为学生提供应用新思想的实践、训练和反馈机会?"许多教授承认这方面有疏忽,他们只是明确了绩效要求,而没有为学生的成功作好准备。

但是**技能**这一栏不只包含长期的过程目标,同时要求设计者根据单元绩效目标、理解和问题**推断**出所需要的**使能**技能(因此,在阶段2中,需要确定复杂的表现性任务)。然而,教师普遍忽视了对这项内容的分析。例如,很多初中和高中的课程会要求学生参与讨论,或要求学生用PPT做报告。但是,学习计划中明显没有对这些方面的能力发展和支撑给予关注,因而也无法确保最终结果的公平。教师往往**假设**学生已经通过某种方式拥有了这些关键的使能技能(如:学习技能、公开演讲技能、平面设计技能、小组管理技能)——一旦学习结果不好,教师们就抱怨学生缺乏这些技能,却没想到将这些技能纳入自己的教学设计之中。帮助学生"学会如何学习"和"如何开展学习"都是重要的教学任务,也是被普遍忽略的任务。通过在阶段1中将各要素具体化,以及在三个阶段中列出具体要求,逆向设计在很大程度上提高了发展这些关键技能的可能性。

简而言之,"掌握内容"不是教学目的,而是一种教学手段。内容性知识最适合作为智力能力提升的工具和材料,通过阶段1的各方面发挥作用。

尽管阶段1中的各种分类在概念上是有区别的,但它们在实践中往往有重叠。比如，在一个艺术班中，学生学习"透视"的概念，练习透视技能，我们希望他们在不断练习这项技能的同时，也能培育坚持不懈的精神。因此我们需要模板来提醒我们这些不同方面的存在，否则可能在教学实践中会忽视这些内容。

一定要注意，对学习目标进行分类不仅仅是一种纯粹的学术活动。区别学习目标对更好地开展教学和评估具有直接且实际的意义。不同类型的目标需要不同的教学和评估方法。人们如何发展和深化对一个抽象概念的理解与如何从根本上精通一门技能有着本质的不同。同样地，学生学习事实性知识的方式与他们养成思维习惯和随着时间的推移学会控制大概念的方式是不同的。理解毫无疑问是从精心设计的、有良好支持的体验中获得的，而大量的知识可以从阅读和讲座中获得。逆向设计模板中的不同部分提醒设计者，我们是根据教学目标的类型来选择不同的教学方法，而不是假想哪种方法好用就用哪种。（在第九章和第十章会详细讨论教学决策。）

让我们想想写作的例子。我们可以使用记忆策略帮助学生学习和记住语法规则（或学习知识），也可以针对作者观点开展一次有指导的讨论，但我们还必须借用其他技术手段，如建模、有指导的实践和反馈来教授写作过程（技能发展）。对于评估，我们可以利用选择题对语法知识进行测试，但也需要使用绩效评估（如要求学生写作文）来恰当地判断整个过程的学习效果。学生可能知道了语法知识和拼写规则，但作为沟通者在写作技能方面是欠缺的，反之亦然。我们在进行评估时需要谨慎对待这些区别。

标准制定

当我们写作本书的第一版时，内容标准的制定才刚刚开始，因此在书中我们几乎没有提及内容标准。然而现在几乎北美地区的每个州和每个省，甚至是大多数其他国家都已经制定了明确的学习目标。这些目标通常被称为内容标准或学习结果，它们明确说明了在不同学科学习中，学生应该知道什么以及能做什么。

从理论上来说，清晰的书面标准为课程、评估和教学提供了教学重点。然而,实际上,整个北美地区的教育工作者在尝试根据标准制订教学计划时,都遇到了三种常见的问题。第一个问题可以称为"超负荷",内容标准中罗列了大量条目,学生没有足够的时间来学习。马尔扎诺和肯德尔(Marzano & Kendall, 1996)对这个问题进行了量化研究。他们研究了160个不同学科领域的国家和州的内容标准,并为了避免内容重复将相同的标准进行了合并,最终确定了描述学生应该知道什么以及能做什么的255个内容标准和3 968个离散的基准。研究人员推测,如果教师利用30分钟来讲授每个基准(许多学生甚至可能需要超过半小时来学习),我们将额外需要15 465小时(或9个学年)让学生学完所有内容!这项研究证明了教师一直所说的:有太多的内容要教,却没有足够的时间。当标准中所涵盖的知识和技能彼此毫无关联时,情况更为严重。

这不是一个新问题。让我们看看下面的评论:

> 每一个总体目标,似乎都可以分解成无数个具体目标。这个过程的进展所导致的结果是,对所有期望的具体目标进行越来越细致的分析,使它们尽可能明确。彭德尔顿列出了英语科目的1 581个社会目标。吉勒针对一到六年级的算术课程列出了300多个目标,比林斯发现了888个在社会科学中至关重要的概念……七年级社会科学的一门课程列出了135个目标。另一门学科的课程目标有85个。初中的一门课程包含了47页的目标。
>
> 结果,这些目标让教师不堪重负。标准列表范围如此广泛、复杂,以至于没有可以围绕这些目标来开展教学的合适计划。教师认为这些标准列表极大地限制了他们的工作,使他们无法充分考虑每个学生的需求和兴趣。

以上评论早在1935年就出现在一本使用广泛的关于课程的著作中(Caswell & Campbell, 1935, p118)。[1]

---

[1] 长久以来,我们都在强力推荐这本名为《课程发展》(*Curriculum Development*)的书,在课程界定与设计方面,它提供的是最为清晰和有用的分析之一。而且,其中一位作者是渐进式教育(progressive education)的关键人物,他的那些实践经验几乎支持了《追求理解的教学设计》中的所有观点。在网上很多地方可以找到这本书,比如说在线图书馆:www.questia.com。

第二个常见的问题有些微妙，但同样使人苦恼。我们给它贴了一个标签，称之为"金发姑娘问题"。就像童话故事中的情形一样，有些标准太宏观了。比如，我们来看一个关于地理学科标准的案例："学生将分析从公元1000年到现在，亚洲、非洲、中东地区、拉丁美洲和加勒比地区在自然、经济、文化特征以及历史演变等方面的区域发展。"究竟这个标准期望教师教什么？应该怎样评估？单单这一个目标就可以作为学者终身研究的课题。对教师和课程编写人员来说，这显然太宽泛而没有任何帮助。

相反，有些标准的范围又非常小，例如7年级的历史学科标准："比较巴基斯坦的印度河流域和中国黄河流域的早期文明。"像这些关注"事实集合"的标准和基准能够使学生明白哪些是重要的知识，然而如果要求该国家中的每一个学生都掌握这些内容，似乎有点儿说不通，也有点太武断了。虽然这种类型的标准是具体的，也是容易衡量的，但它们通常忽视了该学科中的大概念，从而容易让学生（和老师）产生错误的想法，认为学校学习就是让学生记住一些事实，通过一些回忆和识别测试，除此以外，什么也学不到。

第三个问题在这条艺术学科标准中显而易见：学生将"能够认识到对于艺术作品所传递的思想、情感和整体影响，技术元素、组织元素和审美元素是如何发挥作用的"。这个表述如此模糊，使得不同的艺术教师以不同的方式进行诠释，因此违背了内容标准制定的一个初衷，即清晰、一致和连贯的教育目标。

解析标准

多年来，我们亲眼看到教师设计人员、课程开发者和评估设计人员在使用给定的内容标准时总是与这些问题（太大、太小或者太模糊）作斗争。作为一种应对手段，我们认为内容标准应该被"解析"，以便明确包含在其中的大概念和核心任务。例如，世界地理标准（"学生将分析从公元1000年到现在亚洲、非洲、中东地区、拉丁美洲和加勒比地区在自然、经济、文化特征以及历史演变等方面的区域发展"）应该围绕以下这个比较大的概念重新组织："一个地区的地理、气候和自然资源会影响其居民的生活方式、文化和经济。"相应的基本问题应该是："你生活的地方是如何影响你的生活和工作的？"通过这样的解析，我们现在有了一个更大概念上的视角,随着时间的推移可以探索任何地理区域的相关内容,并进行比较。同样,我们也可以使用同样的大概念和基本问题来阐述范围狭窄的标准("比较巴基斯坦的印度河流域和中国黄河流域的早期文明"),将印度河流域和中国黄河流域作为两个特定的案例来探究更大的、可迁移的概念。

关于核心任务,大多数标准文档认为它们是与关键技能相互配合的一部分。在下面的案例中,使用数字序号(1—3)来识别关键概念,用项目符号(●)来表明绩效指标,以及用三角形(△)标识任务样例。这些样例分别来自加利福尼亚州和纽约州的社会科学和自然科学的内容标准。

时间和空间思维

1. 学生将现在与过去进行比较,评价过去发生的事件和所作决策产生的结果,并且能够对以前所学的课程内容作出判断。

2. 学生能够分析,在不同的时代,变化如何以不同的速率发生;能够理解事物在某些方面可以改变,而其他方面将保持不变;能够理解这些变化是复杂的,不仅会对技术和政治产生影响,而且还将影响价值观和信念。

3. 学生使用各种地图和文献来解释人类迁移的原因,包括在国内和国际间移民的主要模式,不断变化的环境喜好和居住模式,不同人群间产生的摩擦,以及思想、技术革新和商品的传播。

历史研究、证据和观点

1. 学生从历史解释的谬论中区分出有效论证。

2. 学生从历史解释中找出偏见和歧视。

3. 学生能够评价历史学家对过去事件的各种存在争议的解释,包括分析作者使用的证据,区分他们合理的推论和带有误导性的、过于简化的结论。

科学

1. 科学探究的主要目的是在持续的、创造性的过程中对自然现象作出解释。

学生:

- 能够快速搜索到关于日常所观察现象的解释,并能以此为基础独立准确地阐述问题。
- (特别是)通过对现象提出一个初级可视化模型,独立地构建对自然现象的解释。
- 表征、呈现和捍卫他们对日常观察所提出的解释,从而使解释能够被别人理解和评价。

这很明显,比如,当学生:

△ 在说明了能够回收和已经回收的固体废弃物的数量差异后,在小组中工作的学生需要解释这种差异存在的原因。他们需要给出多种可能的解释,然后对其中一个原因进行深入研究。当他们的解释经过其他小组评论后,再次完善并提交评审。这个解释应该是清晰的、合理的,并适用于使用研究方法进行深度研究。

需要注意的是,复杂的过程和对复杂表现性任务的掌握是这些标准及许多其他标准的核心内容,然而教育工作者很难快速地将这些要求转化成他们更熟悉的项目和课程目标,从而不利于学生的表现。将每个标准归纳起来就形成了处于各个学科中心的大概念——构成成功学习表现基础的关键概念。

实际上,作为教师设计者,我们只需更仔细地查看在这些内容标准中**反复出现的关键名词、形容词和动词**,就会对教学任务有更好的理解。(如图表3.2所展示的数学学科的案例)。以这种方式解析内容标准有两个优点。首先是实用,通过将具体的内容聚焦在两个更广泛的概念框架(大概念和核心任务)下,我们能够掌控更大容量的教学内容,尤其是零散的事实性知识和基本技能。教师在特定的主题、固定的时间和过多的内容情况下,很难讲完所有的事实和技巧。然而,他们可以在某一门学科中,通过围绕基本问题和相应的绩效评估开展工作,从而关注范围相对小一些的大概念和核心任务。由内容标准确定的事实、概念和技能越具体(通常用标准化测试进行评估),就越能够在探究更大思想和能力的背景下进行教授。

图表 3.2 解析标准

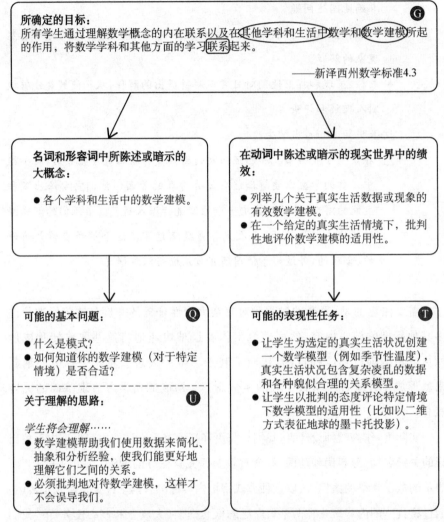

由于大概念具有内在的可迁移特性,因此它们能够帮助我们将离散的主题和技能联系起来。例如,基本问题"优秀的作家如何吸引和留住读者?"就为我们提供了一个框架,在这个框架内我们要学习很多英语和语言艺术标准中所要求的重要知识和技能(如:不同作者的风格、文学体裁和各种文学手法)。同样地,在数学学科中,大概念"各种形式的测量都会有误差"可以用来指导学生学习使用尺子进行测量的基本知识,以及统计学中更复杂的概念。

运用该方法进行内容标准解析的第二个理由来自认知心理学对学习的研究。《人是如何学习的》(How People Learn, Bransford, Brown, & Cocking, 2000)这本书提供了以下几点信息:

> ■误解警报!
>
> 在本书中,我们使用的术语"标准"指的是在学科领域中正式界定的学习目标。在一些地方,标准只是针对内容的;而在其他地方,标准也指"绩效指标"或类似的指标(在前面引用的纽约州科学内容标准的例子中就作了明确区分)。无论标准是指"输入"(学习内容),还是指期望的"产出"(学习证据),它们都是汇总在术语"标准"中的。然而,如果各地教师想要将标准填入到UbD模板中,就有必要将一些所谓的指标、基准、绩效目标放置到第二阶段中,因为相比于标准本身来说,它们会更多地谈到达到标准的证据。事实上,许多州以及国家的内容标准都没有清楚说明这个重要的区别,所以在分析地方内容标准时务必要当心。

在学习和迁移能力的研究中的一个重要发现是,将信息组织成概念框架从而便于在更大范围内迁移。(p.17)

基于理解的学习(而不是简单地从文本或讲课中记忆信息)更有利于迁移。(p.236)(第十三章将更详细地阐述相关研究的发现)

专家首先试图形成对问题的理解,这往往包含对核心概念或大概念的思考。初学者的知识不大可能围绕大概念来组织,他们最有可能通过寻找正确的公式和符合日常直觉的合适答案来处理问题。(p.49)

究竟什么是真正的大概念和核心任务?

假定我们运用逆向设计来规划一个学习单元,我们能保证学生理解了这一单元的内容吗?不一定。为了使教学设计更加完善和有效,设计必须条理清晰,关注明确且有价值的智力因素,我们称之为"大概念"和"核心任务"。下面我们将依次介绍这两项内容。

通常情况下,假如每个主题所包含的内容都比我们正常教学所需要的内容要多,我们就必须对教学内容作出慎重的选择,**明确教学重点**。在选择教什么或不教什么之后,我们必须帮助学习者了解所有学习内容中的重点内容。我们的设计应清楚地将这些重点告诉学生,让所有的学习者都能够回答下面的问题:

最重要的学习内容是什么？各部分内容之间是如何衔接的？我最应该关注哪些内容？哪些内容是最不重要的？

通过划分重点学习内容，大概念可以帮助学生将各个知识点联系起来。大概念作为教师教学的得力助手，发挥着"概念魔术贴"的作用，它们有助于知识和技能的整合，并使之在大脑中得以巩固。接下来的挑战是确定**少数**几个大概念，并围绕它们进行精心设计，在这个过程中，要避免这一想法，即要讲解主题下每一个有价值的知识点。

正如布鲁纳(Bruner,1960)多年前所指出的：

对于小学的任何一门学科，我们可能会问：这门学科是否值得成年人学习；以及当一个孩子学习了这门学科后，能否在成人后变得更优秀。否定的或不确定的答案都意味着这门课程的内容只是被各种材料填满而已。(p.52)

可以认为大概念相当于一个车辖。车辖是一种配件，能够使车轮固定在车轴上。因此，车辖是理解的必要条件。抓不住关键思想以及不能将大概念与相关内容知识"联系起来"，留给我们的就只是一些零碎的、无用的知识，不能起到任何作用。

比如，一个学生，即使他知识渊博，能说出许多宪政历史上的事实，但如果没有领会到法律文字与法律精神之间的差别，那他就不能说自己理解了美国宪法及法律体系。如果学生没有关注具有持久价值的大概念，那么他们就会很容易忘记那些知识碎片。因此，学生可能已经记住了所有的宪法修正案，也可能流利地背出最高法院主要裁决法官的名字，但如果他们无法解释在法律和民主原则保持不变的情况下，修正案是如何修改法律的，那么我们认为学生的理解是不充分的。

再举一个例子，在《科学上的五大学说》(*The Five Biggest Ideas in Science*)这本书(Wynn & Wiggins,1997)里，作者提出了一系列的问题来体现科学的五大基本思想：

问题：物质的基本粒子是否存在？如果存在，它们是什么样子的？
回答：大概念#1——物理的原子模型

问题：如果在不同类型的原子之间存在物质的基本粒子，它们和宇宙的基本粒子有什么关系？

回答：大概念#2——化学元素周期律

问题：宇宙中的原子来源于哪里，它们的使命是什么？

回答：大概念#3——天文学的宇宙大爆炸理论

问题：在地球上，宇宙中的物质是如何排列的？

回答：大概念#4——地质学的板块构造模型

问题：地球上的生命是如何起源和发展的？

回答：大概念#5——生物学的进化理论（pp. v-vi）

什么样的内容才称得上是大概念呢？温和威金斯（Wynn & Wiggins, 1997）认为，能称为大概念的都是"因为它们能够强有力地解释现象，提供了对科学的综合考察"（p. v）。无论你是否同意这种选择标准，作者的方法反映了某种需求，即关注少数重要概念并使用它们架构教学与评估。

大概念的"核心"（与"基础"相对）价值

从一个角度来看，使用"大概念"这一词语是恰到好处的，因为我们希望传递一种信息，某些概念可以被看作是框架概念。但从另一个角度来看，"大"这个字可能会引起误解。大概念并非是一个包含了很多内容的、庞大的、从某种意义来说相对模糊的词语。大概念也不是一个"基础"概念。相反，大概念是学科的"核心"，它们需要被揭示，因此我们必须深入探究，直到抓住这个核心。相比而言，基础概念就如这个词汇所说明的那样，它们是进一步工作的基础，如：定义、积木搭建技能、借阅规则。然而，作为学科核心的概念，它们是通过深入探究而得到的来之不易的结果，是各领域专家的思考和感知问题的方式。这些概念是不明显的。事实上，许多专家提出的大概念对于初学者来说是抽象的、违反直觉的，甚至是容易产生误解的。

将各个领域的一些核心概念和"基本术语"作比较，能够更清楚地说明以上观点：

基本术语	核心概念
• 生态系统	• 自然选择
• 图表	• "最适合"的数据曲线
• 四则运算	• 综合性和传递性(除数不能为0)
• 故事	• 故事中所映射的含义
• 构图	• 负空间
• 攻与守	• 加大防守,拓宽进攻的空间
• 实验	• 固有误差及实验方法和结果的不可靠性
• 事实与观点	• 可靠的论点

获得一个学科的核心大概念有时会非常缓慢,学生需要通过教师引导的探究学习和反思才能获得。(在本书的后续章节中,我们建议"理解"和"基本问题"应该始终超越基本知识和技能,处于学科的核心位置。)

我们当中有一位教师曾经考察过一组特殊教育学生在学习《麦克白》时去揭示核心大概念——荣誉和忠诚——的过程。其中,两位老师巧妙地在表演和提问之间进行转换,前者要求学生大声朗读语段以确保文字问题不会造成理解上的障碍,后者询问学生有关荣誉问题的个人经历。教师提出的问题包括:发生在我们身边的事情和我们做的事情有什么区别?什么是荣誉?荣誉有成本和价格吗?它是否值得?什么是忠诚?在《麦克白》中,忠诚和荣誉是否相互矛盾?它们在我们的生活中又是如何的?

对于每一个问题,教师都要求学生从表演中和他们自己的生活中找到答案。一个老师问道:"为什么捍卫你自己的荣誉这么难?"这个问题马上引起了一位又瘦又高的学生的关注,他一下子坐得笔直,而在提出这个问题之前,他一直是心不在焉的。他在回答这个问题时,讲述了自己因坚持原则没有跟某个朋友保持一致,结果在朋友群中被孤立的刻骨铭心的经历。发生在《麦克白》中的故事似乎突然涌现出了更重要且复杂的概念——人性。学生对此进行了迁移和洞悉:忠诚这一核心概念包含了不可避免的窘境,因为忠诚总是会引发冲突。如果不深入到至关重要的核心概念中去学习,教学就会是抽象的、孤立的、枯燥的。因而,基于我们耗在教学上的时间与所承担的责任,当我们口头上说希望学生理解他们所学的知识时,行动上不能勉强为之,也不能对它的价值一无所知。

数学的核心大概念是"整体化"——一个数词可以表征不同数字的能力。学习者将很难理解位值的含义,除非他们明白以下含义:"整体化要求学生不仅将数字作为对象来计算,也需要将数字作为集合进行运算,或者以上两者同时进行。因此,整体可以被看作一个数组……对学习者来说,整体化是看待问题视角的转变。"(Fosnot & Dolk, 2001b, p. 11)

因此,在研究领域中,大概念既是各种条理清晰的关系的核心,又是使事实更容易理解和有用的一个概念锚点。我们再来引用一段布鲁纳(1960)的话,他曾这样描述"结构"的概念:

> 掌握一个学科的结构是理解该学科的一种方式,使许多其他相关的事物有意义。简而言之,学习结构就是学习事物相关性……举一个数学例子,代数是在方程式中排列已知和未知内容的一种方式,从而使未知变成已知。这涉及到三个基本法则:交换律、分配律和结合律。学生一旦掌握了这三个基本法则所体现的理念,他就能认识到解"新"方程式其实并不难。(pp. 7-8)

不久之后,菲利普·菲尼克斯(Phillip Phenix)在《意义的王国》(*Realms of Meaning*, 1964)一书中论述了围绕"代表性概念"进行设计的重要性,因为它们能使学习既有成效又有效率:

> 代表性概念对于提高学习效率显然是非常重要的。如果一门学科有明确的特征概念可以代表它,那么对这些概念的全面理解也就相当于对整个学科知识的理解。如果一门学科的知识根据某种固定的模式进行组织,那么充分理解这些模式会使适合学科设计的主要特定要素更清晰。(p. 323)

他还写道,这样的"大概念"具有独特的特征:它们在该领域中引发新的知识,同时有助于初学者学习。

考虑对一门课程的教育评估,其中的一个大概念就是"可靠的证据"。技术性的、具体的概念(例如有效性和可靠性)越多,就有越多的技术技能(例如计算标准差)适合纳入到这个概念范围之中,进而,这个概念可以被迁移到其他可能存在类似问题的领域中(如"结果有多少可信度?对于我们的发现有多大的信心?")。与此相关的大概念就是**所有的**教育评估都应该像民法那样,我们需要一个"证据数量上的优势",从而"判定"学生是否达到了所陈述的目标。为什么是数量上的优势?因为每一种测量方法都存在固有误差(另一个大概念),任何单一的测试结果都不足以用来作出最终的"判定"。如果不能以这种方式理智地对待**普遍存在**的误差,即使学生在评估课程中能够准确定义术语或使用系数进行计算,也不能表明他们理解了评估的"可靠性"和重要性。

我们的同事林恩·埃里克森(Lynn Erickson,2001)对"大概念"提出了一个有用的操作定义,它们是:

- 广泛的、抽象的
- 用一个或两个词汇来表征
- 在应用中是通用的
- 永恒的——从古至今
- 可以用有着共同属性的不同例子来呈现(p. 35)

不过,更普遍地讲,关于大概念的说法是:

- 为任何研究提供一个可聚焦的概念"透镜"
- 作为理解的关键,通过对多个事实、技能和经验的关联和组织来提供含义的广度
- 指向学科中专家理解的核心概念
- 需要"揭示",因为它的意义或价值对于学习者来说是很不明显的,是违反直觉的,或者是容易产生误解的
- 有极大的迁移价值:随着时间的推移能被应用于许多其他的探究和问题——跨学科课程(平行方面)和同一学科多年以后的课程(垂直方面),以及学校以外的情境

最后一个判断标准——迁移——被证明是至关重要的,布鲁姆(1981)和他的同事们提出迁移是大概念的本质和价值所在:

> 在每个学科领域都有一些基本概念,他们对学者们所研究的内容进行归纳和总结……这些概念为曾经研究的内容赋予了许多意义,同时它们也为许多新问题的处理提供了基本思路。……我们认为学者和教师的首要责任就是不断地探寻这些抽象概念,找到帮助学生学习这些概念的方式,尤其是帮助学生学会如何在各种不同情况下使用它们……学会使用这些准则就具备了处理各种问题的能力。(p.235)

换句话说,大概念并不只是因为它所包含的知识范围"大"。它必须具备教学的能力:它必须能够使学习者明白需要提前掌握哪些内容;尤其需要注意的是,大概念有助于使新的、不熟悉的概念看起来更熟悉。因此,大概念不只是另一个事实或者一个模糊的抽象概念,而是一种概念性的工具,用于强化思维,连接不同的知识片段,使学生具备应用和迁移的能力。

在教学实践中,大概念通常表现为一个有用的:

- 概念(例如:适应、函数、量子论、洞察力)
- 主题(例如:"正义总是能战胜邪恶"、"成年"、"西部开发")
- 有争议的结论或观点(例如:先天和后天、保守派与自由派、可接受误差幅度)
- 反论(例如:自由必须有节制、离开家寻找自我、虚数)
- 理论(例如:经过自然选择的进化论、宿命、解释明显的随机分形)
- 基本假设(例如:文本是有意义的、市场是理性的、简约的科学解释)
- 反复出现的问题(例如:"这公平吗?""你怎么知道?""我们能证明它吗?")
- 理解或原则(例如:形式追随功能、读者需要带着疑问来理解内容、相关性并不能确保因果性)

须注意,大概念可以以各种形式体现——一个词、一个短语、一个句子或者一个问题。反过来说,一个核心的概念、一个基本问题或一个正式理论都是大概念,只是用不同的方式表达出来而已。但在后面的章节中我们将讨论,表达大概念的方式是很重要的,这不仅是一种风格或品味。根据希望学习者所达到的理解来架构大概念,是优质设计工作的关键。

一个确定了优先次序的框架

通常,由于我们面对的知识内容往往比能够合理处理的内容要多,并且呈现给学生的知识貌似对他们而言是同等重要的,因此我们有义务对教学内容作出选择,并明确教学重点。围绕大概念确定教学优先次序的有用框架可以用三个嵌套的椭圆形来描述(如图表3.3)。最大椭圆外的空白空间表征该领域中所有可能的内容(如:主题、技能、资源),这些内容可能会在单元或课程中进行考察。显然,我们不可能讲授全部的内容,所以要在最大的椭圆范围内选择确定学生应该熟悉的知识。在单元或课程中,我们希望学生听、读、浏览、研究,或意外获得哪些知识?例如,在关于统计学的引言部分,我们可能希望学生在学习钟形曲线的历史时能了解相关的重要人物,包括布莱兹·帕斯卡(Blaise Pascal)和刘易斯·推孟(Lewis Terman)。对于单元的引言部分,如果只是介绍性的知识,那么通过传统的测验或考试问题进行评估就足够了。

在中间的椭圆形中,通过确定重要的知识、技能和概念来强化和突出我们的选择,这些内容在本单元和其他相关的主题单元学习中,具有关联和传递效力。比如,我们希望学生学习集中趋势的量度(平均值、中位数、众数、范围、四分位数、标准差),并发展用不同类型图形显示数据的技能。

但是,还有另一种方式来看待中间的椭圆形:它确定了学生的前需知识和技能(即使能知识和技能),这些知识和技能使他们能成功地完成有关理解的关键复杂表现,即迁移任务。例如,一位高中数学老师在导入统计学单元的学习时,向学生们呈现了如下表现性任务:

> 你的数学老师让你选择一种集中量数方法——均值、中位数或众数——来统计你自己一个季度的成绩。回顾你的成绩测验、测试和作业完成情况,决定哪一种集中量数方法最适合自己的情况。向老师书面说明选择该方法的原因,为什么你认为它是计算成绩最"合理"和"有用"的做法。

该表现性任务要求学生真正理解这些集中量数方法的应用(使学生能决定

图表 3.3 明确内容的优先次序

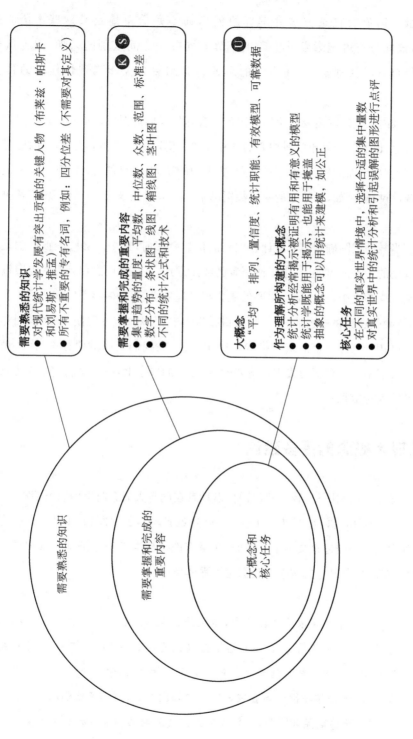

需要熟悉的知识 Ⓢ Ⓚ
- 对现代统计学发展有突出贡献的关键人物（有莱兹·帕斯卡和刘易斯·推孟）
- 所有不重要的专有名词，例如：四分位差（不需要对其定义）

需要掌握和完成的重要内容
- 集中趋势的量度：平均数、中位数、众数、范围、标准差
- 数字分布：条状图、线图、箱线图、茎叶图
- 不同的统计公式和技术

Ⓤ
大概念
- "平均"、排列、置信度、统计职能、有效模型、可靠数据

作为理解所构建的大概念
- 统计分析经常揭示有用有意义的模型
- 统计学既能用于揭示，也能用于掩盖
- 抽象的概念可以用统计来建模，如公正

核心任务
- 在不同的真实世界情境中，选择合适的集中量数
- 对真实世界中的统计分析引起误解的图形进行点评

第三章 明确目标

测量平均值的首选方法并解释原因),而不是简单地定义这些术语。此外,该任务有可能激发学生产生了解不同方法之间区别的兴趣,因为这样做符合自己的利益。(在本章的后面将介绍更多关于表现性任务的目标制定。)

最内层的椭圆需要更审慎的决定。在这里我们选择可以指向单元或课程的大概念,也要明确处于学科中心的迁移任务。仍以统计学单元为例,最内层椭圆强调大概念(如抽样、误差幅度、寻找数据中的模式、作出预测、置信度)和关键的表现性挑战(例如,对给定的一组数据确定"平均"的含义,制定"合理的"解决方案)。

当教师试图确定单元或课程内容的优先顺序时,这个三椭圆图被证明是一个有用的工具。事实上,很多使用者已经注意到,一旦他们意识到有些内容没有被纳入椭圆之中,相比那些重要的概念和过程来说,这些内容不应该受到更多关注,教师就能够将过去他们"一直要讲授"的内容忽略掉。(顺便说一句,同样的工具已用于课程评审的宏观指导。换句话说,在我们当前的课程中,什么是重点?我们是否已把精力集中在重要的、可迁移的概念上,或者我们的课程还只是在灌输大量信息?)

发现大概念的更多建议

除了三椭圆图外,我们建议课程设计者在确定大概念时考虑以下策略。

1. 仔细研究内容标准。许多标准陈述或者暗示了大概念,尤其是在内容标准列表前面的描述性文本中。例如,在俄亥俄州标准中对经济学和物理科学的解释(在涉及大概念的文字上我们用了**黑体**来强调):

在一个相互依存的世界中,学生作为生产者、消费者、储蓄者、投资者、劳动者以及公民的身份,运用**经济推理技能**和主要经济学概念、问题和制度的知识来作出明智的选择。在 K-12 学习结束时,学生能够:

A. 解释**稀缺性资源要求人们**如何**作出选择**,以满足他们的需求。

B. **区分商品和服务**,解释人们如何成为商品和服务的买家和卖家。

C. 解释人们获取商品和服务的途径。

学生阐述对物理系统的组成及其概念和原则的理解，这些概念和原则可以描述在自然界中物质的内部运动和规律。学生的理解包括**阐述对物质的结构和属性**、材料和物体的特性、**化学反应和物质守恒的理解**。此外，还要理解**能量的性质**、**转化和守恒**；影响运动的运动和力；波的本质属性以及物质与能量的相互作用。

或者考虑下面来自加利福尼亚州六年级的社会研究标准（在涉及大概念的文字上我们用了黑体来强调）：

学生通过**考古研究**，描述已知的从旧石器时代到农业革命的**人类早期物质和文化发展。**

- 描述**狩猎社会**，包括工具的开发和火的使用。
- 确定居住在世界主要地区的人类部落的位置，**描述人类是如何适应各种环境的。**
- 讨论气候的变化和人类对物理环境的改造，这些变化和改造使**动植物驯化**，同时也为衣服和居住提供了新的资源。

2. 在标准文档中，圈出**反复出现的名词**来强调大概念，圈出**反复出现的动词**来确定核心任务。这种简便的方法在前面已经提到过（参见图表3.2）。

3. 参阅现有的可迁移概念列表。例如，当针对给定的主题寻找大概念时，可以考虑如下可能性：①

丰富/稀缺	民主	迁移
接受/拒绝	探索	情绪
适应	多样性	秩序

---

① 其他相关资源，参见 Erickson（1998）、Tomlinson 等（2001）,《思想史词典》(*Dictionary of the History of Ideas*)，这是建立关键概念的多卷参考集，以及 Adler（1999）。

老化/成熟	环境	模式
均衡	平衡	洞察力
改变/连续性	进化	生产
品质	探测	证据
社区	公正	重复
冲突	友谊	韵律
联系	荣誉	生存
合作	和谐	象征
相关性	相互作用	系统
勇气	相互依存	技术
创造力	发明	独裁
文化	正义	变化/变量
周期	自由	财富
防御/保护	忠诚	

4. 对主题或内容标准提出以下一个或多个问题：

为什么要研究？研究什么？

是什么让……的研究普及？

如果关于……的单元是一个故事，那么故事的寓意是什么？

什么是……技能或过程所暗示的"大概念"？

构成更大的概念、问题或难题的基础什么？

如果我们不能理解……那我们不应该做什么？

……是如何在更大的环境中应用的？

关于……的"真实世界"的领悟是什么？

研究……的意义是什么？

5. 从相关且有提示性的一对词组中产生大概念。这个实用的方法具有两个优点：(1)它表明必须进行各种探究(例如，比较和对比)；(2)为了让学习者理

解这些概念并发现它们的有用性,该方法建议学习者要不断反思。下面是可供参考的成对出现的词语列表:

吸收 & 反射	和谐 & 不和谐	含义 & 语法
作用力 & 反作用力	方言 & 术语	国家 & 人民
金钱 & 劳动	重要的 & 紧迫的	先天 & 后天
常量 & 变量	光线 & 阴影	权力 & 统治
连续性 & 变化	像 & 不像	记号 & 符号
因素 & 结果	字面意义 & 比喻	结构 & 功能
命运 & 自由	物质 & 能源	和 & 差

思考"命运 & 自由"这一对词语,以及它们在不同学科领域中的应用。可用于设计的相关基本问题可能包括:在何种程度上我们是自由的或受命运支配的?在何种程度上生物或文化是命中注定的?"自由意志"是浪漫和天真的信念还是现代思想和行动的基石?革命战争、大屠杀,或最近的宗教战争在何种意义上"注定"会发生?或这种争论在何种程度上是注定失败的?核战争和全球变暖在何种意义上是科学进步的"必然"结果?在数学中有自由吗,还是所有的结果都是"命中注定"的(虽然目前我们并不知道结果是什么)?

教师的"新装"

如果大概念本身很强大并有意义,那么教育可能会变得更加容易一些!然而,对于教师或该领域的专家来说,所谓的"大"对孩子来说往往是抽象的、毫无生气的、混乱的,或不相关的。对研究领域的专家来说是重要的概念,对新手而言,似乎是无意义的、难以理解的,或毫无兴趣的。甚至对无需掌握其意义理解的任何人来说,这里呈现的清单是相当枯燥和无趣的。的确,追求理解的教学挑战在很大程度上是让该领域的大概念在学生的头脑中"变大"的挑战。

这是很难做到的,比新教育工作者通常想象的还要难。在每一个环节上,专家盲点都紧随教师出现。对教师来说,大概念的功效和课程的重要性是很明显的!""来吧,我给你介绍一下这个有趣的概念。"从学生的角度来看,这种情况有点像"皇帝的新装"。你应该还记得这个故事:骗子裁缝声称自己可以用纯金的纱线织出最美丽的布,并做成最漂亮的衣服,这个衣服有一种奇异的作用,只有最聪明和称职的人才能看到它。这个故事的结局,大家都知道,国王什么都没有穿就在街上游行,只有天真的孩子说出了大人自己看到却不敢说出的话:"可是他什么衣服也没有穿啊!"在学校里,虽然老师、教材编者和专家们对这些"精致的"概念不停地发出"啊"、"喔"的惊讶,但是对学习者来说,它们经常看起来像皇帝的新装,是看不见的。

■ 误解警报!

"我教的学科主要关注的是技能,所以没有什么大概念",这是在过去几年我们最常听到的问题之一。在体育、数学、低年段外语、小学低年级以及职业课程培训中,这样的问题特别常见。我们认为,这种想法是对大概念和大概念在各类学习中所起到的关键作用的误解。这些老师也许将他们的教学目标和完成该目标的方法混为一谈了。

当然,对于教授阅读、数学、西班牙语和帕斯卡语言的老师来说,想达到"语言的流利性"这一技能目标是当然的事情。流利性由许多技能构成,最后呈现于学生的表现中。但流利性又不仅仅是技能;它更是对许多技能的智慧运用,它建立在清晰认识各种技能价值的基础之上:为什么一项技能起作用或不起作用,何时使用这项技能?基于常识和认知领域的研究,我们认为除非学习者理解了与智慧应用技能相关的大概念,否则没有哪种技能可以被整合到一个强大的技能库中。

我们容易忘记的是,在现代学科的核心领域,这些概念通常是抽象的、不明显的,它们往往是有悖常理的,因此容易产生神秘感和误解。考虑以下几点:对人类观察者而言,地球是静止不动的;没有明显的迹象表明我们是灵长类动物的后裔;奇怪的是我们的民主创始人拥有奴隶;《哈姆雷特》这本著作似乎与青少年焦虑和抑郁症无关;微积分的初学者对导数和积分根本没有概念上的认识(就好比当第一次提出这些概念时,数学领域的专家也不能理解一样)。

我们努力获取大概念,并看到它们的价值,就像我们的前辈所做的那样,而当教师和教材将这些概念当作事实来看时,情况会变糟。然而,一旦我们作为教师能够清楚地看待大概念时,会倾向于认为这些大概念对学习者来说也是显而易见的。因此,具有讽刺意味的是,追求理解的设计和教学的挑战是又一次像孩子一样来看待大概念,结果发现这样的大概念及其价值根本是不明显的。关于这一挑战的例子就是在前面提到的整体化的算术概念,"把这十个数字看成一个整体或者是一个数组,几乎需要否定数字的原始概念。在儿童的思维中,这是一种巨大转变,事实上,这确实也是在数学领域经历了几个世纪的发展才发生的巨大转变"(Fosnot & Dolk, 2001b, p. 11)。

大概念是抽象概念,设计的挑战是如何把这些抽象概念融入生活,让它们显得至关重要。因此,围绕大概念进行教学设计比我们最初的想象更具挑战性。认真听取学生可能存在的误解对设计过程来说非常重要,因为大概念不能单独通过讲述和阅读获得,学生在第一次接触它们时很可能会产生误解。

学术性的大概念对理解而言是非常必要的,也是容易产生误解的,如果教师要求学生不断重新思考大概念并逐步接近这些概念的核心内涵,这样的教学设计将起到最好的作用。大概念与定义不同,定义可以学习并记忆,也可以直接应用。大概念更像是"指导性猜想"(用布鲁纳的话来讲),当我们需要学习更多内容时,要对它们进行细化和调整。

我们的教学设计必须有助于学习者在行动中反复探寻和询问有关大概念的问题,就像在体育课中学习到的移动一样。移动可以暂时起到很好的作用(例如,假动作是向左,实际是向右),但当最终移动不再起作用的时候,我们就需要反过来想想是怎么回事,曾经起作用的东西变得不能用了。在好的教育中,情况是一样的:依据成人生活和文学作品中的灰色阴影(和讽刺),对于历史和文学作品中"好人和坏人相对应"的观点要加以重新思考。我们举一个喜欢的幽默例子来说明这点。在电影《夺宝奇兵3之圣战奇兵》(Indiana Jones and the Last Crusade)的介绍集中,我们有了"好人和坏人"的认识。所以,谁是好人?在开始的10分钟内,我们所有的轻率的假设都被连续快速地推翻了:童子军成为小偷;盗贼有权获得他们的考古赏金;坏人穿白色衣服;警长与坏人站一边;爸爸没有提供任何帮助;坏人其实是一个好人,他钦佩年轻的因迪并把自己的帽子送给了因迪。

这就是为什么将我们的目标和内容标准转换成问题是如此的重要。我们不仅要向学生表明大概念是什么,还要向他们指出作为终身学习者,其任务是要对大概念的意义和价值永远保持探究的精神。将天真的思维发展成更复杂的思维是需要通过启发性的问题和能够被测试、证实和提炼的表现性挑战,以及将所学知识应用于探究来完成的。

> **设计技巧**
>
> 在关注技能的课程中,可以从以下几方面寻找大概念:
> - 技能的价值——哪些技能帮助你提高工作效率和效能。
> - 基本概念(如,在讲授说明性写作或辩论的技能时所提到的"说服力")。
> - 策略问题——起作用的策略,包括何时使用特定的技能。
> - 为什么技能能够起作用——潜在于技能之下的理论,使更大的迁移能够发生。

误解警告指出了连接大概念与教学技能的重要性。举个例子,我们要达到的目标是写出有说服力的文章。乍一看,似乎可以通过练习和反馈让学生学到一组简单的写作技能,专门用于提高文章的说服力。但进一步思考,我们注意到一个关键的概念要点,即除了特定的写作技巧外,还必须了解其他内容。如果学生的写作和讲演想要真正有说服力的话,那么他们一定要理解说服力及其工作原理。他们必须了解哪种说服技巧有效以及为什么有效,也必须知道听众、主题和媒介在有效说服中所起到的微妙作用。总之,要学会有说服力地写作或讲演,学生必须了解每种体裁的作用、说服力的评价指标,以及最有可能说服特定受众的策略。这需要对说服力的内涵有清晰的了解。

这么一想,我们就知道发展说服力技能不一定通过写作练习,仅仅在写作中学习了某种特定格式(如五段作文法),并不表明学生理解了说服力。例如,一个人如果想要更好地理解说服力,以便更好地说服他人,他可能会被要求去阅读著名演说,评论电视广告,阅读和讨论一些文学作品(如奥威尔关于语言和政治的论述)。因此,说服性写作的技能目标包含在多种需要理解的大概念之中。

下面是一些来自不同技能领域的大概念例子:

- 在烹饪时,尽量减少浪费,使用剩余的调料来提升口味。
- 在游泳时,直接向后推水,以确保最佳的速度和效率。
- 当为了理解而阅读时,联系"字里行间"的含义,而不仅仅是逐字阅读。
- 在生活中,发展各种自给自足的生活技能(如预算)。
- 在团队运动(如英式足球、美式足球、篮球)中,创造防守的空间以创造进攻机会。
- 在科学和数学中,理解在观察和测量中的误差概念。

根据迁移任务制定目标

如图表3.3所示,优先顺序的建立不仅依赖于大概念,还可以通过聚焦于该领域中具有真实挑战性的迁移任务来确定。核心任务是指任何领域中最重要的表现要求。例如,科学学科的核心任务是从零开始对控制实验进行设计和调试。在戏剧学科中,核心任务就是在舞台上通过角色扮演完整和优雅地进行形神兼备的表演。真实性**挑战**包含现实情境,也就是说该任务的情境要尽可能地接近真实世界中的机遇和困难。在历史学科中,一个核心任务是利用所有相关资源创建一个经得住考验的故事。在这样一个任务中,始终存在的挑战是资料来源可能是不完整的,甚至是有冲突的。在数学学科中,关键任务是对一个复杂的现象从数量上进行建模。该任务的典型挑战是,现实世界中的数据始终是杂乱的,有许多错误和异常值。

这些核心任务及相关挑战情境反映了大概念的迁移,这是我们长期以来要求学生去做的。它们不只是有趣的评估。具有真实挑战性的核心任务体现了我们的教育目标:学校教育的目标是使学生在真实世界能得心应手地生活,而不仅仅是对有限提示的口头或身体回应。迁移,即对理解的反映,是指能够熟练地解决核心任务中的真实挑战,所学内容只是解决问题的一种手段。而且最重要的是,成功的迁移意味着学生在很少或没有教师手把手指导,或提供线索的情况下表现良好。下面提供了更多体现目标的任务和挑战的例子:

- 文本阅读的一个挑战是深刻理解文本的内涵,而忽略作为读者所存在的个人假设、偏见、有限工具及有限经验等方面障碍。(换句话说,挑战是要避免将读者的"个人反应"和对文本的"理解"相混淆。)
- 历史学科的挑战是利用现有的资源讲述一个可信的、内容翔实的和具有支撑性的"故事"。因此,相应的表现将包括学习者在具体情境中展示他们成果的多种任务,例如在期刊或报纸上发表文章、在博物馆进行展示或向他人进行演讲。
- 音乐学科的一个挑战是把一套复杂的指令变成一曲流畅而动人的完整曲目,而不仅仅是学习一堆音符。演奏一首特定曲目(以及对其他人表演的鉴赏)能反映出学生对挑战的掌握程度。

- 科学学科的一个挑战是从众多可能性中排除最显著的变量。所有关键的表现性任务都集中在一个特定的实验和一个成功的设计中,并进行调试;或公开反驳他人提议的设计。可以有多种表现来反映学习者的成就,例如,在小组讨论中呈现有价值的观点,写一篇见闻广博的论文,或写一篇有见地的书评。

- 学习另一种语言时存在的挑战是成功翻译出符合该语言习惯的含义,而不仅仅是把每个单词——翻译出来。在这个挑战中,许多不同的书面和口头任务由于使用了俗语和成语而增加了难度。

- 数学学科的一个挑战是,当存在大量的反常和异常值,使我们不确定哪些是正常模式、哪些是干扰因素时,我们需要完全从数量上对一个复杂的现象进行建模。(说到干扰因素,公开演讲的一大挑战是,尽管不可避免会存在字面意义和比喻意义上的"干扰因素",但演讲者仍要在**特定**场景下告知和取悦**特定**听众。)

为了使这些迁移的例子更具说明性,思考下面的量规,它们的作用是对声称应用了真实挑战的评估的设计进行自评或互评。

迁移要求/线索清晰度

  4 这个任务看起来很陌生,甚至是奇怪或令人费解的,没有提供任何线索去处理或完成这项任务。要想成功完成任务,需要基于对知识与情境的理解,依赖于个人的创意库存与知识适应能力——"远迁移"。需要仔细思考任务要求什么,不要求什么;需要哪些内容,不需要哪些内容;识别出陆续出现的问题,它们在开始的时候是不明显的,但又必须解决。因此,该任务对一些人而言似乎是不可能完成的。即使之前所有的学生似乎都掌握了学习内容,但他们并非都能成功,有些人可能会放弃。

  3 这个任务可能看起来很陌生,但在呈现任务时也提供了一些线索或提示,也就是说对所要求的方法和内容提供了一些建议(或在很大程度上限定了选项)。任务的成功依赖于学生将近期学习的内容应用到新的有些不确定或不同的场景之中——"近迁移"。学习者面临的主要挑战是要根据给出的信息弄清楚这是一个什么样的问题。一旦任务明确后,学习者应该能够按照已知过程来解决它。虽然有些学习者在过去的测验中似乎表现出拥有一定的技能和知识,但是他们可能无法成功地完成任务。

2 用事先计划的概念、主题或任务等明确的参考依据来呈现任务,但没有提及具体的规则和可应用的公式。这种任务需要较小的迁移。完成任务仅要求学生能够根据一个熟悉的问题识别和回忆该应用哪条规则,并加以使用。迁移只涉及对与教学时所用案例中不同的变量、类别或情境细节的处理;需要知道在少数的、明显的可选项中,可以应用哪条规则。

1 所呈现的任务只需学生按照指示操作,使用回忆和逻辑就能够完成。不需要迁移,只需要将与刚完成的学习或案例相关的技术和内容添加进去即可。

挑战性任务是一门学科的核心,如果我们把它们看作是与知识和技能相关的组织集合的话,那么这些任务就能够清楚地帮助我们明确教学目标的优先顺序。它们在表现上与菲尼克斯(Phenix)所说的"代表性观点"是相同的。那么,各个学科领域具有代表性的挑战是什么呢?(UbD模板阶段2:哪些关键任务能够说明学生利用核心内容应对关键挑战所具备的能力?)在"挑战"和现实情境下,明智且有效地应用学科中的核心内容意味着什么?(这一点将在第七章继续论述。)如果不能很好地回答这些问题,我们会面临风险,仅仅把罗列大量的知识和技能作为目标,这样无论我们的意图有多好,大概念和核心表现能力都会落空。

因此,核心任务和特殊形式的考试是不一样的。核心任务总结了在不同情况下的许多相关的表现性要求,体现了重要的州立内容标准和地方目标,因此,它恰恰适合我们阶段1的思维。同时它明确提出了阶段2所建议的表现性评估应该满足的条件,以避免项目或测试的随意性。课程是展示真实表现的手段。在每个领域及成年人的生活中,最重要的任务和挑战是什么?这是阶段1的问题。用什么样的具体评估任务或挑战来测量学生达到预期目标的程度呢?这是阶段2的具体"证据"问题。

明确复杂的核心任务将使我们的目标更有可能在智力上是重要和连贯的。当构想的目标仅仅是罗列事实和技巧时,设计和教学最终将变得毫无生趣、零零散散,并脱离具体情境——这样的目标完全忽视了迁移。为了避免这种情况,我

> **■ 误解警报！**
>
> 有些读者可能会认为我们所做的工作与已有著述中的"任务分析"方法的关联不够充分。但是，就像阶段1中各部分所描述的一样，制定目标是相当困难的，也许可以说这是教学设计中最具挑战性的方面。所以，虽然"任务分析"的观点在概念上与逆向设计是相同的，但是我们不能仅从具体目标出发，寻求快速进展。我们认为，极端行为主义和离散的教育目标使得任务分析一直步履蹒跚；教学过程随着背景和目标的变化而变化；最终这种分析的结果是令人困惑的，如当代的一些学者（Jonassen, Tessmer, & Hannum, 1999）在讨论任务分析时所指出的。
>
> 在这里，我们建议（在后面的章节会对"表现"进行描述）必须从非常复杂的想法和"混乱"的表现开始逆向设计。相反，大多数任务分析是基于这样的假设，即任何依据测量行为和明确的子技能来确定目标的任务都是有效的。我们认为以理解作为目的的教学设计不断失败的原因是，任务分析依赖于易于管理的目标，而不是最有效的目标。

们必须针对知识和技能目标提出这样的问题："这部分内容能使我们具备哪些重要能力？"而不是只问："哪些知识和能力可能是重要的？"因此总体表现性目标作为指标发挥作用，决定了应该强调哪些内容，忽略哪些内容，就像在戏剧、体育及木工业等任何基于表现的领域一样。进一步说，通过将每个学习项目看成是以某种特定方式进行的思维"训练"及行动，即在学科中"做"，那么我们就会像教练那样，对正在进行的结果（"学习"）变得更加专注。

鲍勃·詹姆斯的逆向设计实践

单元中的每个内容都需要深度的、审慎的发掘吗？嗯，当然。要把握营养需求这个概念是不容易的，因为它会随着个体的特征变化而变化。没有哪一种饮食对所有人来说都是适合的。有没有什么典型的误解是需要我特别关注的呢？嗯，和预想一样，我发现许多学生都存有一种错误的观念（误解），认为如果食物对你有好处，它一定不好吃。在这个单元中，我的目标之一是让他们改变这一观念，这样他们就不会想当然地讨厌健康食品了。

对营养的核心任务之外的内容进行思考是非常有用的，它会帮助我跳出事实材料的局限来考虑人们（如专家或外行）实际上是如何处理这种信息的。我的脑中有几个核心任务——我们用营养学知识来安排健康的食物和均衡的饮食，对食品广告变得有批评意识,及对生活方式进行调整。全面思考这些内容,会帮助我明确教学目标,并给我提供一些设计评估的思路。

我的学生对营养学知识有典型的误解吗？让我们来看看"2061 计划"出版的《基准》一书中所提到的:"低年级学生可能认为,精力充沛和体力强壮是锻炼的结果而与营养无关……经过学习,中学生通常不能用科学术语来解释他们的知识。"嗯,我之前就听过第一种误解。我想我会在单元中提前安排一个测验来检查学生们是否有这种错误观念。

当对误解进行更多的思考时,我想起许多学生有这样的看法:如果某种食物有益健康,那么它肯定不好吃,反之亦然。本单元的教学目标之一是让学生打消这种念头,让他们不会自动规避健康食物。我想我会采取一些非正式的检查来看看这个年级的学生是否也存有这种误解。

总结

一般而言,当谈到我们的目标需要更加清晰、一致和有效的时候,我们需要回到前面所说的关于理解的内容。因为事实证明,当审视我们称之为"理解"的目标时,目标不是一个,而是多个。

第四章 理解六侧面

82 理解的方式多种多样,这些方式互相重叠又无法简化,相应地,也有许多不同的教"理解"的方法。

——约翰·巴斯摩尔(John Passmore),《教学哲学》(*The Philosophy of Teaching*),1982,p. 210

朗斯:你真是块木头,什么都不懂!连我的拄杖都懂。

史比德:懂你的话?

朗斯:是啊,还懂我做的事;你看,我摇摇它,我的拄杖就懂了。

史比德:你的拄杖倒是动了。

朗斯:懂了,动了,完全是一回事。

——威廉·莎士比亚(William Shakespeare),《维洛那二绅士》(*The Two Gentlemen of Verona*),c. 1593

目前我们将"理解"看作是一个有别于"知道"的概念。然而当我们制定与"理解"相关的目标,并斟酌用什么语言来表达的时候,问题随之而来。"理解"这个词有多种不同的意思,根据经验,我们认为理解不是单方面的成就,而是多方面的,并通过不同类型的证据表现出来。

洞见与**智慧**是"理解"的名词意义下的两个同义词——显然,这两个词不同于"知识"(虽然有些相关)。这种表达方式也说明真正的理解不仅仅是"学术性"的理解。"书呆子"和"学究"等词表明单纯的知识才能可能是虚假的理解,并且学得太多可能不利于理解。

我们使用的动词具有同等的指导性。我们认为,如果你能讲授、使用、证明、联想、解释、辨析所学内容,并领会其言外之意,那就算理解了。我们认为表现性评估是必需品,而不是奢侈品,因为虽然学生们已通过小测验和简答题证明他们获得了相关知识,但他们还必须通过有效地运用知识使我们相信他们真正理解了所获得的知识。此外,特定的理解会有所不同。我们所说的从一种有趣的角度看待事物,意味着复杂的想法理所当然会产生各种不同的观点。

当然理解一词也有其他的意思,如人际交往和智力方面的意思,这在英语中比较含蓄,在其他语言中表现得更直白(例如法语的动词"知道"(*savoir*)和"了解"(*connaître*))。我们试图理解观点,但我们也努力理解其他人的想法和情况。在社会关系中,我们会说"开始了解"或者"已经了解"。据悉,在花费大力气理解复杂问题后,我们有时会说"改变主意"和"改变心意"。

在《牛津英语词典》中,动词"理解"的意思是"领悟含义或意义"。最起码,这种看法存在于法律体系中。当我们判断一个人是否具有受审能力时,无论是儿童还是有能力障碍的成年人,都是通过他们是否能理解人类行为的含义来作判断。理解一词的更复杂的含义类似于智慧,是一种超越幼稚的、草率的以及无经验的观点的能力。通常我们称这种能力为"有远见",能够避免感情用事、个人偏好和当前主流观点,经过慎重考虑和不断反思将事情做到最好。

不过,有时我们并不需要追求"真正的理解"。我们需要追求关系融洽,如"孩子,我理解你正在经历的……"人与人之间的不理解通常指没有考虑到不同的人会有不同的观点,从不关心"他人的想法"。(皮亚杰在数年前曾讽刺说,以自我为中心的人只有一个观点——他们自己的观点。)这已经变成了男女交往时说的陈词滥调:"你就是不理解……"德博拉·坦嫩(Deborah Tannen,1990)写了一本非常畅销的关于男女交谈差异的书:《你误会了我》(*You Just Don't Understand*),书中指出无论交谈的形式和目的是什么,人与人之间的理解需要抓住那些没有道出却真实存在的东西。类似地,导致跨文化冲突的一个明显原因是缺乏"神入理解"。下面这段引自《纽约时报》几年前关于中东地区暴力冲突的文章内容也印证了这一观点:

> 双方都震惊于这样的速度和愤恨,连同以往的怒火一起被点燃。但有些人预言这场冲突将使双方产生新的认识——双方如果不能达成一定的理解,则不能近距离地生活在同一个地区。

"我们将对暴力冲突感到疲惫,最终产生和平的念头。战争导致我们无家可归,这种沉痛的理解会唤醒我们的和平理念。"(MacFarquhar, 1996, p. A1)

出于审时度势和相互尊重达成的协议与对问题的真知灼见之间是否有某种联系?中东政策的失败,与其说是由于缺乏对各方立场的了解,不如说是缺乏神入(同理心)的作用,这种说法比较合理。或许这同样适用于学校学习。要想真正理解一部小说、一个科学理论或者某一历史时期,你必须充分尊重和认同一点,即作者理解的内容可能是你所不理解的,而且你能从作者的理解中受益。这也适用于课堂讨论:许多学生有时并没有把那些他们不认同的学生所说的观点"听进去"。

简而言之,有时距离产生理解,有时理解需要真诚地和他人相处或者倾听他人的想法;有时我们认为理解是高度理论化的东西,有时认为理解是有效的真实世界应用所揭示的内容;有时我们认为它是不带感情色彩的批判性分析,有时又认为它是认同的表现;有时我们认为它依赖于直接经验,有时却认为它是独立思考的产物。

总之,界定"理解"要更为慎重。理解是多维的和复杂的,有不同的类型、不同的方法,同时和其他知识目标也有概念上的重叠。

这个问题的复杂性使得区分理解的不同侧面(尽管相互重叠又完美整合)很有意义。为了构成成熟的理解,我们形成了一个多侧面的视角,即理解六侧面。当我们真正理解时,我们

- **能解释**:通过归纳或推理,系统合理地解释现象、事实和数据;洞察事物间的联系并提供例证。
- **能阐明**:叙述有深度的故事;提供合适的转化;从历史角度或个人角度揭示观点和事件的含义;通过图片、趣闻、类比和模型等方式达到理解的目的。
- **能应用**:在各种不同的真实情境中有效地使用和调整我们学到的知识。
- **能洞察**:批判性地看待、聆听观点;观其大局。
- **能神入**:能从他人认为古怪的、奇特的或难以置信的事物中发现价值;在

先前直接经验的基础上进行敏锐的感知。
- **能自知**：显示元认知意识；察觉诸如个人风格、偏见、心理投射①和思维习惯等促成或阻碍理解的因素；意识到我们不理解的内容；反思学习和经验的意义。

这六个侧面表现了迁移的能力。我们应用这些不同但又相关的侧面来判断理解，正如同我们使用不同的指标判断一个独立且复杂的表现。例如，"好论文"是一篇有说服力的、有条理的、清晰的文章。说服力、条理性、清晰性这三个指标都需要满足，而每个指标是不同的，从某种程度上独立于另外两个指标。文章可能清晰但没有说服力；也可能很有条理但不清晰，且说服力不足。

同样，学生可能对某一个理论知道如何解释但不会应用，可能会批判性地看待事物但缺乏神入能力。这些侧面反映了理解的不同内涵，这在第三章已讨论过。从评估的角度来看，这六个侧面为理解提供了多元化的指标，因此能够引导评估的选择和设计以达到理解目的。从更广泛的教育视角来看，这些侧面表明：在旨在促进知识迁移的教学中，完整且成熟的理解，理想情况下是指理解六侧面的全面发展。

现在我们将从以下方面更具体地解释理解六侧面：
- 先用一个简洁的定义介绍每个侧面，然后提供一两段恰当的引文，以及提出一些人们可能想了解的典型问题。
- 为每个侧面提供两个例子，一个是日常生活中的例子，另一个则取材于课堂教学；另外还会提供一个反例说明缺乏理解会是什么样的。
- 对每个侧面进行分析，简要介绍其对教学和评估的影响，这将在本书后续章节展开深入探讨。

侧面1：解释

解释：恰如其分地运用理论和图示，有见地、合理地说明事件、行为和观点。

---

① 心理投射：投射一词在心理学上是指个人将自己的思想、态度、愿望、情绪、性格等个性特征，不自觉地反应于外界事物或者他人的一种心理作用，也就是个人的人格结构对感知、组织以及解释环境的方式发生影响的过程。——译者注

引诱我的从来不只是甜点的美味,从少许配料中衍生出的万千种口味同样使我迷恋。阅读烹饪书籍时我见过无数种蛋糕和奶油糕点……但书中却没有解释它们之间有怎样的区别……我越发明白这些看似完全不同的食谱肯定都是从相同的基本配方中衍生出来的。

——罗丝·利维·贝兰堡,《蛋糕圣经》,1988,pp. 15-16

我们看到某个东西在动,猛然听某个声音,闻到某种怪味道,我们就会问:这是什么?……当我们弄清它们所表示的意思:一只松鼠在跑,两个人在交谈,火药爆炸散发出的味道,我们就说我们理解了。

——约翰·杜威,《我们如何思考》,1933,pp. 137,146

为什么是这样的?如何解释这类事情?这类行为发生的原因是什么?我们如何证明?它与什么有关?有实例吗?它是如何运作的?有何暗示?

√厨师解释了为什么加一点芥末可以使油和醋混合在一起:芥末起到乳化剂的作用。

√九年级的学生给出充分的论证,解释在物理中为什么小汽车在气垫导轨上的加速方式与路面的倾斜角度有关。

×十年级的学生知道重力加速度的公式,但是不知道这个公式中的符号代表的含义,或者不知道如何使用公式计算具体的加速度。

侧面1所涉及的理解是指以一个合理的理论揭示事物的内涵,搞清楚那些令人困惑的、孤立的或含糊的现象、数据、情感或者观点的含义。这些通过行为和产品表现出的理解,清晰、深入、启发性地解释了以下问题:事物是如何运作的?它们反映了什么?它们在什么地方相互联系?它们为什么会发生?

关于为什么和怎么样的知识

理解不仅仅是了解事实本身,还包括运用具体证据和逻辑——富有洞察力的关联和例证来推断原因和过程。下面是一些例子:

- 我们能够陈述毕达哥拉斯定理。但是怎样证明这个定理,可根据什么原理推导得出,从这个定理中又能推导出什么,以及为什么这个定理如此重要?

- 我们可能知道不同的物体看似以均匀加速度落地,但是为什么是这样的?为什么所有物体的加速度没有差别?从这种意义上讲,理解就是将事实和观点相联系——这些事实和观点通常看起来很古怪、违反直觉或者相互矛盾——从而形成一种能有效解释问题的理论。
- 我们可能知道如何给吉他装弦,知道如何用吉他准确弹奏一首歌曲,但我们并不理解谐波原理和其中所蕴含的物理学知识。

正如杜威(1933)所说,从这种意义上讲,理解某事"就是从它与其他事物间的关系中对它进行观察:注意它是如何运作的,它产生怎样的结果,它的起因是什么"(P.137)。我们超越所给的信息进行推理、关联和联想——理论就起作用了。这种理解会产生强大的、富有见地的模型或者例证。我们可以将看似不同的事实结合在一起形成条理清晰的、综合的、具有启发性的解释。我们可以预测迄今为止未被探寻的或未经检验的结果,也可以解释被忽视的或者看似不重要的经历。

我们所说的起作用的理论是什么意思呢?让我们先参考一个现代物理学中的成功的成熟理论。伽利略、开普勒和之后的牛顿、爱因斯坦提出了一个理论,能够解释从下落的苹果到彗星等所有物体的运动。用该理论能预测潮汐、行星和彗星的位置以及如何把桌球上最关键的一球撞进洞中。

这个理论并不是显而易见的,也不是纯粹事实归类的结果。提出者必须想象一个没有摩擦的世界——在地球上物体运动的一种特殊情况。该理论认为重力在地球上无处不在,它在一定的距离内起作用,但是不能通过明显的方法来证明其存在;它起作用的方式是:物体的重量不会影响其垂直下降的速率(与古希腊的观点和常识相反)。这一理论受到了批评家们的大力批判,但它最终战胜了其他与之竞争的理论,原因在于尽管它不符合直觉经验,但却比其他理论更好地解释、调整和预测现象的发生。

类似地,一个中学生如果能够解释为什么水蒸气、水和冰从表面上看似不同,实际上却是同一种化学物质,那么他(她)对化学式 H_2O 的理解比不能解释上述原因的学生要好。一个大学生如果能够解释鞋子价格及其波动与自由市场运行相关,那么他(她)对鞋子成本的理解要比那些不能解释原因的大学生更深刻。当学习者能够将抽象知识转化为合理的解释,提供一个有用的框架、逻辑和有力的证据支持自己的观点时,他们就揭示了对事物的理解——这些事物或许是一次经历,或许是老师讲的一堂课、一个概念,又或者是他们自身的表现。

理解涉及更系统的解释,其中每一个回应都被归入到一般的、强大的原则中:

> 理解分布特性是一个大概念。意识到以下内容,即 9×5 可以化解为 5×5 和 4×5 的和;或者是分为 5 组,只要组内数字相加为 9 的任何组合,说明理解了其中所涉及的部分—整体关系的结构。(Fosnot & Dolk, 2001a, p. 36)

侧面 1 要求给学生分配任务,对学生进行评估,让他们解释所学习的内容并给出合理理由来支持他们的解释,之后我们才能够得出结论:他们是否理解了我们所教的内容。

支持我们的观点

因此,仅仅对教材或老师所传授的官方理论进行测试还不能作为理解的依据。我们需要解释为什么我们的回答是正确的,为什么存在这种事实,为什么这个公式适用;我们需要为自己的观点提供支持。进行评估时,我们从学生的表现中寻找较合理的解释,要求他们使用诸如**支持**、**辩护**、**概括**、**预测**、**验证**、**证明**和**具体化**等动词显示他们的理解程度。

不考虑学科内容、学生年龄和经验,如果学生达到了理解侧面 1,他们就有能力"展示他们的工作"。这也意味着,在进行评估时,必须让学生面对新的事实、现象或者问题,观察他们是否能够独立将信息归入正确的原则,并且解释明显的悖论和反例。在布鲁姆目标分类学中,这类解释被称为"分析"和"综合"能力。

从这个意义上讲,深入理解的学生对数据和稳定联系的控制力比那些理解程度有限的学生更好。他们理解当前工作中不易察觉的例子、含义和假设。教师无一例外地认为这种理解是深刻的、全面的、注意细微差别的、深思熟虑的(这与肤浅的、孤立的、未经思考的或者冠冕堂皇的理论完全相反)。没能达到这种理解的解释或理论往往没有大错,但却是不完整的或是缺乏经验的。例如,"天气取决于风"、"所有的三角形都是相同的"或者"不吃糖会减肥"等这些说法没有错,确切地说,这些说法是经验过少或者过于简单的观点(而不是合理的、有数据支持的观点)。

从设计的角度看,侧面1要求围绕困惑、问题和难题建立单元,要求学生给出自己的见解和解释,诸如在基于问题的学习和有效的动手动脑科学项目中获得的解释。这对评估方法的暗示是很明显的:使用评估(如:绩效任务、项目、提示和测试),要求学生独立解释所学内容而不仅仅是对知识的回忆、再现;将具体的事实和更大的观点联系起来,而且要能证明这种联系是合理的;展示他们的工作过程,而不是仅仅给出答案;用证据支持自己的结论。

侧面 2:阐明

阐明:演绎、解说和转述,从而提供某种意义。

伊丹十三(Juzo Itami)的电影向日本人揭示了一个他们从未意识到的真理——即使这个真理在他们的日常生活中普遍存在。电影评论家石河淳(Jun Ishiko)曾说过,"他可以说出人们认为理解了但事实上并没有理解的事情的内幕"。
——凯文·沙利文(Kevin Sullivan),《华盛顿邮报》(*Washington Post*),1997 - 12 - 22,p. C1

(关于事物的)陈述与关于陈述的解释在意义层面上进行转换,而(事物的)意义永远是多样的。
——杰罗姆·布鲁纳,《教育文化》(*The Culture of Education*),1996,p. 90

这意味着什么?为什么会发生这样的事情?它暗含了什么意思?它在人类经验中的说明或启示是什么?它和我有什么联系?有什么意义?

√ 祖父给我们讲经济危机时的故事,以说明未雨绸缪的重要性。

√ 一个大一新生说明了为什么《格列佛游记》不只是一个童话,还讽刺了英国知识分子的生活。

×一个中学生可以翻译出西班牙句子中的所有单词,但不知道这句话的意思是什么。

阐明的对象是意义,而不仅仅是貌似合理的解释。阐明通过强有力的故事传递见解,而非抽象的理论。当一个人能有趣地阐明当前或过去的经历并且这种阐明意义重大时,说明他达到了这样的理解。然而,正如布鲁纳所提到的,有趣的阐明总是充满争议、多种多样的,下面节选两篇书评的内容以更好地说明这一点,两篇书评都是评论利昂·卡斯(Leon Kass)所创作的《智慧的开端:阅读〈创世纪〉》的:

> 卡斯先生的许多书都是非同凡响的。这些作品文笔严谨,对读者的阅读门槛有要求,其评论横贯两千年。它可能并不总是具有说服力,如果增加些历史背景可能会好一些,但其分析和假设将会使所有读者统统改变对《创世纪》的理解。(Rothstein, 2003, p. B7)
>
> 21世纪初,卡斯辛辛苦苦写了一本书来为父权制辩护。在这个过程中,他将《创世纪》转变为现代人订立盟约的道德课堂……把对父权制的偏爱带到这本讲述父权制的书中,卡斯发现了他已然相信的东西……这本书布满了古怪的道德准则,使得《创世纪》中的父权制看起来要更邪恶……据卡斯说,《创世纪》这本书不是为了回顾智慧的开端,相反,是为了回顾愚蠢的起源——受到父权制转变为圣经研究的启发。(Trible, 2003, sec. 7, p. 28)

通过讲故事促进理解不只是为了丰富精神生活;用克尔凯郭尔(Kierkegaard)的话来说,如果不通过讲故事的方式,我们就会陷入恐惧和焦虑。(Kierkegaard, in Bruner, 1996, p. 90)。

我们之所以看重优秀的讲故事者是有原因的。因为一个好的故事既能吸引人,又可以给人启示,它有助于我们记忆和沟通。一个逻辑清晰、引人入胜的故事可以帮助我们找到先前看似抽象或无关的事物的意义所在:

> 寓言的特点揭示了为何它们是一种有效的教学策略。寓言的具体性、特异性以及叙事结构吸引了我们的注意力。寓言的深刻性——从简单的故

事中体现深奥的道理——激发我们的智慧。我们想搞清楚这个故事"试图告诉我们什么",于是开始思考。寓言的隐喻性——不那么轻易被读懂——为我们提供了思考的材料。(Finkel,2000,p.13)①

无论是历史、文学或艺术方面的故事,都能帮助我们感悟人生,理解周围的生物。当然,最深刻、最伟大的寓意大多存在于各地流传的故事、寓言和神话中。故事不是用来消遣的,好的故事让我们的生活拥有更多的理解和关注。

意义:转化理解

"故事"不仅仅是一种语言艺术概念。来自于所有事件、数据或经历的意义和模式能转化我们对特定事实的理解和感知。达到这种理解程度的学生能够说明事件背后的意义、数据的重要性,或者给出扣人心弦的诠释,使人认可并产生共鸣。回顾马丁·路德·金在向华盛顿进军时的著名演讲(《我有一个梦想》),它其中的词汇和比喻是如何使隐藏在民权运动背后的复杂观点和情感得以具体化的。或者想想一个好的新闻编辑是怎样理解复杂的政治局势和政治观点的。

当然,意义存在于旁观者心中。思考1963年11月22日(约翰·肯尼迪总统被杀的日子)为那些在20世纪60年代的成年人带来了何种意义,或者2001年9月11日这一天对今天的我们有何意义。或者思考一位母亲、一名警官、一个在寄养家庭生活的青少年对严重虐待儿童问题的感知有何不同。从理解侧面1的意义来讲,社会工作者和心理学家很可能对儿童虐待问题有一个公认的理论。但是此事的意义,乃至对它的理解,可能与这一理论没有太大关系,比如说这一理论可能只是一种科学解释,没有考虑被虐待者对这一事件和对世界的观点。

从广泛意义上来讲,弄清楚别人的故事或经验数据都涉及转化和阐明。无论是努力学习德语一级的学生、阅读《李尔王》的12年级学生、思考数据集中隐含曲线的6年级学生、研读《死海古卷》的研究生,还是调查了解银行记录和电话记录的警探,都面临相同的挑战:当他们对整体意思感到困惑或者找不到明显证据时,就需要理解"文字"的意思。在历史和考古等领域,专家必须根据历史记

---

① 对 Schank(1990)和 Egan(1986)关于叙事方法在认知与学习中的重要性的观点进行比较。

载提供的线索重建事件和文物的意义。在经济学中,只有通过解释最重要的消费和商业指标,判断出大的经济趋势,才能抓住意义。在数学领域,阐明就是要从有限的数据中得出结论。基于这种类型的理解,教师要求学生弄清楚故事的含义,说明故事的重要程度,解析故事或者是让故事更有意义。

挑战：将文字带入生活

在课堂中,"阐明"这一侧面最通常的表现是对课本、艺术作品或对过去和现在的经历本身所包含的意义的讨论。教学面临的挑战是如何通过研究与讨论,将文字带入生活,看看这些文字是如何回应我们对生活的关切的。例如,我们经常挣扎于与父母的关系,但是如果我们能读懂《李尔王》中富有挑战性的语言,就能领悟莎士比亚对该问题的深刻见解。

理解不仅仅是关于一个在逻辑上站得住脚的理论(这是理解侧面1),它也是关于结果的意义。这种看法也适用于数学领域,正如一位著名的法国数学家亨利·庞加莱(Henri Poincaré, 1913/1982)所提醒的:

> 要理解什么？这个词在全世界是否具有相同的含义？理解一个定理的证明,就要检查组成定理的每一步演绎推理,查明其正确性以及是否遵从运算规则……对一些人来说,当他们做到这些后,他们会说自己已经理解了；但对大多数人来说,并不这么认为。几乎所有人都有更高的要求,他们希望知道的不仅仅是为什么每一步推论是正确的,还想知道为什么要以这样的顺序进行前后关联而不是另一种推理顺序。目前为止,他们似乎认为这种推理靠的是随机想法,而不是靠智力有意识地推出最终结果,因此他们不认为自己理解了。(p. 431)

如上所述,在阐明时,学生在文本和自己的经验之间不断对接,以便找到合理但不同的阐明内容。阐明不同于科学解释,它不仅是可接受的,有可能对同一"文本"(课本、事件、经验)会有不同的理解。事实上,现代文学批评受到以下观点的影响而活跃起来,即不管作者的意图是什么,文本都可能产生意想不到的含义和意义,即使是作者本人的观点也在所难免。所谓一千个读者就有一千个哈姆雷特,每个人的诠释都要受到各自的社会、文化和历史背景的影响。

另一方面,这种方式不适用于所有事物。对某一文本、艺术著作、人或事件的理解可能比对其他的理解更深刻、更合理;一个关于阅读、历史或者心理学的案例由于其自身的连贯性、完整性和事实性,比其他案例更能说明问题。例如,教育专业的顶峰是个人学术论文及其论证。

解释和阐明相互联系又有所不同。理论是普遍适用的,而阐明要依托具体情境。阐明行为与建构和检测理论的行为相比,本身允许有多种解释:我们可能找不到大家一致认可的正确理论解释,但是我们期望最后只会有一种理论存在;然而,由于阐明者思考问题的角度不同,就会存在许多种意义。例如,一个陪审团想要理解虐待儿童的案件,会着眼于案件的意义和意图,而不是从理论科学角度得出具有一致性的一般结果;理论家会针对虐待现象构建客观的一般性知识,而小说家或记者可能会更深入地了解"为什么"。我们可能知道相关的事实和理论原则,但我们能够而且必须不断地询问:这一切意味着什么?对我或我们来说,它有何重要性?我们应该如何理解这一特定案例?

一种理论要起作用,它必须是正确的,而一个故事只需要具有真实性,提供启发。人们在理智上不能接受同一物理现象包含三种互相矛盾的理论,但是对于相同类型的人类活动,人们不仅能接受许多不同的、看似合理的、深刻的阐明,而且还认为这种情况丰富了事件的意义。

理论也有不同的意义——有时极大脱离了原创者的概念。萨洛韦(Sulloway,1996)认为,达尔文著作的革命性既不在于事实,也不在于进化论(因为相关理论早已提出过),而在于他的进化概念,进化是通过不可预料的(即"无目的的")适应性来发生的——直到今天,这种观点仍然影响许多人的世界观和宗教意识。

我们所学习的关于我们自己和周围世界的故事指向构建主义的真正含义。当我们说学生必须有自己的见解时,我们的意思是如果直接向学生讲述预先包装好的"解释"或"意义",而不让他们自己通过解决问题来理解相关内容,那是徒劳无益的。没有人可以为他人判断达尔文学说的意义——即使在科学上有一个公认的被称为"进化论"的理论建构。以说教的方式阐明某事将误导学生,使他们认识不到该事物本质上可讨论的诸多意义。

发展阐明能力

特定主题、数据和经历本身所固有的不确定性需要培养阐明的能力,不但教师和教材编写者需要这种能力,学生也需要。这样才能确保学生的想法得到必要反馈,促进对某些解释的不断验证和修订。必须有一些活动和评估是要求学生阐明本质不确定的事物的——这与典型的有"正确答案"的测试完全不同。学校教育不能人云亦云,而应作为意义建构的一种途径,或是作为验证阐述的入口,使学生更好地理解多种可能性。

为了让学生像成年人一样自主思考与表现,应教会学生如何从内部构建学科理解。比如,让学生阅读不同的采访记录,然后完成一份口述历史;从大量数据中得出数学结论;通过仔细阅读某个作品,创建一份用于同行评审的艺术评论。简而言之,如果学生要在知识中发现意义,他们必须掌握知识创建和提炼过程的第一手信息。

侧面3:应用

应用:在新的、不同的、现实的情境中有效地使用知识。

(通过理解)一个人能够将概念、原理或技能应用于解决新的问题和情境中,这说明他充分地掌握了这些内容。这种标准判定了一个人具有多少能力才算够用,以及在何种情况下,人们可能需要新技能或新知识。

——霍华德·加德纳(Howard Gardner),《未经教育的头脑》(The Unschooled Mind),1991, p.18

不使用就会失去。

——无名氏

我如何使用知识、技巧或过程,又在哪些地方使用它们?我应该如何调整思维与行动来满足特殊情况的需要?

√一对年轻人利用他们的经济学知识(如:复合利息指数、信用卡的高成本)制订了一个有效的投资理财计划。

√七年级的学生利用他们的统计学知识为学生经营的小卖部准确地预算了下一年度的运营成本与需求。

×灯泡坏了,物理学教授找不出原因,也不会修理。

理解就是能够应用知识——这是美国教育的一个传统观点。其实,这种传统观点存在于美国实用主义和蔑视象牙塔式学术文化的悠久传统中。无论是对老年人还是年轻人,我们都常说,"纸上得来终觉浅,绝知此事要躬行"。布鲁姆(1956)和他的同事将应用视作理解的关键所在,并且这种应用和许多课堂上常见的选择或填空之类的假应用是完全不同的:

> 老师经常说:"如果学生真懂(理解)了,那他就会用……"应用在两个方面不同于知道和简单的理解:一是不用给学生具体知识的提示;二是问题也不是老生常谈的。(p.120)

将知识与情境相匹配

理解需要将我们的想法、知识和行动同具体情境相匹配。换句话说,理解包含着"机智"的传统含义。所谓"机智"(tact),就是指"具体情境中的知识"(这与理解侧面1——理论层面的理解,例如儿童心理学的学术性知识截然相反)。这一著名的说法是威廉·詹姆斯(William James,1899/1958)提出的。

这对教学和评估的启示是简单明了的,并且是最近二十几年正在进行的基于绩效的改革的核心。我们通过应用、改编或定制某个事物来表明我们对它的理解。当面对不同的约束条件、社会背景、工作意图和受众群体时,如果我们理解了,就会表现为知道怎么做,能够在压力下从容机智地成功完成任务。

因此对理解的应用是一种依托环境的技能,需要评估新问题和多样化的情境。布鲁姆(1981)及其同事提到过非常类似的观点:

> 显然必须是新问题或者新任务……如果学生要将想法或经验与问题或任务联系起来……那必须给学生充分的自由来明确问题或任务。(p.267)

事实上，布鲁姆（1981）和他的同事们强调了一个贯彻于我们整本书的观点——基于应用的理解，展示绩效的教育是非常重要的：

> 人们经常期望成熟的工作者具有综合能力，学生越早有机会独立提升综合素质，他们就会越早发现学校这片天地对他们大有裨益，也有助于他们在更广阔的社会中生活。（p. 266）

94 真实世界的问题

我们为学生设计的问题应该尽可能地接近学者、艺术家、工程师或其他专业人员将要面对的问题情境。例如，时间限制和学习条件应该尽可能不同于典型的、受控的考试情境。布鲁姆、马道斯和黑斯廷斯（Bloom, Madaus & Hastings, 1981）有以下观点：

> 最终作品的完成度可以从以下几个方面进行判断：
> a. 对读者、观察者或观众的影响；
> b. 是否充分地完成了任务；
> c. 是否有证据证明开发过程的质量。
>
> （p. 268）

或者如加德纳（Gardner, 1991）所说的：

> 要检验理解，不是让学生重述所学内容，也不是看实践行为。确切地说，要看是否能够将相应的概念或原理应用到新的问题情境之中……虽然简答题和课堂中的口头回答可以为学生的理解程度提供线索，但通常需要更深入的测试……出于这些目的，新问题、陌生的问题、开放式对话或者细致观察，都提供了确定理解层次的最优方式……（pp. 117, 145）

瑞士儿童心理学家让·皮亚杰（Jean Piaget, 1973/1977）提出了一个更为激进的观点：学生的应用创新本身就展示了其理解程度。他认为许多所谓的应用问题，特别是数学领域的应用题，并不是真正的新问题，因此不能表明理解的程度：

> 对概念或理论的真正理解意味着学生对它的再造。一旦一个孩子能够重复某个概念，并能在学习情境中有所应用，他往往给人一种已经理解这一概念的印象，然而，这并不完全符合再造的要求。自然而然地应用知识才是检验真正理解的根本标准。(p. 731)

因此，侧面3涉及的教学和评估需要强调基于绩效的学习——关注并完成更实际的任务，同时辅之以更多的常规测试(见 Wiggins, 1998; McTighe, 1996 - 1997)。

如果理解是为了发展，学生需要有一个明确的绩效目标，并要在学习过程中持续向这个目标努力。法律学习中的案例法和医学中的问题学习法均是典型例子。通过这类学习，学生会认识到，仅凭努力、听话并上交作品，是不能够"完成"项目或课程的。针对核心挑战和绩效任务的教学设计必须要求学生根据标准对自己的绩效和成果进行持续性评估。

侧面4：洞察

洞察：批判性的、富有洞见的观点。

> 教育的益处就在于它给予人们透过表象看本质的能力……我们知道声音和感觉是有区别的，所强调的和有特色的并不相同，显而易见的不等同于重要的。
> ——约翰·杜威，载于 A·H·约翰逊(A. H. Johnson)，《约翰·杜威的智慧》(*The Wit and Wisdom of John Dewey*)，1949，p. 104

> 逐渐理解的一个重要表现形式就是能够按多种不同的方式拆分问题，利用各种有利条件形成问题的解决方案。单一、死板的陈述并不能表示真正理解。
> ——霍华德·加德纳，《未经教育的头脑》，1991，p. 13

这是谁的观点？此观点的优势在哪里？要想使知识明确并被充分考虑,假定的或默认的条件是什么？哪些条件是正当的、有保障的？证据充分吗,合理吗？此观点的优势与劣势是什么？可信吗？它的局限是什么？对于它的局限,我们该如何改进？

√一个10岁的女孩意识到电视广告利用大众明星做促销可能会误导消费者。

√一个学生能够解释在巴以争端中,为什么有的人赞成在加沙地带建立新移民区,而有些人则反对这么做。

×一个聪明但呆板的学生拒绝考虑用另一种方式为这一现象进行数学建模,她只"知道"一种方法——她自己的方法。

在这种意义上,理解就是以冷静而淡然的心态来看待事物。这种理解不掺杂学生个人的独特观点,而是一种成熟的认知,即对一个复杂问题的任何回答都只是代表了一种观点而已。因此,这一答案常常是众多合理解释中的一种。具有洞察力的学生对调查或理论中想当然的、假定的、容易被忽略和曲解的内容十分警觉。

洞察是将隐性的假设和含意外显化。它往往通过问"它究竟是什么?"来揭示事物,并将答案(即使是教师或课本上的答案)看作是一种观点。这类理解体现了一种极具力度的深刻见识,因为通过转换视角及用全新角度审视熟悉的想法,人们能够创建新的理论,构造新的故事,开发新的应用。

洞察的优势

从批判性思考的角度看,具有洞察力的学生有能力揭示各种似是而非的、未经检验的假设或结论。当学生具备或能够获得洞察力时,他们就会站在一定的距离之外,批判地审视那些习惯性的或本能的信念、感觉、理论和诉求,而这些是不仔细的、不谨慎的思考者的特征。

洞察意味着善于提出以下问题:这件事情从另一个角度看会怎么样？例如,我的批评者会如何看待事情？达尔文(1958)在他的自传里指出这种批判性的态度是他成功地为自己那颇具争议的理论进行辩护的关键所在:

我……遵循一个黄金法则——无论何时,只要遇到与我的结论相冲突的文章、观察或想法,我都会立即把它们记录下来,决不延误。根据我的经验,与那些支持自己结论的事实和想法相比,这类东西更容易从记忆中溜走。得益于这个习惯,极少有我没有留意到、没有尝试回答过的反对我观点的意见。(p. 123)

因此,洞察作为理解的一个侧面,是一种成熟的思考,要具有从不同角度看待事物的能力。那些刚刚开始踏上理解之路的初学者,即使缺少对事物的全面了解,他们也可能有揭示真相的看法(《皇帝的新装》中喊出真相的那个孩子身上就体现出这一点)。但是,对于初学者来说,他们仍然缺少从多个角度看问题的能力,正如本节引言中加德纳(Gardner)所说的话。

更深刻的洞察包括把握住教师和课本背后的观点。美国历史或物理教材的编写者对"什么是真实的,什么是已证实的,什么是重要的"这三个问题有什么看法?其他作者的观点和他们的一致吗?不同的专家、教师和作者是不是有不同的倾向性?如果有的话,根据什么判断以上观点的合理性与局限性?这一连串问题似乎过于深奥,也显示出我们培养学生洞察力的路程是多么漫长。

布鲁纳(1996)指出,"以某种方式理解某些事情,并不妨碍以其他方式对其进行理解。从理解的目的来说,如果以任何一种特定方式去理解,那么只能从这一特定视角去判断理解的'对'与'错'"(pp. 13-14)。以下片断摘自教材中关于"革命战争年代"的内容:

> 那么,美国独立战争的起因是什么?过去常认为它是由反对英国政府的暴政而引起的。如今这么简单的解释不再被接受。历史学家现在知道了英国的殖民地在世界上是最自由的殖民地,那里的人民享有权利和自由,这在其他帝国的殖民地是不会发生的……英国政府对于未能理解美国的情况而有负罪感……
>
> 即使在颁布《印花税法》之后,绝大多数的殖民地人民还是忠于英国的。他们也以英国和享有的自由感到骄傲……在《印花税法》颁布后的几年中,少数激进分子开始争取独立,他们看准每个机会挑起事端。(美国卫生、教育和福利部门,1976,p38)

这段话听起来肯定很奇怪,对吗?这是因为它来自加拿大高中历史教材。我们可以很快想到,如果美国的学生真正理解(而不仅仅是准确记忆)了自己教材中的内容,他们就能从容应对由其他读物编写同一段历史所引起的史学问题。(换句话说,洞察要权衡不同的看似合理的解释和阐述。)

每个人都能从新闻报道中察觉到其所传达的观点各有立场,那么为什么在面对教材内容时我们就做不到呢?人人都知道作者的观点决定了内容的选择、文章的重点和行文的风格,那么为什么教育工作者们不帮助学生利用这些语言技巧来理解教材内容呢?教材的编写者们是基于什么样的问题和假设来编写教材的?早期的思想家如欧几里得、牛顿、托马斯·杰弗逊、拉瓦锡、亚当·史密斯、达尔文等人到底想表达什么?他们的理论是基于什么样的假设?又有什么样的盲点?为了简化这些理论或满足大众的需求,教材在多大程度上扭曲了它们?

因此,为了实现对学习内容的洞察,一定要对所有课程内容提出如下问题并加以回答:它究竟是什么意思?前提和假设是什么?接下来是什么?这些问题在追求理解的教育中是不可或缺的,教学和评估的策略应当更明确地突出自由教育的目的与手段。也就是说,通过基本问题及基本观点,让学生体会到智慧生活的内在与外在价值。事实上,《牛津英语字典》对"理解"一词的动词定义是"知道某事物的意义和重要性"。按照这一标准判断,即使是最好的学校或大学,他们在引导学生的理解方面也是不成功的。很少有学生在毕业时能理解他们所学课程、所学科目的价值。

理解侧面 4 认为,对于重要的观念,教学应使学生有机会涉猎相关的各种理论与观点——不只是为了让学生倾听其他学生不同于自己的观点,而是通过课程和教学材料的设计,展示出专家们在同一观点上的不一样的洞见。

约瑟夫·施瓦布(Joseph Schwab)于 1978 年构想了一种服务于大学的、基于视角转换的理解教育,采用的是被他称为"兼收并蓄"的教育方式:精心设计课程,以使学生从截然不同的理论视角去理解同样重要的概念(如自由意志与宿命论,个性的发展)。我们在施瓦布的想法(以及在他之前的杜威和在他之后的布鲁纳的观点)基础上提出:如果要避免灌输而达到理解,每次关于"内容"的讨论都需要从不同角度思考内容的意义和价值。

侧面 5：神入

神入：感受到别人的情感和世界观的能力。

理解就是宽恕。

——法国谚语

当阅读伟大思想家的作品时，首先寻找书中明显的荒谬之处，然后问问自己：为何一个判断力极强的人会这样写。当你找到答案时，当这些荒谬之处说得通时，你可能会发现那些你先前认为自己已理解的很多核心内容的意思已经改变了。

——托马斯·库恩（Thomas Kuhn），《关于科学文本的解读》(on reading scientific texts)，载于 R·伯恩斯坦(R. Bernstein)，《超越客观主义与相对主义》(*Beyond Objectivism and Relativism*)，1983，pp. 131-132

你怎么看待这件事？他们看到了哪些我没有看到的？如果我要理解这件事，需要有什么体验？作家、艺术家或表演者感受、思考或看到的是什么，他们想让我们感知和理解的是什么？

√ 一位青少年对于卧床不起的祖母的行动受限的生活感同身受。

√ 英国一次全国试题：在《罗密欧与朱丽叶》第四幕中，想象你就是朱丽叶，写一篇文章谈谈你的想法和感受，解释为什么你要采取如此孤注一掷的做法。

× 一个天才运动员成为教练后经常斥责年轻运动员，因为他不能体会对他来说很容易的比赛训练对年轻运动员来说需要付出巨大的努力。

神入，即设身处地为别人着想的能力，摆脱个人反应转而去获取别人反应的能力，这也正是口语中所说的"理解"的最普通的意思。当我们试图理解另外一个人、一个民族、一种文化的时候，我们要努力做到神入。这不是单纯地对我们难以控制的事情的一种情感反应和共鸣，而是有意愿地尝试感他人之所感，看他人之所看。下面这段内容——摘自对一位被称为"娃娃脸"的歌手的采访——说明了这一点：

"有没有女性问你：'你是怎么知道的？你怎么能感受得到？'"我问这个问题的时候，他第一次转过身来，平静地看着我，以一种突然不那么腼腆的语调回答："这是一种正常反应，我并不比其他人更了解女性，但是我确实理解情感……你所要做的只是想象一下那个女孩正在经受的，然后将自己放在与她同样的位置上……我们都是一样的人。"(Smith, 1997, 22)

神入不同于以批判的眼光看待事物，不是为了更客观地看待事物而将自己脱离情境。神入，就是我们从当事人的立场看待事物发展，将自己带入当事人的处境，我们完全认同通过自身参与而得出的见解。换位让人感到温暖；而洞察是冷酷的，以旁观者的角度解析事物。

德国学者西奥多·立普斯(Theodor Lipps)在20世纪初创造了"神入"这个词（又译作"移情"），用来描述人们为了理解一本著作或一场艺术表演所必须要做的事情。神入是一种有意的行为，试图找到他人观点和行为的合情合理之处和意义所在，即使那些观点或行为令人费解或不快。在理解那些原本看起来古怪离奇的事物时，神入不仅可以引导我们重新设想情境，还可以改变我们的看法。

神入是洞察的一种形式

神入也是一种洞察，因为它包含了一种能力，这种能力使我们超越那些看似古怪的、不同的、看起来不可思议的观点或人，认识到其中有意义的东西。正如托马斯·库恩所言，如果我们想理解那些由于我们自己的臆想而拒绝理解的观点，理智的神入思考是必不可少的。所有的学者都需要神入思考。正如人类学家斯蒂芬·杰伊·库德(Setphen Jay Gould)所说，"如果我们嘲笑前人的理论，那我们就不能理解他们所处的世界"(p.149)。同样地，如果学生要理解那些看似奇怪的、令人不快的或难以理解的观点、经验和文字，他们要以开放的心态看待这些事情，看待它们的价值，看待这些事情与我们所熟悉的事物之间的关系。他们必须了解一旦克服了自己的习惯性思维，那些不寻常的或"愚笨"的观点很可能意义重大。他们还必须明白自己的思维习惯会如何阻碍他们理解别人的观点。

在我们的政府系统中可以发现一个简单的需要神入的例子。很少有学生知道,美国参议员在一百多年来都是任命而非普选的。然而,更少有学生理解为什么这样一种惯例在当时看起来似乎很不错。很容易想象,我们的祖先要么被误导了,要么是伪君子。但是,我们可以考虑设计这样的作业和评估,即让学生扮演宪法制定者的角色,这样看来该观点似乎就不那么怪异了(即使我们现在觉得无法接受)。根据你起草的宪法,必须保证任命的官员以市民的最大利益为出发点,这对学生来说是一项极具挑战性的任务。作为拓展部分,我们可要求学生写一篇讨论当前普选系统优缺点的随笔或日记,并考虑选举团制度的价值。

将心比心

正如我们前面在关于语言的讨论中所提到的,人与人之间的交流并不仅仅是智力上的互动,更是心灵的沟通。神入要求我们尊重与自己不同的人,这种尊重使我们思想开明,当他人的观点与我们不同时能仔细考虑他们的观点。

如果我们关注神入这一侧面的理解,那么我们在教学中就更容易接受这样的做法,即有意识地使学生接触一些奇怪的或异端的文章、经历或观点,从而考察他们是否能够超越自身的偏见,而达到神入这一侧面的理解。布拉德利委员会在"历史教学"中就指出,历史教学的主要目的是帮助学生避免种族主义和当代中心倾向,从而促进在不同地方、不同时代生活的人的换位思维(Gagnon,1989)。事实上,在强调文化差异的外语课堂上,这种做法非常普遍。

神入需要更多学习体验

这一侧面的理解隐含着让一些人颇感头疼的经验前提。当有人提到贫穷、虐待、种族主义或引人注目的竞技体育活动时,他(她)可能会说,"你没经历过是不可能理解的"。这说明对于神入而言,将深刻思考置于体验之中是非常必要的。为了确保更好地理解抽象概念,与教材所能提供的体验相比,学生应该需要更直接或更拟真的体验。我们来看看智力拓展训练:学生们的学习总是更直接地体验决策、观点、理念或问题所产生的结果与影响;而学生在学校学习时却没有这样的经历。这也许可以解释为什么许多重要的思想被误解,为什么学习成效如此无力。此外,对学生进行评估时也必须更注意学生在回答和解释问题时,是否克服了自我中心主义、民族中心主义和当代中心倾向。

侧面 6：自知

自知：知道自己无知的智慧，知道自己的思维模式与行为方式是如何促进或妨碍了认知。

> 所有的理解最终都可归结为自我理解……一个善于理解世界的人必定理解自己……当事情涉及我们时，理解就开始了。这需要对自身的偏见持基本的怀疑态度。
> ——汉斯-格奥尔奥·伽达默尔（Hans-Georg Gadamer），《真理与方法》(*Truth and Method*)，1994，p.266

> 认识那些不曾理解的事物及其真相是人类理解的职责所在。
> ——索伦·克尔凯郭尔（Søren Kierkegaard），《日记》(*Journals*)，1854

对自我的认识如何塑造我的观点？我理解的局限是什么？我的盲区是什么？ 由于偏见、习惯或风格，我容易对什么产生误解？

- √ 一个妈妈意识到因女儿的腼腆产生的挫败感源于她自己童年的经历。
- √ 在留意到自己的学习风格后，一个中学生有意使用图形组织器帮助学习。
- × 自以为是，目空一切。

深度理解最终和我们所说的智慧有关。要理解这个世界，我们必须首先理解我们自己。通过自知，我们也理解了哪些是我们不理解的。正如希腊哲学家常说的那样，"认识你自己"是那些能真正理解的人的座右铭。在某种意义上，苏格拉底是理解的守护神：他知道自己的无知。然而，对于大多数人来说，他们并没有认识到这一点。

在日常生活中，一个人准确自我评估、自我调节的能力反映了他的理解力。元认知指的是我们如何思考及为什么思考的问题，也涉及我们青睐的学习方式与我们的理解（或者缺乏理解）之间的关联。不成熟的思维不仅表现为无知无能，还表现为不知反思。一个幼稚的学生，无论他多么聪明博学，在下面诸多方面往往缺乏自知能力：知道一个想法何时会"冒"出来；知道一种观念在什么时候似乎是一种客观存在,但实质上却只是与学生的信念一致而已；知道用于感知的模板或框架是如何形成了学生理解的方式和内容。

智力的合理化作用[①]

我们的智力盲区使我们比较容易受合理化作用的影响：不停地为自己所信仰的东西提供经验支持,由此把模棱两可的观点变成了客观性的真理。我们很容易持续地验证那些我们喜欢的、但未经仔细推敲的模式、理论、观点和看法。

"非此即彼"是这种习惯思维的常见例子,在教育改革中我们可以看到这种思维大肆蔓延,杜威将其视作不成熟思想所带来的"祸端"。学生常以二分法方式来思考,却不知道这种方法的狭隘：她很酷；他是一个混蛋；他们属于强势群体,而不是弱势群体；老师喜欢我,讨厌你；数学不适合女孩；足球非常野蛮；这是事实；那是错误的。

塞林格(Salinger, 1951)在《麦田里的守望者》一书中聪明地利用了这种倾向。主角霍尔顿倾向于将其他的同龄人(青少年)和成人看作"骗子",而且他的这种偏见很严重。我们可以从书中看到很多显示霍尔顿的孤僻倾向的例子。事实上,他承认当他想到那些有趣而且有能力的成年人,如伦兹、忧郁的钢琴演奏者和他的老师时,他对人们所作的要么是骗子、要么不是骗子的分类瓦解了。当超越简单的分类去观察隐藏于观点与人物背后的意想不到的差异、特征及令人惊奇的方面时,我们就走向了成熟。

作为教育工作者,我们常不假思索地依赖和满足于明晰的分类与鲜明的隐喻,在事实被确认很长时间后,才看到它们的局限和主观性。大脑真的像一台电脑吗？儿童真的像自然物体或自然现象一样,能够通过标准化的测试及特定的程度进行评价吗？我们在谈论教育时,会把它说成是"教学服务的传递"(经济学隐喻,老工厂模式的更为现代的变体),或看成是对"行为目标"的达成(来源于斯

[①] 合理化作用(rationalization)：心理学术语,又称文饰作用、酸葡萄机制。这是指当一个人遭受挫折,无法达到自己追求的目标,或者做错了事,举止不符合社会道德规范时,往往找一些原谅自己的理由来进行解释,尽管有些所谓的理由是不适当的,甚至在别人看来十分荒谬可笑,但本人却强调用这些理由来说服自己,从而免除精神上的苦恼。——译者注

金纳的动物训练）。这些说法使用了隐喻，但它们不一定有用。

> 基本的事实是，我们制定了规则……而当我们遵守规则时，事情和我们预期的并不一样，于是，我们又纠结于自己所制定的规则了。这种纠结正是我们想要理解的东西（格言125）。(Wittgenstein, 1953, p50)

三百多年前，弗朗西斯·培根（Fancis Bacon, 1620/1960）对由我们自身的思维习惯及文化背景不同所导致的误解进行了全面的阐述。

> 人类的理解本质上倾向于认为世界应当更有秩序、更加规律……一旦某种观点被采纳，人们倾向于利用一切可用之物来支持它、验证它……这是人类智力上一个永远无法克服的弱点，肯定比否定更能使它兴奋、活跃……简而言之，个人倾向有无数种方式歪曲、影响我们对事物的理解，有时还令人难以察觉。（第一卷，Nos. 45-49, pp. 50-52）

然而认为偏见总是错误或有害的本身也是一种偏见。伽达默尔（1994）和海德格尔（1968）就认为人类的偏见和人类的理解是不可分开的。正如弗吉尼亚·伍尔夫（1929）所指出的，自觉公开偏见可能是获得深度理解的关键所在：

> 也许，如果我直率地表达这样的观点，说以下陈述中存在偏见，"一个女人要写小说，她必须有钱，还得有属于自己的房间"，你会发现这一观点对女人和小说也有影响。无论如何，当一个话题具有极大的争议时——例如关于"性"的话题——不要指望人们能讲出真理，他只能说明自己是如何开始形成他现在所持有的观点的。随着听众觉察到讲述者的局限、偏见和癖好时，听众就有了机会得出自己的结论。这时候，小说可能比事实包含更多的真相。(p.4)

自知要求什么

自知是理解的一个关键侧面，如果我们想要更深入的理解，能够超越自己看待其他事物，那么自知要求我们自觉地质疑自己看待世界的方式。这要求我们自律，寻找思维中不可避免的盲点或疏忽；也要求我们勇敢面对潜藏在有效的习惯、天真的自信、强大的信念与看似完整的世界观中的不确定性和不一致性。这里所说的"自律"，指的是其根本含义：自律需要勇气和坚持，因为理性的理解使我们质疑，甚至有时会解除我们的强大信念。

从实践层面上讲，对"自知"加以更多的关注，意味着在最广泛的意义上更好地进行教学和评估自省。在学校教育的一些领域，我们确实做得还不错。有许多程序和策略可用于帮助没有学习天分的学生发展元认知，使他们了解自己的学习风格。最优秀的写作课和艺术表演课也强调不断的反思。但是，还需要更加关注对智力表现的持续的自我评估，也要更加注重提升属于"认识论"范畴的哲学思维能力——认识论是哲学的一个分支，阐述了知道和了解知识与理解意味着什么，以及如何区别知识与信念和观点。

理解六侧面对教与学的关键启示

我们应该把理解六侧面渗透到逆向设计三阶段的思考中，它们可以帮助我们弄清所需的理解、必要的评估任务和最有可能促进学生理解的学习活动。这些侧面能提醒我们，理解不能靠陈述事实，为了使学习者获得所期望的意义构建，理解需要有一定的学习行动和绩效评估。

换句话说，这些侧面帮助我们在工作中避免盲点，比如，我们有这样一种错误想法，认为"因为我已经懂了，所以我直接告诉你我的理解，这样会使教与学更有效"。哇，哪有那么容易！在将"理解学习"等同于"信息传递"（因而，评估就是针对回忆与再识）时，我们会对学习长期存在误解：学生开始相信他们要做的就是熟记要理解的内容以便日后记得起来，好像它们只是事实而已。然而，这是不对的，如果教学目标是理解，那么我们必须积极根除这种对学习的误解，帮助学生领悟到我们期望他们做的不仅仅是接受知识——还要在有问题的、隐性的地方发现意义。

怎样才能让学习者理解老师所教的内容呢？那就需要有好的设计，好的设计将使学习者对理解有清晰的需求。换句话说，如果理解是目标，那么教学设计必须使得特定的知识和技能在解决问题时有意义，而不是草草行事。当通过设计，使概念、事实、论证或者经验既阐释事物又提出问题时，它们就有了意义，理解才会产生。

让我们来看看下面几个简单的例子，它们清楚地说明了如何对学生提出"理解的需求"。在阅读文本时，我们知道其中所有的单词，却很难知道其所代表的含义（这是阅读哲学或诗歌时的常见问题）；我们做实验时得到指导，却对实验中意想不到的结果感到困惑；我们手里有一个数据集合，但即使用目前所学的所有数学公式，也不能得出数据的意义；我们看到两篇历史文献，对相同事件的前因后果有不同的意见；足球教练告诉我们，即使是防守运动员也要主动进攻。

那么，任何追求理解的课程设计必须帮助学生们意识到他们要做的不仅仅是接受"灌输"的内容，还要主动"揭示"隐藏在事实背后的内容，并思考它们的意义。当然，这就是建构主义的思想：知识不能通过教师传授获得，它只能通过巧妙设计和有效指导由学习者自我建构而来。因此，开发学生理解力的课程要做的就是"教"学生不仅仅要学习事实和技能，还应当探究它们的意义。"揭示"一词总结了以探究大概念为导向的设计哲学，通过这种探究，使知识更具连贯性，更有意义，更有价值。

设计工作要更关注结果、大概念和理解六侧面——尽管这在抽象概念中听起来十分合理，但是许多读者可能仍不清楚对具体的设计工作有何启示。如果理解由六个侧面组成，它们在实践中是什么情况？我们怎样才能更准确地区分那些理解了的和没理解的学生？在关于理解的逆向设计中，我们接下来要更为仔细地研究在阶段 1 中如何架构教学的大概念。然后，为了更好地激发理解（以及区分理解的、未理解的、误解的学生），我们将架构阶段 2 中的评估。

我们首先要介绍 UbD 模板中的一个要素：基本问题，这个要素跨越两个阶段，能够最容易阐明如何通过大概念来开展规划。

第五章　基本问题：通向理解之门

> 对于特定主题或特定概念，我们很容易问一些无价值的问题……也很容易问一些无法回答的困难问题。关键是要找到一些可以解答的、有启发性的起到媒介作用的问题。
>
> ——杰罗姆·布鲁纳，《教育过程》，1960，p. 40

> 质疑意味着摊开、公开。只有善于质疑的人，才能获得真正的理解。
>
> ——汉斯-格奥尔奥·伽达默尔，《真理与方法》，1994，p. 365

任何复杂的学习单元或课程，自然同时涉及许多教育目标：知识、技能、态度、思维习惯以及理解。但正如我们所说的，如果目标是帮助学生充分感知和运用所学的知识，那么设计（和由此产生的教学）必须明确地专注于那些连接所有离散事实和技能并给它们带来意义的大概念。

我们如何更好地专注于大概念呢？我们怎样才能获取大量的内容知识，并将其塑造成吸引人的、发人深省的、有效的教学方案呢？我们怎样才能避免基于活动的设计和基于灌输的设计这两个误区呢？在追求理解的教学设计中，利用基本问题来架构目标可以使这一关注点得以部分实现。（在后面章节中讨论的其他方法，都是为了详细说明所追求的理解和关键的绩效任务。）

基本问题是什么样的？并不是任何问题都适合作为基本问题。看下面列举的几个问题，注意它们与日常课程和教材中经常提出的问题有何区别：

- 什么样的朋友才是真正的朋友？
- 我们必须精确到什么程度？
- 艺术在何种程度上反映或塑造文化？
- 故事必须要有开头、中间和结尾吗？

- 一切事物都是可以量化的吗？
- 虚拟语气是必要的吗？
- DNA在多大程度上决定命运？
- 代数在哪些方面是真实的，在哪些方面是不真实的？
- 从什么程度上说美国历史是一部进步史？
- 科学事实、科学理论和强有力的观点之间有何区别？
- 英雄必须是完美的吗？
- 我们应该担心什么？
- 谁有权拥有什么？
- 是什么让文章值得一读？

以上这些问题是不能用一个简短的句子来回答的，这才是关键所在，其目的是激发思考和探究，激励揭示更多的问题，包括能让学生深入思考的问题，而不只是给出标准答案。这些问题涉及范围广，充满迁移的可能性。探索这样的问题，能够使我们揭示某一话题的真正价值，如果不这样，这价值可能会被课本中的浅显讲述或教师的常规授课所模糊掉。我们需要超越借助单元事实即能回答的问题，去探索那些突破主题界限的问题。围绕这样的问题来架构学习将促进深入的、可迁移的理解。

通过回顾前言中关于"苹果"主题的设计案例，我们来看看将课程抛锚于发人深省的问题之中对于有效探究的益处。如果所提出的一系列"有趣"活动缺乏思考焦点，那么我们在设计时要为学生提供更好的视角和动力以促进深入探究，例如提出以下一系列启发性问题：种植季、生长季和收获季是如何影响美国人的生活的？随着时代变迁，收获季节的孩子们的角色发生了怎样的改变？与其他食品相比，苹果对你有何好处？现在种植苹果的农民能够维持生计吗？

这些问题隐含的要求不仅仅是独立单元中多种多样的活动和知识片段。提出这些问题并使之成为单元学习的中心，是为了引发对知识的深入探究和最终迁移。这表明，揭示问题是被优先考虑的事情，而不是学习其他"材料"后如果还有时间才有的一个可有可无的选项。这些问题，如果使用得当，就会传递关于将理解作为学习目标的所有正确信号。

问题：大概念航标

最好的问题是指向和突出大概念的。它们像一条过道，通过它们，学习者可以探索内容中或许仍未被理解的关键概念、主题、理论、问题，在借助启发性问题主动探索内容的过程中加深自己的理解。例如，"不同地方、不同时代的人是如何讲述关于我的故事的？"这个问题可以引导学生理解这样的大概念：伟大的文学作品探讨的是人类生存条件的普遍主题，这也有助于我们洞察自己的经历。同样，"人们可以在多大程度上准确地预测未来？"这个问题可以作为统计中检验大概念（例如：采样变量、预测效度、信度、相关性与因果关系）的启动器。

正如布鲁纳（1996）所说的那样，好的问题"是那些引起思维困惑的、颠覆显而易见或权威'真理'的，或是引起不一致观点的问题"（p.127）。好的问题能够引出有趣的和可选择的其他观点，要求我们在发现和维护答案的过程中聚焦于推理过程，而不只是关注答案的"对"或"错"。好的问题将激发已学知识、生活体验与当前学习内容之间的意义关联。好的问题可以而且确实需要重复出现，每次出现都使我们获益匪浅。好的问题使我们重新思考我们认为已经理解了的东西，并能使我们举一反三。

除了激发思考和探究之外，问题可以用来有效地架构我们的内容目标。例如，如果内容标准是要求学生了解政府的三权分立，那么像"政府如何防范权力滥用？"这样的问题，就有助于激发学生思考为什么我们需要监督与制衡，宪法的制定者想要实现什么，政府制衡权力有什么其他方法等问题。

你来试一下。把知识和技能看作是理解学科中的关键问题的方法，而不是把它们看作是要灌输的材料。这个概念上的转变为教师和课程委员会提供了一个实用策略，在使学生参与到理解所需要的各种建构性思维中时，可用这种策略确定哪些内容才是重要的。

总之，最好的问题不仅能够促进对某一特定主题单元的内容理解，也能激发知识间的联系和迁移。我们称这样的问题为"基本问题"。

是什么使一个问题成为基本问题?

一个问题在何种意义上才被认为是"基本的"呢?最好的问题能够让我们了解事物的核心——本质。什么是民主?它是如何运作的?作者的意思是什么?我们可以证明吗?我们应该怎么做?它的价值是什么?对这些问题的不懈探索,不仅能使我们理解更深刻,而且也会使我们思考更多的问题。

但基本问题不一定是很宽泛的。它们可以直接指向一个特定话题、问题或研究领域的核心。因此,可以说,每一个学术领域都可以由其基本问题来定义。思考以下几个问题:

- 测量中什么误差是不能避免的,多大的误差率是可以容忍的?
- 政府应该从哪些途径来规范市场体系?
- 我们如何才能知道作者是否是认真的?
- 大爆炸理论的优势和局限性是什么?
- 怎样判断体育运动中的"胜利者"?
- 文学上的畅销书和巨作之间有何关系?
- 在何种程度上"音乐"是一种受文化制约的审美判断?
- 是什么让一个数学论证具有说服力?
- 一个国家的政府形式和其公民的富裕生活有何联系?
- 在烹饪过程中,何时脱离食谱是明智的?
- 在卫生行业,"关怀"和"首先不伤害"意味着什么?
- 听从祖先的话有何重要性?

像这样的好问题不仅是各自领域的象征,也是真实鲜活的。人们在学校之外询问并争论这样的问题!不管是新手还是专家,这些学科中的最为重要的问题会为每个人打开思维,提供可能。这些问题表明,探究和开放性思维对于精深理解至关重要,我们必须始终保持学习者的心态。从更实际的意义上说,在某一学科中,如果某个问题看起来是真实的且与学生相关,可以帮助学生对所学知识达到更系统、更深入的理解,可以让学生投入其中,那么我们就说"这问题找对了"。

从另一层意思来看，像"多大的误差率是可以容忍的？"这样的问题之所以是基本问题，因为它使不同学科知识之间可迁移。这个问题不仅将测量学和统计学的课程与单元联系在一起，也在工程、手工和音乐等多个学科间形成了联系。从这个意义上讲，基本问题是那些鼓励、启发，甚至是要求我们超越特定主题而产生迁移的问题。因此这些问题应该年复一年地出现，以促进概念间的联系和课程的连贯。

四种内涵

正如在第四章所描述的理解六侧面表征了理解的不同特征一样，用来形容问题的"基本"二字也有四种不同但有所重叠的内涵。"基本"的第一个内涵是，它是指**在我们一生中会重复出现的重要问题**。这样的问题范围很广，并具有永恒的特质。这些问题永远都是有争议的：什么是正义？艺术欣赏是品味问题还是有固定规则？我们应该在多大程度上干预自己的生理和化学问题？科学与宗教可以相容吗？作者的观点对明确文本意义具有优先性吗？我们可能自己就能获得对这些问题的理解，也可能需要帮助，但我们很快就会发现，答案总是暂时的。换句话说，生活中对这类问题的反思和体会使我们有可能改变想法，这种想法的变化不仅是预料中的，也是有益的。好的教育植根于这种终生性的问题之中，只是我们有时因专注于掌握内容而忽略了它们。大概念问题表明教育不仅仅是关于"答案"的学习，还要学习如何学习。

"基本"的第二个内涵是指**某一学科的核心思想和探究**。从这个意义上讲，基本问题是那些指向某一学科的核心大概念或指向前沿技术知识的问题。他们具有重要的历史意义，而且在自身领域频繁出现。如今，"什么是健康饮食？"这一话题在营养师、医生、健康饮食倡导者和广大民众中引发了激烈讨论。（尽管涉及的很多内容是营养学上已知的事实或理解。）"作家们在描述社会或个人历史时，会不会对某些事情视而不见？"这一问题在过去的五十年中得到了学者广泛而激烈的辩论，迫使新手和专家都要思考所有历史叙事中潜在的偏见。

"基本"的第三个内涵指的是：**学习核心内容所需的东西**。在这个意义上，如果一个问题可以帮助学生有效探究、厘清重要而复杂的观点、知识和技能——这是专家们认为已设置好的通往发现的桥梁，只是学生还没有掌握或领会其价值——那么这样的问题就是基本问题。在什么情况下光像波一样运动？优秀作家是如何吸引并抓住读者兴趣的？描述商业周期的最好模型是什么？积极探索这样的问题，能帮助学习者获得对事物的重要认识以及内容知识与技能的更大连贯性。例如，前面提到，为了解决"我们怎样才能赢得更多的比赛？"这样的问题，足球运动员必须理解反复提问——"我们怎样才能在进攻时创造更多的空间？"（如，拉开对方防守、开拓活动空间来增加得分的机会）——的重要性。

"基本"的第四个重要内涵指的是：**能够最大程度地吸引特定的、各种各样的学习者**。一些成人提出的问题可能对事物的重大规划很重要（根据专家和教师的判断），但对特定的学生而言，可能没有明显的相关性，缺乏意义，吸引力不大或不够重要。从这个意义上说，如果一个问题能够吸引并保持学生的注意力，那它就是基本问题。

这样看来，一个问题是否可以被称为基本问题，是含糊不清的。一方面，即使当学生首次听到一个问题时并不能掌握它的内涵，这个问题也可以是基本问题。正如我们所提到的，大概念是抽象的、不明显的，在某些情况下是有悖常理的。另一方面，如果学习者不能通过有趣的或有用的探索和洞察尽快了解问题，那么对这个问题的狭隘关注可能会产生适得其反的结果。然而，谨慎也是必要的：一个恰到好处的问题可能会在你的学生中间引发激烈的讨论，但这种问题并不能指向大概念和单元目标。设计和教学中所面临的挑战是使基本问题可被人理解，能发人深省且具有挑战性和优先性——宜早不宜迟。在各种方式中都可能遇到这种挑战：通过具有挑战性的经历自然产生基本问题，或者通过具体的热身问题，即指向大概念和问题核心的讨论。那么，在实践中，这是阶段 3 中的一个问题——将阶段 1 中的预期结果转换成理想的"儿童友好型"教学面临的挑战。（在第九章我们将给出一些建议。）

关于"基本"这一术语的不同内涵可以帮助我们对问题类型进行更细致的区分，这会在后面章节中讨论。现在我们来思考一下不同类型的基本问题在本质上的共同特点。我们认为一个问题如果能达到如下六个指标，那它就是个基本问题：

1. 真正引起对大概念和核心内容的相关探究。
2. 激发对更多问题的深度思考、热烈讨论、持续探究和新的理解。
3. 要求学生考虑其他不同观点，权衡证据，论证自己的想法和回答。

4. 激励学生对大概念、假设和过往的经验教训进行必要的、持续的反思。

5. 激发与先前所学知识和个人经历的有意义联系。

6. 自然重现,为迁移到其他情境和学科创造机会。

使用意图的重要性

使用以上指标时需要非常谨慎。要注意它们指的不是问题本身的任何固有特性,而是其在具体语境中的作用。没有一个问题**天生**就是基本的(或琐碎的、复杂的、重要的),是否是基本问题要归结于提问的目的、受众和影响:作为教师,你想要学生用这些问题做什么?你的目标是让学生进行激烈的讨论还是让学生想起唯一正确的答案?这六个指标明确了对于基本问题的目标要求:必须是能够促进探究,引起深度理解,引发新问题。

当我们提出一个所谓的基本问题时,目的是通过问题来呈现单元中与理解有关的目标与探究,就如同在每个指标前面,加上这么一个前缀:"在什么程度上,该问题能够……"一个问题是否是"基本的",取决于我们**为什么**提出它,我们想要学生**如何解决它**,以及该问题后面跟随的学习活动和评估是**怎样的**。我们是想围绕"开放"问题进行开放式探索(包括辩论),还是计划简单引导学生获得一个规定的答案?我们希望问题引发学生提出自己对课文的质疑,还是想要一个常规的解释?我们想让学生正视一个常见的误解,并努力解开谬误吗?我们是希望单元结束时问题仍然存在并反复出现,还是希望单元结束时问题就得到解决?

因此,如果我们只看问题的措辞,断章取义,就无法判断一个问题是不是基本问题。像"故事是什么?"这样一个问题,似乎是在寻求具体的常规答案。但是,如果没有看到整个设计,特别是评估部分,我们就不能判断这个问题是不是基本问题。显然,如果我们提问的意图是让学生说出故事的"情节、人物、背景、主题",那么根据基本问题的六个指标,这个问题就不是基本问题。然而,如果这个问题要求学生先抽取著名故事中的元素,再让他们通过研究后现代小说来推翻传统定义,那么这个问题就是基本问题——仿佛问题的重点已经成了:"那么故事**到底是**什么呢?"

总的来讲,"**X**是什么"之类的问题,可能是寻求复杂深入的探究,也可能只需要一个简单的定义。"Y为什么会发生"之类的问题,可能是寻求高层次的研究,也可能只需要回顾课文所讲的内容。在所提出的问题后面,如果没有精心设计的探究相跟随,就算所提的问题很像"基本问题",结果也只是修饰而已。相反,如果问题单独看起来相当寻常,由于它的答案充满冲突性,而且设计清晰,指向深入的挖掘,那么这样的问题也可能变得越来越有启发性。

不能仅注重表述形式

因此,我们不能仅根据问题的表述形式来判断它是否是基本问题。然而,许多教育工作者所接受的教育告诉他们,一个问题应该以特定的表达方式来表明它的目的不是用来复述已学过的知识,而是引发探究、讨论或论证的。因此,如果是为了引导学生批判地思考或探究,通常建议新教师避免提问"是/否"或"何人/何事/何时"形式的问题。虽然我们欣赏和关注这样的努力,但是我们认为关键不在于措辞是否符合要求,而是在整体的设计中,学生们是否清楚他们要做的是探究工作。

例如,有人可能会建议一个老师修改"光是粒子还是波"这种问题表述,因为这种表述暗示它寻求的是一个事实性的答案。尽管这样的建议有一定的道理,但现实情况说明了原问题表述的价值,因为紧跟问题的实验设计的目的就是刻意产生模棱两可的结果,从而使这个问题很有探究价值——光具有波粒二象性这样自相矛盾的实验结果揭示出了该问题的深层次的意图。

事实上,许多"是/否、不是/就是、何人/何事/何时"式的问题提供了激发学生强烈好奇心、思维和反思的可能性,这取决于问题是如何提出的,以及后续工作的性质。请看下面的几个例子,想象一下由此可能引发的激烈讨论、持续思考和洞察效果:

- 宇宙正在膨胀吗?
- 欧几里得几何学为我们所生活的空间提供了最好的地图吗?
- 谁来领导?
- 《麦田里的守望者》是喜剧还是悲剧?
- 使自由暂时不能推行的民主是否从根本上是矛盾的?
- 第三世界是什么样的?有第四世界吗?

- 胜利什么时候到来？
- 标点符号是必要的吗？
- 数字是真实的吗？

我们可以反过来想：如果问题看似引起了探索和论证，但讨论和后续工作抑制了它们，那也会毫无成果。教师有时会问耐人寻味的问题，作为非常具体的、乏味的教学的开始，仿佛暂时引人入胜的对话会激发学生掌握整堂课的足够动力。我们都知道，诸如"三角形的内角和是多少度"、"'不可容忍的法案'是什么"等问题都指向具体的事实答案。但像"如果没有《人权法案》，在美国的生活会是怎样的"、"这水是干净的吗"这样的问题**似乎是**开放性的，可能确实会引起活跃的讨论，这样的问题可能仅仅是作为《人权法案》讲座的课前热身，或作为已设计好的实验展示的序曲（无论讨论情况怎样，都不会影响既定实验的结果）。同样，教师提出的听起来像期待各种不同反应的问题——"在多大程度上……""在哪些方面……"最终可能只有一个从教材中得到的"正确"答案。如果问题引起的学生思考与不同反应，最终并没有对教学的走向以及任务的设计有任何影响，那么这样的问题尽管看似开放，其实也只不过是措辞华丽而已。

最后，对于问题也好，对于教师在阶段 1 中所声明的教学意图也好，如果孤立地看待它们，就很难下断言。我们必须审视整体设计，并思考设计者对所追寻问题的态度有多认真。这是向第四版 UbD 设计标准所考虑的诸多方面中的一个方面靠拢。我们需要一直考虑更大的背景——任务分配、评估以及所设想的后续问题，以确定问题最终是否是基本问题。

技能领域的基本问题

有些教师认为，基本问题在某些学科中很有效果，如历史、英语、哲学等，但在技能培养领域，如数学、化学、阅读、体育和外语等学科中则不起作用。有些人甚至说，在技能领域根本就没有基本问题。一位老师曾在工作坊对我们说，就课程本质而言，她所教的课程中没有大概念，也没有基本问题。我们问她教的是什么课，她说是"生活技能课"，回答得很坦诚。我们认为这位老师忽视了她的工作目的。她的工作不仅仅是传授一套简单的技能,而是传授一些技能以培养学生自力更生的能力。自力更生就是一个大概念,从中可以产生许多重要问题,例如,"为了自力更生我最需要培养哪些技能"、"我必须学会做什么(而不是别人替我做)来实现最大程度的自立"。

事实上,大概念(因此也是重要问题)是所有技能掌握的基础,考虑这样的问题是流畅的、灵活的表现的关键。我们发现,基本问题可以围绕与有效技能学习相关的四个大概念类别来架构:(1)关键概念,(2)目的和意义,(3)策略和战术,(4)使用情境。让我们来看一个体育学科的例子。对于任何涉及挥动长柄物体的技能的体育项目,如棒球、高尔夫球、网球,**关键概念**包括力、力矩和控制。因此,为了探索这些概念,我们可能会设计一个问题,如"力矩是如何影响力的"。我们可以提出问题"你怎么用最大的力去打球,同时又不失去控制呢",以帮助学习者制定摆动动作的有效**策略**(例如:眼睛盯住球,击球的姿势)。第三个问题与**情境**相关:"我们什么时候应该轻轻地摆动?"

相同的策略也适用于学术技能领域,例如,在阅读领域,"你如何知道自己读懂了正在阅读的内容"(关键概念);"为什么读者应该时不时地检验一下自己的理解"(目的和意义);"好的读者在遇到自己不理解的内容时会怎么做"(策略);"我们何时应该使用'改进'策略"(使用情境)。

我们注意到,当判断一个问题是否是基本问题时,它的用意应该从方方面面,如包含任务与证据的整体设计中表现出来。同样,在技能领域中,只有在真正的行为挑战的背景中被问及的问题才是基本问题,因为在这种情况下需要不断地进行判断。技巧是手段,不是目的;目标是流畅、灵活、有效的表现。这需要我们具备在具体情境里从全部技能中作出明智选择的能力:当面对复杂的行为挑战时,知道**何时**使用**何种技能**,**如何使用**及**为什么使用**这种技能。例如,"这是什么模式,你是怎么知道的"这个问题是所有数学思想和问题解决的核心。但是,在这个时候,如果评估仅要求学生在简单的有提示的练习中,利用简化的数据,脱离情境,给出一种单一的回应,那么他们就会避开重要问题,而这些重要问题是真实表现的核心所在。因此,非常遗憾,技能领域之所以**看似没有基本问题**,只是因为最常用的评估没有对知识的迁移和判断作出要求。

专题性与综合性的基本问题

基本问题的覆盖范围有所不同,这一事实让情况更加复杂。例如,教师通常会问一些问题以帮助学生在单元学习中达到特定的理解,例如:"从越南战争中我们学到了什么样的教训?""优秀的推理小说家如何吸引并留住他们的读者?"在教师的心里,这些基本问题专门指向一些话题(例如越南战争、推理小说),需要在单元学习结束时得到解决,哪怕只是暂时的。

然而,更综合的基本问题会带着我们超越任何特定的话题或技能,指向更通用的、可迁移的理解。它们不指向话题的内容,而是指向跨越单元和课程的大概念。例如,"从美国军事介入他国地区冲突的事件中我们学到或者没学到什么样的教训"就是一个关于越南战争话题的更综合的基本问题。"优秀的作家和演讲者如何吸引观众"则是一个与推理写作相关的范围更广泛的问题。

我们将更具体的基本问题称为专题性基本问题,将更综合的基本问题称为综合性基本问题。我们认为最好的单元学习要建立在这样**一系列相关**问题之上。图表5.1给出了不同学科领域中符合这两种类型的基本问题的例子。

图表5.1 综合性和专题性的基本问题

综合性基本问题	专题性基本问题
• 艺术和造型在哪些方面反映文化?	• 礼仪面具揭示了怎样的印加文化?
• 这是谁的观点?有什么不同?	• 美国土著如何看待"西部大移民"?
• 我们身体的各个系统是如何相互作用的?	• 食物是如何转化为能量的?
• 我们应该在多大程度上监督、制衡政府权力?	• 分权(例如政府的三个分支、国会两院)在多大程度上导致了美国政府的僵局?
• 科学领域是否存在有用的方式来区分固有误差(不可避免的误差)和可避免误差?	• 本次实验中测量误差的来源有哪些? • 与上次实验相比,本次实验的误差幅度是否更大?

续 表

综合性基本问题	专题性基本问题
● 强国的兴衰有哪些常见因素？	● 罗马帝国为什么瓦解了？ ● 大英帝国为什么灭亡了？ ● 如何解释美国崛起成为世界领先的国家？
● 作者如何使用不同的故事元素渲染情绪？	● 约翰·厄普代克是如何利用背景烘托情绪的？ ● 欧内斯特·海明威是如何使用语言来渲染气氛的？ ● 托妮·莫里森是如何通过图像和符号来建立情绪的？

　　探究第二列中的问题会引导学生对单元内容产生具体的局部性理解，而第一列中的问题则不同。它们没有提及单元内的具体内容，而是超越了主题内容，指向了跨单元的或是隐含在第二列问题中的更广泛的、可迁移的理解。同时也要注意，最后三行的相关问题表明：要想充分地、有效地解决一定范围内的综合性问题，可能需要先进行一系列的专题探究。

　　因此，综合性基本问题对于围绕真正的大概念来设计学习课程和项目（如 K-12 健康课程）是有价值的。综合性基本问题可以作为概念性支柱，用于优化跨越多年的课程，使其更加连贯和紧密。（围绕广泛的、反复出现的、具有较强迁移性的基本问题的课程和项目设计会在第十二章深入探讨。）

　　专题性基本问题之所以看起来好像不是很重要，可能是因为它们似乎经常追求一个"正确答案"。但是，我们必须再一次注意，不能仅靠语言表述来判断其重要性。如果我们的意图是真正的探究，那么它将体现在阶段 2 和阶段 3 我们实际要求学生带着问题去做（或者不做）的任务中。学习活动能否明确表示不会很快得出简单的答案？评估是否需要给出解释和理由，而不是简单地回答对或错？常言道，"事实胜于雄辩"，所有"好"的专题性问题都是基本问题吗？不，出于同样的原因：任何想要在实例中快速结束或得到一个完全解决了的结论的问题都不是基本问题，因为它们缺乏持续的探究和论证。我们有时称这类问题为**引导性**问题，因为它们在促进思考和探究方面的意图不够强烈。

　　称一个问题为"引导性问题"，并不是对它的否定！正如苏格拉底在"对话"中多次论证的，对答案有引导性的问题在评估和教学中有自己的作用。（换句话说,对答案有引导性的问题应放在阶段2和阶段3中。)为满足不同的教育目标,我们会提出不同类型的问题。我们的观点是:对答案有引导性的问题——目前学生最经常遇到的一类问题,无法成为追求理解的教学设计的基础,因为它们专注于事实,只要求回忆,而不是要求充分使用大概念。

对基本问题更细致的研究

前面所讨论的两个元素——"使用意图"和"范围"——形成了一个可以有效区分不同类型基本问题的二维框架。图表5.2所呈现的四类基本问题,可以作为单元和课程中产生混合型基本问题的设计工具。

图表5.2 基本问题图表

意图	范围	
	综合性	专题性
开放性:挑战学生更深入地、创造性地思考反复出现的、悬而未决的重要问题。 教师把提出这些有争议的问题作为一种手段,使学生像领域专家一样思考问题。不要求有明确的答案。	以下问题是学科里仍然或许永远存在的开放、广泛而深刻的问题。它们跨越单元、课程,有时会跨越学科的界限。 ● 美国历史在多大程度上可以说是一部进步史?"进步"体现在什么地方? ● DNA在多大程度上起决定性作用? ● 真正的朋友是什么样的?	以下问题激发了对单元内重要思想的探究和深入理解,并不要求在单元学习结束的时候得到解答。 ● 20世纪五六十年代国会是如何更好地保护少数人权利的? ● 我们需要采集每一个罪犯的DNA样本吗? ● 青蛙是否应该对蟾蜍说谎?
指导性:引导学生向更深入理解大概念的方向进行探究。 教师把提出这些问题作为揭示所需理解内容的一种手段。学生在解决问题的过程中建构意义。	以下都是跨越单元、课程和学科界限的综合性问题,会产生一个或多个所需的理解。 ● 美国建国以来在公民权利方面取得了多少进展? ● 基因学的最新发展如何影响先天遗传和后天培养的争论? ● "酒肉"朋友有哪些表现?	以下是具体单元的问题,向一个或几个重要观点的固定理解靠拢。 ● 民权运动的决定性时刻是什么时候? ● 如何保证DNA测试的可靠性? ● 故事中青蛙在哪些方面表现得像朋友?

通过研究图表5.2中的四类基本问题,我们产生了一些重要见解:

1. 仅仅依据关注特定概念和过程的专题性问题来设计单元内容,并不能确保知识迁移的发生,无论这些问题如何富有启发性或与核心内容相关。专题性问题对于学生专注于所学单元的优先次序是必不可少的,但还不足以产生更广泛的理解来帮助学生建立单元间的联系。因此,鉴于它们的专题性,只具有这样的问题是不可能引发我们所寻求的广泛联系和再思考。

> ■误解警报!
>
> 考虑到面向基本问题的六个指标(特别是指向反复出现、聚焦大概念的问题的指标),有些读者可能想知道一个专题性问题能否是基本问题?换句话说,他们可能更倾向于将基本问题定义为:必须是综合的开放性问题。尽管这个立场是合理的,但要注意我们前面提出的"基本"一词的第三个内涵:一些专题性问题对学生理解核心内容是必不可少的,这些问题指向或隐含大概念。基于这一点,我们有选择性地称最佳专题性问题为"基本问题"。或者有读者有反对意见,说所有的专题性问题都是引导性问题,因为这些问题常常指向一个明确的答案。但是,尽管对答案有引导性的问题与专题性基本问题可能听起来是一样的,但他们的作用是完全不同的。对答案有引导性的问题指向事实知识和明确的答案,而聚焦于某一话题的基本问题寻求的是促进真正的探究以达到最终的理解——基于事实的推断肯定是暂时的,并不意味着是最终的结果。对于对答案有引导性的问题,只要记得所说所读的内容,或知道书中什么地方可以找到,就可以回答。而专题性基本问题则需要通过分析、解释和论证建构才能解答。也就是说,需要真正的思考。

2. 仅仅依据综合性和开放性问题来设计单元,则可能导致漫无目的的讨论,不能获得与内容标准和核心内容相关的特定理解。这些问题的无固定答案的性质可能会使一些学生(及其家长)有挫败感,如果讨论的内容与要掌握的内容无关则更是如此。只具有一系列最开放、最综合特性的问题通常不会符合第一项指标(连接核心内容),而且在注重结果的设计中将难以自圆其说。

3. 仅仅根据指导性问题设计单元,使学生不可能有智力自由和机会去探索课程所需的、有助于理解的问题,也会失去"揭示是至关重要的"这一观点。

4. 最好的专题性问题取决于其与相关综合性问题的明确匹配。这向学习者表明学习过程具有阶段性和节奏感,即当引出其他问题和新探究问题时,需要重温之前的答案。那些能够引出最终答案、标准答案,与更大概念和更难问题不相关的专题性问题,更适合作为教学的一部分放在阶段3。

基本问题：强调多元

正如本次讨论所表明的，仅靠问题是不能解决所有事情的。鉴于"基本问题"的不同含义和教师的不同目标，思考基本问题的最有效方法就是思考成套相互关联的问题。最好的单元设计是围绕基本问题开展的，就它们的多样性和平衡性来说，这样的设计是最有效的。让我们来看看下面几个例子：

专题性基本问题：从《安妮日记》和海伦·凯勒自传《我的生活》中我们学到了什么？你会如何比较他们的生活？每个作家"看到"了什么，"没有看到"什么？

综合性基本问题：什么样的小说能够转型为纪实文学？自传的作者看不到的是什么？作者能够看到哪些别人看不到的内容？

专题性基本问题：位值的价值是什么？

综合性基本问题：数学语言的优势和劣势是什么？数学表达的局限性是什么？一切事物都是可以量化的吗？

专题性基本问题：什么是磁力？什么是电力？什么是重力？

综合性基本问题：如果某种力不能被直接看到，那我们怎么知道定是存在的呢？是什么使得一种理论是"科学的"，而不仅仅是"揣测的"？物理上的"力"与人类行为中无形的"力量"有哪些相似之处？心理学更像物理还是历史？

这样一系列问题不只是在局部性、总体性、指导性和开放性之间提供了一个平衡点，而且意味着狭义和广义探究之间、初步与深入理解以及进一步探究之间激烈的迭代活动。促进理解的教学艺术需要开放的和指导的、专题性和综合性探究的巧妙组合。通过恰当的平衡，我们会发现脑力激荡和创造与专家的深刻见解相伴而生。

提出基本问题的技巧

我们如何设计出最佳的问题集来架构单元内容呢?我们先可以通过使用问答节目《挑战自我》①的形式来识别有用的专题性问题。考虑到在教材中找到的内容——学生要学习的"答案"——关于一个大概念(以及与它相关的研究)的重要问题是什么?对此,教材能否提供一个很好的总结性回答?不要拘泥于前面所讲的有关问题类型的区分,集思广益,列出可以抛锚在这个单元的好问题。

让我们回到"政府三权分立"的案例。如果这句话是一个"答案",那么有助于学生理解其基本思想和价值的好问题是什么呢?这些问题怎么样:"我们为什么需要权力的制衡?其他措施是什么?"或者我们可以这样设计挑战:"美国开国元勋问了自己一些什么问题才产生这样的提案?"对于该单元的更具体的问题可能是:"为什么联邦党人主张权力平衡,另一方的论点是什么?"

一旦我们确定了一个或多个专题性问题,我们需要考虑更广泛的问题,这些问题会让我们以富有启发性和迁移性的方式跨越具体内容。考虑这个问题:"什么样的政府结构最符合'不是所有人都是天使'(引自联邦党人文集)这一事实?"如果你排斥这个关于人类本性的前提,那么接下来关于政府问题你有什么想法?我们一起思考一些更广泛和更值得辩论的问题:"什么时候分享权力是明智的?""我们什么时候能通过分享权力来获得(或何时可能失去)权力?"所有这些更综合的问题都是发人深省的、有迁移的价值,能够与先前知识建立联系,也需要核心内容,换句话说,这些问题符合我们的基本问题指标。

另一个可行的方法是从国家或州立的内容标准中导出基本问题。浏览一套标准并识别反复出现的关键名词(如重要概念),让它们成为问题的基础。在下

---

① 《挑战自我》:哥伦比亚广播公司的益智问答游戏节目,已有数十年历史。该节目的比赛以一种独特的问答形式进行,问题设置的涵盖面非常广泛,涉及历史、文学、艺术、流行文化、科技、体育、地理、文字游戏等各个领域。根据以答案形式提供的各种线索,参赛者必须以问题的形式做出简短正确的回答。与一般问答节目相反,《挑战自我》以答案形式提问,以提问形式作答。参赛者需具备历史、文学、政治、科学和通俗文化等知识,还要会解析隐晦含义、反讽与谜语等,而电脑并不擅长进行这类复杂思考。——译者注

面的例子中,注意观察疑问句是如何从陈述句中产生的。

生命科学:所有学生都将把他们对细胞的理解应用到多细胞生物的运作中,包括细胞是如何生长、发育和繁殖的。(来自密歇根州的科学标准)

> **设计技巧**
>
> 在"追求理解的教学设计"工作坊中,老师们经常会问,他们应该在每个单元中设置多少个基本问题。我们可以修改一下海军陆战队征兵口号来回答这个问题:我们正在寻找为数不多的好问题。如果它们真正重要,就能(也应该)显示出优先权并帮助发现所有的关键概念。不要提那些你不打算通过讨论、研究、问题解决以及其他手段来积极探讨的问题。

- **专题性基本问题**:我们如何证明生物是由细胞构成的?如果我们都是由细胞构成的,那为什么我们不一样呢?
  - **综合性基本问题**:科学家是如何证明的?

舞蹈:将舞蹈理解为一种创造和沟通意义的方法。(来自艺术教育国家标准)

- **专题性基本问题**:通过舞蹈我们可以表达什么样的想法?动作是如何传达情感的?
- **综合性基本问题**:艺术家通过何种方式表达他们的想法和感受?媒体通过什么方式影响信息?艺术家能够做哪些非艺术家不能做的事情?

体育(六年级):将运动概念和原则运用于运动技能的学习和发展。(来自国家运动和体育教育协会)

- **专题性基本问题**:我们如何用最大的力击球同时又不失去控制?对距离和速度来说(球打出后),后续打球姿势有多重要?
- **综合性基本问题**:什么样的练习可以实现"熟能生巧"?什么样的反馈最能提高绩效?

还有一个类似的方法是从阶段1确认的持久理解中获得基本问题。例如,理解"生物的适应力是为了在恶劣或不断变化的环境中生存",自然暗示了另一个相似的问题:"生物通过哪些方法适应环境以求得生存?"

除了作为阶段2理解的指标外,理解的六个侧面也是一个产生启发性问题的有用框架。图表5.3给出了理解六侧面的问题启示列表。

图表5.3　基于理解六侧面的问题模板

解释
- 谁_____？什么_____？何时_____？如何_____？为什么_____？
- _____的关键概念/思想是什么？
- _____的例子有哪些？
- _____的特点/组成是什么？为什么会这样？
- 我们如何验证/确认/证明_____？
- _____和_____是如何联系在一起的？
- 如果_____会发生什么事？
- 关于_____常见的误解有哪些？

阐明
- _____的意思是什么？
- _____揭示了关于_____的什么？
- _____与_____哪些方面相似？（类比/隐喻）
- _____如何与我/我们相关？
- 那又怎么样？为什么很重要？

应用
- 我们如何以及何时应用这种（知识和过程）来_____？
- 如何在更大范围内应用_____？
- 我们怎样用_____来克服_____（障碍、约束、挑战）？

洞察
- 关于_____的不同观点是什么？
- 以_____的观点，会如何看待它？
- _____与_____有何相似/不同之处？
- 对_____的其他可能的反应是什么？
- _____有哪些优点和缺点？
- _____有何局限性？
- _____的论据是什么？
- 论据是否充分？是否可靠？

神入
- 站在_____的立场上看问题会是什么样的？
- _____对_____有何感受？
- 我们怎样才能实现对_____的理解？
- _____试图让我们感受到/明白什么？

自知
- 我如何知道_____？
- 我所知道的关于_____的知识有何局限性？
- 关于_____我的盲点在哪里？
- 我如何才能最好地展现_____？
- 对于_____，我的观点是如何通过_____（经验、假设、习惯、偏见、风格）形成的？
- 在_____方面，我有何优势和劣势？

显然,学习计划要求课程设计者为从容易实现的问题转到晦涩难懂的问题制定出一个合理的进展方案,但是阶段1所面临的挑战与逆向设计相关:不管学生此时此刻是否能处理这样的问题,我们希望他们最终能够解决的问题是什么?别忘了,这是为什么将基本问题放在阶段1的原因:能够提出并周密考虑这些问题的能力是一个预期结果,而不只是一种教学策略。

使用基本问题的技巧

下面的实用性建议可以帮助你在课堂、学校或社区中使用基本问题:

- 围绕这些问题来组织项目、课程、学习单元和课堂。使"内容"成为问题的答案。
- 选择或设计与问题明确相关的评估任务。任务和绩效标准应该明确做到什么程度才是对问题真的开展了探究。
- 每单元使用合理的问题数量(2—5个)。少即是多。划分内容的优先顺序以便使学生明确地专注于几个关键问题。
- 用"儿童语言"设计问题以便使问题更容易被理解。改写这些问题使它们尽可能对相关年龄段的学生富有吸引力和启发性。
- 确保每个孩子都理解问题并看到问题的价值。必要时,进行一次调查或非正式检查来验证这一点。
- 为每个问题设计具体的探究活动。
- 对问题进行排序,以便使它们自然地从一个过渡到另一个。
- 在课堂上提出基本问题,鼓励学生围绕问题整理笔记,以明确这些问题对学习和记笔记的重要性。
- 帮助学生使问题个性化。让他们分享案例、自己的故事和直觉感受。鼓励他们使用剪报和手工艺品使问题生动有趣。
- 为解决问题分配足够的时间——研究子问题并探究它们的含义——同时要考虑学生的年龄、经验和其他教学任务。用问题和概念图表示问题的关联性。
- 与其他同事分享你的问题,使教学计划更可能具有跨学科的连贯性。为促进综合性问题在全校范围内的应用,教师应在教研室或部门会议、区域教研时将问题提出来;在教师公告栏中分类发布所提出的问题;在教职工会议和家长教师学生协会(简称PTSA)上提出并讨论这些问题。

围绕开放问题架构工作的重要性

问题怎样才能提得有深度,但又不会范围过大呢?对此,我根据我们已做的工作提个建议,那就是利用结构性的推导……(它起到)两个作用,其中一个很明显,问题的视角指向了特定内容;第二个作用虽不够明显但更令人惊讶,问题似乎常常可以作为确定学生学习和理解程度的指标。

——杰罗姆·布鲁纳,《超越所给的信息》,1957,pp. 449 – 450

教育的意义不仅仅是学习争议最少的研究发现。学生需要明白尖锐的问题及争议是如何引出知识和理解的。如果迁移是追求理解的教学的关键所在,那么我们的设计必须明确,问题不仅仅是学生获得更充分理解的原因,而且也是所有学习内容得以产生的方法。

换句话说,学校教育必须能使学生明白理解的产生、检验与巩固是通过探究、批判和验证而得来的。学生需要那种把他们看作具有潜能的表现者而不是局外的观察员的课程。他们需要体验自己的探究和讨论在本质上是如何与专家的探究和讨论相类似的,也需要体验达成共识的关键性理解作为不断探究的结果是如何随着时间而变化的。这样,他们就会更深刻地明白知识是探究的结果,而不是从教师和书本那里学到的虚无缥缈的"真理"。

对学习者来说,他们自己提出的问题常常看似不重要。"我知道这听起来很愚蠢……"常常是提出一个好问题的开场白。为什么自我贬低呢?这不仅是因为害羞。不停歇的灌输以及关于学校是传授"正确答案"地方的意识,很容易让人感到专家没有问题,只有愚蠢和无知的人才会提出问题。

当面对真正的智力问题只是下下嘴皮功夫时,当老师为了讲完学习内容而不断拖堂时,惨痛的代价随之而来。大量的、不断抛出的对答案有引导性的问题,将使大多数学生的问题减少至仅剩常见的几个问题:这些会考吗?这是你期望的答案吗？考试要考多久？

当答案成为学生学习的唯一目标时，教学"掩盖了"当前所学内容中自然出现的重大问题，从而减少了学生的参与，降低了理解程度。不停地灌输当前已得到认可的内容，最终将扼杀深刻细致的探究。正如哲学家汉斯-格奥尔格·伽达默尔（Hans-Georg Gadamer，1994）所说：

> 与已形成定论的观点相反，提问使对象及其可能性不断变化。一个精通提问技巧的人，是一个可以保护自己的问题不被主流观点压制的人……正是观点压制了问题。（pp. 364 - 365）

在《纽约时报》的第二十五周年纪念日（2003年），"科学时代"版块列出了科学领域当前最重要的25个问题。请看几个例子：

- 我们身上有多少部分是可以被替代的？
- 我们应该吃什么？
- 还需要男人吗？还需要女人吗？
- 机器人能有意识吗？
- 下一个冰河时代什么时候开始？（sec. D, p. 1）

上述这些问题与典型的科学教材中通篇出现的死板问题有着本质的区别。它们都是"活生生的"，可以考虑将其用在 K - 16 科学教育的某个层级上。如果学校教育内容与这些问题是相关的、可控的，就应该考虑这些问题的使用。不断地在学习者面前呈现由基本问题架构的课程，是为了给学生留下持久印象，不仅是关于知识的本质，也是关于学生智力自由的权利和重要性。

因此，**揭示**不仅仅是一个很好的教育策略或教育哲学，使用问题设计课程对我们来说也不仅仅是一种审美或意识形态的要求。在学习中如果没有通过真正的质疑和持续的探究去探索关键概念，那么就像法庭声明和证据未经检验一样。这样的教学会使概念和知识变成没有优先次序的大杂烩，最终学生只是学到许多随机的观点。所以必须对内容进行深刻的质疑，这样学生才能将关键的理解看作是联系与推断的结果(而不是信奉权威教材或教师,只是记忆"事实")。

虽然这种说法听起来有些奇怪,但它指出一个重要事实:我们所有人,包括新手和专家,是如何逐渐获得理解的。我们必须给学生安排任务,使他们发出"啊哈"的感慨,这种感受相当于学者第一次真正理解时的感受。毕竟,那是我们的先驱如何理解未知事物的过程:像学习者一样,提出问题,测试观点①。这就是皮亚杰为何精练地说"要理解就是要创造"的原因:

> 一旦孩子能够在学习情景中重复并应用某些观念时,他就经常给人一种已经懂了的印象;然而……真正的理解体现在新的、自发的应用中……对一个概念或理论的真正理解意味着能够重建这一理论。(Piaget, in Gruber & Voneche, 1977, p.731)

然而,许多内容标准和地方课程,都犯了诸如通过直接指导来学习内容之类的目标设计上的错误,因此有可能在最糟糕的情况下推动学习内容的"灌输"。② 以灌输方式进行讲授,说明老师和学生没能理解学习和达到标准这两个重要方面:(1)理解来源于质疑和探究;(2)达到知识标准不仅需要接受专家的意见,也需要探索甚至质疑他们的观点。

那么,在成人理解这个主题的过程中,相互矛盾的概念、理论和观点有哪些?不同教材的编者在达成共识之前持有什么问题和争论?如果学生想要掌握来之不易的建构与准备就绪的知识之间的差异,如果他们要学着将理解视作基于证据和论证的判断或推论(而不是为了记忆无可挑剔的事实),那么了解历史上针对此主题的多个观点是必要的。

总之,正如我们所引用的布鲁纳的观点,最好的基本问题有一个惊人的益处——如果我们基于这些问题来设计教学的话,基本问题可以超越问题本身而

---

① 这并不是对于发现教学法的总体要求。相反,我们只是提出,理解一个大概念通常需要我们这里所描述的探究、讨论和应用等活动。为了能更充分理解我们讨论的有关教学序列的问题,请参见第9章。
② 参见 Erickson(1998)第1章的内容:对于不同国家标准文件所存在的局限性进行了深入讨论,认为对所探究的问题和所追求的理解要有更清晰的认识。

提供更深刻的见解和视角。它们可以作为评价学习进步的指标,使我们持续专注于探究而不只是专注于答案。

因此,基本问题不仅仅是一种手段或阶段 3 教学中的策略。基本问题能架构教学目标。提出、探讨基本问题是教师和学习者的义务,这就是为什么它们属于阶段 1(而更多的教师式的问题属于阶段 3)。因此追求这样的问题使作为教师和学习者的我们能够测试活动和任务的教育能量,以确保学习不仅仅是参与活动或不加选择地进行灌输。通过回答本单元和本课的问题,我们是否取得了进展?(如果没有,那么学生和教师就需要作些调整,就像好的教练和运动员要基于表现调整训练或比赛,好的教师也必须愿意修改他们的计划。)

无论老师(或学生)聚焦于哪个具体观点——不要忘了,不是每个好问题都具有探究的可行性——我们应该清楚的是,专题性基本问题和综合性基本问题的混合使用使设计更聚焦,而且使学生的角色更具智慧性和活跃性。如果没有这样的聚焦,留给学生的会是大量无关的活动和未经充分思考的想法——没有视角,也没有清晰的智力提升阶梯。如果不需要寻求问题,没有把对内容的探究作为设计的本质,学生们就会不知不觉变得消极。"去听、去读、去回忆或填写老师所教的内容"将成为明确的任务。无论老师讲得多么有趣或个性化课堂多么生动,如果没有沉浸在围绕基本问题设计的课程中,灌输式教学和盲目活动的双重弊端随时都可能出现。

鲍勃·詹姆斯的逆向设计实践

根据对基本问题的进一步思考,鲍勃·詹姆斯反思了自己最初的计划。

我喜欢这样一种观点:基本问题涉及所有的学习任务,起到指导深层次理解的作用,同时也通过非常精确的探索或后续问题来加深理解。自从我开始从事教学工作,我就努力通过提问来拓展学生的思维,例如:你可以举另外一个关于……的例子吗?这与那一点有何关系?如果……可能会发生什么?你同意……吗?为什么呢?虽然我认为自己非常善于提出这些日常问题,但我意识到,对于营养单元来说我不得不更多地考虑比这里所描述的问题的范围更广泛的问题。

我设计的单元问题——"什么是健康饮食"——显然指向综合性问题,"什么样的生活是健康的"或"健康是什么"都能聚焦于我们整个健康教育课程中的探究和讨论。我们还可以在每节课上不断地提出这类问题,随着时间的推移借助经常性的评估进行探讨。

运用单元问题来架构课程的想法真正让我陷入了思考。我对这样一个概念特别感兴趣:如果教材中呈现的是答案,那么与之相应的问题是什么?当我反思自己接受的教育时,我不记得曾经有这么一门课,这个课程的内容设计都明确围绕重要的、引人深思的问题。一些教我的老师和教授在课堂上会问一些令人深思的问题,但这些单元(和基本的)问题都是不同的。如果方式正确,我知道它们会为所有的工作和知识掌握提供一个聚焦点。我现在觉得自己有点受骗,因为我开始意识到这些综合性问题的重要作用,即在某一学科或主题中指向了大概念。

为了确认我的思路,吃午餐的时候我向几个学科组的老师提出我的想法,他们真的很喜欢!对此我们进行了一个很有趣的讨论,其间还引出了其他一些问题:如果让孩子们自己待着,他们会吃健康所需的营养食物吗?随着我们长大,口味会发生变化,是朝着健康饮食的方向变化吗?如果是这样,为什么呢?那么其他动物呢?幼小的动物生来会吃对自己健康有益的食物吗?垃圾食品广告如何影响儿童和成人的饮食模式?遗憾的是,当20分钟的午餐时间结束时,我们真的还在"烹饪"阶段,我们不得不暂停讨论,我想我还会继续思考一段时间。

预览

如果问题既要围绕大概念架构单元,又要超越单元指向综合性观点,那么怎样才能设计好?根据架构单元的问题,我们追求什么样的理解?我们说的达到"理解"是什么意思?它与获取"知识"和"技能"有何不同?我们接下来就要回答这些问题。

第六章　架构理解

如果这个假说是正确的,即任何学科都能以某种坦诚的方式教给任何孩子,那么它应该遵循这样一个理念,即一门课程应该围绕社会认为值得人们持续关注的重大问题、原则和价值标准进行建构。

——杰罗姆·布鲁纳,《教育过程》,1960,p.52

内容的选择显示了该学科的代表性观点,这些观点指的是那些用来理解学科主要特征的概念,而不是一些次要的想法,它们能够揭示学科的本质,是代表整个学科重点的一些学科要素……这些代表性观点是学科的缩影。

——菲利普·菲尼克斯,《意义领域》,1964,pp. 322-323

在第二章,我们总结了"理解"的含义,强调理解涉及对大概念的把握,这体现在审慎的、有效的知识迁移中,这种迁移通常在学生表现中得以体现,涉及在第四章所讨论的理解六侧面中的一个或多个侧面。现在我们来进一步看看所期望达到的理解本质。在单元结束的时候我们特别希望学生理解什么内容?我们试图让学生理解的不明显但却很重要的内容到底是什么?在阶段1中我们应该如何架构这些期望达到的理解?

在这里我们不想直接将答案交给读者,而将采用我们倡导的做法,请大家围绕问题自行建构。我们采用了一种被称为"概念获得"的追求理解的教学技术,你需要做的就是通过比较图表6.1中呈现的一系列正反例,设法弄清楚什么是理解。换句话说,第一列中关于理解的表述是怎么样的?它们与第二列的表述有什么区别?

图表 6.1 理解：正例和反例

关于理解的正例	关于理解的反例
• 一个好故事通过问题、神秘事物、困境以及接下来所发生事情的不确定性来制造紧张氛围以吸引读者。	• 受众和目的。
• 液态水消失变成水蒸气，如果水蒸气遇冷可以再次变成液态水。	• 水覆盖了地球表面的四分之三。
• 相关性不能确定为存在因果关系。	• 事情总是变化着的。
• 为了理解文章的意义，解读文字是必要的，但还不够。	• 发出声音，看图片。

辨别理解的特征

观察图表6.1，对比理解的正反例，我们能从这些正例中总结出哪些特点？第一点就是所有的例子都用完整的句子描述了具有一般意义的特定命题，即明确了需要理解的内容。其次，这些例子都聚焦在抽象的、可迁移的大概念上。它们就像是有用的信条，有助于在复杂的知识领域沿着正确的方向航行。正例的第三个特点与学习者的习得有关。学习者不太可能仅仅通过聆听或阅读就立即完全理解语句的含义，他们需要探究、思考和实践。换句话说，理解需要去揭示，因为理解的意义是抽象的而且不会立即显现。

为了进一步强调正反例之间的重要区别，现在让我们来看看关于理解的反例，以加深我们对理解的认识。第一个反例（"受众和目的"）是一个短语，而不是一个句子，它指的是一个大概念，但并没有提供关于大概念的具体描述。由于是以短语的形式表达出来，我们并不知道设计者所追求的关于受众和目的的特定理解是什么。第二个反例（"水覆盖了地球表面的四分之三"）的确是一个句子，但却没有提出一个抽象的、可迁移的观点。相反，它只是陈述了一个简单明了的事实，理解它不需要进行探究。第三个反例（"事情总是变化着的"）是一个不争的事实，但它没有明确表明我们到底希望学习者慢慢理解变化过程中哪些本质的东西，这样的综合性陈述没有提供任何所要求的新见解或含义。第四个反例

("发出声音,看图片")指的是一些技能,但未提供任何关于技能的有用的、可迁移的原则或策略。换句话说,它没有提供任何具体的、概念性内容以供理解。

在记住了正反例之间的区别后,我们再看一些来自不同学科和年级的例子。注意这些例子既避免了反例中出现的问题,也满足了理解的特性。

- 由于消费者成长背景和消费偏好的差异,没有一个市场营销人员能用同一件产品使所有消费者都满意,所以他们必须对要服务的消费者作出选择。(来自大学的商务课程)
- 作为一个个体或一个物种,生物的本能是生存,但个体或群体的幸存常常需要以另一种生物的灭亡为代价。(来自二年级课程中的一个单元"生物的基本需求")
- 以他人的视角进行写作可以帮助我们更好地认识世界、自己和他人。(由美国和平部队开发的课程教材,九年级单元"对世界的见解")
- 有时一个正确的数学答案,并不是解决复杂的、现实存在的问题的最好方法。(来自一门高中数学课程)
- 无形的多样性使得所有课堂活动呈现复杂多样化。(来自一门本科的教育方法课程)
- 照片反映了一种观点,可以揭示历史也可以误导读者。(来自四年级的一个跨学科单元"照片揭示的历史")

上述例子表明,理解是在事实和经验的基础上,对所向往教学的概括。它概述了我们想让学生最终掌握的可迁移的概念,从组成内容的各种实例中得出结论。

界定理解

我们通过强调理解的几个显著特点来界定理解。
1. 理解是一种从专家经验中得出的重要推理,表现为具体有用的概括。
2. 理解指的是可迁移性,大概念具有超越特定主题的持久价值。

持久的理解使用离散的实例或技能来关注更大的概念、原理或过程。它们源自知识迁移并且能够进行迁移：它们适用于这一学科内或跨越这一学科的新情况。例如，我们将《大宪章》的制定作为特定历史事件进行研究，是由于它对于更大的理念——法治——的意义，即法律明确了政府的权限和个人的权利，如法定诉讼程序。这个伟大的想法已经超越了其根源于13世纪英国宪法的初衷，成为现代民主社会的基石。学生在新情境中，例如当研究欠发达国家的新兴民主时，可以使用这种理解。

3. 理解包含了抽象的、违反直觉的、容易被误解的概念。

4. 获得理解的最好方式是揭示式学习（即必须通过循循善诱，在学习者共同建构的情况下得以发展）及"应用"（即在真实的环境中面对现实问题时运用概念）。

设计的目的是帮助学生得出推论。理解要求学习者模仿实践者产生新理解时所做的事情，也就是模仿他们的思考、提问、检验、质疑、批评和验证。不能仅凭信任就去接受"理解"，而是要去探究和实证。

那些最容易被误解的概念和原理是最需要去"揭示"的。这些概念和原理通常不是显而易见的，而且可能违反直觉。例如，在物理学科，学生常常纠结于与重力、质量、力和运动有关的概念。当一个用大理石制成的球和保龄球一起下落时，要求学生预测哪个物体将会先落地时，许多学生错误地选择保龄球先落地，这揭示了一个常见的误解。学生难以掌握的或经常误解的重要概念或过程有哪些？他们通常纠结于什么？他们有可能对什么样的大概念产生误解？这些都是为了实现追求理解的教学，可以选择和揭示的卓有成效的论题。

5. 理解总结了技能领域的重要策略原则。

许多技能只有成为一套流畅灵活技能中的一部分并得到合理使用时，才能说明被成功掌握。这不仅仅需要操练，也需要具有洞察力。也就是说，当开始理解相关适用的策略、技巧、原则时，需要具备判断使用哪项技能的能力。例如，带着追求理解的意愿去阅读故事需要积极应用这样的理念，即作者不会总是在讲故事本身——它的意义隐藏在字里行间，而不是流于文字表面。这种认识为应用具体的理解策略（如总结、质疑文本、预测和利用上下文线索弄清楚其含义等）设置了情境。

这里我们必须提到琳恩·埃里克森(Lynn Erickson)关于理解的精彩论述。我们与琳恩的讨论和通信，以及在本书第一版出版后对她作品的仔细阅读，使我们认识到有必要加深自己对理解的认识！难为情的是，我们发现，我们对"理解是什么"的认识与本书第一版是不一致的，特别是在示例部分。正是通过埃里克森的概括（在第三章提到过），我们才能够对"理解是什么"提出一个更一致、全面的描述。

要正式界定"概括"，需要将它作为一种关系中的概念来陈述。作为概念，一般的概括具有以下相同特征：
- 广泛的、抽象的；
- 普遍应用的；
- 一般是永恒的——承载岁月的；
- 通过不同的示例来表示。(Erickson, 2001, p. 35)

反过来，埃里克森也在她的著作的修订版中反映了我们的思想：

概括是持久的理解，是"大概念"，是对"那又怎么样？"进行研究后所形成的答案。(Erickson, 2001, p. 33)

主题性理解和综合性理解

在第五章，我们讨论了基本问题范围的差异，包括综合性问题和专题性问题的差异。类似的区别也适用于所需的理解：有些理解是全面的，有些理解则是更具体的。所以，这里我们也将其区分为综合性理解和主题性理解。请看图表6.2中的示例集：

图表6.2　综合性理解和主题性理解的示例

综合性理解	主题性理解
• 总统不是凌驾于法律之上的。 • 民主需要勇敢而不仅仅是言论自由。	• 水门事件是一个重大的宪法危机，而不是一个"三流的盗窃案"（如尼克松时代一个议员所说）或仅仅是政党间的选举闹剧。
• 现代小说颠覆了许多传统故事的元素和规范，讲述了一个更真实、更引人入胜的故事。	• 霍顿·考尔菲德是一个不合群的反英雄角色，而不是一个有着"精彩冒险经历"的普通孩子。
• 重力并不是一个物理实体，而是一个描述所有下落物体加速度恒定的术语，正如通过实验得到的结果一样。	• 是垂直高度，而不是下落的角度和距离，决定了下落航天器最终的"溅落"速度。
• 假设是在证明关键定理符合逻辑之后提出的，逻辑上优先于任何公理系统。它们既不是真实的，也不是不证自明的，但也绝不是主观臆断的。	• 平行公设是欧几里得几何的一个关键基础，尽管它存在缺陷，理论上类似于定理。
• 在自由市场经济中，价格是一个关于需求与供给的应变量。	• 一个棒球卡的价值取决于谁想要它，而不只是它赋予的条件或类似的可购买的物品数量。 • 易趣网（eBay）的销售数据显示，一个人的垃圾是另一个人的宝贝。
• 在特定体育比赛中增加的得分机会，源于为了拉开对方防守、让队友"不被束缚"而创造的进攻空间。	• 创造并利用空间是赢得足球赛的关键。 • 足球的防守即需要防止进攻球员在场地中央"没有约束"。

　　正如上述示例集所表明的，理解可以基于不同程度的抽象和归纳层层织网。第一列中的理解比对应的第二列中的理解更全面，它们超越特定研究主题或研究单元，指向更具有迁移性的知识。因为它们链接到大概念，所以可以被描述为综合性理解。描述综合性理解有助于解决常见的学生问题："那又怎么样？"这些问题与看似没有什么更大目的的任务有关。第二列中的示例是关于具体主题的见解，我们称之为主题性理解，它们明确了我们希望学生在特定主题下形成的特定理解。

我们鼓励在设计学习目标时明确指出综合性和主题性两种理解。①（正如在第十二章讨论项目设计时，我们鼓励教研部门围绕综合性理解和基本问题来架构课程，这是为教师个体的单元设计提供明确学习重点的一种方式。）

与专题性基本问题和综合性基本问题一样，主题性理解与综合性理解之间也没有严格的区分规则。课程内容的范围、学科重点、学生年龄、分配给每个单元的学时和其他因素将影响所期望达到的理解的广度和深度。不要把主题性理解和综合性理解之间的差异视为一种绝对的尺度或范围，最好的方式是把综合性理解视作最终寻求的可迁移见解的呈现。换句话说，对于你想要达到的关于特定单元的理解，在多大程度上可以把这些洞见进行归纳，从而使学生有能力与其他学习任务建立联系？反过来说，哪些反复出现的观点——由单元的主题性理解体现——可以用来架构比单元更大的课程？

理解与事实性知识

理解通过事实来说话，理解是人们基于证据和逻辑得出的结论。事实是资料，有助于形成理解。理解提供了一个基于资料的推论。因此，正如前面所提到的，杜威(1933)认为，获得事实需要领悟能力，而获得理解需要综合能力。获得事实只需要我们抓住每句话的意思或读懂材料。而获得理解则需要更多的条件：即使知道每句话的意思，明白每个材料内容，我们可能也不明白它们放在一起的含义。我们需要针对事实提出问题，与其他事实建立联系，并尝试在不同情况下进行应用。理解必须通过求证才能达到，我们要将理解作为恰当而有用的结论，而非事实陈述。

任何精彩的动画片或具有挑战性的填字游戏都能说明这一点。事实性知识是必要的，但不足以"获得"一个笑料或一条线索。要获得线索，一个人必须透过字面意思，建立联系，考虑可能发生的不同情况，验证理论，开展推理。无论是哪

---

① 注意：琳恩·埃里克森所强调的"概念性的"概括，使我们所称的主题性理解更像事实。我们更倾向于认为主题性理解和综合性理解是有区别的，且与事实是相对的，因为这两种理解都需要从事实中推断得出。

个领域的抽象概念,要想理解它们,都需要经过与此相同的过程。

因此,理解是从事实中得到的推论。虽然我们之前可能已经说清了理解和事实之间的区别,但在实践中这种区别还是容易被忽略,特别是对学生而言。思考以下两种表述:(1)三角形有三条边和三个角(事实)。(2)三条边相等的三角形有三个相等的角(理解)。这两句话无论是看起来还是听起来几乎都是一样的。但是,注意第二句话虽然在语法上类似于第一句话(事实),但从它对教师和学习者的要求来说,却有很大不同。第二句(理解)呈现了一个推论,需要通过证据证明它是有效的;而第一句话则是通过定义检验出它是正确的。

因此,理解不是一目了然的既定事实,而是运用所给的既定事实推断出的结论。这就是为什么"揭示"是必要的:在产生真正的理解之前,理解看上去也许像是学习者可以简单接受的内容,实际上需要学生进行分解(分成一小块一小块)和合成(学习者用自己的语言重新拼接)。当教学只灌输内容而没有对内容进行探究时,我们很可能就会犯我们所谴责的诟病,即产生误解或健忘。

对技能的理解

正如前面提到的,一些老师认为 UbD 不适用于对技能的教学。他们认为技能学习仅仅通过实践和改进就足够了;也就是说,实在没有什么需要理解的地方。我们强烈反对这一观点。请看以下几个来自不同学科关于理解的示例,这些学科通常被认为属于技能领域。

- 肌肉通过全方位的运动可以产生更大的力量。(来自体育课关于高尔夫的单元)
- 我知道的词汇越多,就越能更好地分享我的观点并理解别人的想法。(来自二年级关于诗歌的语言艺术单元)
- 肢体语言可以使陈述变为提问,使肯定变为否定,并影响表述的语气强度。(来自世界语言课程指南)
- 大多数人在烹饪时扔掉的剩料和配料,可以用来制作高汤,增强口感的同时还能节省花费。(来自高中烹饪课程关于高汤的单元)

这些例子印证了之前关于追求理解的教学和基本问题的观点:专注于技能

发展的单元和课程需要明确包括所需的理解。换句话说，学习者应该慢慢理解技能的基础概念，这种技能为什么重要，它有助于实现什么，什么样的策略和技巧可以最大限度地发挥其效能，我们在什么情况下使用它们。正如研究和实践所证实的那样，与仅仅依靠死记硬背及操作和练习方式的教学相比，基于理解的技能教学更能促进技能的流畅性、有效性和自动化。（参见第十三章针对基于理解的技能教学的研究综述。）

> ■**误解警报！**
>
> 内容标准或课程架构中常用的一个短语是"学生将理解如何……"。这种说法显示了在 UbD 中一个潜在的困惑来源。
>
> 事实上，当期望的成果实际上是独立的、互不关联的技能（如：写草书，创建幻灯片），而不需要理解时，上述短语基本与"学习如何……"同义。关于此类离散的知识与技能的目标是被放在模板的 K 和 S 区域中的。
>
> 然而，当"理解如何……"指的是一系列需要关注基本概念和原理的技能时，我们既要解决技能习得问题，也要解决理解问题。在这种情况下，前面所提到的建议就可以派上用场。

内容标准和理解

许多教育工作者都希望根据确定的内容标准进行教学，因此也就很想知道如何才能建立内容标准与 UbD 之间的联系。在理想情况下，所有州级和地区级的内容标准都应通过"大概念"来架构，而事实上，只有少数州级标准可以做到。例如，请看以下两个明确反映大概念的州级标准的示例：

- 一切生物的生存都有一些基本需求（例如：水、空气、养分、光）；在生长、生存、繁殖方面，植物和动物具有满足不同功能的不同结构；行为受到内因（例如饥饿）和外因（例如环境变化）的影响。
- 美国、加拿大和拉丁美洲的移民群体已经引起文化传播，因为当人们从一个地方移到另一个地方时，他们也携带了自己的观念和生活方式。

然而，不同的州或同一个州的不同学科在标准的主要呈现方式上存在很大差异。有些标准罗列了分散的目标，而另一些标准则是宽泛的表述。一些所谓的理解结果只是相对简单的事实或技能，如下面来自弗吉尼亚州的学习标准：

- 地球是围绕太阳运动的行星之一，月球绕地球运转。

- 通过在世界地图上找到中国和埃及的位置,培养学生的地图阅读技能。

而有些标准则太过模糊,无法帮助任何人,就像下面这些同样来自弗吉尼亚州的例子:

- 重要历史人物和组织对加拿大、拉丁美洲和美国的发展作出了巨大贡献。
- 有些因素会影响消费者的需求。

当教育者围绕指定的标准构建课程、评估和教学时,标准本身存在的问题就会浮出水面。为了解决这些问题,有几个州已经开发了补充资源指南,帮助教育者使用标准。而且少数几个州实际上已经依据 UbD 中的理解和基本问题重新制定了内容标准。① 下面是来自弗吉尼亚州(历史/社会科学)和密歇根州(科学)内容标准的示例:

- 学生将解释生产者如何使用自然资源(水、土、木和煤炭)、人力资源(工作的人)和资本资源(机器、工具和建筑)为消费者生产产品,提供服务。

  理解:商品生产者、服务提供者受自然、人力和资本资源的影响。

  基本问题:生产者是怎样使用自然、人力和资本资源来生产商品,提供服务的?(来自弗吉尼亚州课程框架——教师资源指南)

- 所有的学生将把对细胞的理解应用到多细胞生物体的功能中,包括细胞如何生长、发育和繁殖。

  基本问题:我们如何证明生物是由细胞构成的?如果我们都是由细胞构成的,为什么我们看起来不一样呢?(来自密歇根州科学基准说明)

135　不管国家、州或地方的内容标准是如何规定的,大多数教育工作者都有义务关注它们。接下来我们为如何使用内容标准确定持久理解提供了实用的建议。

---

① 参见有关科学的补充资料(密歇根州:http://www.miclimb.net)和有关历史/社会研究的补充资料(纽约州:http://www.emsc.nysed.gov/ciai/socst/ssrg.html;弗吉尼亚州:http://vastudies.pwnet.org/sol/c_framework.htm;德克萨斯州:http://www.tea.state.tx.us/resources/ssced/toolkits/html/toc_ubd.htm)。

确定和架构理解的技巧

我们在第一个示例集中提到,理解是以归纳或命题式的完整句子呈现的:在内容主题已给定的情况下,学生们基于推理应形成怎样的认识?

这听起来很容易,但做起来却非常难。在架构理解时的一个常见问题是不自觉地重述主题。"我希望学生了解南北战争"或"我希望学生真正理解友谊",这些确实是关于此主题的陈述,但他们不是所需理解的命题。换句话说,这些句子没有指明学习者应该理解关于南北战争或友谊的哪些具体内容。

那么我们给出的建议似乎够清楚了,对吗?但是一些老师仅仅是缩小内容重点,例如,"我想让学生了解南北战争的原因"。这同样存在问题:只是更详细地简述内容目标,没有清晰地表达学生应该从战争原因中学到什么。关于那些原因,你想要学生理解什么?它们为什么重要?

"啊,现在我懂了。我希望他们明白,有几个重要的相互关联的原因导致了南北战争,如:奴隶制的道德问题、对联邦政府职能的不同认识、区域经济差异和文化冲突等。"是的!这才是明确总结了专家见解的理解示例。

如示例所示,架构理解的一个实用方法就是将理解陈述为一个命题或格言。因为理解不是事实而是推论。你必须思考怎样的概括能让你(或教材的作者)从大量事实和推理中得出总体结论?

一个简单但被证明特别有用的提示是,让设计者填写句子:"学生们应该理解……"这样的措词确保了需要回答的句子的完整性,并防止设计者再度陷入只陈述话题(例如南北战争)或概念(例如友谊)的模式。(这就是为什么我们将这个提示放在设计模板的 U 区域中。)

将需要的理解以完整的命题方式呈现出来是必需的,但这样做还不够。当然,并不是所有的命题都包含持久的理解。"学生应该明白冰淇淋在美国人的生活中发挥了非常巨大的作用",这样的理解不可能需要进行为期三周的单元学习。而提出我们希望学生明白"历史上发生的奇怪事情",这样的理解也是不合适的。尽管这句话确实提出了一些有趣的探究可能性,但它对架构单元或课程设计是模糊且无意义的。然而,"学生们应该明白,历史上发生的巨大变化,更多的是出于偶然,而非人为设计。"这个语句是一个发人深省的命题,足够用来进行历史研究。

理解要变得有意义,那命题必须是持久的。对此,我们提出两种不同的内涵:

- 理解跨越了时间和文化得以长存,因为它已被证明是如此重要和有用。
- 理解在学生的心里应该是持久的,因为它将帮助学生理解内容,而且能够迁移重要观点。因此,在单元学习结束或测试完成的时候,学生所获得的理解也不会从记忆中消失。

怎样才能判断所提出的理解的价值呢?图表6.3中的问题过滤器是一个实用策略,它可以帮助我们将最初的提议架构为一种成熟的概括:

图表6.3 识别基本问题和理解——有提示的设计工具

利用下面的工具过滤主题或大概念,以识别可能的基本问题和预期理解。

主题和大概念:

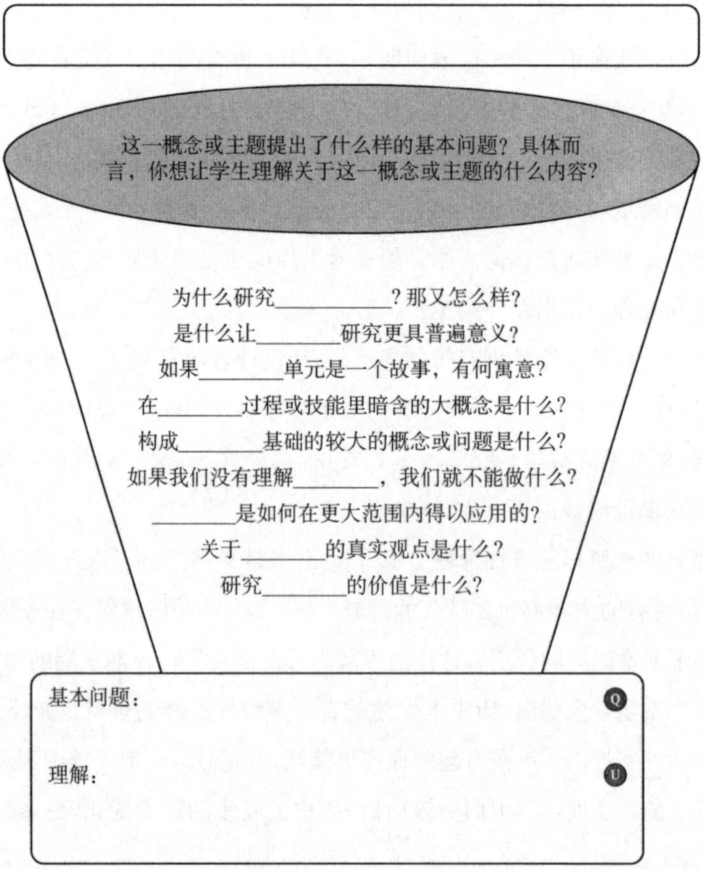

这一概念或主题提出了什么样的基本问题?具体而言,你想让学生理解关于这一概念或主题的什么内容?

为什么研究_____?那又怎么样?
是什么让_____研究更具普遍意义?
如果_____单元是一个故事,有何寓意?
在_____过程或技能里暗含的大概念是什么?
构成_____基础的较大的概念或问题是什么?
如果我们没有理解_____,我们就不能做什么?
_____是如何在更大范围内得以应用的?
关于_____的真实观点是什么?
研究_____的价值是什么?

基本问题: **Q**

理解: **U**

理解和发展的问题

到目前为止,我们已经提出了一个关于理解的简单概念。然而,有些读者一定已经认识到,事情不是这样的!事实上,我们面临着一个明显的悖论。对于一年级的学生或新手来说,在这个领域很多所谓的事实并不是显而易见的。不论是否考虑年轻学习者经验的缺乏或人类思想的发展历史,我们不得不面对一个发展的现实,即事实与理解之间的混淆不清。也就是说,随着时间的推移,最初的一个艰难的推理可以变成一个公认的"明显的"事实。因此,与基本问题一样,没有任何一种陈述本质上就是事实或理解。这取决于学习者是谁以及学习者已具备的先前经验。

作为设计者,我们的工作更具挑战性,因为很多我们所认为的事实,实际上是来之不易的理解内容。例如,地球的形状和运动。这些"事实"在被"理解"和认可之前,也曾备受争议。(顺便说一句,这些问题都需要通过一些相当复杂的过程去验证,例如:观察星星的视差,不同纬度的日出的同步定时。)而很多我们认定的事实从来没有得到过亲自验证。

虽然没有完全理解,但我们是将这些概念当成"既定事实"来接受的。更糟的是,对于很多我们要去"教"的大概念,我们自己就是这样"被教"的——把它们当作事实供以后回顾。

下面有一个测试,可说明理解与事实之间的区别有时会很微妙,也说明为什么先前经验很重要。下面几个陈述,哪些是事实,哪些是理解?

- 色彩产生情绪。
- 在非欧几里得几何中,没有相似图形,只有全等图形。
- 沟通是人与人之间意思的谈判协商。
- 相同的字母组合可以产生不同的音调、单词和意思。
- 翻译不是沟通。

其中的一些表述看似老生常谈,另一些似乎比较深奥或新颖。如果你是一个语文老师,你的答案可能与数学老师不同;如果你的学生是小孩,你的回答可能与那些教成人的老师不同。因此,我们必须要做的就是认真考虑学习者是谁,以及我们所说的事实或理解对他们来说是否真的也是如此。(这就是为什么前测和不间断的误解检查如此重要,我们将在后面的章节进行讨论。)

在第五章中我们提到,没有任何一个问题本来就是基本问题或非基本问题,这取决于它的意图。同样,经检验,没有任何一个句子可以被断章取义地称为是事实或理解,这取决于设计者的判断,即通过良好的设计和指导,看学习者是不是学了就能领悟,还是必须依靠主动积极的学习才能理解。表述中需要掌握的推论和"揭示"越多,需要避免的常见误解越多,就越可能是一种理解。我们越是认为学习者仅仅通过听、读或者接触就可以获得的,就越应该把它看作是一个事实,(如果它重要)可以将它放入 UbD 模板中的知识板块。

一旦我们选定了合适的理解,接下来就是要对抗教师根深蒂固的本能——教师总是将理解作为事实来教。事实上,仅仅以"灌输"(通过教师或教材)的方式说明理解,是"灌输"在负面意义上的主要错误:把复杂的推论视作能被简单吸收的词句,而不是将理解看作是一个需借助良好设计的学习活动来解决的问题。

在这方面,小学教师常常比其他年级教师更具优势。小学教师通常很清楚一点,即许多成年人"知道"的事情对孩子来说一点都不简单,也不易被孩子感知。优秀的小学教师明白教学需要不断地帮助学生们"发现"成人所了解的知识,而不仅仅是"传授"它们。而学生的年龄越大,他们的老师就越容易认为那些专家知识对于学生而言是不证自明的。有关学生误解的研究文献也揭示了这样一个问题。

在本书中,我们称这个问题为**专家盲点**,即不知道包含理解的关键课程必须要通过设计去推动,而不能通过讲授去传递。当专家盲点起作用时,我们忽视了对理解的认识。对我们来说显而易见的内容对一个新手来说并非如此——而我们原来也曾和新手一样,只是现在已经忘记了曾经的混沌和纠结。(包括皮亚杰和达克沃斯在内的研究人员记录了关于儿童的这一现象:儿童不仅忘记了他们曾经说过的话,而且实际上也否认自己曾经那么说过,即使面对录有自己声音的磁带。)[①]高中教师和大学教师很容易忘记一点,许多我们现在称为知识的事物,

---

① 见 Piaget(1973,1973/1977)。

曾经也是违反直觉的想法,要真正理解它们必须要加以探索、检验和整合。

用理解六侧面的语言来说,专家们经常发现虽然自己很努力,但难以"神入"新老师的感受。这就是为什么教学很难,特别对于兼具领域专家和教学新手身份的人而言,更是如此。积极地讲,教育工作者若想成功,必须不断站在学习者的角度,理解他们在学习上的纠结与困难。

在实践中,一个常见的专家盲点例子是假设新手需要学习专家使用的所有专业词汇——在缺乏给予词汇意义的任何经验的情况下:

> 二手知识……往往只是口头知识。口头传达信息是没有问题的,沟通当然要通过言语。但当沟通内容不能被归入学习者的已有经验时,它就变成了空话:这是缺乏意义的,这种方式唤起的只是机械反应……
>
> 学生仅仅学习符号而未理解其内涵。他获得的只是知识表层,而不能追踪所学知识与他熟悉的物体和操作之间的联系——他获得的常常只是一个特殊的词汇……(只是)知道定义、规则、公式等,就像知道机器部件名称而不知道它们的作用一样。(Dewey, 1916, pp. 187 – 188, 220, 223)

从专家的角度来说,行业术语和简化短语更容易促进有效的沟通,而这些对新手来说则是令人厌恶的阻碍理解的内容。追求理解的教学所面临的挑战是使用那些能够最大程度地帮助阐明由教师设计产生的经验和想法的词汇。

本书中的一个简单例子可以帮助说明这一点。如果我们在本章的开始只是定义理解,然后就转向设计的其他方面,你会明白何为理解吗?在提供标准之前,我们使用简单的概念,提出可预见的问题,思考理解的正反例,使话题渐渐转向理解的定义。提出标准之前不解释为什么需要这些标准以及它们有何意义,这可能会使许多读者感到困惑。你可能已经明白了理解的定义,但还不能够使用这个定义架构、评价理解。(你可能仍然不知道如何架构好的理解,这是另一个例子,说明为什么理解要通过"行为表现"来习得和体现。)

140 回顾勾股定理

在第二章我们讨论了学习勾股定理时常见的错误的知识迁移,现在让我们更深入地回顾这一大概念。在任何直角三角形中,"$A^2+B^2=C^2$"都是成立的。称这句话是理解,这意味着什么?为什么不称它是事实呢?称它为理解意味着我们应该"通过设计"做(和不做)什么?

尽管在学习几何前,上述含义并不明显,但这个定理仍有深刻的适用性(如在图表函数中计算距离和斜率,或以精确的比例作图)。然而,尽管该定理很常用,但它不是一个简单的事实,也不能被轻而易举地检验出来。实际上,如果你只是看直角三角形的绘图,它似乎一点也不正确;它是一个需要验证的表述。这个公式相当于在说:"如果你在三角形每条边上画正方形,两条较短边上的正方形面积之和总是等于最长边上的正方形的面积,不管直角三角形是什么形状。"这不是显而易见的,也不是它的实际用途!(如果定理是显而易见的,就不需要证明,它将是一个公理。)

在这种情况下,即使这个句子听起来很熟悉,但将该表述作为一个事实进行灌输、记忆以便以后回忆,无疑是毫无意义的。将非显而易见的大概念的理解当作事实来看待,使我们更有可能健忘、幻想和迟钝(正如在第二章中引用舒尔曼描述时所说的)。

即便对定理的意义一点儿都没有理解,人们还是可以将它当作事实陈述出来。只知道句中各个符号的含义,知道如何将句子转换成词语——并不等于理解了它。

那么,我们希望学生获得的理解是什么?为了获得理解需要克服哪些误解?下面是对许多相互联系的观点与隐含的事实作出的非典型解释,这些解释是获得理解和内涵所需要的,却很少在教材或课堂中使用。

- 这个定理适用于任何大小或形状的直角三角形。
- 事实上,这种陈述对所有可能的情况而言都是正确的。
- 因为我们可以在所有可能的情况下证明它,因而所有的三角形都是可能的;同时我们能够比较它们看似无法比较的形状和面积。

- 我们永远不要依靠图形图像来声明一个定理是正确的。事实上,当这种声明只在逻辑论证上正确时,图像通过画图检验使这种声明看似正确来误导我们。
- 换句话说,证明过程是演绎推理而不是归纳推理。结论是毫无疑问的或非常确定的:这一定理遵循公理、逻辑和先前的定理。

所有这些观点都不是显而易见的。我们只有试着证明,使我们信服于该结论是能够站得住脚的,是重要的,从而达到对"$A^2+B^2=C^2$"的理解。从这个意义上讲,皮亚杰认为理解就是创造:在某种意义上,学习者"揭示"证据用以证明。

理解作为目标

阶段1要求设计者确定一个或多个预期理解作为一个单元或一门课程的学习结果。再次提醒一下,阶段1是给设计者用的,而不是给学习者用的,这很重要。正如前面所写,如果将理解的表述直接呈现给学生,可能不易被理解。与对基本问题的处理一样,我们不应把对预期结果的思考(阶段1)与促成这些结果产生的学习计划(阶段3)相混淆。对于理解的陈述,其目的不是为了让学生去背诵,而是帮助我们自己(和同事)清晰地架构目标。我们可以将理解的"设计者"想象为"承包商",预期理解是学习计划的建设愿景,而不是完成设计的材料。实现愿景——达到预期理解——是设计的目的。学习者的最终理解将在阶段2以他们自己的言语、书面形式或通过不同表现得到最好的展示,在阶段3通过教学、体验活动、讨论和反思促成最终理解。

让我们看看下列在阶段1为单元设计提出的理解表述:

- 当分力以恰当的顺序和正确的时机作用在一个单一的方向上时,合力等于物体所受的每个分力之和。
- 当所有的力以恰当的时机同时作用于同一方向时,就会产生最大加速度和最大的力。
- 内力或肌肉收缩可以产生、抵抗和阻止力的作用。
- 内力的产生取决于所涉及的肌肉的数量、大小、牵张反射,收缩的距离和运动的速度。为了产生一个很大的力,整个身体都需要参与运动。
- 通过全方位运动的肌肉收缩将产生更大的力。
- 做出动作的最后姿势允许身体部分减速,导致更大的释放或冲击动量,从而增加产生最大力的可能性。

听起来像大学物理或生物工程,不是吗?但这些都是来自先前提到的体育课中的高尔夫单元的预期理解内容。不要求高尔夫球新手用相同的话重述这些说法,而是要求他们掌握这些可迁移理解内容的真谛,通过他们的动作以及在高尔夫课程、练球场和果岭的自我评估中体现理解。

我们要提醒读者的是,要避免一种常见的误解:认为在课程结束的时候,学生们必须达到理解目标;或者认为对于年轻的学习者或新手来说,学科的理解目标必须要简化。恰恰相反,对伟大思想的理解是值得我们一直追求的目标。

这是不是意味着你永远都不能将所陈述的理解转化成孩子们能够接受的语言呢?我们可没有这样说。事实上,在阶段3你就要制订计划以缩小专家和新手之间的理解差距。我们只是提醒表述不是重点,要想证明学生达到了理解目标,就不能只要求学生主要用言语来陈述理解内容。

对可预料误解的认知

学习者不是一张白纸。他们带着先前知识、已有经验以及潜在误解来学习。这种误解,与困惑或心不在焉不同,通常来自先前经验以及基于先前经验得出的貌似合理的推论。因此,开发理解力的一个挑战就是帮助学习者在思想上更加开放和严谨。为什么?因为误解会妨碍理解的获得,学习者必须认识并根除它们。要获得新的和改进的思维方式,就必须质疑,有时甚至要摒弃陈旧的"事实"和思维习惯、行为习惯。

因此,理解的获得更像是高尔夫球的一次新的挥杆或以自己的口音进行演讲。我们可能会惊讶地发现,许多更有能力、更成功的学生会抗拒新的理解,因为他们已经习惯于旧的理解。如果不设计任务积极寻找并根除最常规而又无益的思维方式,那么将难以通过教学改变学生先入为主的观念。

从操作层面上来讲,我们鼓励设计者针对所要传授的主题或技能,事先考虑可能存在或产生的误解。思考下面这些问题：学习者对这个话题持有什么样的错误信息？当针对某个主题进行教学时,尽管尽了最大的努力,但似乎总是出现的、有代表性的"瑕疵"是什么？

值得一提的是,识别潜在的误解有助于更好地认识我们自己的理解,鉴别不可避免的理解障碍。例如,关于游泳可能存在的误解（有时是父母灌输的思想）是：你应该让双手成"杯子"的形状,然后"抓"水。尽管这可能是直觉反应,但它违背了物理运动的一个基本原理,即我们可以通过增加与水接触的表面积来产生更大的力。因此,我们希望游泳初学者明白,当在水中摆臂的时候,他们手的形状应该是平的而不是杯形。

要认识到可能不只有一种理解

倡导持久性理解可能会使一些读者怀疑：这是否与呼吁开放性基本问题和反思的必要性不一致。"如果所预期的理解没有正式的、唯一的、公认的理解时,又会怎么样呢？"

其实,这就是你希望留给学生处理的理解内容。你甚至可以具体说明某个主题尚缺乏最终理解,例如,"对于南北战争的主要起因,历史学家各持己见,有些历史学家聚焦于罪恶的奴隶制,而其他人则关注州权的问题"。在格兰特（Grant,1979）的教学中,在精读教学或讨论伟大文学作品时,他很喜欢使用下面的格言促进理解：

> 至于这篇课文到底讲了什么,没有正确答案。但这并不意味着所有答案都不分伯仲。可能没有正确答案,但一些答案却比其他答案更好,而你面对的一个主要挑战,就是弄清楚这意味着什么以及为什么会这样。

如果一门追求理解的课程,其目的是帮助学习者意识到学习是一个无止境追求理解的过程,而不是搜索"官方"宣布的"最终事实",那么设计思维就必须发生重要转变。

理解的不可靠性和多元化

想一想,当我们说"好吧,我的理解是……"时,我们是什么意思?我们认为,这个短句的美妙之处在于它恰当地暗示了直觉和不可靠性。每一种理解总是来自某一个人,普通人甚至是专家都容易犯错,他们都在使用并不完备的知识。这是你或她(他)的理解,但它从不是现代民主世界中的理解。在21世纪,理解确实可以不同,在所有领域都是如此。事实上,基于新论点和证据,大学被定义为:一个具有多元观点的"小世界",在这里,我们可以赞成也可以反对,我们可以自由决定和改变主意。因为理解是一个基于本来就有限的证据的推论,对每一个重要问题,我们每个人都可能会得出不同的结论。

这种观念会困扰一些人也是可以理解的。他们会像老牌电视节目《法网恢恢》里的星期五警长那样说——"夫人,我只要事实。"事实上,关于诸如进化论和哈利·波特等话题的无休止争论是一种怀旧情结——试图回到那个神秘的真理时代,将已知的那些关于"相对论"和"政治立场正确"的无力内容都清洗掉。对此,我们要说,现代世界从来都不是这样的。所有的专家发言仍然只是人类对某件事物的理解,是通过真实的人获得的一个深思熟虑的结论。任何一个理论都不是事实,而是一种理解,包括牛顿、上一代饮食学家和当前最高法院的理论在内。想想在我们的一生中,仅在高难科学领域就出现了多少新旧理解的更替:黑洞、弦理论、不规则碎片形、模糊逻辑、几十个新的亚原子粒子、暗物质、疾病的遗传基础。或者我们想想更普通的理解内容,溃疡是由压力引起的吗?不,是由细菌引起的。美国农业部食物金字塔?哪个版本?地中海的饮食如何?

通过建立内容标准以明确有价值的知识和技能,从而使教育合理化,这种努力非常崇高。但是,不应将内容标准理解为一套官方发布的永久不变的"理解"。这种观点是反智慧的,注定要在各行各业充满自由思想家的民主世界里失败。我们不希望所期望的理解遭受可怕的法西斯式的冷漠反馈与固守。

不管我们是教师个体、一个学校或地区的委员会还是州级标准制定组——每个人都能做到的最好事情就是想想我们做学生时是如何开展研究的。我们面临的挑战是,基于对可用资源和目标的考虑形成合理的理解。我们仔细地考虑这件事，注意聆听专家的见解，最后形成自己的理解，而且还要将自己的理解说出来让他人点评——例如，学位论文和答辩。然后，我们持有自己的观点，并始终保持一种开放的、反思的状态，当找到新的令人信服的论点和证据时，我们随时准备着改变我们的想法。

是的，最好的理解要经受考验。而且我们要做的就是与学生分享专家的理解和已经被理解的东西，以及作为老师的我们已理解的东西。但培养学生的智力发展也是我们的职责。在获得、验证以及批判理解的过程中我们必须让学生有所实践。这就是现代学科中理解运作的过程——经过测试巩固或推翻现有理解。因此，我们帮助学习者在一个充满专业知识的世界里生存。在这样一个将自由思考作为与生俱来的权利的时代和世界里，专家也会争论、改变他们的想法。

鲍勃·詹姆斯的逆向设计实践

根据本章讨论的概念，我们赫赫有名的老师鲍勃·詹姆斯重新思考了他关于实现"理解"的最初方法。（请将这里提及的想法与第一章最后提到的他的最初想法作对比。）

我想我一直在混用"知道"和"理解"这两个词。但既然我现在意识到了这一点，我就想到很多时候孩子们能正确回答测试中的知识类问题，但他们那时候并没有真正理解材料。我也明白拥有很多知识并不意味着能运用它们。我还记得去年我的两个好学生在营养单元的所有测验和考试中都拿了A，但他们无法分析自己家的饮食计划和食物购买是否得当，也提不出更具营养的方案。我还注意到，他们午餐吃的大多是垃圾食品。所以我认为知道、知道如何做和理解三者之间是有区别的。

更重要的是，我开始意识到原来的单元理解目标并不充分。我仅仅关注一个方面——良好的营养，认为州标准充分解释了我追寻的目标。但是营养单元的内容标准没有明确学生应该获得的详细的理解内容，仅仅指出学生应该理解优质营养的元素。所以我需要使理解目标更具体一些：他们应该从本单元中理解、摒弃关于营养的什么理念？由于参加了UbD练习，我现在更加清楚如何用具体命题架构单元目标。现在我将集中于三个主要理解：(1)均衡饮食有助于身心健康；(2)美国农业部食物金字塔提供了相关的营养指南；(3)每个人的饮食需求因年龄、活动水平、体重和整体健康状况的不同而不同。

这项工作是困难的，但我已经看到了清晰的目标所带来的好处，具体地说，我已经知道了学生需要理解的内容。它将使我更容易完成产生这些理解所需要的评估和课程设计。

总结

下面四个主要规则可以帮助设计者对所提出的理解进行设计、选择和编辑：

1. 将预期理解放在首位。一个单元应该聚焦于与所提出理解有关的少量的可迁移的大概念，否则本单元就真的没有重点了。

2. 预期理解最好以命题形式"学生将理解……"进行陈述。[①]

3. 虽然属于通用或抽象的概念，但预期理解必须以清楚、明确的方式进行陈述，就像具体而深刻的概括一样。

4. 理解有两种类型：主题性理解和综合性理解。主题性理解针对具体的单元，而综合性理解则更广泛，并提供了与其他单元和课程建立联系的可能性。

[①] 即使当我们认为将教学目标定位为要求学生"理解如何……"时，用"学生将理解"来陈述也是对的。哪怕关注主要过程和表现时，我们仍然希望学生对所学知识有特别的领悟，从而提升他们的表现。参见 Erickson(1998)，p. 83。与 Erickson(2001)第二章"基于概念的课程体系"进行比较。

第七章　像评估员一样思考

我们通过灵活的表现来确认理解……当人们能够灵活地思考和运用所学知识时,理解就显现出来了。相反,当学习者通过死记硬背进行学习,不能跳出常规的思维模式和行动准则时,则表示缺乏理解……理解意味着对知识的灵活应用。

——戴维·珀金斯,《什么是理解》("What Is Understanding?"),载于玛莎·斯通·威斯克主编的《为理解而教》,1998,p. 42

最重要的教育方法……总是包括这一方面,即鼓励学生去实际行动。

——阿尔伯特·爱因斯坦(Albert Einstein),《观点和想法》(Ideas and Opinions),1954/1982,p. 60

阶段1中我们阐述了如何设定预期结果,现在我们进入到逆向设计的阶段2。在这一阶段,我们要不断地像评估员那样提出以下问题,借此来思考所做设计中包含的评估启示。

- 有什么证据能表明学生已经达到了预期结果(阶段1)?
- 什么样的评估任务或证据能够抛锚于单元中,从而指导我们的教学?
- 为了确定学生的理解程度,我们需要获得什么样的证据?

图表7.1列出了逆向设计的三个阶段及其应用的注意事项和设计标准。阶段2总结了想要从评估中收集证据时应考虑的元素。

逆向设计过程在这个阶段与传统设计更显不同。我们不是在目标设计好后直接考虑教学,而是先寻求能够被看作是成功学习的证据。在设计活动之前,我们首先应该考虑的是:针对阶段1的预期结果,相应的评估是什么?具体来说,什么可以被看作是所寻求理解的证据?

图表 7.1 UbD 矩阵：聚焦阶段 2

关键的设计问题	书中章节	设计注意事项	判断依据（设计指标）	最终设计结果
阶段 1 ● 有价值的、恰当的结果是什么？ ● 关键的预期学习是什么，及能够做什么？ ● 什么样的大概念能包含所有这些目标？	● 第三章——明确目标 ● 第四章——理解六侧面 ● 第五章——基本问题：通向理解之门 ● 第六章——架构理解	● 国家标准 ● 州立标准 ● 地方标准 ● 区域主题环境 ● 教师经验和兴趣	● 关注大概念和核心挑战	● 与清晰目标相和标准相关的，围绕持久理解和基本问题的单元架构。
阶段 2 ● 预期结果的证据是什么？ ● 尤其是，什么是预期理解的恰当证据？	● 第七章——像评估员一样思考 ● 第八章——指标和有效性	● 理解六侧面 ● 评估类型集合	● 有效 ● 可靠 ● 充分	● 为达到预期结果而锚定在单元中的，可靠且有用的证据。
阶段 3 ● 什么样的学习活动和教学能促进理解，增进知识和技能，激发学习兴趣和发挥长处？	● 第九章——设计学习 ● 第十章——为理解而教	● 基于研究的学与教的策略 ● 恰当且使能的知识和技能	● 参与性和有效性，使用WHERETO的元素： ● W：将要达到什么目的 ● H：把握学生情况 ● E：探究和装备 ● R：反思和修改 ● E：展示和评价 ● T：根据格量体裁衣 ● O：组织教学以发挥最大的参与性和有效性	● 呈现一致性的学习活动和教学、能够唤起和产生预期的理解、知识和技能，激发学习兴趣，使优秀的表现性行为成为可能。

本章和下一章主要是站在评估员而不是老师的角度进行思考。图表7.2回顾了逆向设计的逻辑顺序。图表中第一列和第二列的文本表明站在评估员角度进行思考意味着什么。

正如逆向设计的逻辑所提醒的，我们有义务思考结果所暗含的评估依据，而不是首先将评估看作是评定成绩的一种手段。在目标层面，什么样的表现表明学生已经达到了要求？在基本问题层面，什么样的证据能表明学习者已经深入思考了这些基本问题？在理解层面，什么证据能表明学习者"弄懂了"？我们要求教师在设计评估时像法官那样进行思考，像陪审团看被告一样看待学生的理解和技能，即在没有充足证据证明被告有罪之前他们都是清白的。在一个基于标准来判定能力的世界中，这样的方法是至关重要的。

下面的真实故事展示了因没有仔细考虑所需证据而引发的问题。

- 一位幼儿园老师让每个学生在开学的第一百天带来一张贴有100张便条的海报。当这位老师被要求说明这样评估的道理时，她说她参考的是州标准中数量和位值的"概念"。可是，学生只是将100张便条贴在海报上而不需要使用或解释行、列或图案，所以我们所拥有的证据只是表明学习者能数到100。这与州标准中所期望的通过联系十进制系统和位值将"百"作为一个概念来理解是不同的。而且，因为学生在家里准备海报，所以没有足够的证据表明，学生是在没有父母帮助下独立完成任务的。

- 一位教七年级自然科学课的老师为了激发学生的活力和想象力，告诉同学们他们必须要吃掉他们下一个科学实验的产品（花生糖）。其实，考虑此次实验允许的时间，这种非常吸引人的做法并不总是最有成效或最合适的。在这个案例中，学生们在长达一周时间里所做的花生脆化实验几乎无助于他们理解大概念和发展持久理解。

- 一位大学历史教授准备了一份由100道多选题和简答题组成的期末试卷。而教学大纲中的一个很重要的教学目标是让学生使用第一手资料来"了解"历史。

只从单课的角度讲，所有这些评估方法或许都有可取之处，但是每一种评估方法都需要与课程目标更好地匹配。通常来讲，一个严谨的逆向设计应该在目标（尤其是需要理解的关键概念）和它们隐含的评估之间建立关联。以上这类案例并不少见。实际上，通过最近十年的观察，我们发现很少有教育者对有效性有一个正确的理解，并且在他们的评论和设计工作中普遍反映出对评估的一些比较隐蔽的误解。

149

图表 7.2 逆向设计的逻辑

阶段 1	⇨	阶段 2
如果预期结果是让学生……		那么你需要学生有证据表明他们能……
符合标准 标准6——学生理解有关营养和饮食的基本概念。 6a——学生运用对营养的理解来为自己或他人安排合理饮食。 6c——学生理解他们自己的饮食方式,以及改善饮食方式的方法。 **理解……** ● 均衡的饮食有益于身心健康。 ● 美国农业部食物金字塔为提供相关的营养指南。 ● 个人饮食需求根据个体的年龄、活动量、体重和整体健康状况的不同而不同。 ● 健康的生活需要个体根据可用的全面营养信息来采取行动,即使这意味着要打破舒适的习惯。 **仔细思考这些问题……** ● 什么是健康饮食吗? ● 对一个人来说是健康的饮食,为什么对另一个人却不是健康的?你是如何知道的? ● 尽管有很多可用的信息,为什么在美国还有这么多由营养不良引发的健康问题? **知道并能够……** ● 使用关键术语——蛋白质、脂肪、卡路里、碳水化合物、胆固醇。 ● 确定每个食物种类中的食物类型及其营养价值。 ● 熟悉美国农业部食物金字塔指南。 ● 讨论影响营养需求的变量。 ● 确定由营养不良引起的具体的健康问题。	**G** **U** **Q** **K S**	● 在不同的情境下为不同的人设计饮食计划。 ● 揭示一种理解:美国农业部食物金字塔指南不是绝对的,它仅仅是指南,并且还有其他背景变量。 ● 仔细注意和分析他人及自己的饮食习惯,并推测为什么人按这种方式进行饮食。 **因此,需要特定的任务或测试,如……** ● 为不同的人群规划饮食。 ● 对他人制作的过于严格或宽松的饮食计划给出反馈。 ● 对人们的实际饮食情况及原因作一项全面的调查。 **T** ● 小测验:关于食物分类和美国农业部食物金字塔指南的测验。 ● 简答:描述一些由于营养不良而引起的健康问题,阐述如何避免这些问题,反思自己和他人的健康饮食习惯。**OE**

特别是对理解的关注点，许多教师往往通过测试关注学生掌握知识和技能的准确性，而不是关注展示学生**迁移**能力的证据（这些证据应能表明学生如何基于大概念有效地应用所学知识和技能）。我们先前讨论的理解六侧面和所需的迁移能力，正是提醒设计者通过表现性评估获得理解证据的重要性。当然，预期结果的丰富性和复杂性也需要所搜集的证据具有多样性。

三个基础性问题

站在评估员的角度进行思考需要回答几个基础性问题。第一个问题是我们**需要什么类型的证据**证明学生达到了教学目标和理解？在设计特定的测试或任务之前，要好好思考一下所需表现性评估的一般类型。例如，不管内容如何，通常可以通过比较、对照和总结关键概念的练习来呈现理解。在规划出总体评估方法后，我们才开始完善评估项目。

第二个问题是假定已经开发了一些特定的、与需求相关的任务，那么，**在学生的反应、作品或行为中，哪些具体特征可以用来判断他们达到了哪些预期效果**？这就是指标、量规和范例发挥作用的地方。

第三个问题与检测评估的信度和效度有关：**我们所计划的证据能使我们推断出学生的知识、技能和理解吗**？换句话说，证据（阶段2）与目标（阶段1）的匹配度如何，结果足够明确吗？一旦评估方案形成，很少有老师有检测教学设计的习惯，但这些自我检测却是体现教学公平和获得更好教学效果的关键。

在本章，我们阐述了这三个方面中的第一个方面：概括来讲，就是思考评估不同学习目标和具体理解所需的证据类型。在下一章中，我们将阐述其他两个与指标、信度和效度有关的问题。

一个非自然的过程

在设计教学之前像评估员一样进行思考的习惯并不是与生俱来的，并且对许多老师来说是困难的。一旦目标确定，我们更习惯像一个活动设计者或一位教师那样去思考，很容易无意识地进入到阶段3（设计教学、活动和作业），而没有首先考虑我们需要学生有什么样的表现和作品。

逆向设计要求我们克服这种自然的习惯。否则我们的设计可能没有聚焦预期结果或缺少与预期结果的联系，更多地依靠"运气"产生结果，提升学生能力。事实上，UbD模板和逆向设计过程的主要价值就是为改变忽视评估完整性的思维习惯提供工具和方法。图表7.3总结了站在评估员的角度进行思考与站在活动设计者角度进行思考两种途径的不同之处。

图表7.3　两种思考评估的途径

当站在评估员角度 进行思考时，我们会问——	当站在活动设计者角度 进行思考时，我们会问——
● 什么是揭示理解的充分**证据**？	● 在这个主题下，什么样的活动才是有趣的和吸引人的？
● 根据既定目标，单元中必须设置什么样的表现性任务，以聚焦于教学过程？	● 关于这个主题，学生希望做什么样的项目？
● 阶段1的预期目标需要哪些不同类型的证据？	● 基于所教的内容，我应该进行什么样的测试？
● 应按照什么指标恰当地考察学生的工作并评估其质量等级？	● 我怎样给学生一个成绩（并向他们的父母证明这个成绩）？
● 我们所做的评估是否显示和区分出了真正理解和看似理解的学生？我清楚学生犯错的背后原因吗？	● 活动开展得怎么样？ ● 学生考试考得怎么样？

第一列问题来自预期结果，并可能使最终的活动和教学策略指向最恰当的评估。第二列问题尽管从教学和活动设计的角度来看是合乎情理的，但更可能产生不恰当的评估。实际上，当只站在活动设计者的角度进行思考时，我们很可能得到的是类似在绪论中"苹果"单元案例的教学结果。尽管一些学生可能会获得重要的理解并符合一定的标准，但他们**可能**只是凭运气和偶然因素，而非通过精心的设计获得这些理解的。（参见第八章中关于效度的更多思考。）

在对评估与内容标准相匹配已有正式要求的今天，更要关注具体评估的质量。如果我们不能频繁而细致地应用逆向设计，就无法在具体评估中提供展示教与学效果的相应反馈。依据设计标准更注重自我评估和同行评议，将极大改善学校中的评估实践。

从"快照"到"剪贴簿"

有效的评估不是一张快照,更像是收集了纪念品和图片的剪贴簿。有效的评估者不会仅在教学结束时一考了之,而会在教学过程中使用各种方法和形式收集大量证据。那么,当我们计划要收集关于"理解"的证据时,请考虑图表7.4中的各种评估方法。

图表 7.4　评估连续统

这个评估连续统包括对理解的检查(如口头提问、观察、对话),传统随堂测验、测试,开放式问答题以及表现性任务与项目。它们在规模(从简单到复杂)、时间范围(从短期到长期)、情境(从非真实到真实)以及框架(从高度结构化到非结构化)等方面各不相同。由于理解是随着探究和反思的进行逐渐形成的,对理解的评估应该是随着时间的推移而形成的"证据集",而不是单个"事件"(如常见的教学结束前的随堂测验)。

假如我们要关注理解,我们会把表现性任务或项目抛锚在单元或课程中,因为它们能提供证据表明学生是如何结合实际情况运用知识的。我们关于理解的理论认为在具体情境中的应用是激发和评估持久理解的恰当手段。更多传统评估(随堂测验、测试、问答题、习题集)可用来评定学生的基本知识和技能,这些知识和技能对学生们的最终表现有帮助。图表7.5对不同类型的证据作了总结。

图表 7.5　证据类型

表现性任务
　　通过复杂的挑战反映出成人面临的问题和困难。从短期任务到长期任务或多级项目,它们包括一个或多个实体产品和具体表现。它们在以下几方面不同于问答题:
● 涉及真实或拟真的情境,以及成人在类似情境下可能遇到的限制条件、"干扰声音"、激励和机遇(也就是说,它们是真实的)。
● 通常要求学生扮演一个身份确定的角色(真实的或模拟的)。

- 基于与服务对象相关的具体目的。
- 让学生有更多的机会将此任务个性化。
- 不保密,预先知道任务、评价指标和绩效标准,并用这些内容来指导学生学习。

问答题   OE

　　要求学生进行批判性思考的开放式问题,而不只是回忆知识或准备一个特定的答案、作品或表现。它们具有以下特点:
- 在学校和考试环境下运用,要求对特定的问题给予建构反馈。
- 是开放的,没有解决问题的唯一答案或最好策略。
- 通常是劣构的,需要思考策略。
- 涉及分析、综合、评价。
- 通常需要对所给出的答案和使用的方法给出解释或辩护。
- 需要根据指标和绩效标准,人为判断给分。
- 可能保密也可能不保密。
- 涉及的问题通常只针对在校学生。

随堂测验和考试   OE

　　有熟悉的评价格式,包括简单的、聚焦内容的题目:
- 是对事实性信息、概念和零散技能的评估。
- 使用有选项的问答题(如多选题、判断题和连线题)或者简答题。
- 是趋同的,通常有唯一正确答案。
- 可使用应答键或机器轻松评分。
- 通常是保密的(即学生们之前不知道题目)。

对理解的非正式检查   OE

　　伴随性评估是教学过程的一部分,包括教师提问、观察、检查作业和发声思维等。这些评估为教师和学生提供反馈。它们通常无需打分或评定等级。

真实表现——必要而非虚饰

　　理解在学生表现中得以揭示。当学生们将核心概念、知识和技能应用于各种情境下的挑战性任务时,就显示了他们的理解。因此,对理解的评估必须建立在基于表现的真实任务上。真实的任务是指什么呢?

　　当具有以下一些特点时,我们就说任务、难题或者项目是真实的。

154
- **具有与真实世界相联系的情境。**把任务设置在一个复制或模拟人们在现实世界中检验知识与能力的情境中。
- **需要自主判断和创造性。**学生必须理智和高效地应用知识和技能来应对挑战或解决相对非结构化的难题。现实挑战要求学习者理解问题的本质,而不是根据某些特定的提示或线索来测试毫无关联的知识点。什么样的知识和技能可以在这里被挖掘出来呢?我应该如何解决呢?即使当目标很明确时,学生也必须制订计划和过程来解决难题和回答问题。

- **让学生探索主题。**学生必须在科学、历史或任何其他学科中开展探究和实践工作,而不是通过背诵或复述来证明自己学到的或已经知道的内容。学生的工作是模仿该领域中人们所做的工作,或与之类似。

- **呈现关键的、具有挑战性的情境,能够获得与成人在真实工作与生活中一样的真正的"测试"。**真实的挑战包括充满"混乱"的具体情况和有意义的目标:重要的制约因素、"干扰声音"、目的和工作对象。相比之下,几乎所有的学校测试都没有这种情境设置(即使当一个问答题试图呈现某种目的性及受众时)。与学校不同,在真实世界中,关于目标和成功的指标几乎没有任何秘密可言。而且,向"考官"或老板提问对表现者而言是有利的,从同事那里得到的持续性反馈通常也是有用的。学生需要像那些在工作场所或其他现实生活中的人们一样体验执行任务的过程,这项工作往往是复杂和难以应对的。

- **评估学生高效且有效地利用全部知识和技能来协作完成复杂的、多阶段任务的能力。**最传统的测试项目包括孤立的知识点或者表现元素,类似于体育运动中的场外训练,这不同于运动所需的对知识、技能和反馈的综合运用。虽然训练和测试有时是恰当的,但是利用学生表现进行评估的效果往往超过所有单项训练的总和。

- **允许有适当的机会来复述、练习、查阅资料并得到反馈,从而改善学生的表现和作品。**虽然对问题进行保密以及不为学生提供任何材料的"保密"测试会起到一定的作用,但是如果我们想更加关注学生的学习和提高其表现行为,这种类型的测试必须与更透明的评估方式同时存在。正如业界已经证实的学徒制模式一样,当执行——反馈——修改——执行这一循环指导生产出符合公共标准的高品质知名产品时,学习才能实现最大化。如果我们想让学生通过在情境中应用信息、技能和相关资源来证明自己的理解,就没有"神秘"测试的必要了。

155 在测试中要求较高的真实性,这在研究与实践中并不是全新的观点。布鲁姆和他的同事在 40 年前对"应用"和"综合"的阐述就表明了这类评估的重要性:"在发散性思维中,解决难题的办法是不可能提前预设的。"(Bloom, Madaus, & Hastings, 1981, p. 265)

基于真实工作的评估要求学生(和老师)在以下两个方面达成重要共识:第一,要学习成人在学校之外的更大环境中是如何**真正**运用(或不用)他们在学校中学到的知识和技能的;第二,要知道离散的课堂是如何变得有意义的,即它们如何引导学生获得更高质量的表现或熟练完成更重要的任务。正如篮球运动员要忍受没完没了的罚球投篮训练,吹笛手要忍受单调的音阶弹奏一样——这两者都怀着达到真实成就的梦想——学生也需要体会到为了获得更好的表现,努力训练和测试是值得的。

围绕问题而不只是围绕练习进行设计

设计者发现经常思考篮球运动员和吹笛手这两个案例中的隐含问题有助于使他们的评估更有针对性。测试是否意味着脱离情境的简化训练? 或者,在一个充满真实的事件、需求、限制和机会的问题情境中,评估是否要求学生理智地运用知识和技能来真实"表现"? 为了获得证据表明学生已真正理解,我们要在真实的表现过程中引导学习者作出判断,而不只是看着他们在线索的引导下仅凭回忆和填空就能轻松作答。

换句话说,在真实评估中我们必须确保为学习者呈现一个真正的问题。一百年前杜威的话可以帮助我们恰当地分辨出真实的问题:

在引导(或揭示)学习所设置的情境(或体验)中,有很多问题可以问。而要判断哪些问题最有意义,就要看问题的质量……区分真问题和假问题是非常必要的。下列问句将有助于作出区分……

在一些情境和个人体验中,这个问题会自然出现吗? 或者它根本不可能……? 这个问题会不会促使学生去观察或参与到校外体验中? 或者,为学生提出问题的原因只是,只有学生解决了它,才能获得要求的分数、得到

提升或赢得老师的表扬？（1916，p.155）

我们可以在所有绩效领域找到杜威区分法的变体，通过这种方法，可将绩效问题与练习区分开。练习是脱离情境的直接执行过程；而问题是表现的内在需求，需要考虑情境中的测试者所面临的诸多选择与挑战。篮球训练中的单手上篮是练习：运动员分成两队，一队负责传球，一队负责投篮，他们交替着自由投篮。然而，在比赛中使用该技能时，还需要投篮者突破对手的防御。

类似的情况在科学学科中也会发生。典型的科学实验室呈现的是一种练习而不是问题情境，它有正确的路径和标准的答案，但真实情境所应有的问题和挑战都不存在，而这些恰恰是达到真正理解所必须的。要反映真正的问题解决，就需要设计和调试一个行之有效、考虑成本的实验，使它能够呈现令人费解的现象。所有需要动手完成的学科都包含问题解决，所以我们对理解的评估必须基于真实的问题，而不只是在孤立状态下通过零散的事实和技能进行练习。

数学和历史学科可能是最需要区分真假问题的学科领域。在 K-12 教育中，几乎每一次数学和历史测试都是一套练习题，而不涉及探讨问题：只需要学生根据提示对需要的答案进行正确的挪移。无论所测试的内容是关乎分数相加还是民权时代，学习者总是参加一成不变的、有标准答案的、没有任何歧义的测试练习。而与数学或历史相关的真实问题必须像准备篮球比赛一样——仅是没有障碍的投篮训练或向队员灌输投篮方法是不够的。真正的问题

■ **误解警报！**

在阶段 2 中，我们的目标是找到合适的证据而不是有趣的项目或任务。尽管我们也想让评估有趣，能够激发思考（这样就可以看到学生最充分的参与和表现），但这不是阶段 2 的主要观点。许多项目是有趣的和有教育意义的，但是它们可能没有提供足够的阶段 1 所寻求的理解证据——特别是如果这项工作涉及合作以及对方法、内容和展示方式进行自由选择时更是如此。同复杂的表现性任务相比，许多练习并不具有吸引力，但是有时它们能提供一个关于特定理解或技能的更为确凿的证据。我们必须确保项目是从需要的证据开始进行逆向设计的，而不是首先考虑学习者的兴趣。谨防将有趣的表现性任务和有效的证据相混淆。这一点会在第八章中进行更详细的介绍。

解决需要判断何时使用何种方法。利用分数和小数能否更好地解决这个问题？作为一个宗教或世俗的运动,民权时代是否被充分理解了？

在数学和历史学科中,只通过练习题构建评估机制(正如我们经常做的一样)忽略了这些学科中的真实表现的精髓。正如前面讨论的,真实的表现总是包含迁移,即根据特定的挑战灵活运用知识和技能。它需要弄清楚和了解具体情境的需求,这与只是面对高度结构化的、有正确答案的练习所作出的反应大不相同。迁移能力是理解的表现：在没有教师提示和线索的情况下,测试者必须独立思考需要**哪些**知识和技能来解决实际问题。

图表7.6有助于我们弄清问题和练习题之间的不同。需注意,练习是必要的,但在发展学生的能力表现时是不够的,练习不总是表现能力的可靠指标。

图表7.6 问题与练习题

	问题	练习题
任务制定	问题陈述清楚,但是很少提供如何最好地架构和解决问题的线索或提示。	任务要么很简单,要么通过一系列关键线索或提示变得简单。
方法	可能有不同的解决方法。先要弄清楚这是一个什么样的问题,是不是解决挑战的关键。也就是说,需要通过策略去判断问题。逻辑方法与反复试错也是需要的。	有一个最好的方法(尽管没有明示),这个方法隐含在练习题的制定过程中。学习者的识别能力和使用"正确的"策略是练习的关键目标。
情境	有真实的干扰和复杂性,通常包括因对象、目的、评判指标不同而偶尔出现的不同比较变量。	经过简化以确保唯一变量是目标技能或知识。(类似于运动中的投篮练习或者音乐中的指法练习。)
解决方案	目标是合适的解决方案,它会考虑各种需求、可能的比较变量以及成本/收益。可能有一个正确的答案,但它要遵循合理的推理,有获得支持的论点和方法。	目标是正确的答案。通过设计,确保练习题有正确的答案。尽管挑战可能比较难,但可以通过回忆和连接先前知识(几乎未加改变)找到事先确定好的标准答案。
成功证据	焦点从答案转向方法和解决方案的合理性。	答案的准确性和"正确"方法的选择。

使用 GRASPS 架构表现性任务

真正的表现性任务因其独有的特点有别于其他类型的评估。通常，表现性任务呈现给学生一个问题：设定一个具有挑战性和可能性的真实世界目标。学生为一个确定的对象（真实的或模拟的）开发具体的产品或做出相应的表现。而且，应该提前告知学生评估指标和表现标准。

由于 GRASPS 这些元素描述了真实评估的特征，所以我们可以在任务设计过程中应用它们。我们使用这个缩写词创造了一个协助创建表现性任务的设计工具。每一个字母对应一个任务元素——目标（Goal）、角色（Role）、对象（Audience）、情境（Situation）、表现或产品（Performance/Product）和标准（Standards）。图表 7.7 为每个要素给出了相应提示，用以帮助设计和构建表现性任务。通常，教师可使用 GRASPS 工具来修改现有评估或吸引人的学生活动。

下面给出的是一个在科学学科中使用 GRASPS 构建表现性任务的例子，用于评估学生对多变量实验设计的理解：

- **目标和角色**(G&R)：作为一个消费者研究小组的科学家，你的任务是设计一个实验，用以确定四个品牌的洗涤剂中哪一个能最有效地去除棉质衣物上的三种不同类型的污渍。
- **对象**(A)：你所要服务的对象是《消费者研究》杂志的检测部门。
- **情境**(S)：你面临两大挑战：(1)设计实验，使关键变量被隔离出来以供检测；(2)清楚地呈现实验流程，使检测人员能据此进行实验，以确定针对各种类型的污渍哪种洗涤剂最有效。
- **产品**(P)：你需要按照给定的格式撰写一份书面实验说明，依次说明实验步骤，还要包括实验大纲和图表。
- **标准**(S)：你的实验设计需要准确并完整地遵循最佳设计的指标；恰当隔离关键变量；一份清晰准确的关于实验流程的书面说明（也可以是能够协助教师教学的实验大纲或图表）；所设计的实验能够使检测人员测试出哪种洗涤剂对哪种类型的污渍最有效。

并不是每一个表现性评估都需要按照 GRASPS 来设定。但是，我们建议在主要的单元或课程中评估理解时，至少应有一个核心的表现性任务是按照这个模式进行设定的。许多老师已经意识到，按照这种方法制定的任务为学生提供了清晰的绩效目标，同时也提供了在脱离情境的测试题或问答题中难以发现的现实生活意义。

图表 7.7　GRASPS 任务设计提示

目标
- 你的任务是＿＿＿＿＿＿＿＿＿＿＿＿＿＿＿＿＿＿＿＿＿＿＿＿＿＿＿＿。
- 目标是＿＿＿＿＿＿＿＿＿＿＿＿＿＿＿＿＿＿＿＿＿＿＿＿＿＿＿＿＿＿。
- 困难和挑战是＿＿＿＿＿＿＿＿＿＿＿＿＿＿＿＿＿＿＿＿＿＿＿＿＿＿。
- 需要克服的障碍是＿＿＿＿＿＿＿＿＿＿＿＿＿＿＿＿＿＿＿＿＿＿＿＿。

角色
- 你是＿＿＿＿＿＿＿＿＿＿＿＿＿＿＿＿＿＿＿＿＿＿＿＿＿＿＿＿＿＿＿。
- 你被要求去＿＿＿＿＿＿＿＿＿＿＿＿＿＿＿＿＿＿＿＿＿＿＿＿＿＿＿＿。
- 你的工作是＿＿＿＿＿＿＿＿＿＿＿＿＿＿＿＿＿＿＿＿＿＿＿＿＿＿＿。

对象
- 你的客户是＿＿＿＿＿＿＿＿＿＿＿＿＿＿＿＿＿＿＿＿＿＿＿＿＿＿＿。
- 要服务的对象是＿＿＿＿＿＿＿＿＿＿＿＿＿＿＿＿＿＿＿＿＿＿＿＿＿。
- 你需要说服＿＿＿＿＿＿＿＿＿＿＿＿＿＿＿＿＿＿＿＿＿＿＿＿＿＿＿。

情境
- 你发现你所处的情境是＿＿＿＿＿＿＿＿＿＿＿＿＿＿＿＿＿＿＿＿＿＿。
- 挑战包括处理＿＿＿＿＿＿＿＿＿＿＿＿＿＿＿＿＿＿＿＿＿＿＿＿＿＿。

产品、表现和目的
- 你将创建一个＿＿＿＿＿＿＿＿＿＿＿＿＿＿＿＿＿＿＿＿＿＿＿＿＿＿
  为了＿＿＿＿＿＿＿＿＿＿＿＿＿＿＿＿＿＿＿＿＿＿＿＿＿＿＿＿＿＿。
- 你需要开发＿＿＿＿＿＿＿＿＿＿＿＿＿＿＿＿＿＿＿＿＿＿＿＿＿＿＿
  以使＿＿＿＿＿＿＿＿＿＿＿＿＿＿＿＿＿＿＿＿＿＿＿＿＿＿＿＿＿＿。

成功标准与指标
- 你的表现需要＿＿＿＿＿＿＿＿＿＿＿＿＿＿＿＿＿＿＿＿＿＿＿＿＿＿。
- 你的工作通过＿＿＿＿＿＿＿＿＿＿＿＿＿＿＿＿＿＿＿＿＿＿来评判。
- 你的产品必须符合以下要求＿＿＿＿＿＿＿＿＿＿＿＿＿＿＿＿＿＿＿。

表现性任务的教学片断

下面的教学片断简单叙述了可用于评估学生理解的表现性任务,注意它们是如何体现 GRASPS 元素的。

- 从山上到海边(历史,地理;6—8 年级)。作为国际交流项目的一部分,由 9 位外国学生组成的小组要来你的学校进行为期一个月的访问。(不要担心,他们会说英语。)为了帮助游客了解弗吉尼亚州对历史和国家发展的影响,校长指派你们班组织安排一次弗吉尼亚州四日游。规划你的旅游线路,使得本次游览的景点能最好地体现弗吉尼亚州是如何影响国家历史和发展的。你的任务是准备一份书面的旅行指南,包括选择每个景点的理由,以及四日游的路线图和预算。

- 园林设计(数学,6—8 年级)。要求你使用并排的圆、矩形和三角形为一家公司设计一个带有公司标志的花园。你的最终产品是带比例标记的设计图和建造这个花园所需的不同颜色与种类的植物数量清单。

- 文学名人堂(英语,10—12 年级)。艺术和文学委员会宣布建立一个用于展览美国著名作家和艺术家作品的名人堂。由于你的班级正在完成一门美国文学的课程,要求你提名一位可加入名人堂的作家候选人。完成你认为值得介绍的候选人的推荐表,其中应该包括关于该候选人对美国文学贡献的分析及你推荐其进入名人堂的理由。

- 订购朋友(语言艺术,K—2 年级)。试想如果你有机会从商品目录中通过电话订购一个朋友,考虑一下你希望他具备哪些素质。在你电话订购朋友之前,先试着向销售人员说明你想要的朋友的三个特点,并举例说明。记得要清楚、大声地讲出来,让销售人员确切地知道你在寻找什么样的朋友。你的请求将被录音,并通过量规从清晰表述需求和愿望是否强烈两个方面进行评价。

- 搬家总动员(数学和写作,6—9 年级)。你正在为一家搬家公司工作,该公司计划提交一个将办公大楼的物品搬到一个新地点的投标方案。你负责确定必须要搬的设备和家具的最小体积。要考虑:(a)这些物品的堆叠能力；(b)不规则物品之间如何固定；(c)保护家具的填充物；(d)需要装小物品盒子的数量和体积。你需要准备一份书面报告，列出需要搬运的物品体积和理由，以及画图说明物品如何放置以尽可能减少所占空间。

- 粉刷房屋（数学，8—10年级）。当承包商对家庭装修进行估价时，我们如何得知成本是否合理呢？在这个任务中，你需要判断墙面粉刷承包商提供的信息是否准确，免得被"宰"。已知房间尺寸、原材料及劳动力的成本。

- 夏延族印第安人——到底发生了什么（历史，大三和大四学生）。你要研究内战期间可能发生的一次没有任何详细记载的大屠杀。你可以查阅参议院抄本和各种相互矛盾的第一手资料，努力使自己的叙事可以被历史书收入。你的同伴和教材编委将对你的工作进行评论。

- 健身计划（体育与健康，中学层级）。你将扮演健身俱乐部的教练，要为一个新的客户制订健身计划，包括有氧运动、无氧运动和柔韧性练习。健身计划需要考虑客户的生活方式、年龄、活动量和个人健身目标。你会拿到各种类型的客户的详细资料。

使用理解六侧面作为评估蓝图

对理解进行评估的基本要求是我们能够根据学习者的"答案"或解决方案了解他们的思维过程。他们对**为什么**这么做的说明，对方法或反馈的**理由**以及对结果的**反思**都能够帮助我们更全面地洞察他们的理解程度。没有理由和支撑的答案很明显不足以"判定"学习者的理解。这就是我们获得博士学位时需要毕业论文和答辩的原因。当我们充分地使用口头评估、概念地图、档案袋来建构各种类型的应答问题，让学生展示自己的作品并揭示自己的想法时，对学生理解程度的评估就会提高。有选项的测试题，如多选题、匹配题、判断题，一般无法提供足够的（有时还会引起误导的）理解证据，或者根本就缺乏理解证据。

理解六侧面是测量理解的有效办法，它们标志着表现的各种类型。它们概括地描绘各种表现的证据，使人们可以从理解的某个侧面中将事实性知识与真实的理解区分出来。当我们将理解各侧面加入到前面提到的逆向设计图表中后，它们的价值变得更清晰，如图表7.8所示。

图表 7.8 结合理解六侧面的逆向设计逻辑

阶段 1	阶段 2	
如果预期结果是让学生……	⇨那么你需要学生有证据表明他们能……	⇨所以需要这样的评估……
理解…… ● 均衡的饮食有益于身心健康。 ● 美国农业部食物金字塔提供的相关营养指南。 ● 个人饮食需求因个体的年龄、活动量、体重和整体健康状况的不同而不同。 ● 健康的生活需要个体采取行动，即使这意味着打破舒适的习惯。 **仔细思考这些问题……** ● 什么是健康饮食？ ● 你是一个健康的饮食者吗？你是如何知道的？ ● 对一个人来说是健康的饮食，为什么对另一个人却是不健康的？ ● 尽管有很多可用的信息，为什么在美国还有这么多由营养不良引发的健康问题？	**解释** ● 均衡饮食 ● 营养不良的后果 ● 为什么我们拥有可用的信息却还是吃得不营养 **阐明** ● 食物营养标签 ● 快餐影响饮食模式的数据 **应用** ● 规划健康的饮食菜单 ● 评价不同的饮食计划和日常饮食 **洞察** ● 其他文化背景和地区的人们的饮食 **神入** ● 因自身体状况需限制饮食的人 **自知** ● 个人饮食习惯 ● 对你有益的食物是否都是难吃的	● 开发一本小册子，以帮助年轻学生了解何谓均衡饮食，以及不良饮食引起的健康问题。 ● 讨论快餐的流行和在当今快节奏的生活中保持健康饮食面临的挑战。 ● 为班级聚会设计一份健康、美味且包含小吃的菜单。 ● 开展关于不同饮食和长寿影响的研究。 ● 描述你的生活由于身体状况（如南极洲、亚洲、中东）对健康受到（或将受到）饮食限制的影响。 ● 反思：你是哪种程度的健康饮食者？你将如何成为一名更健康的饮食者？

第七章 像评估员一样思考

总之,这六个侧面提醒我们理解在一般意义上所具有的特点,为图表的第二列提供了一个有用的支架。我们可以以各侧面所指向的能力(如侧面1包含用自己的话解释、核实或证明自己有理的能力)为线索指导阶段2的设计。我们的评估任务可以以"**真正理解的学生……**"为句子的开始语,后面以各侧面所指向的能力为关键词添加所需的评估任务。如图表7.9说明所示。

图表7.9　使用理解六侧面来建立对理解的评估

真正理解的学生……
侧面1,能解释——显示复杂的解释能力和洞察力,能……
    a. 基于有力的证据和论据提供复杂的、有见解的和可信的推理——理论和原则,来解释或阐明事件、事实、主题或观点;展示有意义的联系;使用有用的和形象的思维模型提供系统解释。
　　　● 作出精确细微的区分;恰当地证明自己的观点。
　　　● 找出并论证核心问题——大概念、关键时刻、决定性证据、主要问题等。
　　　● 作出正确的预测。
    b. 避免或克服常见误解和简单肤浅的见解,例如,避免展示过于简单的、老套的或不准确的理论或解释。
    c. 揭示对主题个性化的、全面的、连贯的把握——例如,对已有知识进行反思性的、系统的整合。因此该整合部分地建立在有意义的、合适的关于具体想法或感受的直接或间接经验之上。
    d. 使用有力的证据和论据来证实或证明其观点。

侧面2,能阐明——提供有力的、有意义的诠释、转化和叙述,能……
    a. 有效、灵敏地解读文本、数据和情境——例如,读懂文字的潜在含义,对多种可能的目的和"文本"(书、情境、人的行为等)的含义提出合理解释。
    b. 对复杂的情境和人物提供一个有意义的启发性的解释——例如,通过提供历史和传记的背景使观点更易于理解,更相关。

侧面3,能应用——在情境中运用已有的知识,知道如何做,能……
    a. 在各种变化的、真实的和现实复杂的情境中有效使用知识。
    b. 使用新颖有效的方式扩展和应用已有知识(如皮亚杰在《理解就是发明》[1]一书中所讨论的关于创新意义上的发明)。
    c. 在行动时能够有效地进行自我调整。

侧面4,能洞察——能……
    a. 既能批判某个立场,也能为这个立场辩护。也就是说,仅将立场当成是某个观点。能够运用体现恰当质疑和理论检验的技能和素质。
    b. 将事实和理论置于情境之中;明白在什么样的情境中,某个知识(或理论)才是某个问题的解决之道。
    c. 推断一种概念或理论所基于的假设。
    d. 了解某个观点的作用及其局限性。
    e. 洞察有偏见的、有派别的或有意识形态的论据或语言。
    f. 理解并解释一个观点的重要性或价值。

续 表

g. 采取批判的立场；明智地应用批判和信念（Peter Elbow[2] 格言所总结的能力：当我们的思维清晰地相信别人怀疑的内容或怀疑别人相信的内容时，我们可能会更好地理解）。

侧面5，能神入——能……
a. 置身于他人所处的情境，感受和领会其状况、情感和观点。
b. 在行动时基于如下假设：即使是明显荒诞或晦涩的评论、文本、人或观点，也可能包含值得去理解的见解。
c. 虽然有的观点也许是不正确的或过时的，但也能从这些不完整或有缺陷的看法中看到合理甚至是有洞见的内容。
d. 理解并解释一种观点或理论是如何轻易被人误解的。
e. 视觉和听觉敏锐，能够感知到别人没有察觉的事物。

侧面6，能自知——能……
a. 认识到自身的偏见和风格以及它们如何使理解带有个人主观色彩；理解并远离以自我为中心、民族优越感、以当代为中心、怀旧、非此即彼的思维。
b. 进行有效的元认知；认识到自己的智能类型，以及这种智能风格的优缺点。
c. 质疑自己的信念；像苏格拉底一样，将强烈的信仰和习惯与确凿无疑的知识区分开来，理智而诚实，并且承认自己的无知。
d. 准确地进行自我评估和有效地进行自我调节。
e. 乐于接受反馈和批评。
f. 经常反思学习和体验的意义。

1. Jean Piaget. (1973). *To Understand Is to Invent*：*The Future of Education*. New York：Grossman's Publishing Co.
2. Peter Elbow. (1973). *Writing Without Teachers*. New York：Oxford University Press.

展示的列表为设计面向理解的评估提供了一个有益的开端。不管我们的主题或所教学生的年龄如何，该列表中的动词对确定学生理解程度所需的评估类型提供了建议。在图表7.8中的第三列，我们通过以下问题来获得更具体的要求："什么类型的任务适合阶段1中明确的预期结果和我们所教的学生？""哪一个侧面（或哪些侧面）能以具体的表现、过程或者产品需求最恰当地指导特定任务的设计？"

下面是一些围绕理解六侧面构建表现性任务的初始想法。

侧面1：解释

解释要求学生使用自己的语言阐述"大概念"，建立联系，展示他们的作品，解释他们的推理以及从数据中归纳出理论。

- 数学——减法。设计教案，使用教具来教一个刚到我们班的新同学什么是"减法"。

- 社会科学课程——地理学和经济学。制作一张组织图来展示两个不同地区在环境、自然资源与经济方面的联系。
- 科学——电。开发一份电路系统故障排除指南。
- 外语——语言结构。开发一份解释过去时态的各种形式以及区别不同用法的指南。

侧面 2：阐明

阐明要求学生理解故事、艺术作品、数据、情境或主张。阐明也包括转化观点、感受，或者以不同媒介对作品进行转换。

- 历史——美国历史。挑选5—10首南北战争以来美国人创作的歌曲，利用它们探究以下问题：这个国家是我们要建设的国家吗？作为国民我们如何看待自己？哪些态度已经改变了，哪些没有？
- 文学——《麦田里的守望者》和《青蛙和蟾蜍是朋友》。回答以下问题：霍顿怎么了？通过研读主角的语言和动作以及其他角色的反应来帮助你理解霍顿·考尔菲尔德。思考这个问题：谁是真正的朋友？研究主角青蛙和蟾蜍的语言和动作，以及寻找帮助你回答这个问题的模式。
- 视觉和表演艺术——任何媒介。通过拼贴画、舞蹈、音乐作品或其他媒介来表达强烈的情感(如恐惧和希望)。媒介是如何影响信息的？
- 科学和数学——数据模型。随着时间的变化收集任何一个复杂现象(如天气变化)的数据，分析并展示数据从而找出变化模型。

侧面 3：应用

已经理解的学生能够在新的情境中使用他们的知识和技能。强调在真实情境中对知识的运用，该情境具有真实或模拟的对象、目的、环境、限制条件和背景干扰。

- 数学——面积和周长。根据给出的一定量的材料来设计一个有围墙的院子形状，使小狗的玩耍面积最大。
- 社会科学课程——地图制作技能。为你的学校制作一张等比缩小的地图来帮助新生找到校园路线。

- 健康——营养。在规定的预算范围内，为一家五口制订一份为期一周的健康饮食计划(含点心)。
- 科学——环境研究。对当地的溪水进行化学分析以监测水质是否达标，并将结果反馈给当地环保局。

侧面4：洞察

当学生能从不同的观点看待问题，阐明事件的另一方面，从整体上进行把握，识别潜在的假设并采取批判的态度时，学生就具有了洞察力。

- 历史——比较和对比。浏览英国、法国和中国教材对美国革命战争时期的描述。辨析各个国家的历史角度，并在一个模拟的学校董事会上维护或反对他们所使用的教学资源。
- 算术——不同的表现方式。比较同一数值的小数、分数和百分比等不同表现形式的利弊，以及比较用不同图形和符号表征同一数值的利弊。
- 英语或语言艺术——文学分析和写作。假设你是一家大型出版社的编辑，在审查一份可能涉嫌抄袭的短篇小说。(教师没有告诉学生他们正在审查的内容是今年已经学习过的一位作者写的。)然后给作者写一封委婉但立场坚定的回信，告诉他这份稿件的可能来源。
- 几何。比较在三个不同的空间中两点之间的最短距离，这三个空间分别是：学校建筑物中的实体走廊、地球表面和欧几里得空间。
- 音乐。假设你是一个制片人，正和当前的歌星一起选择唱片，听同一首歌的三个不同录音版本，并对每一个版本进行评价。

侧面5：神入

理智的想象对于理解来说是必不可少的。它不仅体现在艺术和文学上，更广泛地体现在欣赏那些思维和行为方式与我们不同的人的能力上。神入的目的不是让学生接受别人的方式，而是帮助他们更好地理解世界上思维和情感的多样性。也就是说，发展他们站在别人的角度思考问题的能力。通过这种方式，学生能够避免墨守成规，理解一些想法是怎样从看似荒诞的昨天走向普遍接受的今天的。

- 历史。采用相互理解的形式，与扮演不同角色的其他同学就一个事件进行讨论或辩论(例如,移民和美国土著对天定命运论的看法,杜鲁门投下原子弹的决定,苏联解体的原因)。

- 英语或语言艺术——写作。假设你是新入选的欧盟最佳诗人,并受委托在网上对中东事件写一首诗。这首诗将刊登在《耶路撒冷时报》及《开罗每日新闻》上。你的目的是使人们对战争双方人民所受的苦难感同身受。
- 科学。阅读并讨论近代受到怀疑的科学著作,并确定合理的或"符合逻辑"的理论(根据当时的可用信息),如托勒密对地球为什么必须处于静止状态的解释和拉马克的发展理论。
- 文学——莎士比亚。想象你是《罗密欧与朱丽叶》中的朱丽叶,并思考你悲惨的结局。写一篇日记来形容你的想法和感受。(注:此题是英国全国考试试题。)

侧面6:自知

要求学生对他们过去和当前的工作进行自我评估很重要。只有通过自我评估,学生对要掌握的任务、指标和标准才会有自己的看法,我们也才能据此了解学生所获得理解的复杂与准确程度。

一个简单策略是在一门课程的前测和后测中都采用同样的问题,并要求学生附上一份自我评估,来描述他们在理解方面有所进步的感受。收集学生档案袋的老师可以使用与这一策略相类似的方法——要求学生评价自己的档案袋并对下面的问题作出反馈:你的作品如何表明你进步了?哪些任务或作业对你来说是最具挑战性的,为什么?你最引以为豪的作品是哪一个,为什么?作为一个学习者,你的作品怎样说明了你的优势和劣势?

下面是一些适合于任何学科或水平的学生的自我评估方法与元认知策略。

- 我来了!在学年末,以学生身份给明年的任教教师写一封自我介绍信。描述你在学习上的优势、需求、兴趣和学习风格,并基于学年末自我表现的评估来设定明确的学习目标。(在理想情况下,这些信件会在暑假期间被统一收集并送到你下一学年的老师手中。)
- 我学到了什么?在每一篇课程论文后面加一个后记,在后记中你必须冷静地评估自己在方法和反馈中存在的优势、劣势和差距。对自己提出以下问题：我已知道现在应该做什么，下一次我会有不同的表现吗？
- 我认为我做得怎么样？初中生、高中生和大学生都可以依据评估指标（量规）来制定口头或书面的自我评估。自我评估的准确性在评分中只占一个较小的比重。（注：此做法被应用在阿尔维诺学院（位于威斯康星州的密尔沃基市）的每一个主要评估中。）

排在首位的是"解释"

在理解六侧面中，"解释"通常是其他五个侧面的任务都要包含的一部分。我们需要知道学生为什么那样表现，他们认为那意味着什么，什么能证明他们的方法是有效的而不只是做了这件事。也就是说，在追求理解的表现性评估中，需要在清晰的推理和阐述下对任务和表现进行反思、自我评估与自我调整。

为评估使用基本问题

如果我们能够很好地围绕基本问题设计学习单元，我们就可以用另一种有效的方法来思考和测试我们的评估想法是否合适。即表现应当直接或间接地要求学生专注于基本问题。

让我们再回顾一下营养单元（图表 7.10），注意基本问题是怎样为建立合适的任务类型提供有用框架的。

图表 7.10　依据基本问题确定表现性任务

基本问题	提出的表现性任务
● 为什么人们想要做到合理饮食这么难？	● 收集和分析调查数据，找出学生经常去的用餐地点。
● 对你有益的食物都很难吃吗？还是刚好相反？	● 调查不同食物的营养价值，比较有益于健康的食物的味道。
● 为什么专家对于膳食指南存在分歧？在分歧中存在怎样的共识？	● 比较和评价各种提供营养指导的途径——美国农业部、阿特金斯、地中海——最终以海报或口头报告的形式进行展示。

在开始设计工作时,你可能将基本问题简单地想象为大学里的一套考题集,但现在你最好将它们看作是最终的论文提示。然后看看自己是不是能够根据这个提示着手分析,并设计一个 GRASPS 情境,在其中将同样的问题以更富情境性的方式进行陈述。

如果使用 GRASPS 情境比较勉强,或者你认为传统的文字提示就可以提供最合适的评估,那么你可以使用基本问题来聚焦学习,并将其作为期末考试的一部分。使用基本问题为学生和教师提供了一个焦点,使评估过程少些随意与神秘。

围绕证据进行

站在评估员的角度进行思考时,我们要问的问题是:我们需要什么样的证据(根据预期结果)?在回答这个问题时,我们不应有任何先入为主的倾向。我们应使用最合适的评估类型,包括简答题和选择题。教师通常只依赖一种或两种评估方式,然后一错再错,专注于那些最容易通过多选题和简答题来测试和分等级的课程内容。另一方面,认为改革就是只依赖真实评估,也是一种常见的误解。事实并非如此。对于很多预期结果所需要的证据,特别是离散的知识和技能,客观测验、测试和检查表就已足够了。图表 7.11 直观地描述了课程中不同内容与各种评估类型之间的关系。

同样地,我们也常常没有考虑到测试和其他评估类型(特别是那些适用于为理解而收集证据的评估类型)之间的不同。这样一来,当以理解为主要目的时,我们还经常误以为所收集的证据需要有正规的和总结性的测试,这使得对评估的每件事都必须分等划级。

实际上,不间断的、形成性的评估不必都要分等级,但它们对揭示学生的理解和误解至关重要,其目的是了解学生的情况,"为理解而检查"。一个简单的、针对理解的过程性评估工具是"一分钟问答"。在每一堂课的最后,学生需要回答两个问题:(1)今天你在课上学到的主要观点是什么?(2)今天你在课上没解决的问题是什么?老师快速浏览一下学生的回答,就可以及时了解学生的理解(或未理解)程度。哈佛大学的教授声称这项技术是他们教学中最有效的创新理念之一(Light, 2001)。

在我们自己的教学中,我们要求学生每天将写好的问题带到课堂。在课堂上,首先让学生2到3人为一组讨论他们的问题,并将他们认为最重要的问题

> **■误解警报!**
> 理解的证据指的是在单元或课程学习期间,通过各种正式的和非正式的评估收集的证据,并不单指教学期末测试或最后的表现性任务。当然,我们搜寻的证据包括观察和对话、传统随堂测试和测验、表现性任务和项目以及学习过程中收集的学生自我评估。

提供给全班同学一起思考。然后,我们通过问题和可能的答案连接而成的网络来寻找答题模式。在课堂结束前几分钟,我们请一到两个学生总结本次交流,并让每个人做好笔记。珀金斯(Perkins,1992)还提出了许多其他策略,我们在第九章中也建议了其他检验理解的策略。

阶段2中对各种评估证据的需求可通过关键表现性任务集和其他证据集在设计模板中表现出来。在教学中,不同评估类型间的平衡在于良好的测量方法和明智的教学实践。

图表7.11 课程重点和评估方法

在有效的评估中,我们寻求评估类型与达到预期结果所需证据间的匹配度。如果学生的目标是学习基本事实和技能,那么书面测试和随堂测验一般就能提供充分有效的评估措施。然而,当学生的目标是深层理解时,我们需要凭借学生更复杂的表现来判断我们的目标是否已经达到。下面的图片反映出了评估类型及其为不同课程目标提供的证据之间的一般关系。

评估方法

传统的测验和测试 ⓄⒺ
- 需要纸和笔的
- 选择式的
- 构答式的

表现性任务和项目 Ⓣ
- 复杂的
- 开放式的
- 真实的

- 需要熟悉的知识
- 需要掌握和完成的重要内容
- 大概念和核心任务

当初次考虑评估时，我们就考虑到要从阶段1的预期结果中逆向导出评估设计。当理解成为焦点时，我们强调证据必须是真实的，涉及真正问题的表现性任务（根据需要补充其他证据），而不单单只有练习题。理解六侧面帮助我们找到正确的任务类型，GRASPS工具帮助我们进一步改进每项任务以确保其真实性。这里要提醒大家，教学一直需要各种各样的评估证据。

鲍勃·詹姆斯的逆向设计实践

我需要考虑的是把什么真正作为我所寻求的理解的证据，这对我来说有一点难度。通常一个3到4周的学习单元，我会做一到两次随堂测验，做一个有评级的项目，并以单元测试（一般是选择题或配对题）结束学习。虽然利用这种评估方法给出学生成绩（和证明成绩合理）相当容易，但是我已经意识到这些评估并不总是能够提供足够的证据来证明学生关于学习单元的最重要理解。我原来一直倾向于测试容易测试的内容，而不是评估最重要的内容——学生应该超出营养事实来获得对该主题的理解和态度。可能因为我之前使用的评估方法更注重给学生们评等划级，而不是证明他们的理解，所以学生们更倾向于关注成绩而非学习，这一直让我感到不安。

现在，我要思考什么才能作为我所追求的持久性理解的证据。我浏览了一些表现性评估的例子，也与同事进行了讨论，我决定采用如下的表现性任务。

因为已经学习了营养学的相关知识，户外教育中心夏令营的主任邀请我们为今年晚些时候举行的为期三天的夏令营准备一份营养均衡的菜单。根据美国农业部食物金字塔指南和食物标签上的营养成分表，我们为这三天设计一个饮食方案，包括三顿主餐和三顿点心（上午、下午和夜宵）。我们的目标是设计一份既美味又营养均衡的菜单。

这个任务也与我们的单元项目之一——分析一个假想家庭一周的饮食并建议如何改善他们的营养——有关系。脑海中有了这个任务和项目，我现在可以通过小测验来检查学生的知识储备——对食物种类和食物金字塔建议的掌握情况，然后通过测试来检查他们对以下内容的理解：缺乏营养的饮食如何导致健康问题。这是我为本单元设计的最完善的评估计划，我认为该任务不仅能提供表明学生理解的证据，同时也能激发他们的兴趣。

预览

现在我们需要考虑"像评估员一样思考"的另两个重要问题：我们评估时寻求的是什么？如何确保我们提出的评估可成为阶段1有效和可靠的参考？在下一章我们将探讨这两个问题。

第八章　指标和效度

评估和反馈对帮助人们学习有着至关重要的作用。与学习和理解的原则相一致的评估应该：

- 反映优秀的教学；
- 作为教学的一部分不断产生却不干扰教学；
- 提供与学生应该达到的理解水平相关的信息。

——约翰·布兰恩福特，安·布朗，罗德尼·R·科金(John Bransford, Ann Brown, and Rodney R. Cocking)，《人是如何学习的》(How People Learn)，2000，p. 244

关键问题是，在学业成绩中使用最广泛的评估是建立在关于学习和能力的非常有限的信念之上。

——美国评估基金委员会(Committee on the Foundations of Assessment)，《知道学生所知道的：教育评估的科学和设计》(Knowing What Students Know: The Science and Design of Educational Assessment)，2001，p. 2

在第七章中，我们聚焦于为预期结果提供合适证据的各种评估。我们指出，教学总是需要各种各样的证据，而且评估方案必须以真实的表现性任务为基础。我们还指出，面向理解的评估需要表现性评价：我们需要看到学生在具体情境中应对挑战时的表现，以及在这个过程中，他们的思维过程是什么样的。

对指标的需求

由于追求理解的评估所需的各种开放式问题和表现性任务没有唯一正确答

案或解决过程，因此对学生工作的评估需要依据指标进行判断。清晰和恰当的指标能明确提出我们在确定理解程度时应该关注什么，并在判断过程中提供一致性和公平性(Wiggins，1998，pp. 91-99)。那么，我们如何提出合适的指标，又怎么让学习者弄清这些指标呢？

合适的指标强调工作(针对具体目标)中最具启发性和最重要的方面，而不只是那些容易看到或容易评分的方面。例如，当阅读一个引人入胜的故事时，它能点燃我们想象和兴趣的火花。好的故事能通过情节和人物的有效结合来吸引和保持我们的兴趣。因此判断故事好坏的一个关键指标是**吸引力**。另一个指标应该是作者在使用有效的**文学手法**和语言选择方面的才能。第三个指标可能与人物形象的深度和可信度或**性格发展**相关。好故事的指标不是随意的。每一本书都应该是吸引人的，制作精细的，并建立在充分发展且可信的角色之上。

三个指标既相互联系又相互独立。一个卡通人物的故事可能会吸引我们，一个满是情节漏洞和错别字的故事也可能会吸引我们。因此，在确定合适的指标时，我们必须明确在表现中**影响质量判断的一组独立变量**。这些指标将详细说明要获得成功必须要有哪些表现。从操作的角度讲，它们定义了完成任务的必要条件。

许多教师会犯一种错误，他们只依赖于容易观察到的指标而不是基于核心表现和目标的指标。因此，经常可以看到以下情况，研究论文获得高分，只是因为有许多脚注(而不是很好地支持了研究)；判定学生达到了理解，只是因为他的演讲很诙谐(而不是很深刻)；判定展品很有效，只是因为它们色彩丰富，富有创造性(而不是提供了准确信息)。正如我们需要从目标和理解中衍生出评估一样，我们也需要从目标中导出指标。

从指标到量规

量规是基于指标的评分指南，由固定的测量等级组成(4级、6级或者是任何合适的级别)，并对每一个级别的特征进行详细描述。量规描述了质量等级、熟练程度或者连续的理解。(如果所需的评估反馈只需要是/否，或正确/错误就可以进行判定，那么无需使用量规，一个检查表就足够了。)

量规回答了这些问题：

- 应以什么指标来判断和区别学生的表现?
- 我们应该通过哪些方面、哪些内容来判断学生的表现是否成功?
- 应该如何描述并区分质量水平、熟练程度以及理解层次之间的不同?

在评估学生的作品和表现时,有两种通用量规(**整体型**和**分析型**)被广泛应用。整体型量规可为学生作品提供一个综合的印象,并对产品或表现产生**单一**的分数或等级排名。

分析型量规将产品或表现划分为不同的特征或维度,并分别进行判断。由于分析型量规单独地评估每一个被标识的特征,所以每一个特征都有一个分数。例如,普遍使用的作文分析型量规具有六个指标:(1)观点;(2)组织;(3)文风;(4)选词;(5)句子流畅度;(6)规范。

学生作文的等级是根据其在每一个评估指标上的表现水平来综合划分的。例如,一篇文章可能在**观点发展**(指标1)上被定为3级,在**规范**(指标6)上被定为4级。美国西北地区教育实验室已经开发和使用了一系列被广泛应用的分析型量规,涉及有关的六个指标(和一个可选的第七个指标),称为"6+1"。每个指标的最高级别描述如图表8.1所示。

图表8.1　NWREL关于写作量规的最高级别描述

- **观点发展**:论文叙述准确并重点突出,能吸引读者的注意力,有相关的轶事和细节丰富中心主题。
- **组织**:逻辑清晰,展示了中心思想或主题。顺序、结构或信息呈现扣人心弦,能通过文本感动读者。
- **文风**:作者通过独特的、吸引人的方式直接与读者对话。作者本着对读者的认识和尊重来写作。
- **用词**:词语以精确的、有趣的和自然的方式传递了想要表达的信息。词语有力且吸引人。
- **句子流畅度**:语句简单、流畅,有节奏感和韵律感。句子建构良好,结构严谨,句式富于变化,朗读起来颇具表现力。
- **规范**:作者能够很好地把握写作规范,并使用有效的规范来增强作品可读性。错误很少,经过细微润色就可以出版。
- **展示**:文本的表现形式提高了读者理解和关联信息的能力,呈现效果赏心悦目。

资料来源:© NWREL(美国西北地区教育实验室,简称 NWREL),俄勒冈州波特兰(2000)。经许可后转载。

注:在五分制中,每一个级别存在许多有用的指标。此外,还有更多面向初级学习者的版本可提供。参见 Arter & McTighe(2001)关于此量规和其他量规的介绍,并可全面了解量规设计和应用。

虽然在评估作品的整体印象时，整体型量规是一种合适的评分工具，但是我们建议面向理解的评估应使用分析型量规。为什么呢？因为当我们以一个总分（使用整体型量规）的形式给出评估结果时，效率虽高，但给学生的反馈的质量会受到影响。例如，两篇议论文可能都写得不令人满意，但是它们的不足之处却大不相同。一篇言词呆板却观点新颖；另一篇行文清晰，语法正确，但推理肤浅且结论未经证实。然而，如果必须使用整体型量规来给一个总分，那我们会在无意之中误导学习者、家长以及其他人，使他们认为分数相同的表现也是一样的。对于表现，尤其是以理解为目标时，总是需要有单独的指标，因此我们要设法在合适的各种指标与可行性之间取得平衡。

用量规评估理解

为了对评估理解的量规和指标进行一般意义上的讨论，我们先要认识到理解是一个连续统上的程度问题。它不是简单的对与错，而是或**简单**或**复杂**，或**肤浅**或**深入**的问题。因此，评估理解的量规必须对以下关键的评估问题给出具体的答案：达到理解会是什么样子？在实践中，复杂的理解和简单的理解有什么不同？从最简单的理解到最复杂的理解的一系列界定描述是什么样的？

来看两个描述"理解"的量规的例子。在过去几年里，美国历史升学考试所应用的通用量规要求学生达到这样一个水平——提供一个有证据支撑的论题而非单纯的事件描述：

- 该论题表述清晰，内容完善，能够以一种成熟的表达方式把相关（或关键的）构成要素呈现出来……
- 该论题表述清楚，内容比较完善，能够对（关键问题）开展论述……
- 该论题表述一般，只是从表面上反馈了所有的构成要素……
- 很少或没有分析……（Educational Testing Service/College Board, 1992, p. 25）。

这个量规明确提醒评估者首先要评估学生的理解程度（是深入的分析还是纯粹

的复述);其次,不要纠结于学生所犯事实性错误的数量或有关学生这一时期理解的写作质量。

以下是一个加拿大省级语言艺术考试量规,这个量规提醒评估者辨别清楚考生展现的是洞察力还是独特解读:

5 熟练的:有效建立了对所阅读部分的深刻见解。学生直接陈述的或隐含的观点都是可以感知的,能通过具体的细节为自己的论点提供恰当的论据。这些论据是经过慎重选择提出的,具有很强的严密性。

4 有能力的:所产生的理解是经过深思熟虑的……提出的观点是经过仔细思考的……提供的论据比较明确和恰当。

3 足够的:建立和保持一种貌似合理的理解。学生提出的观点是常规的,有看似合理的论据支撑。论据具有一般性,但能起到一定作用。

2 有限的:有些理解是可以证实的,但所获得的理解并不总能站得住脚或具有可持续性。提出的观点可能是肤浅的、论据不足或(和)模糊的。

1 贫乏的:不合情理的推测……学生当前的观点是不合适的或难以理解的。论据也是不恰当的,或缺少论据。

对学生反馈的评估应该依据所提供证据的总体效果进行判断,这些证据能够表明学生实际读了什么内容,并作了怎样的思考,而不是依据学生(他/她)是否以一个成年人的方式思考问题,或给出的答案是否符合成年人的"正确"标准。

在这两种情况下,量规聚焦于各个评分指标所描述的理解的程度。其他指标,如技术性、工艺性和组织性等应该分别进行判断。

我们建议评估者应考虑至少两个不同的指标,不管这些描述是在一个量规中体现,还是存在于两个不同的量规中。我们建议一个量规用于评估"理解",而另一个量规用于评估表现的质量(包括恰当的产品和过程)——在表现中体现理解。

基于指标和量规进行逆向设计

让学生们自己识别出样例项目的特点是很有用的,这样他们就能够对构成整体的各个部分有更加清晰的认识。这表明我们在教学生们写作时,要向他们展现其他学生的作文和专业范文,指导学生明确哪些要素可以使作品更加深刻(或没有说服力),让学生识别必要的写作技巧,然后教会学生这些技巧。学生现在对每个单元都有一个"图谱",这似乎使他们更关注过程。清晰界定的单元、更有目的性的学习计划和更有学习热情的学生,逆向设计让教学变得更有趣!

——一位六年级语言艺术老师

逆向设计为我们提供了另外一种设计指标和量规的方法——尽管这是违反直觉的。结果表明,在阶段 1 中的每一个明确目标都暗示了阶段 2 中所需要的指标,即使之前还没有设计具体的任务①。例如,让我们看看宾夕法尼亚州六年级学生在写作中需要包含哪些内容才能表明他们的写作已经达到州立写作标准:

(学生会)写一篇具有说服力的文章,其中包括明确的立场陈述或观点表达,以及对论点提供支持的细节内容,并能在需要的时候引用相关资料。

不管他们在阶段 2 的任务是什么,议论文、政策简介,或是给编辑的信,在评判他们的作品时,都应该使用以下指标(从上面的写作标准中导出):

- 明确陈述的立场或观点
- 提供有支持性的细节
- (根据需要)引用合适的资料

---

① 指标是为评估任务而设计的。——译者注

侧面和指标

我们已经讨论过可以从六个侧面来揭示理解,这些侧面对于使用明确的指标和结构化的量规来评估理解程度是很有帮助的。图表8.2提供了一张基于理解六侧面的部分适用指标的列表。

那么,基于这些指标,我们怎样才能加强对理解各个侧面的区分和判断呢?图表8.3中呈现的量规为此提供了一个通用框架。该量规反映出理解是一个恰当的连续统——理解各个侧面都呈现了从简单(基础)到复杂(高级)的阶段变化。

正如该量规已经明确表明的,理解可以被认为是一个连续统——从错误认知到有洞察力,或者从薄弱的自我意识到成熟的自主能力。此外,它反映了一个事实,即不同的人在面对相同的观点与体验时,可能会有不同但同样有效的理解。换句话说,一个人的外形可能看起来与另一个人大不

> **设置等级的含义**
>
> 通常情况下,使用理解量规和检查表实际上就是一种评分,特别是在中学和大学阶段。许多高级教师会有两个长期存在但又达不到预期效果的习惯:他们经常给每一件学生作品打分,却没有制定明确的指标,也没有对每一个指标赋予适当权重;他们通常把学生的一门课程在整个学期中所得到的各个分数进行平均计算,最后给出一个期末成绩。当评估随着时间的推移逐渐与理解的目标和量规相背离时,后面的练习几乎就没有什么意义了;将学习者对于一个复杂观点的初始认识和最终理解进行平均,不能准确地表明他的理解。另请参阅 Guskey, 2002; Wiggins, 1998; Marzano, 2000。

相同,但我们可以对这两个人进行总体描述,如"富有经验的"(同样地,对于由包含分析型指标的不同模式组成的写作表现,我们会对它给出一个整体分数)。

图表8.2 各侧面相关指标

侧面1 解释	侧面2 阐明	侧面3 应用	侧面4 洞察	侧面5 神入	侧面6 自知
● 准确的	● 有意义的	● 有效的	● 可信的	● 敏感的	● 有自知之明的
● 连贯的	● 富有洞察力的	● 高效率的	● 有启示作用的	● 开放的	● 元认知的
● 合理的	● 重要的	● 流利的	● 富有洞察力的	● 能接纳的	● 自我调节的
● 系统的	● 有说明性的	● 适合的	● 貌似合理的	● 可感知的	● 反思的
● 可预测的	● 有启发性的	● 优雅的	● 不寻常的	● 机智的	● 明智的

图表 8.3 六侧面量规

能解释的	有意义的	有效的	有洞察力的	有同感的	反思的
复杂而全面的：一个非常彻底的、简洁的或有创造性的解释（模型、理论）；有充分支持的、合乎情理的、实实在在的、有深度和广度的；远远超出所提供的信息。	**有见地的**：一个有影响力的、高效的、富有启发性的解释或解说；意义上的分析，已证实的，富有见地的故事；提供有启发意义的背景知识。	**精熟的**：流利的、高效的、灵活的，能够在不同的情境中很好地运用知识和技能的能力——熟练的迁移能力。	**有深刻见解的、条理清楚的**：一个经过深思熟虑的观点；对各种貌似有理的观点开展有效的评论；对涉及的问题能够作长远的、公正的评价。	**成熟的**：遵守原则的；愿意并且能够看到和感觉到其他人所感觉到的东西，愿意寻找奇异的、与众不同的东西；能够理解那些对于别人来说不可思议的文章、经历或事件的含义。	**明智的**：深刻认识到自己和别人的理解局限；能够认识到自己的偏见和倾向；有诚信，愿意根据理解采取行动。
系统的：一个非典型的富有启迪作用的解释，远远超出那些明显的或者明确的教育；形成微妙联系；通过论据帮助获得良好支持；展示新思维。	**有启迪意义**：一个启迪思想熟悉的解释，含义，富有见地的故事；提供一段有帮助的历史事件或背景知识。	**熟练的**：能够熟练运用知识和技能，以及能在适当变化和苛刻的环境下调节自己的理解与之适应。	**周密的**：完全成熟和相协调的评价观；通过公平考虑其他类似有理的观点来使自己的观点看起来更可信；作出中肯的评论、鉴别和资格评定。	**敏感的**：愿意领会和感受别人感知的东西；开放对待不熟悉或者与自己不同的东西；能够看到别人看不到的价值和工作。	**周到的**：意识到自己和他人的无知；意识到自己的偏见。
深入的：能够反映一些深入人的、个性化观点的解释；学生超越给定的条件而自己完成任务；有支持的理论，但是不够充分恰当。	**感知的**：能够反映解释或者感知意义上的重要性、意义的分析；讲述了一个清晰而富有教育性的故事；提供了一段有启发意义的历史事件或背景知识。	**有能力的**：有限的但不断增长的能力，在使用知识和技能时表现出知识的适应性和创新性。	**经过考虑的**：合理批判和全面看待上下文中的要点；使那些和其他观点相比看似合理的观点内容更加清晰。	**意识到的**：对于别人看到和感觉到的内容有不同的感知；能够理解他人。	**深思的**：一般能意识到自己理解什么和不能理解什么和知道为什么会在无意识的情况下出现偏见和推测。

第八章 指标和效度

续表

	能解释的	有意义的	有效的	有洞察力的	有同感的	反思的
	发展的：一个不完整的解释，但是具有恰当的、富有洞察力的想法；扩展和巩固了所学知识，进行了一些字里行间的联系阅读；对有限的支持、论证、数据或笼统的概括包含有限验证和证据的说理体系。	解释性的：一个貌似合理的解释或者对重要性、含义、意义的分析；理解和故事；提供一段生动的历史事件或背景知识。	学徒的：依赖于生活中有限的技能，能够在一些熟悉的或者简单的环境中执行；有限地使用判断，对反馈或情境的反应也是有限的。	察觉到的：了解不同的观点，某种程度上能够准确地得出自己的观点，但是在考虑和判断每种观点的价值或评判每种观点时比较薄弱（特别是自己的）时会假设不加对于意会的假设不加批判。	偏离中心的：有一定的自律精神，能设身处地为他人着想，但是仍主要受限于自己的反应和态度，被不同的情感或态度困扰或拖延。	草率的：一般没有意识到自己的具体的无知表现；一般没有意识到预判个人的理何歪曲了他人的理解。
	浅显的：表面的解释与其说是分析性的或者创造性的，不如说是描述性的；对于事实和观点的分散粗括和非黑即白的解释，肤浅的概读到的东西，只是一些未经检验的直觉或虚构的想法。	字面上的：过于简单的或者表面上的阅读；机械翻译；很少或者没有解码过程；没有意识到其他更广泛的重要性或意义，机械地重复所学到的读到的东西。	新手的：只有在教练指导或者按照本宣科的情况下能执行，单一的"填空式"（一成不变的、机械性的）的技能，程序或者方法。	不具批判性的：没有意识到观点的不同之处，容易忽略或者忽视其他观点；很难想象出看待事物的其他方式；更倾向于偏激的批评。	以自我为中心的：懂得一点或者完全不懂得他人的、把他人的智力意识搁置一边；考虑问题只从自己的观点和感受出发；因为存在不同观点而意识到自己或被忽视，或者感到威胁，或者感到迷茫。	无知的：完全没有意识到自己理解的界限，以及在尝试理解和形成观念的过程中预测和偏见所起的作用。

200　追求理解的教学设计（第二版）

指标的要求层层叠叠,量规也是如此!要解决这个复杂问题,一个比较实用的策略是根据理解、知识和技能中最为关键的几个方面来设计多维度量规。举个例子,以数学中五个指标为一组(将五个量规中的最高要求编辑到一起),作为评价最复杂的数学表现的关键维度。

> ■ **误解警报!**
> 最合适的指标从何而来?如何将量规的说明描述得更加具体?要回答这些问题,还涉及另一个逆向设计:要想让量规中对指标的说明恰当、详细、实用,它们必须是综合了多个具体案例后产生的。这说明指标需反映某一水准上大量工作所呈现的特质。因此一个量规只有在试评过学生工作并被证明有效后才算形成,而对于不同水准的工作的分析有助于将指标的说明描述得更好。

- **数学的洞察力**:对所涉及的主题有独到的见解。对概念、证据、论证、条件的形成,问题的提出,方法的使用,都具有敏锐的洞察力,能够很好地超越经验层面的主题。领会问题的本质,并且把最有效的工具运用到解决这个问题的过程中。这项工作表明学生能够作出一些细微的区分,并且能将一些特定问题与更有意义、更复杂,或更综合的数学原理、公式或者模型联系起来。

- **推理**:通过一个系统的、有逻辑的周密计划来解决问题。方法和答案始终要求明确、详细并且合理(不论所运用的知识是复杂的还是精确的)。学生通过充分的论据来证明他们的主张是合理的:争议、可疑的数据以及隐含的假设都得到充分阐述。

- **解决方案的有效性**:解决问题的方法有效并且具有创造性。所有关于问题、受众、目的和其他相关因素的重要细节都能通过一种完美有效的方法得到充分解决。解决办法可以在很多方面体现出创意:一种非正统的方式,非常机智地有效组织冲突变量,引入不明显的数学运算,或者富有想象力的证据。

- **工作准确性**:这项工作自始至终都很准确。所有的计算是准确的,允许适当程度的精度范围与测量误差,并妥善标记。

- **表现质量**:学生的表现非常好,具有说服力。通过高度互动而又有效的方式,以及对观众和目的的关注,学生很好地展示了研究和所解决问题的本质。在最后的产品中可以清楚地感受到展示技巧,这些技巧由支撑材料(例如：可视教具、模型、日常开支和视频)和团队成员(在适当的情况下)共同推动。由于展示者理解自己谈论的内容和观众的兴趣，因而观众的热情和信心被充分调动起来。

如果想使用这么多的量规特征却无从下手，那么就从小的方面做起。先从两个基本的指标(理解和表现的质量)做起。如果时间允许且有兴趣，可以适当增加关于过程和其他方面的指标。然后，当你能够区分多个评估指标时，可以根据相应的任务使用其中部分内容。(在有关"宏观设计"的章节中，我们将提出理由说明一套评估量规应该建立在"项目"这一层次上。)

根据学生工作来设计和完善量规

评估学生理解和熟练程度的重要指标最初来源于阶段1的预期结果。然而正如误解警告所言，建立和完善量规的过程也依赖于对学生表现的分析。以下是阿特和麦克泰格(Arter & McTighe, 2001, pp. 37 - 44)为分析学生的表现而总结出的六个步骤。

步骤一：收集能够说明预期理解和熟练程度的学生表现的例子。

尽可能选择大量且不同的一系列例子。

步骤二：将学生的作品分类放置并注明分类的原因。

比如，将学生作品的样品分成三个层次：强、中、弱。当对学生的作品进行分类时，要写明将这些作品分到相应的不同级别的原因。如果一个作品被放在"复杂深奥"这一类中，要描述出它相应的与众不同的特征。这个作品在哪些方面能够体现出复杂的理解？你是依据什么将某件作品归于某一类的？当你将作品发还给学生时，你会对他说些什么？你确定的品质和特性会揭示出最重要的指标。持续地对作品进行分类，直到在你的属性列表中不能再增加新的条目为止。

步骤三：将这些原因归结到统一的特性或者表现的重要指标中。

到目前为止，所使用的分类过程是"综合型的"。在这一过程中，参与者在结束时都会得到一个标有高级、中级或者低级表现的评语列表。任何一个学生的作品都会只得到一个总分。通常情况下，在写出评语列表的过程中，有些人会表达自己的看法，大意是说"我很难把这个论文归结到一个确定的等级中，因为它在某个特性上很强但是在另一个特性上又很薄弱"。这时就需要分析型评分系统，也就是说，从多个维度评估每个学生的作品或表现。

步骤四：对每个评估指标进行定义。

这些定义要遵循"价值中立原则"——它们应该描述出评估指标是关于什么的，而不是描述好的表现应该是什么样子。（在某一评估指标上的优秀表现与量规的最高等级描述是一致的。）

步骤五：挑选学生表现来举例说明每个评估指标的得分点。

针对每个评估指标，挑选能够表现出强、中、弱含义的学生作品样例。因为针对每个量规的不同等级，教师会提供具体的样例，所以这些例子有时被称为"参照样例"。这些参照样例能够帮助学生理解什么是"优秀的"。（备注：要展示不止一个样例，这一点很重要。如果你只向学生展示一个例子来解释优秀的表现，他们很可能会片面地模仿样例或者完全照搬。）

步骤六：不断完善。

指标和量规是在使用过程中不断发展演变的。在设计的过程中，你总会发现量规中有些部分好用，而有些却不尽如人意。因此，要适当地添加和修改说明，从而使它们的表达更准确，并选择更好的参照样例将指标说得更清楚。

效度的挑战

站在评估员角度进行思考的第三个问题要求我们谨慎获取最适当的证据，即达到阶段1预期结果的证据。我们不仅要试图创造阶段2中有趣、真实的任务，而且还要获得阶段1中预期结果的最合适的证据。这就是效度的挑战。

效度是指我们所采用的证据能够准确测出所需要意义的程度，包括传统的与测试有关的证据。我们看见一个学生在操场上做了一个善意的举动，就能够推断出这个学生秉性善良吗？这个就是效度的挑战：我们应该通过哪些事件或者数据来获得有关常规能力的最具说服力的证据。

让我们看看传统课堂中所面临的评估效度挑战。卡森中学一位六年级的数学老师——梅老师，编制出一份包含20道问题的有关分数单元的测试卷。约瑟答对了11题。老师推断约瑟对分数方面的知识掌握得非常不稳定。这个结论正确吗？不一定。首先，我们需要看看测试题目并判断这些题目是否能够代表所有类型的有关分数的问题。考虑到约瑟是近期移民过来的，可能他的英语水平比较薄弱但是数学很厉害，那么在测试中能够排除英语的因素而确定他的数学能力吗？测试中如果全是文字题，那么这个测试对约瑟来说不就变成了检测英语综合理解能力的测试了吗？这些问题的相对难度怎样？每个问题所占的权重都一样的话，如果一些问题比其他问题难很多怎么办？

在给出测试评分时，梅老师只专注于答案的正确性而忽视每个学生提出和解决问题的过程。准确率能代表理解吗？不一定。最好的试卷也可能只涉及单纯的公式记忆，而没有任何关于他们这么做的原因的理解。进一步来说，如果约瑟拿到判了分的试卷后解释了他对分数的理解，并说明他因为粗心大意而出错，那我们又能得出什么推断？这是否应该影响他的分数或者我们对他的理解的判断？也许梅老师看到的不止这些，她不仅意识到约瑟可能在英语文字题上有困难，而且在分母不同时，约瑟对分数的理解也有问题。但是在解释规则和为什么需要一个公分母的问题上，理解起来没有任何困难。因此，基于错误的答案而得出"约瑟不理解分数"的结论是不成立的。

在任何一项评估中，专注于理解会使得问题的效度受到挑战。假设珍妮20道题目答对了19道，她答错的那道题是要求解释为什么需要公分母；假设萨拉在历史考试中的多项选择题全对，但文字论述题全错，而文字论述题要求分析在相同时期的关键事件；假设伊恩制作了一张很棒的关于水循环主题的海报，但是考试不及格——当这些情况发生时，我们该怎么做？这些都是我们要面临的挑战。我们必须确保所要求的表现在特定的寻求理解的过程中是恰当的。一个没有获得理解的学生能在测试中表现很好吗？一个已理解的学生会把关键的事实忘记或混淆吗？是的，是的，这种情况随时都在发生。在评估学生表现的时候，特别是在评估理解的时候，我们要避免得出可疑的推论。

我们在前面说过，理解是一个有关程度的问题。就像分数这个例子，我们把太多的注意力放在了正确性上（部分原因是根据正确性评分更容易，而且看起来也更客观——机器也可以做到），很少关注理解的程度（这必须靠人进行有效判断）。所以理解在传统的测试和分数上很难得到检测。

在面向表现的评估设计中存在一个常见的困惑，使得这个问题变得更难。许多教学设计师们将有趣的学习活动和恰当的表现证据混为一谈，因为表现是复杂的，任务是有趣的，所以从学生作品中获得的证据与预期结果是不匹配的。

我们可以从一名五年级教师的故事中总结问题的挑战所在。她想通过让学生构建立体模型来评估他们是否掌握了与美国内战相关的内容标准。她在工作坊期间设计了关于美国内战的学习单元，意欲运用追求理解的教学设计的理念，通过创造性的方法来使学生达到内容标准的要求。她想通过一个吸引人的表现性任务来评估学生对内战的起因和影响的理解。

她问我们是否可以使用一个试运行的真实项目（"关爱孩子"项目），因为该项目包含表现性任务，并能够产生可用来评估的产品。我们说，理论上只要这个项目能获得适当的证据，就完全可以。她不确定我们是什么意思，所以我们要求她描述这个项目，她说孩子们必须为模拟的内战博物馆建立一个关于内战中一场重要战役的立体模型。模型里必须有地图、说明版块和相关文物。那么，我们要好好看看她要遵循的内容标准：

■关于理解仍然存在的争议

这个有关效度的讨论并不能直接解决哲学家和心理学家长期存在的争议：理解这一行为是否先要包含可以与表现区别开来的心理图像。如果把该争论界定为认知研究的基本问题，那么它涉及这样一个问题：表现能力获得之前必须先形成心理模型吗？或者理解更像是成功的爵士乐即兴创作——具有天生的表现力和敏感性（表演者前期的深思熟虑没有起到关键性或决定性的作用）？尽管我们并不支持这种观点，但如果读者们对此感兴趣，可以阅读《心的概念》（*The Concept of Mind*，Gilbert Ryle，1949），《为理解而教》（*Teaching for Understanding*，Wiske，1998）中珀金斯写的那一章，以及《洞察的本质》（*The Nature of Insight*，Sternberg & Davidson，1995）。

美国内战和美国重建时期：1860s 到 1877

 USI.9 学生要达到以下要求来展示美国内战的原因、重大事件及其影响：

　　a. 描述造成国家分裂的文化、经济和宪法等问题；

　　b. 解释为什么州权问题和奴隶制问题日益紧张；

　　c. 在地图上标出从联邦退出的国家和仍然留在联邦的国家；

　　d. 描述亚伯拉罕·林肯,杰佛逊·戴维斯,尤利西斯·S·格兰特,罗伯特·E·李,托马斯·"石墙"·杰克逊和弗雷德里克·道格拉斯在起义和内战中担当的角色；

　　e. 利用地图解释内战中至关重要的进展,包括主要的战斗；

　　f. 从联盟和同盟士兵(包括黑人士兵)、女人和奴隶的角度描述内战的影响。

看过内容标准后,我们请她根据两个自查问题来反思自己的评估任务设计是否可行：

- 学生在表现性任务中可能做得很好,但是这真的不能表明他们达到了你所寻求的理解。
- 学生在展示任务中可能做得不好,但用其他方式仍然可以发现他们形成了重要理解。

如果对于任何一个问题的答案是肯定的,那么这个评估可能就**没有**提供有效的证据。

"噢,当然!"她很快地说到,"我怎么能这么傻？这真的只能说明标准中的一小部分,而完全忽略了这个问题的起因和影响。我怎么会把这个忘了呢？"

她犯的错误是一个常见的错误——混淆了有趣的项目、真实的活动与有效的评估。在这个案例中,她把她的项目和标准(主要军事的转折点)进行了微小的关联,然后试着从这些证据中得出结论,但这些证据是不可靠的。值得庆幸的是,当要求根据这两个效度问题进行自我评估时,她马上发现了问题所在！大部分人并没有根据任何设计标准来自评他们提出的评估方式,他们经常将无效的推论作为结论,那就糟了！阶段 2 的目标并不是加强设计的吸引力,而是用好的证据来判断既定目标的达成度。

这个案例也提醒我们从目标中衍生出通用指标是很重要的。假设内容标准聚焦在美国内战的原因和影响上,如果老师在设计具体的立体模型任务之前已经考虑好与标准相关的合适指标,她可能就避免了评估效度不高的问题。如果从结果(内容标准)出发来推导评估设计,在这个单元中,任何学生的表现都需要:(1)识别多种原因;(2)明确多重影响;(3)符合历史事实;(4)包含一个清晰解释。如果这样来考虑问题的话,就会想到其他更恰当的任务,例如做一张可以显示内战多种原因和影响的海报。

这个案例也很好地说明了设计评估所面临的挑战:仅仅依靠直觉来考虑效度问题是非常困难的。然而,如果老师们能够根据正确的标准有意识地开展自评(如果有同伴互评当然更好),大多数问题可以得到解决。

逆向设计中的效度自评

回想逆向设计模板的横向版本(见图表7.2),看一下阶段1和阶段2之间的逻辑关系。注意观察图表8.4中逆向设计是如何利用六侧面中的两个侧面来帮助我们更好地像评估员一样思考的。

> ■ **误解警告!**
>
> 效度与推理相关,而与测试本身无关。效度关注证据的含义:我们要求学生做什么,我们怎样评估任务的结果。换句话说,效度是我们对于结果的理解,而不是测试本身。我们必须在措辞中更加谨慎。尽管每个人都会不经意地使用"有效的"和"无效的"来修饰"测试",严格来讲这是不准确的。效度是关于我们要从特定的测试结果中获得的推论。提高这种推理能力是成为一个优秀评估员的关键。

为了更加注重效度这个问题,我们鼓励设计者经常利用图表8.5中的自评表对自己设计的评估进行反思。图表8.5扩展了对评估质疑的范围,可用于任何评估设计理念以提高效度。

当然,你的答案可能是不确定的,这里没有关于效度的规则或诀窍。有时候我们需要的只是一个谨慎的、警惕错误的判断。但不要低估自评在设计中的作用,它可以帮助你解决很多问题。它能使你更有信心和勇气来评估真正重要的内容,而不仅是那些容易观察到的、容易打分的内容。

图表8.4 利用逆向设计，像评估员一样思考

阶段1		阶段2
如果预期结果是让学生……	⇨ *那么你需要学生有证据表明他们能……* ⇨	*所以需要这样的评估……*
理解…… ⓤ • 统计分析和图形展示经常揭示数据中的模式。 • 模式识别使预测成为可能。 • 从数据模式中得出的推论有可能貌似合理而实际上是无效的（或者是看似不合理但是有效的）。 • 相关性不能确保是因果关系。 *仔细思考这些问题……* Ⓠ • 趋势是什么？ • 下一步将会发生什么？ • 数据或者数据统计用何种方式表明真假？	**应用：** Ⓣ 什么样的应用能使我们推断出学生理解了他们所学的知识？ 什么样的表现或作品能有效地区分知道和理解？ **解释：** 学生必须能够解释、证明、支持或者回答关于任务的哪些内容，我们才能推断学生是真正理解了？ 我们怎样测试他们的想法和做法来确定他们是否真正理解了他们所说的和所做的？	ⓆⒺ • 用男子和女子在马拉松比赛中的历史表现来推测2020年男子、女子马拉松比赛成绩。 • 绘制不同情形下储蓄计划的图表（如大学教工、退休人员），给出理财建议。解释难以置信的复利。 • 分析过去15年的艾滋病案例，确定其发展趋势。（注意：数据开始由线型转变为指数型。） • 给编辑写一篇文章或一封信，内容是关于为什么马拉松分析貌似合理却是不正确的。 • 为潜在的投资者开发一本小册子，解释为什么早一点开始小数额存款，比后来才进行大数额存款要好。 • 创建一张带有书面说明的展示图，说明艾滋病以指数形式增长的本质。

效度也影响着量规的设计。效度问题来自于量规而不是任务。我们必须确保采用了正确判断理解（或者其他目标）的指标，而不仅仅是看什么指标容易判断得分就采用什么。在评估理解时，我们必须特别注意不要将正确性、表现技能（如书写稿、演示文稿、图示表征）与理解程度相混淆。在评估中普遍存在的一个问题就是：许多得高分的人都被认为有更好的理解力，知道全部的事实或者表达思路清晰；相反，另一些学生容易犯错误，或者交流能力有限。但是如果那些存在错误的文章见解深刻，而那些文辞优美、基于事实的文章却很肤浅呢？要弄清楚我们能从证据中获得什么以及不能获得什么，这是关于效度的问题，它适用于我们如何打分，而不仅仅是对哪些事项进行打分。

图表 8.5　评估理念的自我测试

阶段 1	预期目标：

阶段 2	建议的评估：

学生在以下状态下，在评估中得分很高的可能性有多大？	非常可能	有点可能	完全不可能
1. 在有限理解的基础上巧妙地猜测？	☐	☐	☐
2. 能准确回忆所学知识，但仅是有限理解或完全不理解，对所学知识人云亦云？	☐	☐	☐
3. 做出真诚的努力，充满热情，做了很多的辛勤工作，但理解有限？	☐	☐	☐
4. 有优秀的作品和表现，但理解有限？	☐	☐	☐
5. 有自然的语言表达能力和智慧，但对谈论的内容理解有限？	☐	☐	☐

学生在以下状态下，在评估中得分很低的可能性有多大？			
6. 尽管对大概念有深层次的理解，但是仍没有达到表现性目标？（例如，任务与目标无关。）	☐	☐	☐
7. 尽管对大概念有深层次的理解，但不符合评分和分级指标？（例如，一些指标随意、不合理，或过分强调这个任务中与预期结果或真正优秀表现无关的东西。）	☐	☐	☐

目标：使你的所有答案都是"完全不可能"

在实践中,前面讨论的两个问题的变体还可以帮助我们自评指标和量规的效度。给出拟定的指标和据此起草的量规,思考:

- 学生是否已经符合了所提出的指标,但仍然不能显示深刻的理解?
- 学生是否不符合所提出的指标,但却依然显示出理解?

如果你对以上两个问题的回答有一个是"是",那么所提出的指标和量规就还不能提供有效的推论。

信度:对评估模式的信心

关注评估证据的合理性是至关重要的,但这还不够,我们需要的不仅是有效的推论,而且还应是一个值得信赖的推论。我们需要确信结果的一致性。可能约瑟完成一个包含20题的测试,错了9道题;而如果第二天给他另一个包含50题的测试,他可能还是错9道题。所进行的测试可能是恰当的,但是单一的结果并不是可靠的或恰当的。这是关于信度的问题,也正是我们在第七章中提出应该有一个证据"剪贴簿"而不是一个单一"快照"的原因。

让我们用最喜欢的竞技运动来说明信度问题。运动员在比赛中的表现无疑是对他们的成就进行检测的恰当方式。显然,在这一运动中比赛结果产生了有效的成就推论。但是任何一个比赛结果都可能不具代表性。因为要考虑到该团队有可能在某一夜被一向表现薄弱的团队打败。这个分数是反常的、不可靠的。当我们有很多比赛结果时,才可以说明这个团队在整个赛季的表现都很好。可靠的评估显示推论的一致性和明确的趋势。

请注意,多个裁判是否彼此认同是一个不同的问题,通常被称为"评分者间信度"。在这种情况下,我们需要多个裁判的评判结果来形成一个统一的模式。但是那些裁判可能仍然只对单一事件打分。在那种情况下,评判可能是可靠的,也就是他们都给出同样的得分,但是那天学生的表现可能并不是"可靠的"或者不是学生的一贯表现。

第二个要注意的是:在构架评估的挑战中,(除了"无罪推定")我们喜欢使用著名的比奈说的一句话。比奈是智商测试的创造者和现代测量技术的创始人,他认为:"使用什么测试无关紧要,只要这些测试是变化的和多样的。"这就是为什么在追求理解的教学设计中我们要求设计者在不同的时间使用不同类型的证据。

通用指导原则

以下问题和指导原则是第七、八章关注点的总结，希望有助于你自己创建一套平衡的、基于实际情况的关于理解的评估。

1. 与从客观测试中获得的评估知识和技能的证据相比，关于理解的评估所需的证据要更间接，更复杂。我们需要观察的不仅仅是正确答案的百分比。为什么？有时正确答案的获得来自于死记硬背、良好的测试技巧或好运气。在用于理解的评估中，我们需要深挖答案背后的原因和学习者作出这种选择的意图。

2. 关于理解的评估需要收集在表现或产品中进行"应用"的证据，但这会使评判结果变得复杂。当我们发现学生对学习内容有深切的领悟，但对部分复杂任务的表现不稳定时怎么办？或者，当我们发现学生的学习结果很好，但他们在完成项目的过程中缺乏洞察力时怎么办？我们应该如何设计表现以使我们可以准确地从不同方面来评判表现？

3. 既然理解包含六侧面，那么是不是有些方面优于另外一些方面呢？哪个表现更相关，又是在什么情况下相关呢？比如，当所采用策略的"应用"和"解释"功能很强，但对情境的"阐明"功能很弱时，我们可以从中推断出什么呢？或者虽然个别"应用"没有效果，但从口头汇报和自我评估中，我们清楚地获知学习者对内容和过程有可靠的理解，这又该如何处理呢？

4. 尝试对相同内容同时使用不同的测试形式。换句话说，在面对相同内容时，同时使用简单小测试和复杂任务"困境"。或者，使用构答题来展示同样的内容，从而确保学生的答案反映了他们的理解。尽可能使用不同形式的并行的评估方式来提高指向预期结果的证据质量。

5. 试着去预测关键误解，并且使用简单的前测和后测来确定这些误解是否被克服——除了你所使用的其他评估任务之外。比如，下面的简单测试就能发现学生是否理解了科学研究中的变量分离过程：

190 罗兰想确定两个去污剂中哪个效果更好。首先,他在一件染上果汁和巧克力的 T 恤上试用 A 去污剂。然后他在一条染上青草汁和铁锈的牛仔裤上使用 B 去污剂。接着他对比结果。罗兰的计划真的能够判断去污剂的效果吗?请解释。

6. 考虑到某个应用或产品可能与更大的目标相关或不相关,一般会要求学生"展示他们的作品",针对他们的答案给出解释,并且展示答案中那些与主要原则或概念相关联的内容。

7. 假定学生在解释时表达清晰,可能更多是得益于他的语言表达能力,而非来自真正的理解。在这种情况下,可以要求学生把解释"转化"为一个新的或者不同的问题、情景或事件。

8. 利用不同侧面来扩充证据:当要求学生动手操作(侧面 3)时,同时要求其阐明(侧面 2)和自评(侧面 6),以此来确保不会高估最终产品。在很多时候,都可以结合洞察和神入两个侧面的要求。

本章结束前的提醒

虽然在本章中我们已经将注意力放在对理解的正式和总结性评估上,但教师的日常检查是我们监控学生是否理解的途径。实际上,老师知道如何使用形成性评估来报告教学并作出必要的调整。理解的迭代性质、混淆和误解的可能性,以及相互作用的证据的必要性使日常检查势在必行。由于阶段 2 是关于总结性评估的,对理解的非正式检查和反馈的进一步思考将推迟到阶段 3。

我们已经将通常最喜欢做的事——设计学习计划,推迟了好多个章节。现在阶段 3 即将开始,我们将更全面地决定学习计划中需要完成什么,不仅仅要考虑预期理解和评估证据,还要考虑我们的学习者是谁以及他们最感兴趣的是什么。

# 第九章　设计学习

> 通常情况下，只有学生达到深入理解的阶段时，最为本质的理念才适合作为外化出来的清晰内容……**最具有代表性的理念，不是在教师的嘴里，而是在他心里**……这将指导教师为学生选择符合内心理念的学习体验。
>
> 因此，在开始阶段，代表性的理念是用来引导教师（或课程建设者）的，而不是直接面向学生的。随着学习的开展，这些理念对学生来说也会变得清晰、明确。而且，事实证明，这些理念在学生提升和概括自身理解方面非常有用（与对教师的作用是一样的）。
>
> ——菲利普·菲尼克斯，《意义领域》，1964，pp. 327–8，加黑字体为强调

> 不闻不若闻之，闻之不若见之，见之不若知之，知之不若行之。
>
> ——荀子，《儒效篇》

我们已经弄清楚了什么是关注大概念的预期结果，也讨论了对关注理解的预期结果要进行恰当的评估。现在，我们要思考阶段3的工作，即设计在课堂中占有核心地位的学习活动。追求理解的学习计划是什么样的？我们如何在最大程度上确保每个人都能达到理解？

从另一种意义上讲，设计的挑战正到达一个新阶段。从原来只需思考我们（作为设计者）想要完成的内容，转向思考以下问题：谁是学习者（最终设计的使用者）？他们需要什么？他们是独立地实现阶段1中的预期结果，还是以合作的方式？他们怎样才能在阶段2所提出的任务中表现良好？就像软件设计师一样，我们必须做更多的工作以确保所有的代码和功能运作正常。我们必须关注用户和设计者是谁，以便他们能最大限度地参与教学活动并取得成效。我们的教学设计必须是真正使用户方便掌握的，不只是在思考和逻辑上站得住脚。

我们对阶段3的讨论倾向于提供教学建议,因此并不详尽。我们要突出对设计的思考,使之遵循逆向设计的教学逻辑和理解的本质。之所以选择这种方法,部分是因为经验丰富的教育实践者对于学习计划是很熟悉的,还因为现在有很多对追求理解的教与学有用的学习材料。此外,单元计划需要的细节层次要低于单元中的各单课教案。

我们再一次回顾前面使用过的矩阵,提供阶段概览,重点关注阶段3的内容(见图表9.1)。

教师设计者首先必须要做的是抵制轻松熟悉的技术方法的诱惑。逆向设计的本质是非常严谨地对待下面这个问题:假如给定了预期结果和表现目标,为了达到这些目标,需要什么样的教学方法、资源和经验?换句话说,阶段3的基本问题是:假如给定了预期结果,学习者需要做什么?假如给定了表现目标,我们对课堂内外时间的最有效的安排是怎么样的?图表9.2呈现了本书中一直使用的营养单元案例,也许有助于这些问题的回答。

需要注意的是,两张图表都没有对"教学"这个词汇给予强调。相反,根据阶段1和阶段2确定的目标和证据,我们强调的重点必须是关于规划适当的"学习活动",教师的"教"(直接教学)只是其中之一。这样做不是为了"秀"理念,而是反映了要成为一个优秀的教育工作者所需要的根本转变。正如我们前面说过的,教学面临的挑战是从一开始就少想教师的"教",更多思考学生的"学"。尽管每个人都有自己的教学优势,独特的教学风格,或已经养成了驾轻就熟的教学习惯,但是逆向设计逻辑要求我们所设计的各种学习活动(包括"教")都要经得起推敲,并与阶段1和阶段2的各项条目相对应。(我们在第十章将以更长的篇幅讨论各种教学及其最佳应用。)

在阶段3中,尤其要鼓励设计者思考评估方法的持续应用,将其作为提高学习的关键因素,这种思考也许以新的和不熟悉的方式展开。鉴于学习者可能会对大概念产生误解,并做出错误的表现(不一定是教学或学习效果不好的标志),设计必须确保教师和学生得到他们需要的反馈,从而重新思考、修订和完善教学设计。就像在运动场、舞台、工作室等场所需要经常反馈沟通一样,提供反馈并有机会运用反馈是好的学习计划的一个重要方面。(工作坊的一位参与者在笔记中写下对这种评估形式的想法:"啊,我在教室中要多学学教练,而在运动场

图表 9.1 UbD 矩阵：聚焦阶段 3

关键的设计问题	书中章节	设计注意事项	判断依据（设计指标）	最终设计结果
阶段 1 • 有价值的、恰当的结果是什么？ • 关键的预期学习是什么？ • 学生应该理解、知道什么及能够做什么？ • 什么样的大概念能包含所有这些目标？	• 第三章——明确目标 • 第四章——理解六侧面 • 第五章——基本问题：通向理解之门 • 第六章——架构理解	• 国家标准 • 州立标准 • 地方标准 • 区域主题环境 • 教师经验和兴趣	• 关注大概念和核心挑战	• 与清晰目标和标准相关的、围绕持久理解和基本问题的单元架构。
阶段 2 • 预期结果的证据是什么？ • 尤其是，什么是预期理解的恰当证据？	• 第七章——像评估员一样思考 • 第八章——指标和有效性	• 理解六侧面 • 评估类型集合	• 有效 • 可靠 • 充分	• 为达到预期结果而锚定在单元中的、可靠且有用的证据。
阶段 3 • 什么样的学习活动和教学能促进理解、增进知识和技能、激发学习兴趣和发挥长处？	• 第九章——设计学习 • 第十章——为理解而教	• 基于研究的教与学的策略 • 恰当且使能的知识和技能	• 参与性和有效性，使用 WHERETO 的元素： • W：将要达到什么目的 • H：把握学生情况 • E：探究和装备 • R：反思和修改 • E：展示和评价 • T：根据学生需求、兴趣量体裁衣 • O：组织教学以发挥最大的参与性和有效性	• 呈现一致性的学习活动和教学，能够唤起和产生预期的理解、知识和技能，激发学习兴趣，使优秀的表现性行为成为可能。

194

图表 9.2 包括阶段 3 的逆向设计逻辑

阶段 1	阶段 2	阶段 3
如果预期结果是让学生…… ⇨	那么你需要学生有证据表明他们能…… ⇨	学习活动需要……
符合标准…… 标准6——学生理解有关营养和饮食的基本概念。 6a——学生运用对营养的理解为自己或他人安排合理饮食。 6c——学生理解他们自己饮食方式，以及改善饮食方式的方法。 **理解……** ● 均衡的饮食有益于身心健康。 ● 美国农业部食物金字塔为个人饮食需求提供基于年龄、活动量、体重和整体健康状况的不同饮食指南。 ● 健康的生活需要个体根据可用的全面的营养信息来采取行动，即使这意味着要打破舒适的习惯。 **仔细思考这些问题……** ● 什么是健康饮食？ ● 你是一个健康的饮食者吗？你是如何知道的？ ● 对一个人来说是健康的饮食，为什么对另一个人却不是健康的？ ● 尽管有很多可用的信息，为什么在美国还有这么多由营养不良引发的健康问题？	G ● 在不同的情境下为不同的人设计饮食计划。 ● 揭示一种理解：美国农业部食物金字塔指南不是绝对的，它仅仅是指南，并且还有其他指南（及其他背景变量）。 ● 仔细注意和分析他人及自己的饮食习惯，并推测为什么人们按这种方式进行饮食。 U **因此，需要特定的任务或测试，如……** ● 为不同的人群规划饮食。 ● 对他人制作的过于严格或宽松的饮食计划给出反馈。 ● 对人们的实际饮食情况及因果作一项全面的调查。 ● 小测验：关于食物分类和美国农业部食物金字塔指南的测验。 T ● 简答：描述一些由于营养不良而引起的健康问题，阐述如何避免这些问题，反思自己和他人的饮食习惯。 E、Q	L ● 以有趣的方式吸引学生思考营养对自己和他人生活的影响。 ● 不仅要帮助学习者理解食物金字塔指南，还要使他们了解为什么食物金字塔所指定的方式转变、其他可能性会如何。 ● 告知学生菜单和营养计划，以及如何制订饮食计划，在如何分析调查方面，给学生提供指导和反馈。 ● 传授学生知识，在如何制订饮食计划、采取行动以及分析饮食习惯方面，分析教学活动，帮助学生通过调查、分析和讨论等方式了解饮食习惯是如何与健康和肥胖问题联系起来的。 ● 使所有学习者具备开发菜单和评论他人菜单所需的技能和机会，包括对自己的菜单作出评估。 ● 帮助学习者了解为什么我们如何来成为自己的，思考为什么所有人都对自己的饮食习惯感觉良好。

上则要多学学教师。")

最佳设计兼具吸引力与有效性

但是,根据教学目标,对于一个好的学习计划,我们究竟要完成哪些内容?什么样的计划是一个好计划?我们给出的最简单的答案是:它必须兼具吸引力与有效性。

对于吸引力,我们的意思是不同的学习者都能发现这个设计是发人深省、引人入胜、充满活力的。该设计可以使学生深入主题,激发他们的欲望、探秘或挑战等本能需求,使之参与到活动当中。我们的目标是在多个层面影响学生,不是枯燥的学术内容,而是有趣的和相关的工作,在智力层面是引人入胜的、有意义的。教学活动的设计不仅要使学习者享受学习过程,而且要使他们投入到有意义的智力活动中,关注大概念和重要的表现性挑战。

对于有效性,我们的意思是教学设计帮助学习者在完成有价值的任务时变得更有胜任力,更有成效。他们最终会达到较高的标准,超过常规的期望值。当他们达到既定的目标时,他们发展了更高层次的技能和理解,以及更强的智力和反思能力。换句话说,这类设计会实质性地增加学习的价值。所有人都取得了智力上的真实进步,并且他们能够认识到这一点。

吸引力和有效性的标志是什么?我们如何"体现"这些特质?为了使这些问题的答案尽可能容易理解和有用,我们为和我们一起工作的教师开展了两次关于建构主义的工作坊练习,他们根据自己的经历,扮演教师和学生角色。这些练习能够在《追求理解的教学设计专业发展工作手册》(McTighe & Wiggins,2004,pp.250,281)中找到。在第一次练习中,我们将教师分成两个组(A 和 B),要求 A 组人员回答下列问题:学生在课内、课外的什么时间最投入?是什么让学生如此投入并能够保持状态,这些典型范例中的普适要素是什么?我们提供给 B 组人员类似的问题:什么时候学生的学习最有效?在什么条件下会产出最高效的工作?哪些内容有利于产生最有效的学习,这些典型范例中的普适要素是什么?然后,两组人员相互分享他们的范例,确定相同的要素。

关于学习者通常在什么时候学习最投入,A 组的回答是,当任务:

- 是动手操作的；
- 涉及探秘或问题解决；
- 提供多样性；
- 提供机会以适应、修改，或某种程度上体现个性化挑战；
- 协调合作与竞争，平衡自我和他人；
- 建立在真实世界或有意义的挑战之上；
- 使用激励性的交互方式，如案例研讨、模拟试验，以及其他各种模拟挑战；
- 包含真实的观众或其他形式的对结果的"真实"责任。

B组人员通常认为，学生在下列情况学习最有效：

- 任务聚焦于明确和有价值的目标；
- 学生理解任务的目的和相关原理；
- 提供了模型和范例；
- 有明确且公开的指标，让学生准确地监测自己的进展情况；
- 有限的担忧和最大的动机，让学生尝试努力，承担风险，从公正的错误惩罚中获得经验；
- 通过将学生的经验与课堂以外的活动相联系，得出具体的和真实的想法；
- 基于反馈提供多次自我评估和调整的机会。

最后，我们将两组结果相结合，比较各自的回复，并填写维恩图的中心部分，观察两部分的重叠内容。也就是说，什么时候工作是最有吸引力和有效的，两者重叠部分为我们提供了启示。在任务中体现智力参与的特征（如，真正应用有意义的、现实世界的问题；亲自实践某个主题的机会；获得持续有用的反馈）能够提高成效，反之亦然。

第二次工作坊练习与第一次不同。我们要求教师回忆一个自己作为学习者亲身体验的教学案例，在这个案例中，自己和学友都被充分吸引且学到了有价值的东西。在小组中分享各自独特的经历后，我们要求他们来概括：从设计的角度来看，这些优秀案例中的共同成分是什么？然后，我们帮助全体教师分享每个小组的想法，将每组发言代表的话准确地记录在演示文稿文档中。最后，我们展示从第一次工作坊中得到的反馈，重点强调了小组答案的客观合理性以及我们的专业共识。

最佳设计的特点

第二次练习的答案表明,我们的教师在关于最佳学习设计组成要素方面,有着一致的和清晰的认识。下面是最常被引用的关于最佳设计的特点:

- 基于真实和明确的挑战,有清晰的表现目标;
- 动手操作活动贯穿始终,和传统教学相比,前期"教"的负担减轻;
- 关注有趣的和重要的想法、疑问、问题、难题;
- 有明显的真实世界应用,因此对学习者是有意义的;
- 强大的反馈系统,提供从反复试验中学习的机会;
- 个性化的方法,即存在不止一种完成主要任务的方法,提供适应过程所需的空间,及依据个体风格、兴趣和需求而定的目标;
- 清晰的模型和建模;
- 预留时间来关注反思;
- 方法、分组和任务的多样性;
- 为冒险提供安全环境;
- 教师的角色类似于协调者或教练;
- 和传统的课堂体验相比有更多的沉浸体验;
- 自始至终具有清晰的全局观念,部分和整体之间不断进行流畅的互动。

以上这些答案由各教育阶段的教师给出,包括幼儿园教师和大学教授,年轻教师和资深管理者,艺术教师和数学教师,城市公立学校和郊区私立学校的工作人员。也就是说,这是在改进个人和集体的课程设计方面大家都有的"共识"。(顺便说一下,在建立本地设计指标过程中,这些答案是有用的第一步,可以把它们应用在自我评估和同行评审中。由于这些"标准"由参与教学的人员制定,因此它们是更可信的、更容易让人接受的基础,使传统的个人设计工作在公开化、标准化及审查方面更为恰当。)

追求理解的教学设计的成功,在一定程度上是由于我们对学习活动及其组织的建议反映出了这一共识。这正是我们已经着手做的——在一套设计原则和设计标准中具体化这些共识。所以,作为 UbD 作者的成功,在一定程度上是由于 UbD 模板和我们的教学策略，它们以极其明确和实用的方式反映了"我们已经知道"的内容。

这些特征如何充分地体现在教学设计中？我们如何在常识基础之上来具体地设计学习？让 WHERETO 这个缩写来告诉我们吧。

教学计划中的 WHERETO 要素

为了更好地体现我们在某些程度上已经知道的内容，WHERETO 强调了关键的思考：

W——确保学生了解所学单元的目标以及原因。

H——从一开始就吸引学生并保持他们的注意力。

E——为学生提供必要的经验、工具、知识，以及技能来实现表现目标。

R——为学生提供大量机会来重新思考大概念，反思进展情况，并修改自己的设计工作。

E——为学生评估进展和自我评估提供机会。

T——量体裁衣，反映个人的天赋、兴趣、风格和需求。

O——合理组织，以使学生获得深刻理解，而非肤浅了解。

本章其余部分将产生并实施一个有效且参与性强的教学计划，探讨 WHERETO 的具体含义。我们将依次探究其中的每一个要素。

W——学习方向（Where）和原因（Why）

我们的目标是什么？我们已有哪些基础？为什么要达到这个目标？学生具体履行的职责是什么？评估学生理解的指标是什么？

在关于"最佳设计"的练习中，几年来参与者所总结出的"最佳设计"的首要特征是为学习者确定"清晰的目标"。这不仅仅需要教师清晰表达自己的教学目标，而且必须让学生明确他们的学习目标。这意味着要对大概念、基本问题、预期表现及评估标准（由想要达到的成就组成）进行充分剖析，要求教师对预期学习进行基本说明——确定哪些是（或不是）最重要的学习内容，以及**为什么这些**

内容值得学习。

除了澄清目标并使之合理化以外,W 还提醒教师帮助学生清楚地知道预期表现(及相应的计分材料,如范例和量规),并牢记于心。这些预期表现将揭示学生的理解程度。就学生自己的最终表现义务而言,的确只有很少的学生知道课程或单元的目的。虽然学生没有必要一定要知道教师将"教"什么,但要理解"学习"最终需要他们做什么,这是基本的要求。对于集中注意力、指导学习及确保目标的理解和达成而言,只是知道主题、要阅读的章节、活动的说明,或者结束时有测验等是不够的。在单元或课程学习过程中,要让学生尽可能早地了解他们在课程结束时要掌握的关键问题和具体表现(例如:任务、测试、作业、评估指标,以及相关的表现标准)。

> ■误解警告!
>
> 在这里,我们像对待理解六侧面一样强调 WHERETO 要素,将其作为一种分析工具,用于检查设计,而不是为如何构造设计提供过程或步骤。(我们将在第十一、十二章深入讨论这一问题。)回想一下,对于认知难度,布鲁姆的教育目标分类学(1956)就呈现了判断评估项目和任务的一种方式,而不是为教学制定顺序。同样,WHERETO 要素是一种检查课程和单元的方式,而不是制定它们的方案。
>
> 用讲故事做类比,故事需要情节、人物和背景。这些故事元素正如 WHERETO 一样,是对设计元素作的概括。但是如何将这些元素塑造成最有吸引力和有效的整体呢?故事有许多可能的开始,中间过程和结尾。一个讲故事的人,他可能会以简短的对话或描述一个角色和工作作为开始,逐步过渡到故事情节(反之亦然)。设计工作也一样,随着时间的不同,会涌现出许多不同设计方式或流程。说不定,教师会以一个最终任务的草案,如书面草稿,作为一个单元的导入部分。

这个要求比它第一次出现时更严格。这意味着预期的工作,其目的和最终的学习义务对学习者来说都必须是清晰的。根据教师设计的活动和材料,随着单元的进展,学生必须能够明确地回答下列问题:

- 在单元结束后我必须理解哪些内容?如何界定理解?
- 最终的义务是什么?我必须掌握什么知识、技能、任务和问题,才能够满足这些义务的要求,并能够展示理解和熟练程度?
- 有哪些资源可用来支持我的学习和表现?
- 我当前的任务是什么?它是如何帮助我履行总体义务的?
- 目前的工作与前期工作的相关度如何?对于这项工作而言,最重要的是什么？
- 我应该如何分配时间？在现在和后续的任务中，最需要关注哪方面的内容？我应该如何规划？接下来我该做什么？在该任务的整体计划中要优先考虑哪些内容？
- 如何评估最后的工作？当前表现中最突出和最欠缺的地方是什么？如何改进？

目标明确的工作

正如上述 W 问题所建议的，为了正确地集中注意力，提供指导，从学生的角度来看，学习任务必须目标明确。无论主要思想的抽象程度如何，在设计中必须将这些目标变为使学生能尽快掌握的、清楚的和实际的任务和指标。

下面的例子展示的是一名语文教师为小说《麦田里的守望者》的研讨单元所提供的信息。注意老师如何以表现挑战和基本问题来开始这个单元，以明确单元导向；注意阅读是怎样开展的；并注意学生的最终成绩是怎么评定的。老师在课堂上对学生说：

> 在细读《麦田里的守望者》之后，你将扮演霍顿所讲故事中的医院行业审查委员会的一员。使用霍顿自己台词的脚本，再加上所选的相关材料，你需要写一份医院诊断报告，并按惯例给霍顿父母写一封信，解释霍顿（如果有的话）做错了什么。（在第一天发布关于本任务的量规。）

> 除了这个最终的表现性任务外，你会参加关于阅读和写作练习的三个测试，在测试中你将以另一个角色描述霍顿。在下节课之前，在完成每个阅读任务之后，请在你的阅读日记里回答两个问题：在这部小说的节选内容中，你所学到的关于霍顿的最重要的事是什么？在小说中，关于霍顿在这一点上最重要的未解决的问题是什么？日常课堂讨论将以你对这些问题的回答作为开始和结束。

> 在单元结束时，你需要对这部小说的理解过程进行反思，并记录在你每天的日记中。最后几天的最终问题是：随着故事情节的发展，你看待霍顿的方式有什么改变？如果如有些人所言，当你遇到新材料时，"误解是不可

避免的",那么在本单元的任一点上你的误解是什么?最后,如果你给下一届学生讲授这本小说,为了确保他们对小说的理解,而不是只知道一些事实知识,你会怎么做?

想一想上面这种对文学作品的学习方式与典型的"开卷"策略(下发印刷书籍、浏览阅读作业大纲、按等级要求进行考查)有何不同?在这种情况下,通过表现性挑战,学生明确了阅读的目的和背景(例如,找出霍顿做错了什么)。从第一天开始,他们就知道预期结果和学习任务的评估方式。请注意不同类型的评估是怎样为判断学生的理解提供类似"剪贴簿"的证据的。常规日记不仅有利于提供学生理解的证据,也有助于学生成为能应用有效阅读策略的读者(如总结文本内容,提出问题)。

实际上,提醒学生从一开始就关注单元和课程的基本问题,是一种让学生明确学习重点的简单方法。因此,通过了解基本问题——这些问题建构了关键评估——学生在学习、研究、记录和提问时会更明确,更聚焦,更自信。

从哪里来(Where from),到哪里去(Where to)

W 的另一个维度是提醒设计师思考以下问题,并在心中设想答案。学习者来自哪里?存在哪些先前知识、兴趣、学习风格和天赋?可能存在什么样的误解?这些问题说明在学习计划初期进行诊断性评估非常重要。

一种高效率的、有效的、应用广泛的诊断性技术被称为 K-W-L。在一个新的单元或课程开始时,老师要求学生明确关于这个主题他们已经知道(或认为他们知道)哪些内容。他们的反馈将列在 K-W-L 图表中。该列表为教师了解学习者的先前知识提供了直观的认识,同时又揭示了可能存在的、需要澄清的误解。接下来,老师要求学生确定他们想要知道这个主题的哪些内容,并提出自己的疑问。这些反馈也将记录在 K-W-L 图表中,提示教师在哪些学生感兴趣的领域会产生可用于教学的机会。(有时候,学生实际上会用"孩子的口吻"提出一些基本问题。举个例子,一个小学社会研究单元以探讨地区和区域特征的阅读与活动为特色。有学生提出了一个问题:"南方人确实与北方人不同吗?"这个问题引起了同学们的兴趣,使大家积极参与讨论,并开展调查,将模式化的印象和准确的描述进行对比。)然后,随着单元教学的推进,将学生们所获得的事实知识和大概念记录在图表 L 栏内,作为对关键学习的记录。

> ■误解警告!
>
> "哎哟,我怎么处理这么多信息呢?这会把我的计划搞得一团糟。"我们确实听到一些参加工作坊的大学教授们如此抱怨。教授们犯了一个错误,认为"计划"是不应被反馈打扰的,要不然,那就不是计划了。恰恰相反,无论是在建筑、雕塑、育儿、战争、金融安全,或者足球教练等领域,要想实现复杂的绩效目标,就是要根据目标、反馈和可预见的问题来调整计划。

在所有表现性领域和特殊教育中,有一种更为正式且广泛应用的方法,就是在单元开始前先进行不分等级的前测,将其作为明确的前后测评估策略的一部分。这样可以得到有关理解程度提升的宝贵证据,特别是在所提出的问题带有重要误解的情况下。的确,现在许多物理教师和大学教授经常使用在本书第二章描述过的力学概念测量表,用这一方法衡量自己在多大程度上帮助学生对物理领域的主要概念形成了更深层次的理解。同样,对学习者态度和学习风格的调查可以为后期教学产生有价值的信息。

不管使用了哪些具体的技术,来自诊断性评估的信息能够引导教师根据学生的需求和知识储备来制订学习计划。这不只是一个"有爱心的"教师所关注的细节或所使用的策略。在我们看来,教师如果不提高诊断技能和适应性规划能力,他们永远不能产生杰出的教学成果。

实用的重要提示是,教师必须在教学大纲中留出空间,以便根据反馈信息进行调整,并创造机会应用反馈信息。这种内在灵活性是有效教学设计的一个重要方面。

H——吸引(Hook)和保持(Hold)

什么是有效的、发人深省的"锚点",能让所有学生都参与到大概念和表现性挑战中?在哪些经验、难题、怪事、问题和情况下,我可以让学生将大概念变得有趣、具体,或使其重要性更清晰?如何呈现这些材料以使学生对即将开始的主题和工作产生兴趣和好奇心?什么样的条件能保持学习者的兴趣,尤其是当工作进展变得困难时?在将风险、想象力和提问勇气削减到最低程度的传统教育中,

最让人不能接受的是什么？怎样避免这些问题？

在大多数的学术情境中，引发复杂理解的脑力劳动需要高度的自我约束、自我导向和延迟满足①。然而，一些学生在学校中并不愿意（或不总是期待）刻苦学习。对于"学习不应只是接受（或者回馈）教师和教材提供的信息，更应该建构理解"这样的观点，这些学生存在典型的误解。从历史上看，学校对于这一问题所采用的解决措施只是"胡萝卜"加"大棒"这类外部手段：如表扬、奖品、奖赏和荣誉等"胡萝卜"，扣分、处罚、批评等"大棒"。

我们对这一问题持有不同的看法。设计的目标既不是一味迎合学生的喜好，也不应导致他们对坏结果的恐惧。设计面对的挑战是要更有效地挖掘内在动机。正如布鲁纳很久之前解释的那样，"在某一个学科领域建立兴趣的最好方法是让它值得学习，这意味着使所学知识在人们的思维中起作用，而不仅仅在学习发生的情况下"（1960，p.31）。正如我们在前两次关于"最佳设计"的工作坊练习中提到的：一般来讲，设计的一些特质已成为共识，比其他特质更能发人深思，更具有智力意义上的参与性。H因素要求我们按照与参与度相关的知识来设计，以实现教学目标。

让我们说得更直白一些。学校的学习不应该是枯燥的，也不应该是零散的。为了使学习者达到更高的智力标准，我们必须提升自己的能力来激发学生的思想、好奇心和动力。当学校活动由乏味的技能训练和过多的被动聆听组成时，那学习真是一件无聊的事情，它的所有内容都脱离了有趣的问题，脱离了基于现实的和有价值的表现性挑战。

围绕激励性问题和挑战性问题组织教学，被认为是促进学生持续参与的有效方法。但当教育工作者开始设计基本问题时，总会碰到一个问题。他们会问，基本问题是应该以"孩子的口吻"建构，还是应该根据成人讨论、调查、争论问题的方式进行建构？我们立马直截了当地回复：这两者我们都要做，正如在第五章所论述过的关于"基本"的四种内涵所建议的那样。

请记住，UbD设计模板的要点，特别是阶段1，是引导有经验的设计者的。

---

① delayed gratification，即延迟满足，这个概念指的是一种能力，或者说一种属性，是指人在获得自己想要的东西之前能够等待。——译者注

所以弄清楚该领域中哪些问题是重要的以及哪些探究可以帮助学生理解大概念（关于"基本"的前两种内涵）是非常重要的。然后，当为学生规划学习材料和活动时，设计人员应该根据需要编辑、修改、调整这些问题，从而更好地满足其他两个内涵，使其成为为学生和成人思维之间提供联系的问题，成为可能引起所有学生兴趣的问题。

经验表明，学习设计需要谨慎；仅仅在单元开始时突然提出一个基本问题，可能不会立即让学生产生兴趣或对理解提供帮助。在提出这样一个问题时，学生也许对涉及的问题知道得不多（或者注意不够），因此看不到问题的必要性和价值。正如本章开头引用菲尼克斯的名言所指出的那样，基本问题可能对教师或这个领域的专家来说是基本的，但对学习者却不是这样。

事实上，有时最好的开放问题（或难题）是与非常特殊的谜题、刺激和任务（如角色扮演和案例研究）相联系的，在学生对这些问题积累足够的经验后，基本问题自然产生。下面举三个例子来说明这种情况是如何发生的：

- 一个中学语文老师设计了以下基本问题引导学生阅读、讨论和写作："同龄人是如何影响青少年的信念和行动的？"这个问题与该教师教学中的短篇故事和小说相关。当然，这个问题是和年龄相关的。然而，老师发现该问题从来没有引起学生的共鸣，因为学生认为这个问题太"啰嗦"。在征求了学生的建议后，她把问题修改成这样："为什么有些人不合群？"这个修改很成功，立即吸引并保持了学生的兴趣。

- 一位高中老师在"全球研究"课程的俄罗斯历史单元中使用了如下问题："戈尔巴乔夫对他的国家来说是一个英雄还是一个叛徒？"学生们在讨论会上，扮演不同的俄罗斯领导人（戈尔巴乔夫、叶利钦、列宁、斯大林、托洛茨基和凯瑟琳大帝）以进行思考和辩论，而基本问题贯穿始终。在多个班级使用了这个问题后，教师意识到这个问题可以更加言简意赅，所以把它改为："谁搞砸了？"学生们要通过撰写材料（模拟报纸的文章、社论，或文章随笔）对这个问题先进行回答，然后再开展角色扮演并进行辩论。

- 一位四年级科学教师在开始昆虫教学单元时，提出了下面的问题："昆虫有什么好处？"因为她希望学生认识到各种不同生命形式的类型和价值。随着教学的开展，她逐渐清晰地认识到在内容标准中有与"形式和功能"

及"生存"相关的更大概念,因而修订了这一问题和相应的单元设计:"昆虫的结构和行为模式如何帮助他们生存?""如果只有强者才能生存,昆虫(与其他物种相比)有多强?"原来的那个问题还留着,但只是作为单元开始时的"热身问题"。

对"正式的"基本问题的介绍可以在单元开始时马上进行,也可以稍后完成;可以直接描述,也可以推导得出。对基本问题的回应可以在单元开始时就开展,也可以安排在关键的问题解决、教学或学习活动后自然地开展。

其他增加学习吸引力的方法包括使学生沉浸在谜题之中,让他们接受解决现实问题的挑战,通过角色扮演来从不同角度探讨问题等。值得一提的是,在特德·赛泽(Ted Sizer, 1984)的开创性著作《贺拉斯的妥协》(*Horace's Compromis*)中,有一章的标题为"激励",介绍了通过"展示掌握程度"来获得文凭的想法,值得一看。

将新颖的理论、悖论和不协调的内容呈现出来,将刺激人们的好奇心和探究欲望。理查德·莱特(Richard Light, 2001)在对哈佛大学开展本科教育评估时发现:最具吸引力和最有效的课程是围绕争论或反对的意见组织起来的。教育家弗兰克·莱曼(Frank Lyman, 1992)风趣地说道,"教育应该是一种痒的状态,而不是挠的动作",他赞成使用"非常规事实"激发学生对主题的最初兴趣。他建议单元或者课程以反常现象作为开始,比如,"你知道吗,根据空气动力学的规律,大黄蜂不应该会飞?(展示一只蜜蜂飞行的图片)这是怎么回事?"

神秘始终是引发思考的有效方法,特别是当答案能够引发基本问题时更是如此。下面这个案例来自一个基于问题的学习单元,单元内容是关于19世纪中期的西部扩张。

你在图书馆发现一本书,上面贴着纽约时报第一版上的部分内容,页面已经泛黄,涉及一个非常古老的议题,且只有第一段,没有日期或卷数,内容如下所示:

时间倒流

当地时间昨天早上九点,时代电报公司的常务监管人、西部联合电报公司报时业务经理詹姆斯·汉布利特先生,停止了摆在西部联合电报大楼48室的标准时钟的钟摆。闪闪发光的长杆和重型圆柱摆球停留在3分58.38秒。这是该钟表的精确仪器在多年内第一次休息。在钟旁边的架子上,电子仪器的咔嗒声停止了,同时,整个城市中许多珠宝和手表专卖店中的相同的仪器都停止了相应的滴答声。当几乎可以确定是怎么回事时,上述时间已经过去,钟摆再次摆动,再次以永不改变的一秒钟一次的频率来回摆动。随着钟摆的启动,遍布全市的小型仪器也恢复正常。汉布利特先生改变了纽约市和国家的时间。

你知道这篇文章是关于什么的吗?(我们在本章后面内容中将提供答案。)学生们立即被这篇文章的神秘性所吸引。一旦他们想找出答案,就要用他们所学知识去"揭示"美国西部运动的起因与结果。

对于唤醒和发展学生探究的动力,使之理解他们的任务就是探究要学习的内容,神秘这一要素至关重要。开始与发展教学的典型做法是以学习内容为载体(尤其是当学习受教材驱动时),而我们现在所说的方法与这种典型做法有非常明显的区别。或者我们可以看看最流行的视频游戏。《模拟人生》是时下最流行的计算机模拟游戏,但它没有包含暴力、爆炸或其他不良游戏中的陈腐元素——只有关于如何关爱人类和解决他们问题的戏剧性事件和难题。

或者我们也可以思考一下电影制片人是如何有效地在观众的脑海中留下一些悬念,让他们继续保持思考和好奇。例如,在工作坊中,我们常常展示肯·伯恩斯(Ken Burns)制作的系列视频《美国内战史》的前10分钟,让大家思考它是怎么通过提问来进行精彩导入的。开始的场景个性化地展示了战争所带来的灾难。在这部影片的开始,关于人们的描述只是一些具有吸引力和有限的事实,剧情旁白留给我们的疑问是,我们怎么能杀死如此多的同胞?叙述者约翰·钱塞勒以一种隐晦的、不完整的方式描述的照片中的人是谁(例如,"逃亡的奴隶"和"来自伊利诺伊州的粗人"——弗雷德里克·道格拉斯和亚伯拉罕·林肯)?

好的讲座通过提问题、讲有趣见闻等方式来吸引我们。事实上,随着相关技术的问世,讲座以一种即时方式来激发学生的兴趣和需求已成为可能。学生可以完成基于网络的探究学习(WebQuest),或者当需要特定的背景资料时通过网站寻找一个讲座,这样就可以更好地用课堂时间进行教师引导下的探究活动和表现性任务的训练。这是一种更巧妙的"吸引"学生的方式,但是很重要。授课者经常犯的一个错误是:在任务和基本问题还没有使学生头脑产生"渴望学习"的感觉时,就以一种不受欢迎的方式给出了大量超负荷的信息。

几年前,我们的一个同事观摩了一门要求非常高的俄罗斯历史课程,它的整个结构是按顺序排列的历史传记。每个学生依次研究要学习的人物,呈现他的研究结果,然后参加一个新闻发布会,由四五个角色扮演者回答班级里剩下的其他人(模仿记者)提出的问题。选择的传记要使主题生动有趣,有能够与人物性格相匹配的吸引力和激励性。新闻发布会的形式参考了电视节目,在发布会中,学生们必须进行角色扮演,同时也要回答来自扮演记者的其他学生的提问。

除了这些有刺激作用的教学安排,这位教师所采用的另一个非常有效的技巧也给这门课带来戏剧性的变化。他建立了一个包含虚假和不良材料的资源库,这样学生在阅读时必须持有怀疑态度,要再次复核他们参引的材料。值得注意的是,这位教师从来不讲课,但他事先会把很多授课内容通过印刷或录像带的方式提供,这样学生们可以不用去图书馆就获得这些材料(但学生们要两人一组来检查这些材料的真伪,并与其他同学讨论)。

另一个例子来自物理学科。一位大学教授围绕以太阳能为动力的玩具车比赛这个主题建构了整个学习单元,要求学生以小组为单位解决不同方面的问题(如:收集能量,将能量转化为车载电源,防止轮胎打滑,操控汽车,等等);只有在一个或多个小组提出要求时,教师才提供一次授课。

总之,正如许多工作坊参与者在最佳设计练习中所表达的,最具吸引力的学习设计包括有趣的、神秘的和刺激的挑战。"吸引力"不是外在的而是内在的属性。在这一点上,研究的结果是非常清晰的,教师不能简单地说"学校本身就不是一个好玩的地方"。当工作本身有着明显的价值,有着内在的趣味,并能提供知识迁移时,学习的动机就会提升。古得莱得(Goodlad,1984)在《一个称作学校的地方》中所作的研究仍然是适用的:

> 学生怎样看待自己的学习?我们要求他们写下在学校所学的最重要的内容,绝大多数学生列出了事实或主题……这些反馈一点儿也没有提及(或隐含着提及)自己获得了某种智慧提升……

> 有些课程稍有不同，主要是渗透了艺术、体育运动、职业教育的课程和一些非主流课程，如新闻学。反馈上明显地从学科和主题的识别向获得某些才能和能力转变……
>
> 被超过三分之一的初中生和高中生评价为"非常有趣"的学科，只有艺术、职业教育、体育和外语……令人苦恼的是，我们发现只有小部分学生喜欢学校教学中最常出现的课程。(pp. 233-236)

全国大学生学习性投入调查（NSSE）是关于大学生学习参与度的综合研究，在过去几年中，收集了来自730多个学院的反馈，揭示了提高学生参与度的重要性：

> 那些强调应用学习材料、判断信息与论据价值、整合材料以形成更复杂关系的课程与教育成效和个人收获是高度相关的……学生对与教师关系质量的感知，以及教师给予及时反馈的频率与教育成效和个人收获是高度相关的。(2003)[①]

同样地，莱特在哈佛的研究（Light，2001）——前已提及——指出，相比其他许多项目领域，外语得到了极好的评价：

> 教师坚持每个学生要定期展示或发言——即使是那些害羞的学生。鼓励学生们在课外以小组形式学习。课堂要求定期交书面作业……通过小测验给学生持续的反馈，以便他们能够在过程中反复修订……我认为这些发现中的关键消息是，当课堂能够最大程度地支持个人参与和合作互动时，学生们热情高涨。(p. 80)

[①] 参见2003年全国大学生学习性投入调查（NSSE）的年度报告，网址：http://www.iub.edu/~nsse/html/report-2003.shtml。NSSE的其他研究见：http://www.iub.edu/~nsse/。也可参考Kuh(2003)。

这些正式研究的结果再次重申了工作坊中大部分参与者已提到的内容：最有效和最具吸引力的设计包含富有挑战的、有意义的学习应用。

超越娱乐，关注本质

当然，教师所面临的挑战是关注本质，而不仅仅是提供令人感兴趣的任务。文章摘录"时间倒流"不仅具有吸引力，而且还有效地设立了在美国历史上的重要观点和问题。的确，当对摘录内容进行辨认、识别和讨论时，学生就会提出关键的问题。（你对文章实际描述的问题感到好奇吗？它叙述了美国从当地时间变成标准时间的那天的情况，这个过程将美国分成了四个时区。铁路公司驱动这一变化，因为他们需要标准化的国家时刻表。）

很多读过这篇文章，并在工作坊中扮演过历史系学生的教育工作者，得到明显的激励，提出了十几个貌似合理但并不正确的观点，并激烈地进行争辩。结果，他们通过亲身体验，知道了如何让重要的、有研究价值的问题自然产生，如何引出误解，又如何进行解决。

下面是我们总结出的能够激发智力兴趣的条件：

- **挑战学生智慧的问题、情境与故事（而不仅仅是书本知识），以使学生立即沉浸其中**。这种思维方式的核心是基于问题的学习和案例教学法。例如，微积分老师向学生们提出挑战，请他们判断从二楼教室看到的小镇水塔是否如它的宣传画上宣告的那样拥有"一百万加仑的淡水"。

- **思维激荡**。异常、奇怪的事实，有悖常理的事件或想法以及迎合本能的神秘事件，会使陌生的内容变得熟悉，熟悉的内容变得陌生。例如，数学老师让学生阅读《神奇的二维国》的故事，介绍几何学中的关键思想。

- **震撼体验**。此类活动也称为拓展体验，在拓展中学生们必须作为个体遭遇情感、障碍和问题，作为整体共同完成任务。数学或经济学中的炒股比赛、植物或动物学中的生存挑战，或身处世界语言环境下的挑战，都是这一类型的常见例子。

- **个人连接**。当学生有机会与主题建立个人的联系，或者对某事感兴趣时，学生往往会更具参与性。例如，为了准备关于殖民定居点的介绍，小学生们要采访自己的父母和亲属，发现自己最初来自哪里，以及为什么人们要迁移。这些原因帮助他们更好地理解与迁移和定居相关的一般主题。
- 对一个问题的不同观点或多角度思考。慎重地转变思考问题的角度,可以推动学生走出自己的舒适区,激发他们的好奇心和更深层次的思考。例如,一个中学历史单元可能包括阅读另一个国家的教材,从而提供一些关于著名历史事件的新鲜且不同的视角。

E——探索(Explore)和体验(Experience),准备(Equip)和使能(Enable)

学生如何参与到对大概念和基本问题的探索中?哪些学习活动、指导性讲解和训练能够使学生完成最后的表现性任务?让学生发展和加深对重要概念的理解需要哪些家庭作业和课外体验?

学习计划的核心即在此。学生需要体验到真正的大概念,需要具备相应的能力以完成最终的表现性任务。

通过体验来探索

需要注意的是,教师,特别是高中和大学教师,往往不能充分考虑学生先前经验的不足,并且错误地认为学生需要的是更多的知识。通过精心设计的体验、对体验的反思、针对体验和目标的教学等方面的迭代过程,理解得以发展。这些方法,包括让学生沉浸在另一种语言环境中、蒙台梭利在数学上的亲身实践材料、教育和医学中的实习课、法律和贸易课程中的案例教学法,其实质都说明好设计需要提供充分的真实或模拟的体验,以增加学生的理解。换句话说,在缺乏丰富体验的情况下,大概念只是一个无用的抽象概念。正是在丰富的体验中,大概念才得以澄清。

一个来自史蒂文·利维(Steven Levy)的教学案例阐明了教学体验或模拟活动是如何把抽象概念带入现实生活的(本案例涉及理解六侧面的神入):

1992年9月,当利维的学生第一次走进教室时,他们惊讶地发现房间是空的,没有桌子、椅子、电脑,或书架。像朝圣者一样,他们将学习一整年,根据自己的需要塑造新环境。在这一年里,他们有机会体验到四年级课程所指定的思想:他们制成了自己的书桌和椅子;组建了合作社,形成股东,派发股息以资助他们的活动;种植用于烤面包的小麦并获得收成;染毛线编织地垫。(东北部 & 群岛教育改革区域实验室,未注明出版日期,p.1)①

为了提高表现而准备

在阶段1定义的预期理解和在阶段2详述的理解表现,预示了阶段3需要的教学和学习体验的本质。因此,逆向设计表明了E的其他含义:教师的工作是使学生强大起来,最终能够表现出理解。

通过应用**准备**和**使能**这样的术语,我们强调,明确最终迁移任务——与标准或最终结果相连接——在更完善的设计中所起到的关键作用。我们根据最终的表现使学生作好相应**准备**,增加他们的自主能力,**使他们能**表现出理解。这种方式与让他们完成某章的30道毫无关联的测试题目完全不同。教师在设计工作阶段必须让自己明确:什么样的知识、技能和思维习惯是最终达到成功表现的前提条件?什么样的教学活动将有助于学生发展和深化自己对关键概念的理解?

当设计者审视逆向设计的逻辑以了解他们需要履行哪些教学和指导的职责时,他们往往吃惊地发现自己还没有作好必要的准备。例如,大学教授经常会抱怨,学生无法将他们所学习的内容迁移到新的问题、任务、研究或表现中。然而,当你询问这些教授是否仔细考虑过与获得迁移能力相关的先决条件时,你会发现他们通常在教学计划中没有提到如何指导学生将知识应用到不同情境中。这个问题通常被认为是学生的不足,而不是教学的需要。

类似地,从小学低年级教师到大学教师,他们都很担心学生在阅读过程中缺乏想象,看不懂含有挖苦、讽刺和寓意的文字。然而,当教师自评教学设计时,他们经常看到两个缺陷:典型的短阅读任务和考核无法包含足够的具有多种含义

---

① 也参见 Levy(1996)对其个人教学所作的思考。

的阅读,而且几乎没有任何教学在设计时考虑帮助学生弄清楚(没有明显提示)什么样的阅读需要什么样的反馈。

在许多情况下,教师为了指导知识迁移,只需要提供更多的具体体验,并将其与基本问题建立关联。以高中地球科学课程中的气候单元为例。在这个单元中,通过放飞风筝和建立咨询公司等形式,学生将理解气候的成因和影响。学生将会明白,赤道和两极的不同温度、地球的自转、陆地和海洋的分布是怎样产生全球风的模式并决定气候类型的。这样的教学单元是建立在多种参与性体验之上的:

1. 该气候单元最终的任务可以表述如下:作为各项业务的咨询顾问,你需要精确计算一年当中的天气预报。基本问题:什么原因导致天气变化?如何预测天气?(W)

2. 学生将参与"让我们去放风筝"活动。他们面临的挑战是,依据风和洋流的知识在校园里找到最好的放风筝地点并证明他们的判断。(H)

3. 学生将通过在特定条件下识别空气流动的方向来评估环流图,并根据不同的热度来解释这些运动。(E)

4. 学生将阅读相关文章,并进行一系列实验来说明牛顿第一定律和向心加速度,然后将这些内容与科里奥利效应联系起来。(W, E, R)

5. 学生将分析显示出等压线和标记出风向的地图(并解释原因)。(E)

6. 学生将学习为什么太阳射线角度变化会产生不同的热量。这个知识点将应用到地球的不同区域和同一区域的不同季节中。(H, E, R, T)

7. 学生将分析在太阳、地球表面、地球大气层之间能量(热量)流动的能源预算示意图。(E)

8. 学生将分析高、低气压中心的图表,并描述这些中心周围和它们之间的空气流动。(E)

9. 学生将研究案例(内容由老师提供),在案例中,世界部分地区的事件,如厄尔尼诺海流和火山,可以影响到世界其他地区的天气。然后学生将提出这种情况可能的机制。(W, H, E, T)

10. 学生将完成"气候比较"的提案,包括展示报告。(H, R, T, E2)

11. 学生将参加有关本单元理解的考试。(E2)

12. 每个学生将使用相同的量规,对自己的表现和研究进行自评。(E2)

13. 学生重新回顾放风筝的活动,并进行反思。(W, H, R, E2)

思考图表9.3中的案例,其中使用了一个名为"事实列表"的图形组织器,用以指导小学生达到理解。在介绍了"事实列表"这个图形组织器的结构之后,教师针对拓荒者生活,辅导学生们补充并思考这个组织器,并引向大概念。这样的引导方法,有助于学习者通过归纳来建构学习意义。图形组织器为学生提供了一个认知的工具,在寻求理解时,他们可以在不同学科领域的各种情况中应用。

图表9.3　事实列表

让我们使用以下工作表共同查看一组事实或数据。你能从"事实列表"中得出什么推论或结论? 大概念是什么?

+
- 许多拓荒者,尤其是儿童,死于疾病。
- 在新地方定居要做很多辛苦的工作——清理土地,建造住所。
- 拓荒者为了获得食物必须种植或狩猎。通常,他们要忍饥挨饿。
- 移民面临着来自他们所移居土地上的美国土著的攻击。

大概念:
拓荒者在向西迁移过程中面临很多困难。

唐纳德·德什勒(Donald Deshler)在堪萨斯州立大学和他的同事一起(Bulgren, Lenz, Deshler, & Schumaker, 2001)开发了一个令人印象深刻的图形组织器。这个图形组织器最初致力于帮助有特殊需求的学生,但也为所有学生学习使用组织器带来了丰富的资源。图表9.4是他们的组织器应用案例之一——"问题探究指南",由学生完成填写。(他们称为"关键"的就是我们所说的"基本"问题,其中的"整体观点"就是我们说的"大概念"。)特别值得注意的是,教师在学习过程中始终使用这一相同组织器,它的发展与最终结果对学生而言都是透明的,这是所有设计者都应该寻求的效果。

我们经常讨论关于在教育中需要脚手架的问题,这就是最好的图形组织器应该做的事情。它们为学习者需要内化的各种思维过程提供工具,因此当最终撤去脚手架时,学习者已经具备了一套可应用的行动本领。

图表9.4 问题探究指南

关键问题是什么?	
热带雨林的破坏是如何导致温室效应的?	

关键术语和解释是什么?	
热带雨林	茂密的、常绿的森林,存在于炎热、潮湿的地区。
温室	能够保持热量,从而使得植物容易种植的玻璃房子。
温室效应	是指大气中的二氧化碳吸收并保持了地球的热度,而没有使其散播。

支持性的问题和答案是什么?	
森林里发生了什么?	森林被烧毁,这样农民会有更多的土地用来种植作物。
燃烧会引起什么?	1. 燃烧会释放出更多的二氧化碳进入到大气层。 2. 森林一旦消失,二氧化碳就留在大气中。
二氧化碳的增加有什么影响?	1. 增加的二氧化碳在大气层中保持了热量,引发温室效应,这意味着…… 2. 地球在变暖。

主要概念是什么?	
当热带雨森林被烧毁,二氧化碳增加,导致了温室效应。	

我们怎样使用主要概念?	
砍伐(而不是烧掉)热带雨林是如何影响大气层的?	

是否有一个整体观点?是否有在真实世界中的应用?	
整体观点:在世界的某个部分发生的事情可以影响到我们所有人。	
应用:在世界的某个部分发生的、影响到其他人的事情是……	

下面是应用脚手架开展教学的常规程序,在这个例子中应用的是图形组织器(也适用于其他策略):

1. 教师向学生展示自己针对课程完成的组织器框架。
2. 为学生学习提供了部分内容的示例。
3. 教师示范如何使用组织器,并采用发声思维的方式来呈现她的想法。
4. 她让学生应用这个组织器,同时提供实践指导和反馈。
5. 越来越多的学生能独立应用组织器开展工作,进行多样化的和更复杂的使用。

在《问题探究的常规程序》中，德什勒和他的同事使用"常规程序"这个术语来形容该过程，目的是通过反复应用让这个过程变成常规。学习者最终将不再需要图形组织器作为提示，因为它的"常规程序"已经得到内化。

在撤掉脚手架和线索后，这种自主表现的能力就是迁移的本质，然而我们很少为学习者的迁移能力作足够的"准备"。正如一位教师几年前在工作坊中所提到的："你知道孩子的担忧吗？当他们不知道要做什么的时候，他们就无从下手！"这总结了追求理解的教学面临的挑战，即将知识和技能通过智力迁移应用到新的情境中。在有些情境中，结论不是显而易见的，问题不是不言自明的，所需的知识和技能也是模棱两可的，因此我们需要使学生具备相应的能力，还要开展相应的评估。①

R——反思（Reflect），重新考虑（Rethink）与修改（Revise）

如何引导学生重新考虑他们对重要概念的理解？学生的产品和表现如何通过自评和反馈得到改进？如何鼓励学生去反思他们的学习和表现？

当总体性问题和重复性任务被抛锚于课程之中时，我们会很自然地发现以内容为线索开展线性教学是行不通的。如果学生只遇到这些内容一次，他们如何掌握复杂的概念和任务？除非我们重新回顾先前的理解，否则理解不会变得明确，事物的本质也不会变得清晰。追求理解的教学设计，其首要前提是必须不断地回顾大概念，不断地改进复杂表现。因此，单元和课程的进展必须是迭代的，学生必须充分认识到他们要根据当前所学不断重新思考和修改已有想法，要通过不断回溯最初的概念或技术完成学习任务。

例如，一个一年级单元探讨的基本问题是："什么是友谊？"学生们通过与朋友分享自己的经验和阅读各种关于友谊的故事来开展学习。学生需要发展自己关于友谊的见解，并为该主题创建一个概念网图（图形组织器的一种）。然后老

---

① 我们鼓励读者去看《迁移的十大工具》(*Ten Tools for Transfer*)，这是一个非常有用的、有助于发展学习迁移实践类型的列表。参见 Fogarty, Perkins, & Barell (1992)。

师通过一个关于酒肉朋友的故事提出第二个基本问题:"谁是真正的朋友?你是如何知道的?"使学生重新思考他们的初步构想。接着学生修改他们关于友谊的概念,因为他们开始明白,在困难时期,真正的朋友是忠诚的,朋友不只是快乐时光中的玩伴。最后,教师进一步挑战学生的思维能力,为学生提供两个谚语——"敌人的敌人是朋友"和"患难见真情",并要求学生基于这些思想,重新审视自己关于"友谊"的见解。

下面的案例是一个关于古代文明的中学单元,其设计强调引导学生重新思考。在单元中,学生所面临的归纳工作的要求越来越高,他们要学会像考古学家一样思考,通过研究模拟的和真实的史前文物来对过去的事物进行推断。请注意这个单元是如何通过安排学生的关键体验来开展对过程和结果的重新思考的。

1. 使用如下基本问题介绍本单元:什么是文明?我们如何知道自己知道?让学生写一个关于"文明"的简短定义。作为附加活动,让学生带来一个他们认为象征着文明的物品。

2. 在课堂上,学生研究美国硬币。他们进行观察,并写出一份可观察到的事实列表,这称为"近事实"。他们分享这些事实和近事实,尽可能多地进行积累。他们可能使用放大镜和显微镜观察这些硬币。在每个学生挑选了事实和近事实后,他们都要将内容抄写在一张小卡片上。事实写在粉红色的卡片上,近事实写在蓝色的卡片上。

3. 学生利用金字塔图表,从底部向上对事实和近事实进行分层排列。通过反复排列这些卡片,他们综合事实和近事实,进一步明确相关知识。明确的知识用黄色卡片表示。

4. 在与他人分享自己的知识主张后,每个学生都对硬币作出最终的说明,并记录在绿色卡片上。他们在家完成这项工作,有的学生将对硬币这一人工制品的每一面都作了说明。接下来,他们在另一张不同颜色的卡片上作出最终说明,并对这一说明的优势和不足撰写反思日记。

5. 学生分享自己的说明内容。

6. 在结对合作中,学生们仔细观察乌尔王军旗(在20世纪初发现的艺术品),积累事实和近事实。艺术品的名称先不告诉学生,因为这可能会影响他们的说明。使用与前面相同的编码规则记录信息。

7. 在家中,每个学生明确知识,对艺术品作出最终的说明。为了使材料有条理,学生应该在金字塔图表中分隔出独立部分来排列关于艺术品每个面的所有事实、近事实和确定的知识。

8. 学生向全班同学展现自己最终完成的归纳金字塔。教师鼓励其他同学对说明的有效性进行提问。

9. 宣读伦纳德·伍利爵士(英国考古学家)公开发表的对乌尔王军旗的说明。学生在家中将自己的说明和伍利的说明进行对比和比较。

10. 学生基于自己的学习和归纳过程,给出一个更复杂的关于文明的定义,并将它写下来。

11. 学生经历了对硬币、乌尔王军旗、伍利说明的相关过程,利用日记对归纳方法的优势和不足进行反思。最终以题为"我们怎么知道自己知道了?"的讨论结束本单元。

第三个案例显示了如何通过不同视角的呈现来引发重新思考。这个单元的研究是以西部扩张为背景的,教师为学生提供图形组织器来呈现人们对西部定居的不同观点,并让学生思考这些观点:

- 拓荒者父母为家人寻求更好的生活。
- 拓荒者儿童在背井离乡、远离朋友和熟悉环境时的感受。
- 铁路当局寻求办法让人们迁移到中西部地区,这样就会产生更多的服务需求。
- 生活在那里的美国土著居民被移民干扰。

在高年级的科学课中,如果我们要求学生思考一种理论方法,然后再提供新的数据和分析表明另外一种不同的理论方法可能会很有效,这种情境通常就会引发重新思考。例如,探索光是波还是粒子,或探讨是"先天存在"还是"后天形成"?

正如这些案例所展示的,内在的重新思考是一个关键且审慎的设计要素,是追求理解的学习的核心内容。如果想让学生超越简单的思维,感悟细心与严谨(这些是真正理解的核心要素)的必要性,我们必须在设计中让学生不断地重新思考对大概念的早期理解。

从另一个角度来讲,发展深层次的理解(及向学生说明需要一种比回忆更积极的方式)的最有效设计是突出洞察、神入和自知这几个侧面。在对故事的背景、内容和人物不熟悉的情况下,不断转换看待事物的角度和进行换位思考就要求重新思考和反思——就像我们思考《三只小猪》和狼先生所讲述的《三只小猪的真实故事》[①]时一样。

E——评价(Evaluate)工作及进展

如何引导学生进行自我评估、自我评价、自我调整?学习者将如何参与最终的自我评价以明确未解决问题,设定未来的目标,设定新的学习方向?如何帮助学生对自己已经学习的内容、未来需要进一步探究和改进的部分作出判断?

在这里,我们思考教学设计中一个经常被忽视的方面——随着教学的进展,如何在个别化或集体情况下帮助学生进行自我监控、自我评估、自我调整?理解的第6个侧面就是自知,可以说,它是追求终身学习所需的最重要因素。自知的核心是一种诚实的自我评估,基于我们对已经理解和尚未理解的内容、已经完成和尚未完成内容的逐步清晰的认识。生活中最成功的人不仅拥有这样的能力,而且他们已经学会了以最及时和最有效的方式这么做:他们根据需要进行自我监控和自我调整;他们积极思考哪些方法有效,哪些无效,哪些可能做得更好。

《人是如何学习的》这本书总结了作者在学习上的发现,研究结果非常清晰。基于研究,作者在书中提出三个发现。第三个发现即包括"元认知"的关键作用,以及明确引导、自我监控与自我评估的重要性。

> 对于元认知技能的培养应融入到各门学科课程中。由于元认知经常以内部对话的形式呈现,如果教师没能明确地强调元认知过程,许多学生可能没有意识到它的重要性。(Bransford, Brown, & Cocking, 2000, pp. 18, 21)

---

① 《三只小猪》是指经典的童话故事;狼先生讲述的《三只小猪的真实故事》则是从狼的角度来重新讲述经典故事。——译者注

这里有一些关于元认知培养的"设计"片断：

- 在一节探究课（例如，苏格拉底研讨会或基于问题的学习过程）的中间和结束的时候，留出五分钟，思考这样的问题：我们得出的结论是什么呢？仍然没有解决或回答的问题是什么？
- 要求每一个正式的成果或表现都附带自我评估，自我评估的准确性在学生的成绩中会占有小部分权重。
- 在一节课结束时进行一分钟写作，让学生总结两到三个自己仍未解决的关键要点和问题（下一次课时向老师提问）。
- 要求学生为任意一篇正式发表的论文或项目添加批注，他们必须诚实地说出关于被讨论的主题他们理解了哪些内容，还有哪些没有理解——不管这些论文有多么权威。（当然，学生需要知道他们不会因为坦诚而受到惩罚！）
- 以训练教师成为高级读者的方式培养学生开展评估工作，以便让学生成为更称职的同行评审员和自我评估者，同时学生更可能在工作中"像评估员一样思考"。
- 在一堂课开始的时候，要调查学生们头脑中最困惑的问题，先收集每个学生提交的卡片（这种卡片可以作为每天的家庭作业），然后以小组形式确定问题。在下课前，留一点时间判断问题解决的情况，哪些问题尚未解决，产生了哪些新问题。（这种策略有助于常规记录学生对问题及其意义的反思。）
- 确定一套与预期结果相关联的有效学习策略（例如，启发式问题解决策略或阅读理解策略）及相关心理习惯（如坚持不懈或克服冲动）。让学生通过创造视觉符号或卡通人物来描述每一个策略，并将其张贴在教室墙壁上。当某一策略被使用时，教师通常再给出一些相关案例，并要求学生反思自己对这一策略的应用情况及效果。
- 偶尔，让同学们观看精心挑选的录像，内容是关于上课时某一时刻的教学情况（例如，在讨论、解决问题、实验或辩论过程中），帮助他们更加明确哪些策略是有效的，哪些是无效的（就像教练使用比赛视频一样）。
- 就像基于案例的教学和问题化学习的常规做法一样，教师有意将单元的

第二部分内容公开,让学生(而不是直接由老师)根据第一部分结束时出现的线索和留下的关键问题来组织教学和继续探究。

- 在学年开始时,让学生以学习者的身份建立自己的强项和弱项档案(也许可以基于由教师提供的有关学习风格的正式工具)。他们应该考虑如何学习最好,什么样的策略对自己有效,自己对哪些学习类型存在困难,希望对哪些地方加以改进(换句话说就是设定目标)。然后,通过周期性记日记的方式,学生可以监测自己的努力,反省自己的奋斗与成功,并对自己的成长档案进行可能的编辑。

使用这些明确的策略来促进反思和元认识的教师能够见证到实际的效果。例如,通过使用一分钟随笔技术,一位哈佛教授观察到:

> 一分钟随笔的明确且重要的好处是:学生知道在课程结束时要完成任务,因此会集中思想。学生不断地问自己:"什么是大概念?""我不清楚哪些内容?""我如何通过几个连贯的句子来表达自己的不理解?"在整堂课中,他们都要不断地思考自己要写的内容……我的同事补充说,该任务不断重现,因而随着时间的推移建立了连续性。它还为澄清误解提供了一种轻松的方式。(Light,2001,p.67)

位于威斯康星州密尔沃基市的阿尔维诺学院已经开发了一种复杂、长效且综合的方法,用于整门课程的自我评估。在阿尔维诺学院,自我评估是课程及评估计划的组成部分,而不仅仅是一种教学技术。例如,所有的论文必须附上自我评估所依据的量规,自我评估的准确性和完整性也是会被评分的。在学院里,自我评估被认为是一种关键的使能能力,在许多复杂表现的开始部分,教师为学生的自我评估和改进计划评分,而不是给产品或表现本身评分。为了鼓励自我评估的广泛应用,学院开发出一套发展性量规系统,适用于校园范围内的所有课程。量规的各个构成要素都是可观察、可解释、可判断和可规划的。

因此,WHERETO 中第二个 E 的核心就是为所有学习者(而不只是针对那些天生就具备反思能力的人)的持续反思(例如,事情进展得如何?任务是什么?需要怎样调整?所以要做什么?现在要做什么?)提供精心设计的机会。这些机会与明确目标的需求是密切相关的,即关于表现目标的清晰透明的体系与关于表现目标达成度的强大反馈系统相结合。

T——量身定制(Tailor)

我们如何采用不同的教学方法来适应多样化的学生发展需求、学习风格、先前知识和学习兴趣(同时不改变预期结果)？我们如何为学生量身定制学习计划,以便最大限度地提升所有学生学习的参与度和有效性？

在前文,我们已经概括性地提到了学习者的需求。该设计元素提醒我们必须更细致地观察不同学习者的特点,相应地调整我们的设计。最好的设计师会量身定制学习计划,以适应总是由不同学习者构成的群体。根据内容、过程和作品,我们来思考几种差异化学习的实践方法。

内容

在 UbD 模板的阶段 1 中,预期结果应该始终不变——毕竟,内容标准(在预期目标中体现)和理解是全体学生的学习目标。然而,基本问题由于其"开放"本质,可以以很自然的方式来适应不同的学习者。具有不同水平的先前知识和成就的学生都能探究挑战性问题,如,"生物如何适应生存"或"是什么造就一个伟大的故事"。尽管有些学生可能会更深入地作出反应,但作为探究基本问题的结果,所有的学习者都有潜能去加深理解。

阶段 1 的知识和技能要素为满足学生需求、量身定制教学内容提供了另一个自然空间。通过使用诊断评估(W 部分),教师能够明确学生在知识和技能上的差距。这些需求可以通过小组内的针对性教学加以处理。

过程

通过使用各种资源材料(如不同阅读水平的文本)和不同的学习模式(通过口头、视觉和书面形式呈现信息),教师可以解决不同偏好的学习风格和成就水平之间的差异。允许学习者选择学习的方式(例如,自学或小组学习)或交流的方式(口头、视觉或书面形式),是阶段 3 中另一种恰当的量身定制手段。

作品

教师可以就作业和评估让学生对作品和表现作出合适的选择。例如，一个初级班的学习任务是创建"博物馆展览"来描述拓荒者生活的艰辛。学生以不同的作品和表现来为其贡献，如日记样品、关于日常活动的绘图、拓荒者人物角色扮演。这种方法允许所有学生根据自己的天赋和兴趣参加活动。重要的是，当允许学生在阶段 2 选择作品作为评估的一部分时，要注意使用共同的指标评价不同的结果。在拓荒者博物馆案例中，无论学习者是绘图、记日记，还是对日常生活进行表演，我们都要从**历史的准确性**、**对艰难生活的有效描述**、**换位思考的体现**，以及**工艺水准**等方面来评判所有作品。通过这种方式，我们可以在不牺牲有效评估或评分可靠性前提下允许恰当的多样性。

下面这个案例是从一位教师的单元计划(学习莎士比亚的《麦克白》)中节选的，是为有特殊需要和阅读障碍的学生量身定制的高水平工作：

1. 进行一次头脑风暴，让学生们说一说他们对中世纪的了解；让他们以小组为单位在黑板上创建列表(教师在其中寻找骑士精神、封建主义、荣誉法则、国王、武士和战争等字眼)。通过这个引入环节，告诉学生们将要学习的这个戏剧囊括了以上所有内容，还包括荣誉和忠诚。(W, H)

2. 介绍基本问题：什么是荣誉、耻辱、忠诚、背叛？我们如何知道谁值得信赖？我们如何避免失去诚信？(W, H, T, E2)

3. 开展关于荣誉和忠诚的课堂讨论，在黑板上写出小组讨论所形成的想法，形成一份关于理念、想法、意见和例子的清单，当学生们在写小作文时可以参考这份清单。寻找"**教学的时机**"——在讨论的基础上，通过查字典找出这些词语的定义，似乎是一种明智的做法。(W, E)

4. 请大家帮忙建立合适的引文墙。每天将引文放置在四周墙面上，许多引文可以在恰当时候引发讨论，例如荣誉、忠诚和权力。每个学生在两个星期内要增加两条引文。(H, T)

5. 应用小组讨论(包括参考电影和电视节目)时所产生的想法，讨论当代与青少年相关的荣誉和忠诚相冲突的案例。写在黑板上的结果是有关思想、想法、意见和例子的列表，学生们可以将它们应用于关于基本问题的小作文中。(H,

E,R,T)

6.给出该戏剧的历史背景和图示。有感情地朗读第一个女巫场景,停下来讨论,介绍"冲突"、"场景"等文学术语。展示如何做一个场景的时间线——这是一个个人任务,定期向时间线上添加内容。(E)

7.第一幕,场景二:用图形组织器勾勒出人物和事件。使用关键场景的音频和视频;在完成阅读和写作任务时,允许他人协助;有权使用删节和简化的版本。给学生笔记本,帮助他们组织档案袋内容。(W,E,T)

8.在任务完成前,让学生自我评估所有工作;并让学生依据他们在荣誉和忠诚问题上获得的经验,针对基本问题进行反思。(W,E,T)

O——为最佳效果而组织(Organize)

怎样的学习体验序列能够最好地发展和加深学生的理解,并尽可能地减少误解?我们如何对教和学进行组织和排序,来最大化学生的参与度和课堂的有效性?

直到现在,我们只思考了最佳设计的分解元素。"O"要求我们组织这些元素以发挥它们的最大功效。我们所说的"最大功效"是指这个序列真正能够为学生们带来的最积极的参与和最有效的体验。

很多老师对于学习顺序的考虑是不充分的,特别是在思考一个相当长的学习单元时更是如此。然而,就像 WHERETO 中的 H 和 R 所传递的信息一样,典型的以内容为线索来开展单元的顺序可能不是追求参与性或理解的教学的最佳选择。如果某个单元的学习顺序是由教材的组织顺序所决定的,那这时候再好好考虑一下学习顺序就显得特别重要。这一点我们将在第十章深入探讨。

至少,学习顺序应该反映教育工作者在"最佳设计"练习中一直关注的内容:"整体——部分——整体"和"学习——做——反思"之间持续反复的运动。正如 R 所表明的,如果要克服肤浅的、简单的、混乱的思维,我们就不能只是埋头工作,必须时不时地回顾之前学习的(临时的)事实、观点和技术。这就是为什么有很多人表明基于问题的学习、案例教学法或模拟教学法不仅能够促进智力发展,也让人难以忘怀——他们打破了传统的学习组织方式。

"吸引"的含义很清楚：尽早并经常通过激发**学生们的**兴趣、激发智力挑战的方式来吸引学生，这是**我们的**兴趣所在。因此，更好的教学顺序能使学习者早早沉浸在引人入胜的问题、情境或者其他方面的体验中，而延缓定义、规则和理论的教学，直到需要这些内容来了解体验。

221　许多传统学习是枯燥乏味的，让我们来看看下面这个在中学代数课本中常用的例子。教材的前80页只讲定义、规则和相关练习。比如，我们在第36页发现以下关于数轴概念的介绍：

若干成对的点在一条数轴上……它们到原点的距离相等，但方向相反，原点与其本身是一对……

成对中的每一个数，如$^-$4和4，称为另一个数的相反数。a的相反数写作$-$a……数字$-$4（降低减号）和$^-$4（提升负号）表示相同的数字。因此$^-$4意味着"负4"或"4的相反数"。

为了简化标记，本书的剩余部分都将使用降低减号来代表负数。注意：$-$a读作"a的相反数"，并不一定是负数。例如，如果$a=-2,-a=-(-2)=2$（Brown等，2000，p.36）。

我们希望这是一个玩笑，但很可惜，实际上不是。这在教学法中简直是无法接受的，它把有用的"行动"方法与过于技术性的细枝末节相混淆，呈现出完全断章取义的信息。

我们可以提供一个简单的经验法则，那就是必须尽早且经常地强调如下问题：什么时候是为理解而教？为什么？我们应怎么做？要产生有意义和难忘的学习，学习流程必须不断地在"整体——部分——整体"与"学习——做——反思"之间反复进行。虽然许多教师认为需要在学习前期呈现所有可能涉及的"基础"事实和技能，但这种学习并不怎么有效，也不大会持久。（我们将在第十章"为理解而教"中通过"揭示"来考虑这个问题。）

我们根据一位同事在足球学习班上的特殊学习经历，对学习顺序提出最终想法。该顺序围绕所有的WHERETO要素进行安排，要想获得青少年足球教练的资质必须遵循它进行练习。这位教练设计了激励活动和解决问题的概念框架。

他首先以清晰的整体—部分的逻辑描述了安排所有实践内容的重要性,在每项重要技能的训练中都使用如下流程:独立技能训练——模拟比赛——规定条件比赛——正规比赛。比如,个人先从简单的传球练习开始,用一只脚把球传给另一只脚。然后,每组两位学员搭档在同一个小空间内带球过场,就像比赛时一样,这就需要考虑所有人和足球,寻找伙伴,及时传球。然后,创造比赛条件,给每一组队员增加一人,让他们守住自己的球门。之后设置更严格的正规比赛条件,例如,需要两组队员在相互争夺球的触碰过程中最大限度地运球。接下来,打一场比赛。最后,回到早期小空间范围内的传球练习,这次主要关注速度和准确性。

此外,这位教练认为每一项练习都应最大限度地发展如下要素:健身、遵守规则、技术技能、团队合作、战略思维。不仅在正式活动中要最大限度地发展这些要素,而且在每次练习中也要如此。这位教练要求每位学员提出一种他所知道的常规练习方法,然后由这名队员指导其他人将这个方法在场地上练一遍。逐一轮流下来。然后使用给定的要素来分析练习效果,根据小组提供的建议加以改进。事实上,这种体验让学员们认识到:一些貌似经过时间检验的练习(如三对二的常规做法)却是无效的。

再谈一谈他们这个足球学习班的组员差异! 这是一个包含 30 人的学习班,其成员年龄从 23 岁到 61 岁不等;在经验上也非常不同,有在大学踢过球的,还有完全没有踢过球的。每个人都认为这次学习是最给力的体验之一,而且提供了一个可靠的、可用于迁移的框架——可以迁移到更多有关练习与实践的设计之中。

将设计元素有效整合的技巧

虽然 WHERETO 元素对构建和检测我们的学习设计很有帮助,但也容易忽视整体视角——单元及其目标。目标是高于一切的,用来确保使用大概念架构学习,并完成基于这些概念的学习迁移。这就是理解的内涵。因此我们必须确保在学习结束时,整个学习过程是连贯的、有目的的(而不是一组孤立的学习,即虽然各个部分的学习是有效的,但不能增加有意义的和持久的知识)。换句话说,如果我们不够仔细,设计可能会仅仅获得短期学习的成功——学到一些离散的事实和技能,而忽略了理解和迁移的任务。

当然,面向关键表现性任务(基于大概念的迁移活动)的逆向设计能够有效地避免这种错误。不过,还有其他一些策略来考查阶段3的内容,帮助我们专注于理解,防止偏离。具体来说,可以使用理解六侧面来提示我们在阶段3必须发生的与理解应用相关的工作类型,以支持阶段2中与理解相关的表现性目的。

在阶段3应用理解六侧面

虽然最初的设想是把理解六侧面作为评估理解应用的指标(阶段2),但实践证明,它们对于架构学习设计也很有用。一种简单的方法就是将理解六侧面列出来,然后集体讨论可能的活动(当然,要留意阶段1的预期结果和阶段2需要的评估证据)。下面是一所中学关于内战单元的案例:

- **解释**——解释内战中重大事件的主要因果关系。将它与其他内部冲突事件进行比较。
- **阐明**——以《红色英勇勋章》中的主要人物的视角来解读这场战争。
- **应用**——针对战争遗留问题进行辩论(是否已经结束?在美国会发生另一场内战吗?自那以后,"冷战"就已经开始了吗?)。
- **洞察**——从北部地区、南部地区、欧洲观察员、美国土著居民、有钱的地主、贫穷的工人等角度来讨论这场战争。
- **神入**——角色扮演,揭示一个南方家庭被谢尔曼的军队摧毁的感受。寻找与"The Night They Drove Old Dixie Down"类似的其他歌曲。
- **自知**——反思:你认为什么是值得通过战争来捍卫的?

虽然对特定的内容领域来说,某些侧面比其他侧面看起来似乎更自然,但是许多老师表示,通过应用这些侧面,他们可以"跳出框框去思考",从而设计出许多有趣且有效的活动。例如,一位物理老师,最初认为**神入**在物理课上是没有用的,后来想出了这样一项任务:"想象自己是电子,写一篇日记记述电子的一天。"

下面的一些普通问题对设计者来说是非常有用的思想启动器:

- **侧面1:解释。**如果学生要掌握那些不是显而易见的内容,遇到新的概念,测试和验证它们,建立自己的理论或者解释(或者通过检验来完全内化他人的理论与解释),那么他们必须阅读什么样的材料以建构理论和产生关联？学生应该试着解释哪些作品、数据、行为和事件，从而获得总结概括和合理推论的实践机会？

- 侧面2：阐明。设计工作是如何要求学生作出阐释，推导出含义，探索重要性，或者在材料或知识中发现意义的？通过设计，我们要提供哪些文本、事件或者其他资源，以作为使学生开展深刻且有启发意义的阐明工作的充足材料？

- 侧面3：应用。设计工作是如何要求并使学生能够在合适且变化的情境（在这一情境中，真实背景、目的和受众需要学生完整地迁移前期的学习成果）中检验他们的理解能力的？设计工作如何鼓励他们提出甚至发明新的和具有启发意义的学习应用？

- 侧面4：洞察。材料、任务、经验和讨论之间应如何匹配，以便让学生不仅能够掌握并产生多种观点，而且能够批判性地对它们进行评价？

- 侧面5：神入。课堂中的哪些直接或模拟的体验可能会使学生发自内心地与他人体验产生联系？设计工作如何帮助学生超越空洞的词汇和抽象的概念，发现别人的文章、理念或者经验中的价值和可能的意义？这些内容最初可能被认为是无力的、缺乏吸引力的或者是完全排他的。学生应该沉浸在什么样的体验中来发展潜在的新领悟？

- 侧面6：自知。什么样的学习体验将帮助学生对他们知道（或不知道）的和理解（或不理解）的内容进行自我评估和反思？课程如何唤起学生带到学习中的思维习惯和偏见？

鲍勃·詹姆斯的逆向设计实践

在前面几个章节中，我们已经了解到鲍勃·詹姆斯老师是如何构思自己的营养单元的。他现在思考如何根据WHERETO提供的指标和指南来优化自己的设计。

当我自以为做得差不多时，我发现关于营养单元的思考通过WHERETO还可以得到延伸。下面是我目前的想法：

W——逆向设计过程确实有助于我明确单元教学的方向。现在我要思考如何帮助学生，让他们知道自己的目标和原因。我认为基本问题和导入问题能提供方向,尤其是在我计划在教室的布告栏中发布这些问题以后。在单元教学初期,我通过介绍评估任务、项目以及评价指标和量规,就可能使学习目标更加清晰。

我的头脑中有了表现性目标,我也希望孩子们能够在学习各种事项(食物分类、食物金字塔、如何阅读食物标签上的营养信息及类似这样的事情)时也能清晰地看到它们。

H——在学习一开始就抓住学生的兴趣点,我喜欢这主意。社会科学教材中有一节关于探险者的故事,我觉得这是一个可以引起学生兴趣的起点。孩子们喜欢神秘的事物,这是一个在16世纪和17世纪发生的远洋水手的故事:他们在船上漫长的几个月中染上了一种怪异的疾病,称为坏血病,但当他们返回到陆地后,病情得到了显著的改善。

一旦孩子们知道坏血病是由于缺乏维生素C导致的,并且知道食用新鲜水果和蔬菜就是吃"药",那么我们就为检验营养在健康中的作用作好了准备。

E——我认为新教学将使我的学生充分具备完成表现性任务和项目的能力。现在,通过预期理解和需要收集的评估证据,我相信教学将更聚焦。

R——单元设计中的重新思考部分对我来说可能是最大的拓展。以前,除了让学生们在写作时进行修订外,我很少要求学生正式地重新思考我们讨论的观点。然而我现在开始意识到它的重要性。

在与其他老师共进午餐时,我们讨论出两个非常有趣的问题。如果允许孩子们吃自己喜欢的任何食品,他们的饮食是否会均衡?动物吃的食物是否能满足它们的营养需要?这样一个或两个问题应该在单元教学中间给出,促使学生完善他们对营养饮食的思考。

这些问题指向了另一个基本问题:大自然是否引导了生物的营养饮食方向?这些具有挑战性的问题应该能激发讨论和重新思考,并产生可作进一步研究的有趣问题。

E——表现性任务和最终的夏令营菜单项目将让学生有机会向我展示他们对健康饮食的理解——这是本单元的主要目标。在进行评估之前,我让全班同学在合作学习小组中对夏令营菜单进行互评,这样学生可以收到反馈。在学生的最终菜单确定之前,我会给他们时间去修订菜单。

最后,我会要求每个学生完成两项自我评估:一是使用量规评价他们的夏令营菜单；二是基于本单元内容的学习，反思自己的个人饮食习惯是否（以及如何）有所改变。这些活动使本单元以一种有效的方式结束。

T——去年，我参加了一个有关因材施教的培训项目，学习如何为了适应不同的学习者而量身定制教学。我现在知道了将因材施教的策略应用到本单元中的方法。例如，有6位学生在独立阅读和理解教材时存在困难，所以我让他们同自己语文课上的"阅读搭档"一起学习。在测验的时候，我会用口头形式对他们进行测试。

我认为关于营养小册子的表现性任务将帮助那些不擅长写作的学生，因为他们可以用图片来解释均衡的饮食。为了让学习效果更好，我们的资源老师给了我一个延伸任务的好主意，即让学生为学校医务室（而不是更小的孩子）设计一本营养手册。在本次夏令营菜单任务中，我允许这些不擅长写作的同学以口头形式告诉我，为什么他们的菜单计划是健康的和美味的，而不要求他们一定要写出说明书来。我会要求优等生为那些存在健康问题的同学（如糖尿病或特殊饮食限制人群）设计一份可供选择的菜单计划（如低钠饮食需要）。

我认为，这些调整将允许较低成就的学习者获得更大的成功，与此同时，优等学生也面临更大的挑战。

O——我对单元计划的顺序安排非常满意。一开始就具有吸引力，通过各种学习体验和资源来发展需要的知识，然后以知识的真实应用结束教学。我现在意识到UbD过程和模板有助于组织一个良好的计划，因为它们已经帮我围绕重要问题和有意义的表现性任务架构了整个单元。

我认为营养单元通过使用WHERETO原则得到了明显提升，我打算在设计其他单元时继续采用这种方式。我迫不及待地想看到学生的学习效果。

下一个问题

关于如何设计学习过程，本章以粗线条的方式给出了基本考量，并给出了一些策略，使更多的经验法则可以通过设计得以实现。接下来要思考的问题是：在帮助学生理解的过程中，教师的课堂角色是什么？

第十章　为理解而教

> 教师……特别想告诉学生自己所知道的东西,这一诱惑实在令人纠结……然而,无论是理论还是事实,再怎么多的信息,其本身也无法提高洞察力、判断力,或增加采取明智行为的能力。
>
> ——查尔斯·格拉格(Charles Gragg),《因为智慧不能被告知》("Because Wisdom Can't be Told"),1940
>
> 成功的教学是指那种可以带来有效学习的教学。决定性的问题不在于运用什么样的方法或过程,也不在于这些方法或过程是过时的还是现代的,是久经检验的还是尚处于实验阶段的,是传统的还是不断进步的。所有这些思考或许是重要的,但都不是最终的结论,因为它们只是手段而不是目的。教学成功的终极指标是——结果!
>
> ——詹姆斯·L·默塞尔(James L. Mursell),《成功的教学》(*Successful Teaching*), 1946, p. 1

逆向设计将教学方法以及其他教学策略的选择放在了设计过程的最后阶段。尽管这种做法不符合许多教育工作者的习惯,但正如我们前面所提到的,这种逆向安排是很有意义的。在我们明确预期结果、隐含的评估任务、达到目标所需要的关键学习活动之前,对教学策略的讨论都是不成熟的。教学的正确步骤应该根据学习需要来开展。逆向设计促使我们打破以往舒适的教学设计习惯,并思考:鉴于我们所追求的理解表现和学习结果所需要的学习活动,作为教师,我们应该怎样做?

不过,在一本有关设计的书中,用大量篇幅来论述追求理解的教学,这显然会把我们带到一个更远的领域。很多优秀的书籍和项目也在谈论有效教学,其中包括几本需要读者阅读的有关追求理解的教学的书籍。① 本章的目的是提供一些有关教师角色的一般性准则以及根据我们讨论的追求理解的逆向设计常用的教学资源。

灌输与揭示

本章开头部分的默塞尔(Mursell)的名言虽然写于多年之前,但现在仍让人耳目一新,引起领域内关于教学方法的许多争论。教学应该根据教学结果作出评判。我们应该在追求理解的教学中使用什么样的教学方法?哪些工作可以产生理解?以下问题没有规律可循:在阶段3要完成哪些工作才能达到阶段1所列出的目标?

默塞尔的话也涉及我们一直谈及的专家盲点。我们想起了教育中的一个古老的笑话:一个男孩说自己教了小狗讲话。当他的朋友要求小狗表演时,这条狗除了叫什么也不会。于是他朋友说道:"我印象中你说过教过它说话的。""是的,我教它了。"自称教练的男孩答道,"我教过它说话,但我没说过它学会了。"

这不足为奇。在教学的某些时刻,当教学不起作用,我们遇到挫折时,我们也经常发自内心地说这样的话:"我教了,但他们没有学会。"我们很容易忘记,学并不是由教引起的。"你什么意思呢?难道教不会引发学吗?难道是我们没用吗?你一定是在开玩笑。"不,我们是认真的。教,就其本身而言,永远不会引发学。只有当学习者对学习进行成功的尝试时才会引发学习。成就是学习者成功理解所教内容的结果。这就是我们想表达的意思。难道不是吗?理解就是学习者完成的建构活动。我不能把理解给你,你必须自己去获得。

成功的教学不是使用一大堆技术,也不是给学习者反馈许多词汇,而是通过词汇、活动、工具、引导性反思、学习者的努力和反馈来促进学习者对教学内容的理解。它是一个复杂的、交互的成就,而不是单向的技能组合。由于盲区的作用,我们常常忘了,教的行为,即直接指导(讲话、教授、告知、告诉)的意义,只是

---

① 例如,见 Blythe & Associates (1998), Bottoms & Sharpe (1996), White & Gunstone (1992), Saphier & Gower (1997), Marzano & Pickering (1997)。

引发学习的一个方面(如果再说得严重一些,还不是最重要的方面)。为学习所做的设计工作与任何知识分享一样重要,甚至可能更重要。仅仅通过简单的耳濡目染,我们的领悟不可能转化为学生的知识。作为学习的引发者,我们不得不设身处地地考虑初学者单纯的思维,通过设计良好的学习体验——当然包括教,但不局限于教——来帮助学习者"揭示"我们的观点,获得真正的理解。如果没有相关经验、助学指导、支持工具(比如图形组织器)、表现任务以及过程反馈,那么只有专家(或具有很高天赋的思考者)才能够听懂教师的话并在头脑中独自完成所有的建构工作。

所以在书中我们不断地暗示揭示的必要性以及知识灌输的弊端。也许到现在为止,读者对这一点仍存在误解:揭示不是某种教学**类别**或教育哲学,而是在不考虑所使用的教学方法的情形下,让表达的观点更容易理解和更真实可靠的一种方式。因此,让我们来澄清揭示与灌输的定义,以及**不管**偏爱何种教学方法,为什么**每个教师**必须学会揭示,避免灌输。

思考这两个词的定义。作为名词,COVER[①] 是指那些在表面的东西,就像床单一样。应用在教学中,指的是某些缺乏深度的内容。当 COVER 资料(比如在本书前言中提到的历史教学案例)时,我们最终会不知不觉地只关注表面细节,而难以深入任何主题。从学习者的角度来看,每个知识点都表现为同样的价值——它们就是一堆需要死记硬背的事实,毫无重点可言,没有记忆的优先顺序或者是相互关联的意义。

"跑遍各地"是 COVER 的另一个定义(比如我们今天 COVER 了 600 英里)。当我们说走过了许多地方时,不论是作为旅行者还是教师,我们也许都走了很远的路程,但这并不意味着可以从旅行中获得任何有意义的或者值得纪念的领悟。电影《如果星期二,一定是在比利时》(*If It's Tuesday, This Must Be Belgium*)让人联想到的是牺牲严格的时间安排而学习的合适景象。不管我们的愿景有多好,如果当一切仅停留在肤浅层面,并且以简略孤立的事实、活动和技能来传递时,我们最终将无法完成深度的理解,甚至连获得持久记忆都很难。

教育工作者通常以外部标准的要求、课本的约束或者统考的压力来为他们

[①] 在教学法情境下译为"灌输"。——译者注

灌输教学内容的行为进行辩护。抛开支持这些观点的经验主义证据(前面部分有简要介绍,在第十三章中也会有相关研究),常识表明只是简单提及的教学方式不能够引起有效的学习,无法达到能力表现的顶峰。比如,我们可能难以接受几何教师提出的理由:没有太多的时间去探究证明过程的细节,因为有太多的定理需要讲解。事实上,这种点到为止的灌输式教学再一次验证了专家盲点所在:如果教师讲到它,学生就能理解它,那么在教学中讲得越多,学生学得也越多。这是一种错误的逻辑,是将**教学**与**结果**相混淆,就像把**种植**与**产量**或者**营销**与**销售**相混淆一样。

理解永远不能通过"灌输"实现。这是本书的前提,并有相应的研究作支撑。理解是设定的最终目标,是一种挑战;理解需要合适的体验、讨论和反馈。关于这项内容的描述,没有人比杜威(1916)说得更透彻。他认为真正的观点是不可能直接"教"会的:

> 没有任何观点可以作为观点从一个人传授给另一个人。当观点讲出来的时候,对讲述的对象来说,它将是一个给定的事实,而不是作为一个观点。观点需由通过操作行为加以检验。它们将引导和组织进一步的观察、回忆和实验。(pp.159-160)

然而,在一个以灌输教材内容为主导的世界里,我们总是在不经意间就违背了这项重要警告。因此,我们需要反思和质疑使用教材进行的教学。那么,应该如何在使用资源来支撑教学目标的同时,又不会不知不觉地削弱理解目标呢?

为了解决这个问题,我们需要思考 COVER 一词的另外一层含义——一种负面的内涵,比如为了"掩盖"事实或者为了隐瞒观点。掩盖意味着隐瞒,没有履行让人知晓的义务。相反,**揭示**某个事物意味着发现被隐藏的重要东西——是揭露而不是隐瞒。从这种意义上来说,当我们揭示某个事物时,我们就像调查人员一样,发现一些事物,否则这些事物可能会不被人知,对读者产生不利的影响。利用教材进行教学,其挑战在于如何更好地理解书本所隐藏的知识,而不是其所展现的内容。

教材和为理解而教

说到教材"隐藏"了什么,并不是说这里有什么恶意的阴谋。大部分被教材"隐藏"的内容都是未经察觉的,但由此而造成的危害却是实实在在的。通过编写者的努力,教材就像一本百科全书,呈现和总结了那些已知的内容。它们通过简化专业知识来适应学生的学习水平,但无法照顾到 50 个州的教师,以及那些要参加竞赛的兴趣小组的不同需求。这样一来,教材的内容就很容易向学生(和教师)隐藏学科以及学术界的真实本质。就像一本百科全书,课本很少能够帮助学生理解知识概要背后的探究、争论和判断。我们要追求理解的教育,而高密度地呈现研究成果的文本又不可能提供更具参与性和有深度的学习。正如卡内基(Carnegie)在 1983 年的一份关于中学教育的报告中所写的:

大多数教材呈现给学生的是高度简化的事实观点,而几乎没有洞察收集信息和提炼事实的方法。此外,教材很少能够告诉学生原创工作是那么丰富并且令人兴奋。(Boyer,1983,p.143)

20 年来,情况几乎没有发生什么变化。美国科学促进会(AAAS)最近在审查初中和高中的数学和科学教材时发现了明显的缺陷:

"2061 计划"认为所有普通中学的科学读物都不令人满意,并批评它们"充满了孤立的事实,没有起到教育和激励学生的作用"。在高中广泛使用的 10 本生物教材中,没有一本在严格的评估中获得很高的评价。

进一步的研究发现,大多数教材涉及太多主题,但都没有对主题进行具体深入的探讨。课本中也包含了大量的班级活动,但这些活动既没有与学习关键科学思想的学习行为相关,也没有帮助学生把他们所做的事情与基本思想联系起来。(Roseman, Kulm, & Shuttleworth, 2001)

此外,对高中生物教材的分析揭示了以下问题:

- 研究表明,几乎所有的学生——甚至那些最优秀、最聪明的学生——在理解课本中所讲到的观点时都存在困难。然而,大多数教材都没有在活动和问题中考虑这些障碍。
- 对于许多生物学概念,课本忽视或者隐藏了最重要的观点,而过分强调技术术语和一些不必要的细节——这类材料可以很容易地转换成多项选择题测试。
- 虽然大部分的教材中都含有大量的插图,但是这些表征很难起到帮助作用,因为它们要么太抽象,要么过分复杂,或解释不充分。
- 虽然在每一章节中都包含一些活动,但当学生根据所学习的科学概念来解释结果时,几乎没有得到任何指导。(Roseman, Kulm, & Shuttleworth, 2001)

我们认为这些对教材的批评是合理的,同时这些批评也适用于人文学科、科学和数学学科。很遗憾,这些教材大都平淡无奇,充满行业术语,内容也都缺乏深度。

教材作为教学大纲:一个关键误解

从根本上而言,指责教材单元设计不佳,就像是因为自己击球很烂,却去指责泰德·威廉姆斯[①](Ted Williams)的《击打的科学》(*The Science of Hitting*)写得不好一样。单元设计的主要问题并不在教材上,而在于教授、老师或管理者是否也认为教材就是学习过程,所有的设计工作都必须按照教材来进行。与之相反,教材是支持预期结果(根据 UbD 模板在阶段 1 确定的)的一种资源。即使是最好的教材,也许只能帮助我们实现一部分的预期结果,而许多目标的实现需要教师积极主动地、有创造性地确定适当的基本问题、评估以及体验活动来组织单元内容。事实上,这些问题、任务和活动通常需要教师补充教材内容或根据需要选择性地阅读教材内容。教材既不是地图,也不是行程安排,而是在一个有明确目标的旅行中起支持作用的旅游手册。

我们是说教材存在严重缺陷或教材不应该是一个关键的教学资源吗?当然

---

① 泰德·威廉姆斯是美国著名的棒球运动员和教练,著有《击打的科学》一书。——译者注

不是。我们只是说,教材仅仅是一种工具,而不是教学大纲。大概念的揭示和意义获得在于合理利用多种资源和活动。因此,教师的工作不是灌输教材提供的内容,而是学会使用教材来协助完成目标。图表10.1可以帮助我们在使用教材时,明确"灌输教学"和"揭示教学"之间的差异。

图表10.1 教材使用中的"揭示教学"与"灌输教学"

揭示教学	灌输教学
● 课程具有明确的目标和学习结果,教材是支持学习过程的一种资源。	● 教材是教学大纲;除了依据教材提供的内容进行学习外,没有什么其他目的。
● 预期结果需要特定的探究,通过体现理解的表现性评估来使用教材内容时,探究活动达到顶峰。	● 评估由针对来自教材内容的离散的知识和技能的测试组成。
● 教材用来发现、揭示和探索学科中的基本问题和核心的表现性挑战。	● 学生的任务是了解教材内容,没有基本问题和表现性目标指导阅读、讨论和准备。
● 节选教材内容,按一定顺序阅读,用于支持在预期结果中设定的学习目标。	● 按照教材的页码顺序阅读。
● 教材是很多资源(包括第一手材料)中的一种,因为教材通常只总结了重要的思想,掩盖了重要的问题和争论。	● 第一手资源和其他二手资源很少使用;教材中的总结被看作是用来学习的,而不是作为分析、探索、测试和评论的材料。

因此,作为设计师我们不仅有责任选择好的教材来支持目标,还要确保使用教材中设计得好的部分,弥补其中不完备的地方,使教材在组织信息和提供练习以增强关键知识和技能方面发挥最大作用。在大概念的基础上围绕持续的问题和复杂评估来组织教学,以及提供不同观点,教师们在这几个方面通常做得还不够。

所以我们的单元和课程设计必须帮助学生明白:教材中陈述的内容通常有助于总结已知的事实,但是也可能会抑制更深入的理解。为什么会如此?因为教材内容的简化处理通常会隐藏一些问题、观点、思想的发展历史,以及使我们最终拥有当前知识的探究过程——这个过程是学习者达到理解所必须的!通过只呈现已经过清理的剩余物,教材歪曲了理解——无论是专家的还是新手的——的发展过程。你无法仅靠一些对已有发现的简化总结就学会了应用或深入理解,没有人能通过在报纸上阅读比赛得分就能成为优秀的棒球运动员。

教师的主要作用:设计正确的体验

"教学"最恰当的定义或许是对学习的组织。因此,成功教学的问题是为真正的结果组织学习……与大家所熟悉的教学定义(将其作为学习的引导或指导)相比,很明显这个定义更恰当些。它使我们从教师应该引导学习还是指导学习的争论中解脱出来——其实这些争论是无关紧要的,因为两者都是教师应该做的。

——詹姆斯·L·默塞尔,《成功的教学》,1946,pp.21,23

鉴于大概念通常具有不明显、违反直觉和其他抽象性等特点,因此,理解的"获得"需要通过精心设计的学习体验来揭示核心内容的可能含义。很少有教材是围绕一系列明确的学习体验来设计的,而精心设计的体验是将观念变为现实的唯一途径。

这是一个古老的教育改革理念。二百多年前,卢梭(Rousseau, 1979)捍卫《爱弥尔》(*Emile*)一书中所描述的一个虚构儿童的教育思想,即将乡民安排在适当的情景中学习诚实、财富、数字和天文学的有关知识。"不要给你的学生任何口头上的传授,他们应该只能从自己的体验中接受知识。"(p.92)这对于专家盲点来说是对症下药:"我们从来不知道如何站在儿童的角度思考;我们不能进入他们的内心世界;我们把自己的观点给学生……事实上,我们堆加在学生头脑中的只有愚蠢和错误。"(p.170)没有恰当的体验,只是分享自己对世界的理解和情感,注定要以失败而告终:

教师自己充满热情,他想与孩子们交流这种热情。他认为,通过让孩子们关注他的感受(教师自己所受到的感动),他能够感动孩子。这非常愚蠢!……孩子可以感知物体,但他无法感知物体之间的联系……因为这需要他们的亲身经历,但孩子还没有获得这种经历。(pp.168-169)

杜威(1933)举了一个简单的例子,他通过一个精心设计的体验,将地球是圆的这一事实与学生对这一事实产生的有意义的观点进行了对比。最初,地球是圆的这一特征,对学生来说是完全抽象的,是没有智力意义的空洞事实。为了使它成为有效的概念,需要的不仅仅是一个定义和一个地球仪。怎样才能帮助学生理解呢?需要建构性的工作,还要在学生进行特定体验时给予指导,以使他们理解体验的含义和观点的价值。特别是在面对那些令人困惑的、不一致的事实时,这种指导更为重要。

> 然而,当概念没有被用来作为搜索材料的工具来解决问题时,它们并没有成为真实的概念……教师可能会给学生展示(或提醒他们)一个球或地球仪,告诉他们地球像这些事物一样是球形的;然后,教师可能会日复一日地重复这句话,直到在学生的脑海中将地球的形状和球的形状联系在一起。但是他并没有因此获得关于地球是球形的概念……要想把"球形"作为一个概念来掌握,学生必须首先意识到在观察到的事实中明确那些容易混淆的特征,头脑中要有球形的概念。同时教师要以一种可能的方式启发学生解释一些现象:在海上船体已经消失时还可以看到桅杆顶部,在月食时看到地球的阴影形状,等等。只有使用解释数据的方法,才能给予学生更充分的意义,使球形成为一个真正的概念。(pp. 133 - 134)

只有搞清楚经验和知识的意义,或为我们提供新的开启可能性的智力能量时,概念才能变成"真实"的而非抽象的概念。

用这种方式将大概念引入生活中会有更大的难度,因为老师已经习惯口头讲授的方法:

> 对某个观点的口头交流可能激发一个人对问题的自我认识,并思考类似的观点,要不然,他的智力兴趣可能会受到抑制,在思考上的努力也可能会受到束缚。但他直接获得的还不能称为观点,只有当他自己直接处理问题的各种状况,从中寻找和发现他自己的方式时,他才能获得真正的观点。(Dewey, 1933, pp. 159 - 160)

因此，我们可以将**揭示**解释为通过经验将概念与生活相联系。学生不仅需要与主要概念相关的经验，也需要经历获得这些概念所必需的现象。无论这个概念是"球形"或"权力平衡"或"位值"，学生只要看到其本来面貌，就可以理解这些观点。本来面貌不是事实，而是可以解决问题或是让我们拥有更高智力的心智模式。

揭示是至关重要的，而不是可有可无的，因为所有的大概念都是违反直觉的和抽象的。无论是专家还是学生都需要知道如何透过表象来获得理解，因为表象有时会误导我们。只有教师帮助学生揭示了大概念的意义和相互关联，才会产生有效的迁移。

> ■ **误解警告！**
>
> 揭示（Uncoverage）和灌输（Coverage），深度和广度，这两对词的含义一样吗？是的。"深入"某个主题，意味着我们需要得到"表层以下"的内容。在何种意义上深入表层以下是理解的关键呢？我们可以用一个简单的类比来说明。我们可能坐在车里，也可能知道如何开车，但是，这并不意味着我们理解（深入地理解）汽车的工作原理。为此，我们需要打开引擎盖，对每个器件进行观察。要想成为真正的技术工人，只知道如何驾驶或内燃机的工作原理是不够的，还需要知道汽车的工作原理，并且当它出现问题时知道如何诊断故障和维修器件。你必须知道汽车之间的相同和不同之处。
>
> 宽度能够扩展某一限定主题的研究范畴，来检查相互之间的关系、延伸部分和更广的含义。扩展知识的宽度（但不是靠灌输）是一件好事。事实上，字典里说明了知识宽度的力量："观点从局限到自由。"机械师需要经历多种不同种类的汽车、客户和修理工具来获得丰富的经验才会取得成功。过度或一味追求深度与过于追求宽度的性质是一样的；只专注于一种想法，进行深度挖掘并不一定是有效的。任何一个完善的研究过程，都需要提供有趣的和有用的细节来连接其他相关的话题以及有意义的问题。

因此，灌输实际上会使学习变得困难。当我们"灌输"教学内容时，我们将在同一水平上对待所有的知识，即知识是用来回忆的口头传授的材料。实际上，这对学习者来说，学习变得更困难。相反，提供可以说明问题的体验，可以弄清体验意义的概念框架，学习者会感觉理解起来容易些。当大概念还不真切的时候，对于学生来说获得这些概念的学习是非常抽象和困难的。例如，试想一下，在从来没有看到或使用过电脑的情况下，怎么能了解"硬件"和"软件"呢？

简单地说，追求理解的教学总是需要在"教"之前作些准备：仔细设计的体验，巧妙有效的助学，恰当的问题，从而使观点、知识和技能显得更加真实和有价值。如果想让学生理解这些观点是有用的,那么学生需要机会来运用这些观点。这也将影响我们如何以及何时使用直接讲授。在有启发性体验之后的"教"要比没有任何体验就"教"的效果明显好很多。

揭示:深入主题的过程和论证

我们所说的很多专业知识,其实是反复试验、探究和论证的结果。正如前面所言,当我们只教给学生书本上的知识(对书中的观点缺乏有效的探究)时,学生就很容易被误导,认为知识就在某个地方等着我们,直接去学就可以了。然而,要真正理解某一主题,需要揭示知识点背后隐藏的关键问题和核心论点。学习过程本身必须使问题越来越明晰,激励学生对核心论点进行深入挖掘。换句话说,尽管有时候我们很乐于接受课本中简洁有效的知识表述,但当它太过简单地描述一个大概念时,我们必须对其提出质疑。最优秀的教学设计者非常清楚地知道学生会忽视或者误解教材中的哪些内容。他们谨慎明确地对课程加以设计,使他们的学生能够揭示隐藏在早期和当前文本表述中的问题、难题、差异、令人困惑的疑问和矛盾。

教材的编写风格使揭示变得更困难,教材编者埋在书中的暗示就是:不存在需要质疑的问题,学生的任务只是理解已经确定的事实。这里有一个案例能够说明"灌输教学"的危害,它容易导致思想禁锢。一本通用的美国历史教材提到了下面这句话,没有任何解释,将它作为解释美国革命战争的理由:"华盛顿有胆量充分发挥他的爱国者队伍的作用,当他违反战争规则在冬季突袭敌营的时候也是如此。"(Cayton, Perry, & Winkler, 1998, pp. 111 - 112)

教材中没有关于战争规则的进一步说明。但是任何一个善于思考的学生都会有疑问:"嗯?战争规则?还有规则约束竭尽全力、战斗至死的士兵吗?如果突袭是错的,那士兵应该怎么战斗才算符合规则?为什么?"所以根据本单元和其他单元我们可以提出一个基本问题:所有的战争都是公平的吗?我们怎么保证自己在评价这些事件的时候是客观的?存在什么"规则",什么权威机构颁发的规则?这些规则会随时间而变化吗?当规则被打破时会发生什么(或者应该发生什么)?"战争罪犯"是正当的道德观念,还是一种自相矛盾的说法——只是胜利者对失败者的报复？

这个例子给我们提供了一个有效的揭示策略：仔细寻找教材中那些可以重新组织成基本问题的表述，这些基本问题可以实现跨单元、课程以及其他关键主题的研究。事实上，在今天没有比战争问题更让人恐惧的了。针对平民的恐怖行为和暴力，对一些人而言是要被严厉谴责的行为，对另一些人而言则是可接受的策略。

下面也是美国历史教材中广泛使用的"照本宣科"的例子，这个例子令人担忧：

> 像绝大多数国会成员一样，杰斐逊没有打算向不喜欢他的人屈服。虽然他在理论上废除了奴隶制度，但他本身就是一个奴隶主，他无法想象一个黑人受到同等对待的社会。关于人权，杰斐逊有着慷慨激昂的承诺，但是他却拥有奴隶。他清楚地知道奴隶制是错误的。极少数白人种植园主给他写信，雄辩地指出奴隶制是一种道德罪恶，然而他却无法释放哪怕极少数的奴隶。作为一个种植园主，他的生存依赖于奴隶们的劳动。即使是为了遵循民主平等的原则，他也无法抛弃个人成见，冒险放弃奴隶通过劳动给他带来的安逸生活。(Cayton, Perry, & Winkler, 1998, p.149)

抛开文章中的政治立场，我们突出杰斐逊的"白人种植园主"身份是最好的表述方式吗？更令人担忧的理解是文章的结尾，它暗含着：这是权威的说法，无需争论，杰斐逊就是这么想的。

我们只需要借助理解的侧面1（解释）、侧面2（阐明）和侧面3（神入），就能问出一系列问题：此事的依据是什么？有什么原始证据能够支撑这个观点？他们是怎么知道杰斐逊的感受和观点的？这些问题才是真正在探究历史真相，而这篇文章则让学生在面向历史真相的探究（对过去进行批判性探究）上止步不前。

不应该是这样的。我们应仔细查看教材并弄清楚重要问题是什么，并始终保持这些问题的生命力，对问题的持续思考是优质教育的关键所在。针对同一主题，让我们来比较一下前面的误导性结论和乔伊·哈克姆（Joy Hakim）在《美国历史》(A History of US)中的描述：

那么"平等"意味着什么?我们都是一样的吗?看看你的周围,很显然,我们是不一样的,我们中有些人比其他人聪明一些,也有一些人的运动天赋更好,等等。但是没关系,杰斐逊说:在上帝眼中我们都是一样的,我们都有享受公平的权利……

他说"人人生来平等"。他没有提到女性。他的意思中包含女性吗?没有人知道,或许没有。我们知道在18世纪,词语"men"和"mankind"是包括男人和女人的……当他说"所有人"的时候是否包括黑人?历史学家们有时候会争论这个问题,这需要你自己作决定。(1993,p.101)

虽然哈克姆为年轻的学生们简化了争论的问题,但她没有简单地下结论。她给正在成长的年轻史学家们留下了一个有争议的历史问题,让他们继续研究。(但是教师必须提供所需要的研究材料和方向,并且告诉他们历史课本本身完成不了这项工作。)教师必须确保所有的大概念都会受到同等对待——要有通道(也许通过教材)去探究,而不能因为费解就关闭思考通道或者认为不值得进一步思考。把教材当作课程中探究重要问题的跳离与回归站台。事实上,这样的揭示能够自然激发对其他资源,包括其他教材的讨论,从而开启更进一步的研究。

即使是在像几何这样看起来体系严谨的学科中,也有同样的"照本宣科"的现象出现。教材很少谈及对欧几里得主要公设的历史性争论,这些争论最终导致了由非欧几里得几何学发展所引发的革命。比如说,在一本评价甚高的几何教材中,在介绍了基本公设之后,下面这段论述直到600页之后才出现,用以解释这些看似无懈可击的公设其实是需要"假设"的:

你会发现第五公设(欧几里得平行公理)的叙述比其他公理更长,更加复杂。这使得数学家们感到不解,他们感觉这种复杂的叙述不应该是正确的。

两千年来他们试图根据欧几里得的其他假定条件来证明第五公设……这些数学家的工作极大地影响了后世的数学家。这是第一次把公理看作是一种假定真理而不是绝对真理的陈述方式。(Coxford, Usiskin, &

Hirschhorn, 1993, p. 662)

最后一句话对我们而言是什么？我们将它看作是旁白，而没有将它看作是能够引发根本性反思（公理是作为假设真理还是绝对真理来陈述？）的前奏。我们怀疑没有学生（或者很少有教师）能够领会教材中这句话的重要性——这是一句在教材中没有解释的话。"假设真理"和"绝对真理"有什么区别呢？对几何学家和学生来说这种区别意味着什么？有没有善于思考的学习者会进一步问："为什么这些公理要被假定呢？为什么是这些公理而不是其他公理呢？原理来自哪里？哪些内容构成了一个恰当的公理，而不是武断的或者不合适的公理？我们怎么知道欧几里得或者其他人的假设不是随意的呢？如果不是随意的，那为什么要假设它们？这些年来这些糊涂的数学家都做了什么？他们'尝试证明一个公理是真理'是什么意思？——你不是告诉我们它们是**假设**的吗！"

这些问题被掩盖起来，虽然它们是深刻理解几何学中的大概念以及历史性革命——数学由此从"真理"转变为一个独立于三维世界直观经验的公理体系——的重要基础。按照反思和视角转换的需要，很容易发现一些至关重要的关于公理产生的探究争论：为什么我们**一定**要对所做的事情进行假设？我们**应该**何时改变假设以及为什么？《神奇的二维国》（*Flatland*, Abbott, 1884/1963）写于一个世纪以前，是一部有趣且易读的关于其他空间世界的虚构小说——它要探寻的正是这些问题。

更重要的是（注意在前面章节中引用的关于几何学中失败的迁移例子），学生如果不弄清楚自己想要证明的作为定理必要基础的假设条件，他永远无法理解欧几里得几何学系统。然后，我们欣喜地发现假设条件对于几何学来说，不仅仅有智慧价值，还有实际价值。

换句话说，在追求理解的几何教学中，首要目标在于帮助学生反思并从多个角度思考公理，它前期作为许多"假设"，没有任何质疑地被人们所接受。然后，学生会说："现在我终于知道为什么要假设这些公理。"或者"哇哦，当我们只是假设这些公理是真的时，看起来很随意，但是现在我明白不是的。"或者"嗯！那些假设比它们实际表现的看起来更加明显，几乎不存在争议。还能有比这更有用的假设吗?"①(是的,就是这样!)

在数学以及其他领域中的所有关键假设,都不只是靠一些敏锐的直觉知道的,(公理)体系也不是俯仰可拾的。它们是在已有洞察力的逻辑基础和想要完成的证明基础之上,经过长时间的探究才能获得。欧几里得清楚地知道,要证明三角形内角和是180度,他需要平行公理。这些违反直觉的观点很少在教材里进行解释或给出足够的启示。毫无疑问,许多学生会对基础性的事情感到困惑——公理和定理的区别到底是什么?

这就是另一个用以说明什么是追求理解的教学的例子:厘清主要概念,然后随着工作进度的展开,通过一系列循序渐进的问题反复回到这些概念——无论教科书是否这么做。即使教科书另有编排,也决不"掩盖"那些主要概念(在这个例子中是"公理体系"),而是应当"揭开"被掩盖的真相,并且反复地复习这些概念。

你可能觉得上面关于几何学的例子有点深奥,其实不然!任何一个学习了一年几何学的高中生都明白好的假设仍然具有局限性,任何追求包罗万象的理论随着时间流逝最终都被证明是虚假的。当库恩(Kuhn,1970)第一次提出用"范式"来描述科学思维如何随着时间推移而变化时,他所要表达的正是这个意思。如果不去重新审视这些乍看上去充分的假设,就会错误地认为这些假设"放之四海而皆准"。我们需要"反思",虽然我们意识到学习必须从某一个地方开始,但是我们要知道每个简单的起点背后都隐藏着深奥的问题。如果我们想真正弄清楚问题之间的细微差别以及主题的核心困境和折中之处,就必须重新探究这些问题。这就像孩子们了解小伙伴,青少年了解价值观,历史学家必须了解编史观一样。实际上,正是因为我们让大概念看起来很明显,看起来只需按照它们呈现的样子去学习,结果造成了学生的误解及忽视。换句话说,教师的另一个关键角色就是通过设计巧妙的讨论和活动体验来"揭示"学生的误解和顽固的表

---

① 熟悉教育史的读者应会对下面的观点产生共鸣:学习应该以不同的案例形式对知识的产生进行"要点重述"。虽然我们不同意将"要点重述"的理念等同于一个全面的教育理论,但是这个观点,即学生应该经历真实的探究体验,有时需重新创造或模拟知识发展的过程,是我们所表达的有关"揭示"的部分含义。参见Egan(1997)、Gould(1977)和Wiggins(1987)更多有关"要点重述"的内容。

现性错误。学生则必须明白这些问题是不可避免的,不必感到害羞,它们是增进理解的关键。

突破过度简化:质疑过去和现在的理解

揭示教学法的核心在于设计对学习内容开展质疑的学习。虽然这听起来有点奇怪,但它指向一个获得理解的重要真理。如果要理解重要的观点,仅是提及是不够的,必须要检验它们。这就是我们建构意义和克服简单化思维的方式。没有经过质疑的内容,就像法庭上没有证据的陈述一样,会导致各种不同观点和意见混乱,而非知识获得,这也是为什么人们很容易误解大概念。

而"灌输"教学不仅仅是不幸的,它使我们努力想克服的一些问题,如"健忘"、"惰性"和"误解"等,变得更为严重。将教材作为教学大纲来使用的危险在于:简单表征无法产生问题和挑战。重要的思想无法从不同的观点和角度重新得到回顾或审视。通过灌输的方法来学习,学生接受的只是用来记忆的正式观点,不需要积极主动的探究,也不需要参加相关的实践活动:

> 学生在着手写历史文章时,最常见的问题就是"我的想法正确吗?"或"这是你想要的吗?"他们觉得必须找到一个正确的答案,同时也对老师要求他们思考的论题和答案之间的区别感到困惑。这个问题很大程度上来源于传统的教材呈现方式,教材由一系列孤立的事实、已确定的结果或解决方案串联而成,其意义清楚明白。但是,一旦学生领会了尊重事实的重要性,他们需要认识到,历史学家可能对如何解释这些事实存在很多不同意见。(全国中小学历史教学中心,1996,p.26)

总之,教学必须简化,但在适当简化的教学和过度简化以致遏制了探究的教学之间存在着明显的区别。后者常常出现在教材的论述中,它们隐藏了对理解主题很重要的潜在不确定性、争论和细微差别。过度依赖这样的论述意味着如果对主题不感兴趣,就不需要进一步的调查研究。与之相反,追求理解的教育认为潜在的和生成的问题对理解至关重要,不能因为时间有限就弃之不顾,也不要以为只对天才学生有必要。

对教学时间和方式进行更多有目的的思考

作为教师，我们应该做些什么呢？如果要"揭示"内容以帮助学生获得理解，这其中暗含着什么样的教学要求？让我们先根据目标提出所有可能的教学行动。我们根据莫蒂默·艾德勒（Mortimer Adler，1984）在《派代亚计划》（*The Paideia Proposal*）中提出的三大教学类型将所有的教学行动列出来，这样做很有用。这三大教学类型指的是：讲授教学法、建构助学法和个别指导法（参见图表10.2）①。因此，当我们说"教"一个单元时，指的是"教师"在与学习者互动的过程中可能承担的三种不同角色。我们所说的"教"，并不仅仅是直接讲授。这样，以下说法就不存在矛盾了，例如，"我们的老师很明智，没有讲很多"，"教师花费了大量时间进行评价"，或"教师只在需要时才给予指导"。（注意，"教师"还扮演了另外三个彼此不相关的角色：设计师、学生作品的评估者、个人效能的研究者，这是逆向设计的关键所在。）

图表 10.2 教学类型

教师应用	学生需要做的
讲授教学法 ● 示范或建模 ● 讲座 ● 问题（聚合）	**接收、接受、回应** ● 观察，尝试，实践，完善 ● 听，看，做笔记，提问 ● 回答，给出反应
建构助学法 ● 概念获得 ● 合作学习 ● 讨论 ● 实验调查 ● 图形表征 ● 引导式探究	**建构、检验和扩展意义** ● 比较，诱导，定义，概括 ● 合作，支持别人，教 ● 听，质疑，思考，解释 ● 假设，收集数据，分析 ● 可视化，连接，建立关系地图 ● 质疑，研究，总结，支持

---

① 读者可参考 Adler(1984)及其后续卷，进一步理解分为三大教学类型的合理性，以及如何确定最适合教学目标的教学方式。

续 表

教师应用	学生需要做的
● 基于问题的学习 ● 开放式问题 ● 交互教学 ● 模拟(例如模拟审判) ● 苏格拉底研讨会 ● 写作过程	● 提出或定义问题,解决,评估 ● 回答和解释,反馈,反思 ● 澄清,质疑,预测,教 ● 检查,思考,挑战,辩论 ● 思考,解释,挑战,证明 ● 头脑风暴,组织,起草,修订
个别指导法 ● 反馈和指导 ● 引导练习	完善技能,深化理解 ● 听,思考,实践,重试,精炼 ● 修改,反思,精炼,循环往复

下面这个问题很重要,也是很多读者想问的:教师有三个教学角色,那么,哪些角色适合追求理解的教学?这个问题没有统一的答案。在不知道预期结果和评估的情况下,我们也不可能划分这三种角色的比例。这个问题与"在可能扮演的诸多角色中,父母最应该扮演哪一种?"是类似的。答案是:它取决于我们特定的目标、我们的风格、我们的孩子以及一些具体的情况。没有什么特定的风格或理论是我们要刻意遵循的,这和我们在阶段2对各类评估的应用所采取的态度是一致的。

为了更好地理解为什么目标、证据和情境如此重要,让我们来思考两个简单的例子。如果你开车时迷路了,然后停下来向人问路,此时你需要明确的告知。你不希望对方像苏格拉底那样无休止地问:"你为什么要去那里而不是其他地方?你开车意味着什么?你怎么确定自己迷路了?你有没有想过,也许你没有迷路,而是发现了重要的事情呢?"不,你所需要的就是他直接告诉你如何到达主要街道。而当你的目标是学习烹饪时,如果听了30场关于各种烹饪技巧的讲座,但从没有踏进厨房,或者也没干一些与烹饪相关的活儿,你一定会感到很失望。好的教学构想必须考虑目标、学习者特征和具体情境。

回到营养单元

考虑到情境的重要性,让我们从三种教学类型的优势来思考一个具体例

子——营养单元:

- **讲授教学法**。该单元一定会有需要直接讲授的内容。关于脂肪、蛋白质、碳水化合物和胆固醇的知识,食物金字塔、食品摄取、卡路里摄入量和能量消耗之间的关系,这些内容能够通过明确的教学和学生阅读,以最快的、最有效的方式获得,然后就是检查学生对它们的理解。

- **建构助学法**。该单元还呈现了许多引导探究和指导学生围绕基本问题讨论的机会(如,我们指的"健康饮食"是什么?)。此外,当学生忙于完成表现性任务和最后的夏令营菜单项目时,他们也需要来自老师的一些指导。

- **个别指导法**。当学生完成他们的任务和项目,老师为学生提供反馈和指导时,就需要个别化辅导了。

其他单元所强调的可能与此单元不同。有些单元可能只涉及教师的两个角色。每个角色相对于其他角色的比例,将会随着不同单元或同一单元中教师的教学进度而发生变化。

> ■ **误解警告!**
>
> 在追求理解的教学中,最常见的、可预测的误解是关于讲授教学法的。许多教育工作者认为讲授教学是不好的,只有"发现学习"才是好的。由此推论出:发现学习越多越好,而讲授教学越少越好。这不是我们的意思。逆向设计法在回答这个问题时是基于目标逻辑的:哪些教学方式最适合给定的学习目标和评估方式,并能够使大概念变成现实的、必要的学习体验?
>
> 所有的教师都会使用讲授,即使是避免直接"讲",直接给反馈的苏格拉底式研讨会的忠实信徒。当讲授教学法受到适当批评时,那是因为教学目标是要学习者更多尝试着验证和应用观点(来"产生意义"),而这是讲授教学法做不到的。

谨防习惯和舒适引发的自我欺骗

在选择教学方法时,我们要考虑学生学习时需要什么,而不只是考虑怎样教才舒服。我们该讲多少,让学习者"做"多少?应该"讲掉"多少,帮助学习者"揭示"多少?根据我们的经验,这个比例很可能是你不习惯的。喜欢讲课的老师讲得太多,不喜欢讲课的教师讲得太少。热衷于模棱两可风格的老师会使讨论出现不必要的混乱。目的性强的和任务导向的老师,经常在研讨会上干预太多,并阻断富有成效的探究。喜欢辅导的老师有时会给予太多的训练而忽视了知识的迁移。喜欢整体布局的老师往往不能很好地发展学生的核心技能和能力。所以，要谨防自我欺骗！当教师深入思考每个学习和教学计划时，理解六侧面教学法同样适用。追求理解的教学向教师习惯的、舒适的教学方式提出挑战，要根据需要经常性地使用所有三种类型的教学方式。

因此，任何建议都是基于"如果……那么……"的条件语句。如果单元的目标是发展主要技能，那么个别化辅导是关键。（但要记住，促进对大概念策略的理解将是智慧地开展个别化辅导的关键。）如果学习目标是理解一个违反直觉的观点，那么就需要大量的精心设计的促进探究的体验，即使我们会因花费大量时间而不安；而面向学习体验之后的巩固学习，讲授教学法可能是最有效的。总之，选择哪种教学方法，选择哪个使用时机，都要根据预期表现所需要的特定学习类型来选择。

到底采用哪种教学类型取决于课程重点、学生需求、可用时间和其他因素，我们在这里没有对细节作太多论述。不过，我们提供了以下一些通用的指南：

- **多讲一些可以使目标变得清晰的内容。**让你自己和学习者清楚地知道学习应设计成让学习者知道做什么。学习者是否清楚地了解表现性目标，这在很大程度上决定了你到底应该讲多少。设想自己去辅导一项运动，教人演奏一种乐器，或教人画画。在某种程度上，一味地讲而不让学习者尝试任务并得到必要的学习反馈是很愚蠢的。如果我们不从学习者到底要"做"什么开始进行逆向设计，就往往会犯过度"教"的错误。优秀的教练也会讲一些内容，但与许多任课教师相比，教练讲的内容会少一些，时机把握得也比较好，因为教练关注的最终目标是让学习者可以自我表现。相反，当学习中没有一个特定的核心挑战或表现性目标需要关注时，教师往往会讲太多。[①]

- **注意"适时"与"有备无患"的区别。**减少信息的提前载入量。即使需要讲授，也要避免在教学一开始就以"教"的方式提供所有需要的信息。如果还没有有意义地使用关键信息，就提前大量载入，学生是记不住多少的。

[①] 参见 Finkel（2000）。

当学习者有机会应用他们所学的知识之后,再将授课内容作为"中场分析"和"赛后分析",学生可能更容易理解和接受所讲授的内容。

- **提供前、后反思和元认知机会。**我们来改述杜威的一句话:如果没有反思,就不是做中学。请记住本书绪论中"苹果教学案例"中使用的格言:引起学习的是对活动意义的有指导的反思,而不是活动本身。

- **将教材作为一种资源,而不是教学大纲。**正如我们前面提到的,如果教材就是课程,那就不必要费神思考直接讲授的恰当时机了。你的工作不是解释教材,而是将"教材"作为资源来使用,使学习者更容易理解重要概念,并应用特定表现所显示的知识和技能。如果你把教材看作课程,就有可能"讲"得过多。

- **开展案例教学。**让学生来评价案例的优劣(如,在写作或艺术方面)是非常有价值的,优秀的教师一定要认识到这一点,并将其作为深刻理解优秀作品质量的手段。同样,与阐述一般问题相比,观看优秀案例(表现)将更有助于学生学习一项技能。应用模型和案例开展教学的老师通过这种方式开拓了学生理解世界的自然心理过程。通过评价案例的优劣,学习者能够不断提炼概念性知识与程序性知识的区别。

将教学类型与内容类型相关联

对于那些离散的、无争议的、使能的知识和技能,我们应使用讲授教学法;同时对那些微妙的,容易产生误解的,需要个人探究、测试和验证的观点,要使用建构助学法。请浏览一下图表 10.3,看看它对不同教学方法的建议。我们用一种直接的方式来解释这个表:当单元中的教学目标涉及 A 列中的项目时,讲授法往往是有效的。换句话说,学生可以从老师、活动或文本那里获得对 A 列项目的直接理解。而当目标涉及 B 列项目时,如果学生要获得真正的理解,他们将需要某种形式的有促进作用的体验、探究和"建构理解"。

但是,我们也可以从另一个角度来解读这张图表,即把它作为较小部分与较复杂整体之间往复运动的要素。为了使学习尽可能以最有效的方式发生,不使人生厌,也不让人茫然,学生既需要足够的知识和技能,同时又要面向给出学习意义的大概念和挑战。换句话说，学生并不是按照这两列的顺序来学习：先花很长一段时间学完 A 列，然后再去学 B 列。不是的。为了获得理解，学生需要特殊的体验、事实和讲授；为了理解事实和技能，他们又需要了解与内容相关的问题和任务。（回想一下，在"最佳设计"练习中，教育工作者发现设计工作总是在部分和整体、事实和大概念之间不断地往复和转移。）所以我们可以把这两列内容描述为每个教学类型循环所需的双螺旋结构。

图表 10.3　教学内容

A 列	B 列
● 事实 ● 离散知识 ● 定义 ● 明显的信息 ● 文字信息 ● 具体信息 ● 不证自明的信息 ● 预期结果 ● 离散技能 & 技术 ● 规则 & 组成要素 ● 运算法则	● 概念和原则 ● 系统性关联 ● 内涵 ● 微妙之处、讽刺 ● 象征 ● 抽象 ● 违反直觉的信息 ● 异常 ● 策略（使用指令和判断） ● 发现规则和组成要素 ● 启发

对该表中各项内容的看法还有第三种视角。A 列代表已经内化为事实的旧的理解，B 列代表新观点与挑战是如何在前期理解水平的基础上出现的。更有体验的、优秀的、专家型的学生可能会发现，曾经含糊的、违反直觉的和复杂的内容，现在对我们来说已经变成明显的、简单的和清晰的了。来之不易的"理解"已成为"事实"。优秀的学生通常可以通过讲授教学获得理解，而对于缺乏体验或能力的学生来说则需要很多建构工作和个别化指导才能理解。

正如在整本书中所讨论的那样，专家盲点极具危险性。教师在过去很长一段时间也一直是新手，而现在学科内容（包括观点、挑战、关联）对教师而言已经变成"明显的"知识。如果不对可能的误解、困惑和建构学习的需求一直保持敏感，我们很可能会失去神入的能力。当我们无法设身处地地考虑新观点和新任务带来的客观困难时，很容易就会"灌输"教学内容。

时机就是一切

(教学)成功的秘诀是速度……快速获得知识,然后使用它。如果你能使用它,那么你将会记住它。

——阿尔弗雷德·诺思·怀特海(Alfred North Whitehead),《教育的目的和其他论文》(*The Aims of Education and Other Essays*),1929, p. 36

在追求理解的教学中——和传奇故事、股票市场和情景喜剧一样——时机就是一切。虽然决定扮演哪种角色,以及使用多少时间进行教学是很重要的,但我们认为还有一个经常被教师忽视的重要问题:什么时候(做某件事情)? 在以理解为目标的案例中,什么时候我应该讲授,什么时候不应该? 什么时候我应该帮助学生体验、跟进反思? 什么时候我应该让他们尝试表现,并给予反馈? 总的来看,虽然教师们有一个相对全面的本领,但很少有人能够很好地把握三个角色的使用时机。追求理解的教学中的一个主要错误,不是过度依赖一种方法,而是没有考虑好使用该方法的时机。

接下来的问题不是"我应不应该讲?"而一直是"当我们的目标是获得理解时,我知道什么时候讲,什么时候不讲吗?""我知道什么时候该教,什么时候该让学生自主学习吗?""我知道什么时候该引导,什么时候该跟随观察吗?"

甚至在每个角色中,还有一些难以回答的问题。在采取讲授教学法时:

- 什么时候该回答,什么时候该提问?
- 什么时候该支持,什么时候该提供其他合理选择?
- 什么时候我该讲自己的观点,什么时候该唱反调?
- 什么时候我该声明讲课目的,什么时候该让学生去推断?
- 什么时候我该去作研究,什么时候该让学生去做?

对讨论也是如此:

- 什么时候我该先提出问题,然后组织大家讨论;什么时候该让学生自己发起讨论?
- 什么时候我该质疑一个不恰当的答案,什么时候我该放手让学生自己进行挑战?
- 什么时候我该帮助一个对观点存在误解的参与者,什么时候我该再等一等?
- 什么时候我该明确地纠正错误陈述,什么时候我该让学生自己来?
- 什么时候我该表现得像一个安静的旁观者,什么时候我该像一个合作参与者?

我们不仅要从阶段1和阶段3中去寻找这些难题的答案线索,还要从WHERETO设计过程中获得建议。H(吸引)、R(反思)、O(组织)的建议是:与典型的美国课堂相比,我们的前期讲授要再少一些。套用怀特海(Whitehead)在一个世纪前写下的不朽名言:获得你的知识,并赶快使用它。

回到当代,以下是第三届国际数学与科学研究(Third International Mathematics and Science Study,TIMSS)的一个重要发现:美国的教师倾向于仅仅**陈述**术语、规则和策略,而表现更好的国家的教师倾向于通过问题和讨论**发展**主要观点(参见图表10.4)。我们常规的做法是,先呈现问题,紧接着就开讲。有点讽刺意味的是,如果作业和评估设计得当,教学方法应用正确,时机把握良好,教学基于目标导向,那么少讲一些反而能产生更多更好的学习结果。在《人是如何学习的》与国际数学与科学研究趋势(TIMSS)的文档中都归纳了有关学习的研究,第十三章将详细讨论。

图表 10.4 带有陈述概念的主题和带有发展概念的主题的平均比例

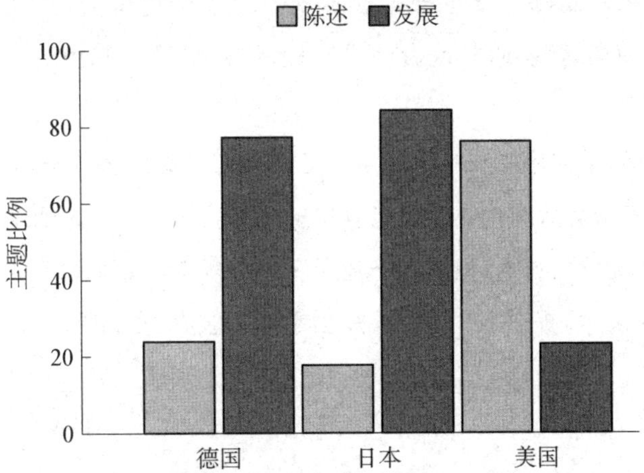

资料来源:美国教育部国家教育统计中心(1998)。

在许多中学和大学的课堂上，我们发现太多提前载入大量知识的讲授案例。本章开篇的引文来自文章《因为智慧不能被告知》，这篇文章给出了哈佛商学院使用案例教学法的理由。通过这种方式，学生从具体商业案例的学习中获得理解，教师会提出一些问题来促进学生的学习。同样的方法目前也广泛用于医学院、工程项目，以及初中基于问题的单元和课程学习中。

需要更多的形成性评估

在设计教学和学习体验时，我们的任务不仅仅是揭示教学内容的大概念。一个重大的转变是要求我们积极地在教学过程中进行评估，不断揭示学习者的理解和误解。因此，追求理解的教学设计强调定期地开展正式和非正式的形成性评估，而不只限于在教学结束时对表现性任务、项目完成情况的评估和期末考试。

正如前面章节所讨论的，对过程评估的目的就是找出真实理解的证据。但要警惕两种情况：一是教师倾向于相信正确的答案能够表明理解；二是即使不理解，学生也希望自己看起来好像理解了。请记住这句由司法上的"无罪推定"转换过来的格言：在学生没有证明自己已理解之前，应视其为未理解。如果只是几个学生"理解"了而且没人再问问题，这并不意味着其他学生也理解了。如果只是因为学生根据提示回答了一个简单问题，并不意味着他们可以独立使用这些知识，或者在没有提示的情况下，知道什么时候需要这些知识。

那么，我们怎样才能及时知道学生是否理解了呢？多年来，教师使用了各种非正式技术来有效地检查学习过程中的理解，图表10.5对此作了梳理。注意，尽管这些是评估技术，但它们不适用于划分等级。它们的目的是对学生现有的观念（或误解）提供及时反馈，并预示所需要的教学调整，进而促进学生理解。

图表 10.5　检验理解的技术

1. **总结/问题索引卡**
   定期分发索引卡片,让学生根据填写说明在正反面分别书写:
   (正面)基于对单元主题的研究,列出一个你已理解的大概念,并以总结陈述的方式来描述它。
   (反面)想一想你在这个单元主题中还有哪些未完全理解的内容,用一句话或一个问题描述它。

2. **手势信号**
   要求学生做出约定手势来表示他们对一个特定概念、原理或过程的理解:
   - 我理解＿＿＿＿＿＿＿＿＿＿＿＿＿,并能解释它。(例如,拇指向上)
   - 我还不理解＿＿＿＿＿＿＿＿＿＿＿＿。(例如,拇指向下)
   - 我还不完全确定＿＿＿＿＿＿＿＿＿＿＿＿。(例如,摆手)

3. **一分钟随笔**
   在一节课或一篇阅读结束时,要求学生利用一分钟时间写一篇随笔,总结他们对关键观点的理解。收集并检查。

4. **问题箱或问题板**
   指定一个场所或位置(如问题箱、公告栏或电子邮件地址),在这里学生可以提出对概念、原则或过程不懂的问题。(这种技术可以帮助那些不愿公开承认自己不懂的学生。)

5. **类比提示**
   阶段性地让学生根据类比提示来完成描述:
   (指定的概念、原理或过程)就像＿＿＿＿＿＿,因为＿＿＿＿＿＿。

6. **可视化表征**
   让学生创建一个可视化表征(如网络图、概念图、流程图或时间线),用来显示主题或过程的要素或组成部分。这种技术可以有效地揭示学生是否理解了各个要素之间的关系。

7. **口头提问**
   使用下面的问题和进一步追问来定期检查理解:
   ＿＿＿＿＿＿＿＿＿如何类似于/不同于＿＿＿＿＿＿＿＿＿?
   什么是＿＿＿＿＿＿＿＿＿＿＿＿＿＿的特征/组成部分?
   我们以其他哪些方式来展示/说明＿＿＿＿＿＿?
   在＿＿＿＿＿＿＿＿＿＿＿＿中,什么是大概念、关键概念和寓意?
   ＿＿＿＿＿＿＿＿如何与＿＿＿＿＿＿＿＿＿相关?
   你可以对＿＿＿＿＿＿＿＿＿＿＿＿＿增加哪些观点/细节?
   给一个＿＿＿＿＿＿＿＿＿＿＿＿的例子?
   关于＿＿＿＿＿＿＿＿＿＿＿＿,什么是错误的?
   你会从＿＿＿＿＿＿＿＿＿＿＿中推断出什么?
   从＿＿＿＿＿＿＿＿＿＿＿＿中,你可以得出什么结论?
   我们试图回答哪些问题?我们试图解决哪些问题?

关于_____,你的假设是什么?
如果_____,那么会发生什么?
你会用什么指标来判断/评估_____?
什么证据可以支持_____?
我们该如何证明/证实_____?
从_____的角度,这将如何看待?
应该考虑哪些替代方法?
对于_____,你能使用哪些方法/策略?
8. 进一步追问
● 为什么?
● 你是怎么知道的?   ● 告诉我更多。
● 解释。   ● 给出理由。
● 你同意吗?   ● 但是_____怎么样?
● 你这么说的意思是_____?   ● 你能在课文中找出来吗?
● 能给出例子吗?   ● 哪些数据支持你的立场?
9. 误解检查
关于一个指定概念、原理或过程,呈现给学生常见的或可预测的误解。请他们回答是否同意或者不同意,并作出解释。误解检查也可以通过选择题或者是非题的形式提出。

  大型讲座课程能使用这些技术吗?没问题,只要有可用的技术。让我们看看《波士顿环球报》(Russell,2003)中的一个例子:

  为了让大型讲座的互动效果更好,越来越多的大学教授要求学生购买无线手持发射器,通过它可以进行即时反馈,以便让教师知道学生是否来上课,是否理解了教学内容。

  今年秋天,马萨诸塞大学(University of Massachusetts)开始广泛使用定价为 36 美元的设备……同样在这个秋天,在阿默斯特学院(Amherst)校园的 17 500 名本科生中,有接近 6 000 名学生被要求在课堂中使用这种反馈发射器……

  为了在大型报告厅中与学生保持互动,教授们通常会在演讲中设置一些选择题,学生通过点击发射器键盘上编号 1 到 9 的蓝色按钮来回答问题。一个显示正确和错误答案数量的条形图就会出现在教授的笔记本电脑上,当出现太多错误答案时,教师可以减缓讲课速度或回头重讲。因为会登记每个发射器设备并分配一个号码,所以教授可以检查出哪些同学来上课了,也可以在下课后给那些经常答错的人提供一些帮助……

这项技术已经从科学和经济学领域传播到心理学、统计学、法学、会计学,甚至在去年的研究中还包括了一节艺术史课。

"它比教授说'举起手'更有用,因为人们不想去反对坐在旁边的人。"一个学生说。

无法获得这种技术怎么办?可以使用一套彩色卡片,学生可以举起卡片示意,也可以提交卡片来回答每个问题,并把名字写在卡片上面。

这些不仅仅是很有吸引力的行为,它们对阅读、讲座或讨论类的教学同样也是必不可少的。因为它们让学习者以及老师及时知道哪些内容容易理解,哪些内容不容易理解,并根据反馈作出必要的调整。这些方法说明,教学不仅仅是告知,它需要持续关注学习过程,因为理解是通过学习者不断重复的和越来越成功的学习尝试,加上老师的反馈和指导(除了最初的讲解外)而发生的。

理解以及知识与技能的应用

这次讨论驳斥了那种认为学生应该首先被动学习,学习后再应用知识的观点,这种观点是一种心理学意义上的错误。从某种意义上讲,学习过程应该包含应用的从属活动。事实上,知识与应用是分不开的,它们相互包含,无法分割。因此,未应用的知识是无意义的知识。

——阿尔弗雷德·诺思·怀特海,《教育的目的和其他论文》,1929,pp. 218-219

换句话说,正如本书一直提到的,理解与智慧的表现有关,是大概念的迁移和应用,而不仅仅是回忆。如果你理解了,你就可以以恰当的方式处理重要的事情,这是常识,也是理解六侧面所包含的意思。因此,追求理解的教学更接近指导而不是讲授,特别是在学习活动流程和学习活动对教师的要求方面。

追求应用的教育是从表明成功理解的特定表现性目标中"逆向"导出其序列的。再提一次,怀特海的格言"快速获得知识,然后使用它"总是适用的。在设计时,我们早早地瞄准预期表现,即使任务不得不以简化或脚手架形式呈现(如,适合6岁儿童的软式垒球,或者写作者可用的模板);通过设计使学生逐步达到预期表现;在这样做的时候,不断回顾核心内容;最终,我们去掉线索、提示、工具等智力训练工具,观察学生是否可以依据自己的理解来表现。这种方法包含从预期表现逆向推导的细致任务分析,以及为了达到基于理解的表现所作的整体——部分——整体的学习设计。

遗憾的是,许多教育工作者还沉浸在以前做学生、做老师的经验中,那是一个教材主导一切的时代,因此他们抵制这种新的教学方法。他们认为"如果不学完所有的基础知识,学生就表现不出来"或"缺乏经验的学生没有作好完成复杂任务的准备"。但这种想法不是违背了逆向设计,而是违背了常识。让我们想想音乐、戏剧、体育,以及相似领域,如果它们的训练是提前载入大量知识,脱离情境,按部就班地以线性逻辑进行,那么这些领域的学生们怎么可能最终掌握复杂的表现?如果你是棒球班的教练,你是否会在教学开始时花几天时间,以逻辑顺序把所有有关棒球的规则和技术技能都教给孩子们呢?你是否会将比赛推迟一到两年,直到球员已经按照逻辑顺序掌握了所有的离散技能呢?如果你的目标是基于理解的技能表现,而且时间有限的话,你肯定不会这么做。部分到整体,整体到部分——这就是我们达到理解和应用知识的过程。

这种来回往复的行动——从内容到表现再到内容,从离散的技能到策略再到技能——对所有的教练和表现者而言都是非常熟悉的。在表演中,我们排练一段对话,然后把它放回到第4场景第2幕中,根据需要再次排练。在写作中,我们稍微调整一下故事导入,然后阅读整个故事,看看它是否合适,再与合作人继续编辑——噢,导入部分读不通,看来我们得重新写。同样,在篮球训练中,我们分别练习投篮和运球,然后将二者结合起来练习,最后进行攻防训练,看看我们是否能把所有学习内容综合运用。在对整场比赛结果进行反馈后,我们再次进行操练来克服误解、坏习惯或被遗忘的内容。我们在特定要素、局部表现和整体表现之间不断循环。

相同的方法现在也常用于法律、医学、工程等领域,教授们不再首先讲授该领域内的所有规律,而是通过研究真实的案例,让学生了解到在有意义的应用情境中基础知识的重要性。任务是由挑战、建模、实践、反馈、再实践、表现和反馈组成的结构化序列,随着任务复杂性的增加,会有更多这样的循环。

这一迭代逻辑的另一方面也同样有用。对于每个新团队,教练总是从基础部分重新开始教——如何拿乐器,如何传球和投篮,以及如何用胸腔而不是喉咙唱歌——不管这个学生是不是专业的。他们不会说:"好吧,既然你去年学了投篮,我们今年就不用再讲了。"他们不认为这种强化是浪费时间或没有意义,因为他们知道,在通向出色表现的任务情景中嵌入对基本知识的回顾,会使学生有更大收获。

两种做中学的方式必须不断发生。学生必须以简化的训练或练习的形式实践新的理念,他们也必须在一个更复杂的、不断变化的表现中,运用这些离散的技能或行动——在部分和整体之间,在脚手架指导和反复尝试的表现之间来回往复。你可能还记得,我们的工作坊参与者将这种往复运动看作是一个优秀学习体验的设计特征,和内容无关。讲授发生在学习者的体验过程中或体验之后,这种体验是学习者从具体表现中获得知识理解的一种方式。

换句话说,传递内容的逻辑与学习如何应用内容的逻辑是不同的——这会影响我们采用相应的教学类型与教学序列。(第十二章将深入探讨这个问题,届时我们会讨论整个课程设计的蓝图。)想成为表现者的学生不会从前期冗长的讲座中获益太多。他们在学习"必要知识"时需要清晰的授课,然后他们就可以将知识和技能作为工具,在一项复杂的表现中完成一个具体的任务或一组任务。

不只是我们这么说。翻看由 TIMSS 完成的教学研究,你会发现其中质疑了美国传统的教育方法。该研究表明,教育发达国家的数学教师,比如日本,为了逐步(整体——部分——整体)促进学生对数学的理解,通常以挑战性的问题开始。(第十三章包括对 TIMSS 研究的总结,以及数学和科学领域的相关研究。)

现在我们来看一下历史学科,它通常是以编年形式安排教学内容。这种基于教材的典型教学简单地按时间顺序讲述不连续的主题,"糟糕的事一件接一件地发生",这是一位学历史学得很沮丧的学生说的。如果历史课的教学是从很久以前发生的事情开始讲起,抛开同时代的其他事件、学习者的兴趣、总体性问题和特定的任务,学生不太可能积极参与学习,不太可能理解过去发生的"故事"和可以迁移到现在的大概念。

想想如果换成下面这种方式会怎么样：在不牺牲内容的前提下，从学生的角度提出一个与学习内容更相关的、连贯的、吸引人的"故事"。想象一下，重新组织世界历史课程，它将以相同的基本问题贯穿始终（比如，一年提四个问题，一个单元贯穿一个问题）。"从历史的观点来看，为什么2001年会发生911事件？扮演一个历史学家（或者博物馆馆长、中东记者），给政府提政策建议，你将如何从历史的角度来看这些事件，从而让我们的领导人更清楚地了解这些事件的发生原因和解决方法？"所有的阅读、讨论、讲座和研究将集中回答这个问题，好像学生就是历史学家、博物馆馆长和记者一样，他们代表了不同的文化视角。本课程将以书面展示、口头表达、可视化产品和互动表演的形式达到最佳教学效果。教材，以及按时间顺序呈现的内容概要，将作为一种资源——只在需要的时候使用。我们将根据需要学习事件的前因后果，揭示关键内容和过程，帮助学生成功地回答问题，做出优秀表现。这种教学活动也是一种逻辑顺序，但不是按照历史上的时间顺序开展的。简言之，面向表现性目标的理解需要一种迭代的课程，这种课程侧重于总体性问题和明确的任务，要根据学习者解决问题和完成任务的需要，采用不同的教学方法。

追求理解的教学是一项需要终身投入的工作，这些思考只是皮毛而已。虽然如此，我们相信我们已经提出了一些基本问题，为深入研究与反思教学实践提供了诸多方向。

鲍勃·詹姆斯的逆向设计实践

思考越多，我越意识到：有时我讲得太多了，没有给学生足够的指导；而有时我却讲得不够，特别是当学习内容涉及团队合作、项目开展和公开演示所需要的技能时。

我什么时候讲得太多？换句话说，我什么时候只讲教材里的内容。我什么时候指导得不够？当我的学生正在准备展示时，在他们展示之前我没有根据模板和量规给予他们足够的反馈。同样，我没有充分检查他们的理解，部分原因是我占用了太多课堂时间来讲更多内容，或者只是让他们自己随意地开展项目。

我想我将会更多使用不评分的小测验和口头方式来检查他们对大概念的理解。你知道,我以前经常是在展示结束的时候才给那些进展慢的学生反馈,那真是太晚了。也许我们可以花更多的时间做排练。也许我可以教他们如何在学习过程中更好地自评作品。

  有意思的是,我真的从未以这种方式思考过问题。在我和学生共处的短短几十分钟课堂时间内,如何最有效地利用我的时间和经验?对孩子们来说也是一样。他们每个人如何在课堂中最有效地利用自己的时间?当以这种方式思考"教学"时,我明白了,也许我可以更多地作为一个评估员而不是信息提供者,这可能是充分利用共同时间的最有效方法。这正是我在体育馆教篮球时所使用的方法。我想,如果我不断问自己这个问题——如何最有效地利用我们在一起的有限时间?——那么我对基本问题的理解将变得更加清晰,这将有益于我的所有教学。

预览

  在探讨了逆向设计的三个阶段和追求理解教学的一些观点后,现在我们来简要地思考一下设计过程。当设计师开始设计时他们应该考虑什么?在设计过程中他们可能会遇到什么样的问题和变化?后续篇章会介绍相关问题。

第十一章 设计过程

建筑师会耐心地设计,建造者有临场发挥的智慧。但是,临场发挥并不能代替设计。设计的目标是为了获得预期的结果。临场发挥的目的是为了维持工作的进度。

——约翰·麦克林(John McClean),《帮助项目顺利运转的20条建议》("20 Considerations That Help a Project Run Smoothly"),2003

很多人认为,好的教学总是在课堂上充满了有技巧的、自然而然的师生互动。这种观点低估了制订有效的课程计划的重要性,让人们以为好的老师是天生的,并不是后天养成的。

——詹姆斯·斯蒂格勒(James Stigler)和詹姆斯·希伯特(James Hiebert),《理解和改进课堂内的数学教学》("Understanding and Improving Classroom Mathematics Instruction"),1997,p. 20

如果你一直关注我们虚构的教师鲍勃·詹姆斯是如何思考他的教学设计的,你也许会注意到,按照新的思路他不得不重新考虑教学单元的元素。比如,他最初认为的理解只是对主题的概述,并不是基于理解的架构,他的设计过程说明了UbD的基本思路——要形成深刻的理解需要重新考虑关键概念,对于学生和有经验的教师皆是如此。

更有实用价值的是,这个案例强调了UbD模板的重要性,帮助我们避免常见的误解。模板是有结构的,能够呈现完整的、合理的、有组织的设计。但是,这并不意味着最好的设计方法是按顺序填写模板。确实,逆向设计需要认真地思考目标,根据目标导出符合逻辑的评估,然后再导出适合的学习活动。但实际上,所有的设计都不是线性过程。设计者,不管他是设计单元计划的教师,还是作曲家、园林设计师，总是会不断变换设计角度，反复考虑自己的设计方案。虽然最后的**成果**必然遵循三个阶段的逻辑，但是进行中的设计**过程**却是未知的，对于每一个设计者而言都是独一无二的，并且每一次设计都充满挑战。是的，虽然最终你还是以填写完成模板为成果，且所有要素都相互对应，但完成成果的路径是各不相同的。

我们看一下菜谱生成过程和结果的案例，来说明在UbD中过程和结果的不同。厨师做菜有很多想法，并对各种可能性进行实验，最终生成了我们熟悉的、记录了一步步操作的烹饪食谱。可是，要注意到食谱的生成过程并不是按次序进行的。当各种食材、温度、时间等要素以各种形式相互作用时，很多试错过程就会发生。厨师可能因某些事情（可能是当季的新鲜食材、某个特殊顾客的需求，或者尝试泰式菜的愿望）激发灵感，于是从许多方法中选择一种开始他的烹饪之旅。每一个起点都意味着会有不同的过程发生，做仔鸡饭和做泰国菜需要不同的烹饪顺序，不管你手上有什么食材。

而且，厨师在做同一种菜时往往有不同的方案，这些方案里会用不同比例的食材和烹饪时间。他们试验和品尝了很多种方案后记下制作该道菜肴的最后配菜比例和步骤。有时，厨师的助手在后面快速地跟着，很小心地测量各种食材的数量，这些食材数量需要厨师通过品尝才能估计出来，并加以改善。没有任何基础的烹饪真的是一个复杂的过程。

整个复杂的过程通过逆向设计最终变成了一份菜谱，如果其他人——不是原创者——也想复制这道菜，需要做什么呢？按照什么顺序来做呢？虽然产生菜谱的过程是复杂的，但是厨师的最终工作成果以统一的、步骤清晰有效的菜谱形式呈现给家庭厨师。与此相似，UbD的模板也为自评和分享最终设计的"菜谱"提供了一种格式，但不是关于在不同时间段**如何**开展设计工作的历史记录（或者应该如何推进工作）。

我们的建议是你可以从任何地方开始设计，甚至是从阶段3，这看上去是不是有点儿奇怪？但是大家都很容易看清事实，设计总是很自然地从具体单元开始，而不是从空白模板开始。有时从一种关键资源（如文本或科学工具箱）或者评估计划（如数学问题的解决、外语学习中的对话、技术项目）入手更有意义。不管你从哪里**进入**设计过程，也不管你是如何进行的，你必须以一个有条理的成果来**结束**设计,这很重要。

虽然设计本身是有弹性的,可有些途径确实比另外一些要高明。即使当我们很有信心地以一段文本开始设计,这些文本从其本身来看似乎也很有价值(如《罗密欧与朱丽叶》或者《夏洛特的网》),设计者也必须通过与之相关的特定目标和预期结果(阶段 1)尽快地进行自我反省,判断自己的选择是否正确。为什么读这些文字?哪些大概念和相关的内容标准可以证明这样做是合理的?

换句话说,更重要的是当你实施某些想法的时候,要根据逆向设计的逻辑和标准进行验证,而不是把设计看成不需要反复琢磨的、按部就班的操作过程。为了产生有条理的设计方案,需要设计者反复修订和调整。如果你把模板当成只需要一次性填写完成的表格,那很可能会产生糟糕的设计,因为你没有将修订和调整的过程包含到设计之中。

本章开头的引言说得更深刻,没有考虑周全的计划,就不可能实现最终的学习。智慧的应变是建立在良好规划的基础上的。好的教师就像好的建筑师和精明的承包商一样,完成两类不同的任务:(1)当规划时,他们创造性地应用不同的想法,不管这些想法适合模板的什么位置,最终产生一张实实在在的设计蓝图;(2)他们在课前或课上验证这些想法,使设计的东西发挥其应有的作用,在实实在在的学习中实现目标。

设计入门

我们发现教学内容、学习者类型、可用时间及设计风格等因素,有助于确定设计过程的六个常见切入点和一般方法。一些方法从空白模板开始,还有一些方法是假设你要用 UbD 来修改已有的传统教学设计。不管你采用什么方法,你都应该定期使用 UbD 设计标准来检查新的设计,确保得到高质量的设计方案(参看图表 11.1)。

从内容标准开始

- 在内容标准中找到关键名词。(将相关内容标准归类,以便更好地知道哪些名词是重要的。)通过这些名词考虑其隐含的大概念。

- 确定内容标准或基准中要求的关键知识和技能。推断相关的概念和理解。
- 提出疑问：来自或指向内容标准的基本问题是什么？和内容标准相关的重要争论和质疑是什么？
- 考虑关键的动词，将它们作为确定关键的表现性评估的基础。
- 列出能使表现性行为成为可能、能发展理解大概念能力的学习活动。
- 修订教学单元，确保与三个设计阶段一致。

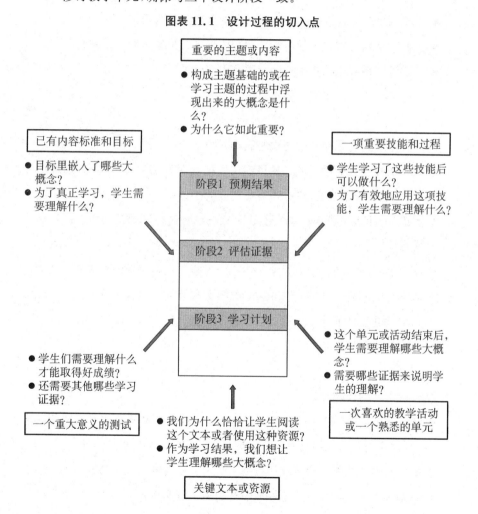

图表 11.1 设计过程的切入点

从考虑现实世界所需的应用开始

- 清晰阐述学习内容的更大的目的和最终目标。即在现实世界中，如果你掌握了这些内容，你能做什么？在这个领域中，核心挑战和真实表现是什么？
- 明确具体的、复杂的、真实世界中的任务，使这些目标的挑战和成就具体化。
- 确定学习者实现这些任务需要掌握的理解、知识和技能。
- 草拟一个学习计划，使实践、反馈和能力表现成为可能。
- 推断学生在尝试掌握学习内容和完成任务时总是需要考虑的问题。
- 确定清楚提到或暗示了这些应用的内容标准。
- 根据需要重新调整设计要素。

从一种重要的资源和一次喜欢的活动开始

- 从一次吸引人的活动或一种得到认可的资源开始（如一段发人深思的经历、一次模拟游戏，或者一篇需要阅读的小说）。
- 考虑"为什么"的问题：为什么这是相关的？这一资源帮助学生理解哪些大概念？
- 阐明哪些基本问题能引导学生在考虑经验和文本时指向相应的大概念。
- 确定该资源或活动能产生的技能、事实和理解。找出相关的内容标准。在更大的目标下导出关键概念和基本问题。
- 相应地修订评估和学习活动。

从一项重要的技能开始

- 考虑这个问题：这项技能的学习能让学生获得哪些复杂的和有价值的表现，这项技能和其他相关的技能是否有联系？
- 确定与这项技能有直接或间接关系的内容标准或其他标准。
- 明确哪些评估类型在相关标准中有所暗示或明示。
- 确定能够帮助学生有效应用这些技能的教学策略。
- 确定支持技能的大概念和基本问题。

- 设计一些学习活动,使学习者在具体情境中运用这些技能,并开展自我评估和自我调整。
- 针对技能和其他方面的一致性作相应调整。

从关键的评估开始

- 明确既定评估(地方的或州的)存在的目的。这样的考试需要什么样的知识迁移?
- 明确达成这些目标的标准。
- 根据实现标准及通过考试的需要,推导出相关的大概念(理解、基本问题)。
- 开发和改善与所需评估相似的表现性评估任务。设计和修改学习活动,以确保有效的、目标明确的学生表现。

从已有的单元开始

- 对一些传统课堂教学和评估,可将相应的要素放置在 UbD 模板的适当位置,与三个阶段相对应。看一看,目标与评估是否相匹配?
- 思考:传统课堂教学与教学目标最重要的方面是否相关?
- 聚焦于澄清与标准相关的大概念及长期绩效目标。
- 不断追问以下问题:学生学习后应该理解哪些内容?
- 尽量利用阶段 1 中的要素修订评估和教学。
- 如果需要,依据设计标准修订设计方案。

修订已有设计

"追求理解的教学设计"所提供的框架既可以用来做全新设计,也可用来改进已有设计。我们来看两个利用逆向设计法修订已有设计的案例,一个是关于小学社会科学课程单元的修订,一个是关于高中几何单元的修订。

图表 11.2 列出了"西部扩张和拓荒者生活"单元的主要学习活动和评估内容,这个单元最初由三年级的教师团队设计并实施。乍一看,这个设计对于三年

级学生来说是一个有趣的、可操作的、有意思的单元。教师们设计了各种学习体验来吸引不同学习风格的学生积极参与，他们还专门将文学和社会科学的课程内容整合起来，评估也具有多元性和可操作性。因为所有的老师都使用相同的评估策略，课与课之间的评估更具一致性。最后的活动——草原之日，让孩子和家长们都享受了一系列有趣的、令人愉快的实践活动。最后，学生还有机会反思他们的单元学习体验。

图表 11.2　社会科学课程的设计初稿

主题
西进运动和拓荒者生活 社会科学课程——3 年级

活动
1. 阅读课本片断——"草原上的生活"，回答文章后面的问题。 2. 阅读和讨论《又高又丑的莎拉》。根据故事中的拓荒者词汇表完成单词搜索测验。 3. 用工具制作一个关于拓荒者生活的记忆盒子，为孩子们反映西部旅行或草原生活的实际状况。 4. "草原之日"的活动：穿上拓荒者的衣服完成下面的学习任务。 　　a. 搅拌黄油 　　b. 玩一个 19 世纪的游戏 　　c. 用封蜡方式给家里寄一封信 　　d. 玩一个名叫《打扮拓荒者》的计算机游戏 　　e. 做一个玉米壳玩偶 　　f. 缝被子 　　g. 在铁片上打孔

评估
1. 根据《又高又丑的莎拉》，检查对拓荒者词汇表的掌握情况。 2. 回答文章后面关于拓荒者生活的问题。 3. 展示和讲述记忆盒子中的内容。 4. 在"草原一日"中完成七个学习任务。 5. 学生对本单元的反思。

但是，仔细观察就会发现一些设计上的问题。注意单元框架本身所揭示出来的主题、学习活动和评估。无论从文字上，还是从形式上，这些活动成了教学的中心。没有明确的内容标准和特定的学习目标来指导活动，教学也没有聚焦

到大概念和基本问题上；除了评等划级以外，评估几乎很少提供重要学习的有效证据。

最能说明问题的可能是单元结束后学生的真实反应。看下面几个有代表性的例子：

- "我喜欢在铁片上打孔，因为可以自己设计，也可以模仿别人。你透过这些洞可以看到太阳光。"
- "我喜欢写信的邮局，因为可以找到一些蜡来密封信。"
- "在计算机上设计一套自己的衣服是一件非常有趣的事情。"
- "我喜欢草原上的游戏，我喜欢跳，我的爱好是沙袋赛跑。"

是的，有些活动是有趣的、吸引人的，学生和家长们都喜欢"草原之日"，但是通过三周的拓荒者生活的旅行，学生获得的持久理解是什么？重要的学习如果存在的话，收集哪些证据可以表明它们发生了？

让我们把最初的设计放在 UbD 模板中，不加任何新内容，看看发生了什么（见图表 11.3）。我们可以更清楚地看到需要改善的地方。现在，让我们使用逆向设计法和 UbD 模板进行修订，然后再看看这个三周的教学单元发生了怎样的变化（见图表 11.4）。当使用逆向设计法重新思考这个单元的时候，我们应注意什么？这个模板是如何帮我们将同样的课程内容改造成一个利于学生学习的、更加完善的设计？以下是对修订后的教学设计的一些观察：

- 合适的内容标准现在聚焦于单元活动和评估。
- 大概念清晰地架构了工作，体现在以下一些基本问题中：为什么人们迁移（迁徙）？拓荒者是什么样的人？（概念性的定义）为什么有些拓荒者能够生存并繁衍下来，而另外一些人却不能？（生存与挑战）
- 评估任务现在更加真实，需要更高层次的知识和技能。
- 评估证据（阶段 2）更加多样，更好地对应预期结果（阶段 1）——有效逆向计划的指标。
- 阅读（小说或其他文学作品）、计算机模拟和任务分配更能针对学习目标。
- "草原之日"的学习活动保留下来了，但是这一体验已经被提炼，以更好地支持单元目标。

在模板中构架单元有另外一个好处,它使得设计者更容易看到单元所忽视的某个重要方面(侧面 4):无家可归的美国土著人的观点。所以单元得到了进一步修订(见图表 11.5)。

图表 11.3　使用 UbD 模板的社会科学课程

阶段 1——预期结果	
所确定的目标:　　　　　　　　　　　　　　　　　　　　Ⓖ 　　　主题:西部扩张和拓荒者生活	
理解:　　　　　　　　　　　Ⓤ 学生将可以理解……	基本问题:　　　　　　　　　Ⓠ
学生将会知道……　　　　　Ⓚ ● 关于草原生活的真实信息 ● 拓荒者词汇表 ● 故事《又丑又高的莎拉》	学生将能够做到……　　　　Ⓢ
阶段 2——评估证据	
表现性任务:　　　　　　　Ⓣ	其他证据:　　　　　　　　ⓄⒺ a. 展示和讲述记忆盒子和其中的内容:你会在里面放什么,为什么? b. 根据《又丑又高的莎拉》,测试拓荒者词汇表。 c. 回答教材中和关于《又丑又高的莎拉》的一些实际问题 d. 写出单元反思。
阶段 3——学习计划	
学习活动:　　　　　　　　　　　　　　　　　　　　　　　　　　Ⓛ a. 阅读课本片断"草原上的生活",回答文章后面的问题。 b. 阅读《又丑又高的莎拉》。根据故事中的拓荒者词汇表完成单词搜索测验。 c. 用工具制作一个拓荒者的记忆盒子,你可能带着它踏上新生活的旅程。 　　d. "草原之日"的活动: 　　　1. 搅拌黄油 　　　2. 玩一个 19 世纪的游戏 　　　3. 用封蜡方式寄一封信 　　　4. 玩计算机游戏《打扮拓荒者》 　　　5. 做一个玉米壳玩偶 　　　6. 缝被子 　　　7. 在铁片上打孔	

图表 11.4 使用逆向设计法修订后的社会科学课程

阶段 1——预期结果	
所确定的目标: 2D—在比较移民者的幻想和边境的现实情况时,解释西部地区具有的吸引力。 5A—阐述你对美国现在和过去人们大量迁徙运动的理解。 *来源: 美国历史课的国家标准*	
理解: U *学生将可以理解……* ● 很多拓荒者对西进运动的机会和困难都抱有天真的想法。 ● 人们因为各种原因进行迁移,比如,新的财富机会、更大的自由空间,或者是为了逃避某类事情。 ● 成功的拓荒者依赖于勇气、智慧及战胜困难和挑战的合作精神。	**基本问题:** Q ● 为什么人们要迁移? 为什么拓荒者离开自己的家乡向西部前进? ● 地理学和地形学如何影响人们的旅行或定居? ● 为什么一些拓荒者生存下来并取得了成功,而另外一些没有? ● 什么是拓荒者? 什么是"开拓精神"?
学生将会知道…… ● 关于西进运动和草原拓荒者生活的一些关键事实。 ● 拓荒者词汇表。 ● 基本的地理学知识(比如,拓荒者的旅行路线和他们定居的地点)。	**学生将能够做到……** ● 在给定情境下,识别、定义和应用拓荒者词汇。 ● 应用搜索的技能(利用导航)发掘车队和草原上的生活情况。 ● 以口头或书面方式将他们的发现表达出来。
阶段 2——评估证据	
表现性任务: T ● 创建一个展示博物馆,包括原始工具、图片和印有日记的入场券,描述移民家庭在草原上生活一周的状况。(现在的人们对草原生活和西部定居存在的普遍误解是什么?) ● 每天写一封信寄给东部的朋友(每一封信代表一个月的旅行),描述你在车队和草原上的生活。告诉他们你的希望和梦想,并解释边境生活的实际情况。(学生也可以通过图片描述或口头解释。)	**其他证据:** OE ● 对每一个基本问题给予口头或书面反馈。 ● 通过绘画表明拓荒者生活的艰辛。 ● 对西部扩张、草原生活和基本的地理学知识进行测试。 ● 在给定的情境下,应用拓荒者词汇。 ● 解释记忆盒子的内容。

阶段3——学习计划
学习活动： ● 应用K-W-L表评估学生的先前储备知识,确定单元学习目标。 ● 修订后的"草原之日"活动(例如,用计算机模拟游戏《俄勒冈州之路2》代替《打扮拓荒者》,并要求在模拟过程中记好日记)。 ● 包含与内容标准或理解相关的其他小说的阅读(例如,《大草原上的小房子》、《井中的黄油》) ● 为拓荒者家庭的西部旅行创作一张时间线地图。 ● 增加一些非小说类文学作品以适应不同的阅读水平,比如《俄勒冈之路的生活》、《拓荒女人的日记》、《防空洞的达科塔》。引导学生利用多种资源来研究这个特殊的历史时期。 ● 在学生开始完成表现性任务之前,检查记忆盒子、博物馆展示、信件和旅行的评价量规。包括为学生提供学习这些产品实例的机会。

图表11.5 社会科学课程的补充修订

阶段1——预期结果	
所确定的目标： 2D—学生分析不同群体间的文化交流(多角度考虑)。 来源：美国历史课的国家标准,p.108	
理解： 学生将可以理解…… ● 西部定居对居住在平原上的美国土著部落的生活习惯和文化产生的威胁。	基本问题： ● 这是关于谁的"故事"？ ● 在西部迁移运动中,谁是胜利者,谁是失败者？ ● 当不同文化产生碰撞时会发生什么？
学生将会知道…… ● 关于居住在平原上的美国土著部落和他们与移民之间相互交流的一些主要事实信息。	学生将能够做到……
阶段2——评估证据	
表现性任务： ● 想象你是一个上了年纪的美国土著部落成员,目睹了平原地区拓荒者的迁移。现在你需要给你8岁的孙女讲一个关于移民对你生活产生影响的故事。(可以通过口述或书写来完成。)	其他证据： ● 对居住在平原上的美国土著部落的事实知识进行简单测试。

续　表

阶段 3——学习计划
学习活动： ● 为居住在平原上的美国土著部落的长辈举行一个模拟委员会会议，这对于学生从不同的视角思考问题非常重要。 ● 讨论："当面临迁徙时，我们应该做什么？——打架、逃离，或者同意搬迁（留守）？每种做法对我们的生活将产生哪些影响？"

让我们看看另外一个关于高中几何单元的例子，图表 11.6 和图表 11.7 显示了修改前后的两个版本，分别用 UbD 模板呈现。第一个版本主要是以教材的顺序开展教学与评估。在修订的版本中，设计者有意从一系列内容标准出发进行逆向计划。通过确定相关的"理解"和基本问题，在原有基于教材的评估的基础上补充两个表现性任务，并包含更加有趣和真实的探究活动，设计者能够在更大程度上提升单元计划的目标一致性和真实性（因此更有意义）。

在看案例时请注意，UbD 模板的分类是如何迫使设计者对大概念的清晰聚焦和设计要素的合理安排有所关注。

● 大概念现在清晰地架构了工作，体现在"理解"和"表现性任务"。
● 基本问题促进数学推理的发生，并迁移到其他数学单元。
● 相同的知识和技能依然作为核心内容保留，但是它们现在被嵌在一个与包装和地图制作相关的更有意义的问题中去了。
● 教材成了资源，而不再是教学大纲。在评估中保留了教材中的问题，但这些问题也被恰当地嵌入到复杂的表现性任务以及这些任务所体现的大概念之中。

图表 11.6　逆向设计前的几何单元

阶段 1——预期结果	
所确定的目标： 　　主题：表面积和体积（几何）	G
理解： 学生将可以理解…… U	**基本问题：** Q

学生将会知道……	学生将能够做到……
• 如何为不同的三维图形计算表面积和体积。 • 卡瓦列里原理。 • 其他体积和表面积的公式。	• 应用卡瓦列里原理比较体积。 • 应用其他体积和表面积的公式比较形状。

阶段 2——评估证据	
表现性任务:	其他证据: a. 在整章复习中的奇数问题,pp. 516-519 b. 自我测试过程,p. 515 c. 家庭作业:完成每节复习内容和所有探究内容的第三道题目

阶段 3——学习计划
学习活动: • 阅读芝加哥大学数学设计项目(UCSMP)几何学的第十章。 • 研究 482 页的 22 题:"容量比较小的容器,通过使它们变长、变细,是否可以扩大它们的容量?请给出一些例子。" • 研究 509 页的 25 题:"球体与圆锥体或圆柱体不同,为一个球体做精确的二维网格是不可能的。基于这个原因,地图也是变形的。墨卡托投影是展示地球的一种方式。这个投影是如何制作的?"

图表 11.7 使用逆向设计法修订后的几何单元

阶段 1——预期结果
所确定的目标: IL 数学 7C3b,4b:用模型和公式来发现表面积和体积。 IL 数学 9A:用二维或三维的方式构建模型;制作透视图。 来源:伊利诺斯州数学标准

理解: 学生将可以理解……	基本问题:
• 应用数学模型和思想来解决人类问题需要仔细的判断,并受敏感度的影响。 • 从三维映射到二维(或从二维映射到三维)都可能产生变形。 • 有时候在数学中的最完美答案并不是解决现实问题的最好办法。	• 纯数学模型应对复杂真实世界的能力如何? • 什么情况下,数学上的最佳答案不是问题的最佳解决方案?

续 表

学生将会知道……	学生将能够做到……
• 计算表面积和体积的公式。 • 卡瓦列里原理。	• 为不同的三维图形计算表面积和体积。 • 应用卡瓦列里原理比较体积。
阶段2——评估证据	
表现性任务:	其他证据:
• 包装问题:在运输中,从节省存储成本的角度考虑,存储大量 M&M 巧克力的理想容器是什么?(注意:数学中的最好答案——球形——不是解决问题的最佳方案。) • 作为一个联合国的顾问,请你提出争议最少的世界二维地图。从数学的角度来解释理由。	a. 整章复习内容中的奇数问题,pp. 516–519 b. 自我测试过程,p. 515 c. 家庭作业:完成每节复习内容和所有探究内容的第三道题目
阶段3——学习计划	
学习活动:	
• 研究不同容器表面积和体积的关系(例如,金枪鱼罐头容器、盛谷物的盒子、薯片盒、糖果罐)。 • 研究不同的地图投影,从数学的角度确认其准确性(例如,失真的程度)。	a. 阅读 UCSMP 几何学的第十章 b. 研究 504 页的 22 题 c. 研究 482 页的 22 题 d. 研究 509 页的 25 题

如果我们用 UbD 模板作为工作的自评指南,它能够在很大程度上对我们有所帮助。它使我们的目标更清晰,更具针对性,帮助我们设定更有意义的、更易为学习者理解的优先顺序。面对"相同的"学习内容,使用 UbD 模板会更有成效,条理更清楚。

标准,而非"菜谱"

由于我们没有为单元的设计或再设计提供一步步的操作方法(像"菜谱"一样),有一些读者或者工作坊的参与者会感到有些沮丧。我们坚定地认为这样的处方是根本不存在的。我们曾经试图为这项任务开发一张流程图,可是如果考虑各种可能环节,这个图就会变得很复杂,并且难以理解!我们认为与其说单元设计像是跟着菜谱学烹饪,不如说更像平面设计或者完成雕塑作品。每一项设计都是不同的,能够反映出设计者的兴趣、天资、风格和才智。

最近有一本书是关于教学设计中的任务分析的,作者在这本书中阐释得非常清楚:

> 教学设计总是包含着很多不确定的知识,有很多种解释。任务分析也是这样。我们不能明确地说清楚人类思想和行为的各个方面。如何调节这个矛盾?我们不能解决,就只能和它并存。这就是设计过程的本质。(Jonassen, Tessmer, & Hannum, 1999, p.5)

过于依赖处方会导致其他问题。它会让教师设计者产生一种错误的信念,认为任何设计周详的计划都应该发挥作用,如果没有发挥作用,那就是学生的错!在这种错误信念的作用下,教师会不愿再作深思熟虑的回应,这多可惜!或者,我们要在所尝试的设计中妥协:"如果我们在任务分析中试图排除掉所有的不确定因素,就必然会将一套复杂的决策过度程序化……在编制烹饪书时,它的设计过程在很大程度上取决于设计者的推理能力。"(Jonassen, Tessmer, & Hannum, 1999, p5)

关于这一点,真正的烹饪也是超越菜谱的:

> 在开始的时候,菜谱看起来很有用,后来会变得教条,使最有想法的厨师不相信自己的才能。没有独创性地完全按照菜谱操作会剥夺人们头脑中的经验知识。很多大厨并不会被菜谱中固定的步骤所束缚,丰富的实践经验足以使他们相信自己的判断。今天,这是大厨给普通厨师的最有价值的一课。(O'Neill, 1996, p.52)

当然,设计者需要习惯的是在创造性的头脑风暴和实验性的想法之间的循环往复,要依据设计标准对设计进行认真检验。正如在本章开始时对不同类型的设计切入点所进行的描述那样,从哪里开始设计并不重要,重要的是你能最终拥有一个合乎标准的设计。基于这个目标,根据设计标准寻求(尽早且经常地)

他人对设计的反馈是一个关键。对教师设计者而言,这一经验十分有用的另一个原因是,它明确地说明了为什么过程性评估对表现性成就是重要的。

设计中不可避免的困境

从三年级社会科学单元和高中几何单元修改前后的对比中,我们可以看出设计需要什么样的过程。但是,就像那些以前后对比为特征的瘦身广告一样,这些例子可能只是使一些担忧浮出了水面。我们如何在不忽视内容的基础上,通过设计或再设计使教学聚焦在大概念上?考虑到有限的时间与其他工作,怎样才能让这些单元切实可行?我们如何确定这些构想足够良好,能够转化为学生的有效学习?它们会不会只是一些不切实际的空想?将设计师的愿景与现实中的可用资源、学生的建构技巧、州标准中的"教学规范"等因素协调起来是否容易?

这种担忧是合理的。我们必须说,无论是建造房屋还是设计单元,这种担心是自然存在的,不可避免的。我们认为帮助教师表达和探索这种担忧也是必须的,因为这些**不可避免的困境**就包含在教学计划和课程设计的过程之中。设计工作不仅要求高,而且本身充满了不确定性。情况一直如此。我们如何确保学生获得对理解的探究机会?在复杂的表现性任务和有难度的观点上,我们要花多少时间和精力?我们如何适应不同水平、兴趣和风格的学生?**每一个**设计都需要妥协,我们总是不得不权衡利弊。

我们有意用**困境**①这个词。因为要想达到目标,不仅要认真考虑设计中的所有要素,还必须要处理设计本身的矛盾。很多设计挑战涉及竞争的甚至是冲突的要素,比如说,在有限的时间里阐述大概念,或者想把一个复杂的应用作为有效评估的基础,可单一表现又缺少信度。你不能"解决"这些问题,你只能耐心地进行协调。设计者很少能完全满意自己的设计,因为妥协总是不可避免的。

以下是为理解而教的设计者们都会面临的主要困境列表,也为如何权衡这些选择给出了一些最终想法。

- **大概念和迁移 VS 特定知识和技能。**如何平衡"事实"和"技能"与"理解"

---

① 原词为 Delimma,指一种左右为难、进退两难的困境。——译者注

目标？如何将工作聚焦在大概念上，同时又不至于使工作过于抽象或者深奥，不会让学生缺乏基本知识及问题解决办法？另一方面，如何避免过于频繁地关注离散信息和单一技能，因为它们只会让学生远离有意义学习，限制学生应用所学知识解决实际问题的能力。

- 复杂的、现实的和凌乱的表现 VS 有效的和合理的测试。何时该争取基于真实情境的评估，何时该争取效率显著的传统（间接的）测试？能够进行实际应用当然好，可是要做到简单实施和准确评估是耗时费力的。但是，使用传统测试考核知识和技能，虽然容易设计，也容易打分，却无法有效地判断学习者真正理解了什么，也无法对此给出有益反馈。那么，我们怎样才能让评估可行、有效，又要让它丰富而有意义呢？

- 老师控制任务 VS 学生控制任务。何时由专家提出研究主题，指导学生学习？反过来，何时让学生追寻**自己的**问题和兴趣点，采用**自己的**方法去学习？何时用我们的理解来推动设计和教学？何时应该努力帮助学生形成他们自己的理解？

- 讲授法 VS 建构法。讲授教学法何时有利于学习，何时阻碍学习？何时需要直接高效的讲解，何时应该引导学生思考？（类似地，培训教师时，何时该让新教师作为一个设计者发挥其创造力？何时该模仿专家设计，以免新教师走弯路？）更概括地说，如果要使理解真正发生，何时**必须**让学生处于复杂混乱的现实问题中，使其尝试建构性地发现和构建意义，或何时进行讲授教学效率更高？

- 知识的深度 VS 知识的广度。倘若考虑到教师面临的所有要求和束缚，在期望提供有深度的、透彻的理解和可行方案的现实性之间，我们该如何平衡？何时应该给孩子们提供范围广泛的学习材料，让学生接触到更多的信息和想法？为了让学生获得真正的理解，何时又该通过限制范围来给予更多的学习帮助，使学生能够针对某些特定主题进行深度挖掘？类似地，何时围绕大概念进行跨学科的教学设计才是明智的教学法？何时这种教学又会因涉及太多，时间太少，而使学习效果不知不觉变得肤浅？

- 轻松和胜任感 VS 真正的挑战。如何在学生有意义的压力与他们对舒适学习环境的需求之间找到平衡？何时该为学生提供压力较小的情境，让他们愿意去冒险,感到即使失败了也是一种收获?何时该为了强有力的新的学习而适当地给学生提供挑战(即使这样会让他们产生压力)?例如,应该如何围绕基本问题建构学习,即使知道这可能会使学生产生厌烦情绪或混乱状态?应该何时、如何使用复杂的表现性任务,即使这些任务会使那些能力一般的学生或者容易放弃的学生产生挫败感?

- **整齐划一 VS 个性化的工作和期望**。我们所教的学生在知识基础、学业水平、学习习惯、学习兴趣和学习风格等方面都不同。我们应该如何管理竞争的需求?如何针对大部分学生又快又好地设计、实施教学,同时不会忽视个体的需要?如何恰当地把握不同的理解预期,而不需要降低标准,也不会把某些学生当成二等公民?如何在不让自己负担太重的前提下,开展个性化工作?在追求理解的教学中,如何知道什么样的差异是可接受的,什么样的差异表明确实没有达到预期目标?

- **有效的 VS 仅仅有吸引力的**。通过设计提供的教学应该是有趣的、有吸引力的,但是仅有这些指标是不够的。教学设计必须有效地强调教学目标和内容标准。如何在让学生根据标准开展学习的同时又能吸引他们的兴趣?如何使学习需要动脑完成,而不只是动手?我们如何做到既关注作为教师和投资者的责任,又能提供有趣的任务?如何避免无目的(虽然有趣)的教学活动,而又不会走向另外一个极端——使学习乏味,效率低下?

- **简化 VS 简单化**。如何使所有学习者都能够接触和理解大概念,而不是在这些概念面前束手无策?在不缺乏学生参与和关注的情况下,如何才能获得智力问题的丰富性和复杂性?如何简化比较复杂的学科内容,而不将其过分简单化,以致影响后续探究和讨论?如何确保学习的适度进展,又不使学习了无生趣?

- **精心设计的计划 VS 适当的灵活性和开放性**。要达到学习目标需要深思熟虑的设计,但是为了回应课堂上的反馈,把握教学时机,我们通常在实施时只能通过调整计划来达到教学目标。如何避免因过于死板而使计划最终落空?另一方面,如何照顾到每个学生的反馈和问题,又不影响目标的实现?如何平衡设计目标与学习机会的偶然性?

- **大的个体单元 VS 宏观目标与其他设计。** 如何使每个单元既能保证完美与逻辑，又能达到（作为教师职责所在必须要达到的）内容标准？如何使用教材并完成所有要求的内容，而又不破坏优秀设计的原则？在为理解而教的同时，如何处理提高分数的压力？在考虑差异、竞争和要求的情况下，如何开发一个符合逻辑的学习计划？

解决困境的拙见

对于如何解决每一个特定困境，我们没办法提供某种规则或给出一系列解决办法。正如我们前面所讲的，你不能"解决"这些两难问题，只能尽可能地平衡这些对立的要素。但是我们可以对如何了解这些困境，如何更好地协调它们给出一个一般性建议。这个建议就是：在工作时积极获取反馈。就像我们之前提到的，优秀设计的关键在于多尝试，看哪一种方案有效，然后再进行调整。也就是说，要根据预期结果去获取反馈（也要根据设计标准获取反馈）。

定期反馈在任何领域都被认为是持续改进的关键。在教育中，"设计、实验、反馈和调整"这种方法的优势是在一项有关大学教育的研究中被正式认可的：

> 我们问教师和学生改善他们当前教育和学习的单一变量是什么，结果有两个想法比较集中。一个是提高学生对"全局"重要性的意识，即"全局中的关键点"，而不只是某个特定主题的细节。另一个是从学生那里获得定期的、有帮助的反馈的重要性，教师可以据此修正教学。(Light，1990，p.66)

注意这两个观点正是 UbD 的核心：聚焦大概念，以及需要**每个人**（学生、老师、课程设计者）针对反馈重新思考。

我们不需要使获得反馈的过程太正式或者太有强制性，也一定不要将它和正式的课程评估相混淆。我们的目的是通过及时的、有帮助的和真实的反馈，从学生角度来观察设计方案的实施情况。在收集过程性的反馈时，可考虑提出下面两个问题：

- 对你来说，本周哪些部分起作用？简要说明原因。

- 哪些部分没有起作用？简要说明原因。

我们以前的一个同事每到周五就问班上所有同学这两个问题,发卡片让学生们填写(这么多年来,他一直保留着这些卡片)。注意一下,他关心的是哪些部分起作用,而不是学生的喜好。这些回答对教师来说非常有用,因为他们事先就向学生们声明:反馈是匿名的(这会使学生们减少顾虑,给出更诚实的回答)。

涉及具体的困境时,可以用问卷来作一次更深入的调查。这种调查可以由个人、教师研究团队、年级组、院系或学校来实施,在教职工会议上以电子和书面的形式分享交流调查结果。图表11.8提供了一个用于该类型调查的实例。

图表11.8 每周反馈单

起作用的是什么？没起作用的是什么？

1. 这周我们在课堂上做的最有意思的事情是什么？什么让它如此有趣？

2. 这周我们在课堂上做的最枯燥的事情是什么？什么让它如此枯燥？

3. 对你来说,本周课堂上最有帮助的是什么？或者说,哪些具体的活动、教学、技术或工具对你的学习有帮助,为什么？

4. 对你来说,本周不起作用的是什么？哪些活动、作业或教学是最令人困惑的和没有帮助的？为什么？

5. 请看下面的陈述,回答"是"或"否"。如果你的回答是"否",请解释原因。

	是	否
教学聚焦于大概念,不只是一些没有关联的事实和技能。我们正在学习重要的内容。		
我认为教学是发人深省的,有趣的。		
我很清楚单元的教学目标是什么。我们被告知哪些是重要的内容,什么是高效的学习,学习任务是什么,这个单元的目标是什么。		
在达到学习目标的道路上,我们有很多自由的选择。		
评估恰到好处,要求我们做的是对学习的公平检测。		

■ 误解警告！

你可能会说，"所有的设计工作都会降低我的即兴发挥和对教学时机的把握"。我们认为并非如此。对目标和核心任务做到心里有数，才能提高我们对有目的的、恰当的教学时机的关注程度。即使是最好的老师，有时也会陷入自认为优秀的计划之中，以至于听不到甚至忽略来自外部的可能影响教学流程的评论。但这时的他们已经失去了真正的目标——真正的目标不是**教**，而是**引发学**。另一方面，很多老师认为自己对教学的即兴发挥非常合理，声称教学不需要进行全面规划，只有"顺其自然"才是以学生为中心。然而，在这些情况下，无论学生是否能够学到什么，都可能成为被动的受害者。在这种情况下，理解是通过好运气而非好设计获得的。

反馈可以改善**每一个**人的表现。可是我们遗憾地发现，很少有老师愿意持续地征求反馈，不管这反馈来自学生、同行、上级、家长或外部专家。我们对此表示担忧。可是，担忧并不能解决问题。好消息是很多教育工作者告诉我们，依据 UbD 设计标准的互评与自评已经成为他们职业生涯中最有价值和充满活力的经验之一。

这是当然，对不对？因为你可以在面临真正困境时谈论你的纠结，并从同行专家那里获取有益的反馈和建议。一个学习组织，若要健康有效，必须在设计时密切合作，包括依据设计标准给予反馈（设计工作的常规组成部分），安排时间参加培训等。图表 11.9 说明了持续反馈的循环是怎样支持 UbD 的设计与实施的。

图表 11.9　单元设计循环

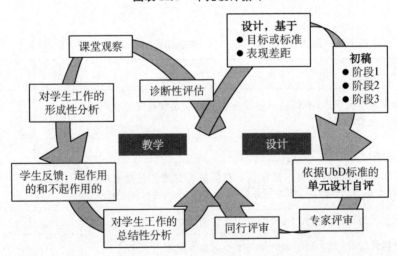

调整

如图表11.9所示,与不参考班级和同事反馈、全凭自己构想单元的行为相比,设计需要更多的工作才能做好。在研究和开发的各个阶段,我们都需要从自评、互评、专家评价中获取反馈,通过学生和自己的观察知晓哪些起作用,哪些不起作用。而且,如果不把我们要教的具体学生这一因素包含在内,设计工作就不能算完结。针对学生需要、能力和兴趣的诊断性评估是成功教学的关键部分。只有根据学生和他们最近的表现对教学单元作出最终调整,我们才算做到WHERETO中的量体裁衣(如,个性化、差异化)。另外,我们需要在容易产生误解的、未预料到的,以及偶然产生机会的地方,对设计进行调整,以便更好地达到教学目标。图表11.10根据诊断性反馈和形成性反馈,在调整过程上给出了一些步骤性的建议。

图表11.10 设计与反馈图

设计	反馈
单元设计初稿,尽可能明确阶段1的需求	针对学生经验、兴趣和需求的诊断性评估
基于诊断性评估修改后的初稿,待用	
单元调整,关注反馈和目标	持续的反馈:观察、形成性评估、学生反馈

总之,巴斯德(Pasteur)的著名格言可以用在这里:机会总是属于有准备的头脑。对于认真思考教学目标及实现策略的教师设计者而言,那些真正适合教学的机会更明显,也会更频繁地出现。考虑到教学设计本身的困境,不断地征集反馈不仅可以提升教学设计,同时也能优化符合教学目标的学习结果。

在考虑了设计过程及其自身存在的困境之后,我们现在可以将这些思考应用到更大的设计问题中。如果说单元只是格子间,那么整个大厦又会是什么样呢?整体思路、任务和标准不可避免地会影响到单元的设计,那么单元设计如何从中得到启示呢?我们接下来探讨这些问题。

第十二章 宏观设计：将 UbD 作为课程框架

作为衡量所有学科教学的标准，我们可能会问：当设计完成的时候，是否值得成人学习？学习它是否有助于孩子成为更好的成人？如果这两个问题的答案是否定的或是模糊的，那么课程中的材料一定是乱糟糟的。

——杰罗姆·布鲁纳，《教育过程》，1960，p.52

如果不把学生的经验引入到事先并不熟悉的领域，就不会有问题产生，问题是诱发思考的刺激因素。新获得的事实和想法将成为进一步积累经验的基础，从而支持新问题的提出。这是一个持续的螺旋式上升的过程。

——约翰·杜威，《经验与教育》，1938，pp.82，87

到目前为止，我们一直聚焦在单元设计的 UbD 过程上。这么做是明智的，原因有很多。对于老师来说，单元是教师习惯关注的教学设计重点——这个范围不能很小，否则会使课堂和学习很分散；也不能太大，范围太广则对日常教学失去意义。

但是，如果考虑到任何单元都必须关联前面的课程，或者要融入到学年课程之中，甚至要融入到更大的学段课程框架中，你们可能会发现我们的方法并不符合逻辑（可能真的很逆向！）。那么，该如何构思和实施大的设计蓝图——宏观课程，才能够充分反映强调理解的逆向设计呢？

对全部内容进行系统的、跨学年的课程设计不在本书的讨论范围内。我们所聚焦的问题是从个体教师设计单元的角度产生的：在宏观层面上，哪些设计工作可以使单元设计更加高效、连贯与有效？我们的答案是大家能够猜到的：运用逆向设计法和与 UbD 单元模板中相同的关键要素来设计**课程大纲**和**学科框架**。特别要强调的是，我们提倡应该以**基本问题**、**持久理解**、**主要表现性任务**

和**量规**四个要素来构思和构架学科和课程。这些总括性的要素为所有单元及单元间的相互衔接提供了设计蓝图。

多大算大？

在前几章中我们从未界定问题和理解的理想范围，也没有明确区分总体和局部要素的界限，你可能因此会感到有些沮丧，这是可以理解的。我们现在就要讨论这个问题：多"大"才算是"大概念"？如果抛开课程和学科目标，这个问题是没有答案的。有些概念**确实**明显比其他概念大，即概念的内涵更广泛，有更强的可迁移性和影响力。这么大范围的概念应该能够为整门课程和整个学科提供锚点。没有哪个单元可以恰到好处地使用最复杂的概念。

所以，不管是地区还是学校院系或年级组的课程开发团队，达成一致的核心概念和评估任务无疑将会减轻单元设计者的负担。因此，我们也希望避免由各团队孤立设计学习单元而导致的整个课程的不连贯性。图表 12.1 给出了我们关于 UbD 的宏观视角。

图表 12.2 提供了一个地区案例，围绕大概念和基本问题构架一年的美国历史课程提纲，每个单元都是在这个整体框架下建构的。

将基本问题作为课程和学科的基础

最重要的（影响）可能是为课程提纲和课程地图而备的地区模板……我们正在把持久理解和基本问题作为重要部分来为所有课程的架构提供设计思路。

——Dorothy Katauskas，索尔伯瑞中学校长助理，宾西法尼亚州新希望镇

基本问题的总括性和递归性决定了这些问题非常适合为宏观的课程和学科提供框架。就其本质而言，基本问题聚焦于大概念，而不是局限于某个特定的单元。它们通常需要跨单元，或者在很多情况下，需要多年研究才能解决。实际上，这意味着基本问题可以用来为容纳各个单元的课程和学科提供支柱。下面

图表 12.1 追求理解的教学设计课程框架：从宏观到微观

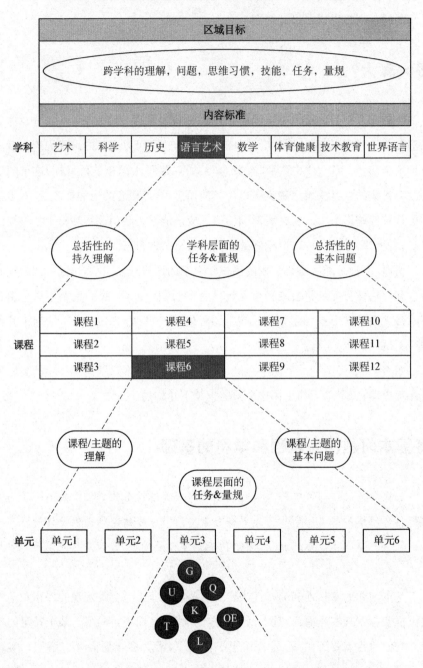

图表 12.2 一个 UbD 课程计划的案例：阶段 1

七年级美国历史课

课程理解	课程基本问题	课程技能
学生将理解…… ● 《独立宣言》的前言和宪法对以下问题的理想回答：为什么我们确立了政府和我们需要政府及能引导政府制定决策的原则——提供了一个我们可用于评估国家的进步、提出改进方法的框架。 ● 进步往往是有代价的，历史会依据付出的代价的程度来评判所取得的成功。 ● 特定的个体，即使不是当选的领导人，也会对历史产生深远的影响。 ● 随着经济和地缘政治的利益发生改变，美国放弃了孤立主义政策，成为世界强国之首，也面临着新的挑战和责任。 ● 为了提高全民福利，政府已经试图平衡让市场自由运作的需求和为保证公众利益而调节市场的需求。 ● 地理位置继续对我国的经济、社会发展产生影响。 ● 纵观美国历史，对战争和对安全的潜在威胁的恐惧已经导致对某些特定公民自由权的否定。 ● 美国的文化反映了当时的一些重大事件，也形成了美国人看待自己的视角。 ● 虽然宪法有明确规定，但对于无法进一步在经济、区域、社会和意识形态方面的冲突中出现的公开承诺继续存在的争论；相反，对恰当平衡的争论已经在联邦权力与州权力之间反映了当时的斗争，并会继续得到改进。 ● 政府对公民权利和平等权利的公开承诺得到改进。	1. *我们是否正在成为我们起初想要成为的民族？* ● 什么价值有所发展？ ● 个体价值如何发挥作用？ ● 美国如何成为世界强国？ ● 哪些问题决定我们在对外事务上的参与度？ ● 为什么美国放弃传统的孤立主义的外交政策？ ● 在宪法中对理想的承诺超出我们的能力范围了吗？ ● 为了提升公共福利，政府应该更多地干预还是放手？ ● 对于经济，政府应该更多地干预还是放手？ ● 地理学如何影响历史？ ● 从历史学角度看，自由与安全之间会有斗争？ ● 随着时间的推移，美国的文化认同发生了什么变化？ ● 随着时间的推移，州权力与联邦权力之间的斗争是怎样结束的？ ● 随着时间的推移，政府关于"建立正义"的承诺是如何改变的？ ● 历史上关于"正义"的定义如何变得更加有包容性？	学生能够形成分析历史和地理的技能，包括： ● 识别、检查和解释首要和次要的源文件，增加对美国历史事件和生活的理解； ● 确定过去与现在时期之间的联系； ● 能够对美国历史中从发生时期到现在的重大事件进行排序； ● 从不同的历史角度解释观点和事件，口头或书面评价和讨论历史事件； ● 创建和解释地图、示意图、表格、图表和曲线图； ● 分析和解释地图来阐明地形、水文特性、气候特征和历史事件之间的关系； ● 分析政治漫画、政治广告、图片和其他图形媒体； ● 区分相关和不相关信息； ● 评论信息的准确性，区分事实与个人观点； ● 确定问题，建议解决方案； ● 在写作、讨论和辩论中选择和维护自己的立场。

来源：马克·怀斯利中学社会科学小组，西温莎斯兰斯堡南高中，新泽西州

这个案例就说明了如何应用基本问题来构架整个课程,使单元设计更容易,学生学习更有条理。

思考以下由两位历史学家(Burns & Morris, 1986)提出的一组基本问题,它们是一种理解美国宪法的方式。思考在美国历史学科的任意课程中,如何通过各单元内容解决如下问题:

- **国家的权力太大还是太小?** 通过宪法限制联邦政府的权力是现实可行的吗?
- **联邦制度运作有效吗?** 宪法是否在联邦权力和州权力之间保持了真实有效的均衡?
- **司法部门是否权力太大?** 作为公共政策塑造者和宪法解读者,法庭是否恰当地行使了权力?
- **自由和安全能够取得平衡吗?** 共和政府如何在不危及公民自由的前提下保障国家安全?
- **人人生而平等的含义是什么?** 宪法应该保护什么样的平等?如何保护?
- **妇女和少数民族的权利是否充分地得到了保障?**
- **总统在发动战争和推行外交政策方面是否掌握了足够的或过多的权力?**
- **是否有太多的宪法制衡?** 三权分立是否会让政府陷入僵局?

以下是从两门大学课程(经济法和美国历史)大纲中摘录的问题,这些经过修订的问题反映了UbD设计思想:

学生在整节课中关注四个问题:
1. 为什么政府会管控某些特定的行为?有必要吗?
2. 政府制定政策时会涉及哪些角色?他们使用权力的基础是什么?
3. 政府的规定是如何执行的?
4. 法律和解释法律的司法意见在多大程度上反映了政府监管下的政策?

这门课程中的所有教学活动和内容都在解决以下一个或多个问题:

1. 美国的历史发展是什么样的?
2. 历史学家如何建构和评价他们所描述的美国史?
3. 为什么要学习历史?

任何课程和学科的学习都可以类似的方式来组织。以下是一组为艺术课程所架构的总括性问题。

- 艺术家通过什么方式影响社会,社会又如何影响艺术家?
- 是什么使艺术"伟大"？什么是美丽？什么是品味？它们相关吗？它们重要吗？
- 关于美的不同概念是如何影响作品的?
- 不同时代的艺术家是如何表现相似主题的？在时代更替中艺术如何变化？艺术家如何选择工具、技巧和材料来表达他们的艺术理念,为什么作这样的选择？
- 艺术家创作的动力是什么？艺术家在什么地方获得创作灵感以及如何获得？艺术创作过程中最重要的是直觉吗？艺术家是天生的,还是后天培养的？艺术家懂得或需要懂得很多吗？答案重要吗？
- 如何鉴赏一件艺术作品？艺术能够或需要进行有意义的解释或评判吗？这样做是否在破坏艺术？
- 艺术家对受众或社会负有责任吗？
- 艺术有规则吗？谁来制定这些规则？
- 我们应该抨击或者限制艺术表达吗？

下面是一组为数学课程架构的总括性问题:

- 这是哪一类型的问题？当我们不知道如何解决时,我们该怎么做？你如何知道你是否已经解决了问题？最优秀的人是如何解决问题的？我们如何说明……？换一种方法呢(其他方法如何解决)？我们如何更好地表征部分与整体之间的关系？如何更好地表征模式？如何更好地表征顺序？

- 什么是数字？所有的事物都可以被量化吗？如果没有或不用数字，我们不能做什么？为什么要用负数、无理数和虚数？
- 模式是什么？我们如何确信？我们如何发现模式？模式能够揭示什么？可能会如何误导我们？
- 数学建模的优缺点是什么？模型用什么方式给人以启迪？又会用什么方式歪曲事实？数字（数据）是如何欺骗或者误导人们的？一个正确的答案在什么时候不会成为问题的最佳解决方案？
- 我们测量的对象如何影响我们的测量方式？我们的测量方式是如何影响结论的？"估计值"何时优于准确值？何时又相反？简化何时对我们有帮助？何时又有害？我们什么时候要抽样？什么时候又不需要抽样？多少样本能够满足我们的需要？
- 你有多确定？误差的幅度有多大？有多精确？需要这么精确吗？证据是什么？我有证据吗？

典型的课程框架强调离散的内容知识和技能的列表。这种框架对教师的教学产生了潜在的影响，鼓励教师以机械的或说教的方式"灌输"内容，这些方法缺乏吸引力、连贯性和有效性。与罗列内容相反，围绕基本问题设置课程框架，能帮助学生关联知识，激发思考，引导探究，也更注重学生的学习体验。社会科学的督学马克·怀斯（Mark Wise，他主持了图表12.2的历史课程框架开发）说："UbD是教与学的哲学，一旦你掌握了，就很难再回到最初的操作模式中，如设计一些没有关联的教学活动，或者灌输一些脱离情境的事实。"

跨学科的问题

就像很多工作坊参与者所说的，即使不是为了作跨学科的设计，基本问题也还是会经常跳出课程边界。从前面的问题列表中选择两个问题：模式是什么？创作过程主要是靠直觉吗？这两个问题既和数学问题解决相关，也涉及艺术表现。与围绕内容设计课程框架相比，这是围绕问题建立课程框架最突出的一个优点。好的问题更易产生丰富的关联，使学习更有意义。

那么,我们可以在高于一般性的层次上考虑基本问题,由麦克阿瑟(MacArthur)和黛博拉·梅尔(Deborah Meier)创办的纽约中央公园中学东校(Central Park East Secondary School in New York),围绕着一套基本问题建立了整个课程体系,这些问题被认为是学生内化思维习惯的关键。

在每节课和每门学科中,学生会学着提出和回答这些问题:
- 我们从谁的视角观察、阅读和倾听?以什么角度或立场?
- 当我们理解时,我们是怎么知道的?证据是什么,有多大可靠性?
- 人、事、物彼此之间是如何关联的?原因和结果是什么?它们如何组成一个整体?
- 什么是新知识,什么是已学过的知识?我们以前接触过这个概念吗?
- 那又怎么样?为什么重要?所有这些意味着什么?

在《基础学校》一书中,卡内基教学促进基金会前任主席欧内斯特·博耶(Ernest Boyer)曾经提出教育应该建立在跨学科"核心共性"和所伴随的基本问题的基础上。这有一个关于一系列伴随性问题的例子,这些问题既适合小学生也适合中学生去探究。

每个人都在不同的群体中拥有会员身份。
- 刚出生时我加入了哪个群体?
- 现在我属于哪个群体?
- 为什么人们要加入群体?
- 我能离开群体吗?(1995,p.90)

另一个例子来自国际文凭课程小学项目(International Baccalaureate Primary Years Program,简称 IB PYP),该课程体系中的每个单元都在解决以下一个或多个基本问题。

- 它像什么?

- 它是如何运作的？
- 为什么是这种方式？
- 它是如何变化的？
- 它如何与其他事物相连接？
- 观点是什么？
- 我们的责任是什么？
- 我们如何知道？

围绕大概念与基本问题建立课程框架，不需要局限于人文学科或者其他聚焦于内容的学科。图表 12.3 呈现了一个围绕 UbD 元素制定的整个体育教育的课程框架。

图表 12.3　围绕 UbD 制定体育教育课程框架

大概念	持久理解	基本问题	标准
领导能力	一个人可以有所作为。	谁有这种能力，如何保持？	4b, 4c, 4d, 4e, 5c, 5d, 6b
沟通	语言的力量很强大。委婉地表达自己。	什么时候应该开口讲话？	4b, 4d, 4e, 5c, 6a, 6b
团队协作	并不是每个人都像你一样思考问题和开展实践。	何时我是团队中的一员？何时我们赢得比赛或失败？	4b, 4c, 4d, 5c, 5d, 6a, 6b
探索	风险带来不可预料的结果。	潜在的风险是什么？你能处理它们吗？	1d, 5a, 6c, 6d
策略	目的比方式更重要。	计划是什么？如何实行？	2b, 2c, 2d
规则	规则既是限制也是机会。	规则如何改变你的行为方式？	1b, 1c, 2a, 4a

续 表

大概念	持久理解	基本问题	标准
适应性	适应性是一个过程,不是一个产品。	一个适应性强的人是什么样的?	3a-f
健康	你必须提前预防。	你的身体状况正在下降吗?健康正离你远去吗?	健康:损伤和疾病预防体育教育:3d、3e
运动员精神	不是关于你做什么,而是你如何做。	是什么使得一场比赛有价值?	4a、4b、4d、4e、5c、5d、6b
竞争	每场比赛都会让你变得更强大。	竞争如何激励你?它何时跨越了界线?	1a、4b、4e、5b、5d、6c
技术	小心谨慎第一,自然发挥第二。	你什么时候能够掌握它?在此之前你能做什么?	1a-d、2a-d

围绕表现性任务制定课程框架

正如我们所强调的,某次考试成绩(如一年一次的统考成绩)不能作为学生学习成就的充分证据。理解需要以复杂任务为证据,证明学生有能力去迁移知识。因此,地方的评估计划中需要包含更多高质量的、强调应用的表现性任务,这些任务围绕理解六侧面展开。虽然课程的特殊性要求将体现其目标的表现性任务表达清楚——通过评估和量规,但仍有很多课程框架忽略或很少关注评估。

另外一种架构宏观课程的方式是通过**评估**来架构。学生应该掌握的关键表现类型是什么?图表12.4提供了一个来自纽约州希腊中心学区的案例,这里所有初中英语/语言艺术教师都同意:对于学生的写作,应在全区范围内使用一组由通用量规加以判断的评估计划。在图表12.4中,对该学区每个年级应完成的写作类型均有提示,而针对每种写作类型,每个学生均需完成两篇写作任务。这种基于协商的评估共识,与写作**教学**紧密相连,最终会提高学生的表现。

阿沃诺学院用这种方式设计整体课程已达25年之久。它为学科及跨学科领域的八种常规能力架构了目标。教师们充当两种角色,一是在自己的学科领域内设计和教授课程;二是在教学委员会中为八种常规能力设计评估。这样做有两方面的好处:一方面,每位教师都要学着在一个更大的格局内思考自己在总体任务中的角色;另一方面,在传统的聚焦于学科的课程设计中,教师仍能有效培养学生的八种常规能力。

围绕基本问题制定课程框架的好处在于:这些问题能够自然地启发人们利用合适的高级评估任务为本地课程提供支撑点。要想设计最恰当的表现性评估,一个实用策略就是设想基本问题可以为任何一种特定的评估提供通用的"规范"。那么,正如在考察经济法和美国历史这两门大学课程时所看到的,我们可以在学习前和学习中对任何年龄的学生说:"在这门课结束的时候,我们会从不同的观点考虑这些问题,你需要用不同学科中的知识和表现来解决这些问题,所以请在脑海中一直谨记这些问题。"

对于主要关注技能培训的课程来说,如果基本问题看起来过于概念化或太过抽象,那么只要确定与关键的表现性挑战相关的问题或疑问就可以了,而解决这些问题需要灵活应用所学技能。在数学中,如果我们能为学生提供一组精心设计的问题,解决这些问题需要使用预期的技能,那么以下两个问题——"模式是什么"和"如何建模"就能为整个课程制定框架。比如,和图表12.4所显示的英语/语言艺术学科的评估一样,数学也可以基于同样复杂的数据集合,每年向学生呈现相同或相似的问题。或者这些基础问题需要结合数学中不同难度的知识来回答,比如,向学生提问:"批量运送M&M巧克力的理想包装是什么?"这样的挑战会使我们更容易区分学生的水平,比目前基于具体事实和技能的评估方式更有效。

图表12.4 一个关于写作的学区评估计划

年级	解释	表达说服力	文学分析	创造性/表现力
6	研究报告	意见书	关于环境或冲突的文学随笔	原创神话
7	自传文学	政策评价	关于人物的文学随笔	个人创作
8	研究报告	问题/解决方案的文章	关于象征意义的文学随笔	叙事体小说

续 表

年级	解释	表达说服力	文学分析	创造性/表现力
9	因果文章	社论	关于多个文学元素的分析	诗歌
10	研究报告	社会问题文章	关键镜头脚本	历史人物
11	定义性文章	辩论性文章	对比体裁的文章	诙谐/讽刺文学
12	研究论文	意见书	对文学批判作出回应	讽刺文学

注：改编自纽约州希腊中心学区的课程与教学系材料。

像历史这样内容密集的课程，通过灵活的评估任务来制定课程框架会更有效。这里有一个为达到纽约州标准而设计的世界史评估案例：

1. 设计一次能走遍世界圣地的旅行，包括：正确的路线图；一本为朝圣者准备的，描述当地风俗、习惯和礼仪的导游手册；性价比最高的路线分析及交通方式介绍；能让你的同伴感兴趣的主要景点的历史简介；一份带注释的参考书目（推荐给其他学生阅读的资料）。

2. 为阿富汗、伊拉克和渴望民主的国家写一份人权法案，可参考已有案例（如美国的人权法案、联合国决议、国际法庭），注意它们的优点和不足，从你的同伴和长辈等不同群体中获得签名来模拟对共识的需要。

3. 为国务卿准备一份关于拉丁美洲的报告。选择一个拉丁美洲国家，提供政策分析和背景汇报。我们现在的政策应该是什么？目前的政策对这个国家是否有效？

4. 从互联网上收集和分析其他国家关于美国在中东地区政策的态度的媒体报道。将这些材料影印成册，提交给总统，同时还要附上你个人对这些报道的准确性和影响力的评论。制作一段包含各类新闻广播的 QuickTime 视频，总结世界其他国家对美国中东政策的反应。

5. 利用演示文稿制作一段口述历史，突出美国移民的本质，人们从世界各地来到美国的原因，及为什么美国人现在希望限制移民。采访最近的美国移民，记录他们离开自己国家来到美国的原因。采访支持移民限制的人们，了解他们自己的家庭是如何来到美国的；了解在他们的体验中，美国的生活与他们想象的生活有哪些是一致的，哪些是不同的。

6. 设计一场商贸展,说明欧洲各国之间地理和经济的联系,解释联盟成员这个身份对各国的影响。

7. 对访美的非洲国家的首脑所发表的关于美非关系历史的讲话及美国国务卿的反应进行视频录制和展示。

8. 针对在全球具有争议性的主题,如联合国援助伊拉克、美国在中东的角色,或者全球变暖等参加一次正式辩论。

9. 同学分组(两人或三人一组)来模拟联合国,每一组代表一个国家,试着通过联合国安理会关于恐怖主义的解决方案。

10. 给外交关系委员会提供一份概要报告,内容包含俄国当前状态、20世纪美俄关系、未来的担忧和可能性。俄国是朋友还是敌人?

11. 准备一份关于印度和外包产业的报告。全球经济在多大程度上是有利于美国的?对于印度及其相邻国家呢?

从任务到量规

开发核心的表现性任务自然需要选择或设计相应的评价量规。如果一个地区或学校围绕30个量规建立评价体系,而整个地区或学校的老师和学生都要使用这些量规——想一想,这样的系统该有多强大。比如,假定**整个系统**的评价量规都存在以下表现性指标。

有效的	有目的的	准确的
明确的	高效的	精确的
简练的	坚持的	支持的
得体的	(自我)批判的	验证的
精心制作的	周到的	专注的
良好呈现的	细致的	有洞察力的
有组织的	反应灵敏的	流利的
彻底的	有方法的	精通的
条理分明的	完美的	熟练的

这套指标可以根据需要,根据对特定任务或某些指标的强调而进行修改,而

通用框架保持得越完整,学生关于高质量工作的本质认识就越能达成一致。下面是针对"清晰的"这项指标给出的量规案例,该量规通过对每个级别的详细描述为三年级学生解释了制作海报这一学习任务的总体期望。

清晰的

6 表达非常清晰;语言精练准确;语句结构丰富多变;用法正确;很少有语法和拼写错误;即使有个别错误,也不影响文章的整体流畅性;所描述的内容完整、有逻辑、含义明确;形式和内容与众不同,足以达到作品的意图。

- 哇,真的很清晰。我们明白了你想表达的内容。你巧妙地通过组织方式、配色技巧、叙事风格及恰当用词让我们关注到了大概念。
- 海报很清晰、整洁。非常棒的书法、插图和空间利用。
- 根本就没有拼写或语法错误。

5 表达清晰;语言简洁恰当;句式结构多样;用法正确;很少有语法和拼写错误;即使存在个别错误,也不影响文章的整体流畅;海报的组织有逻辑性,表达意图清楚;作品展现了经过深思熟虑的信息或意义,并很好地控制了信息或意义的传递。

- 很清晰的海报,我们很容易获得你想传递的信息。能够简洁和恰当地组织大概念,使其清晰易懂。
- 根本就没有拼写和语法错误。

4 大部分表达都很清晰;语言恰当但不总是非常准确;语句结构丰富,用词、语法和拼写上有少量错误,但不影响文章的整体流畅;有几处含糊、不清楚或者是难以理解的语言情况(特别是关于很微妙或复杂的观点),但是作品表明了一个深思熟虑的含义。

- 很清晰的海报,我们明白你的意思,只是还有一些困惑。

- 总体来说是很好的设计,能够支持你的观点,但是我们不确定有几处是否是最重要的。
- 一个或两个小的拼写或语法错误,不会干扰整体意思的表达。

3 表达不太清楚;语言的使用不是很恰当,不能满足任务表达的需要;语句结构多数是正确的;用词、语法及拼写的错误会影响到作品的整体流畅性;在一些主要的地方有表达含糊、不清楚或者是难以理解的情况;关键概念没有得到充分说明或解释;作品不足以有效传递意图,也不能起到说服的作用。

- 海报不太清楚。因为页面布局、用词和图片有点乱,让人困惑,不容易弄清楚信息的含义。我们可能不能理解你要表达的信息,大多数人的反应可能是:"什么意思?"可能会有多种不同的理解。
- 一些拼写或语法错误使我们不能理解海报所要表达的意义。

2 表达不清楚;句子结构、用法、语法或拼写有大的错误,影响到文章的流畅性;有很多处没说清楚要表达的意思;语言太含糊、不准确,或者比较粗糙,不能表明意图;作品不能充分表达一个经过深思熟虑的含义;关键概念之间既没有联系,也没有得到进一步阐述。

- 海报不清楚。内容组织混乱,不完整,很难弄明白你要表达的内容。
- 因为书法、拼写和语法上的错误,我们很难弄明白它要表达什么。

1 表达困难,无法理解,没有证据表明该作品的意图。

- 我们不能理解你的海报。要么材料不够,要么看起来相当混乱,有很多难以理解的词汇、图片、拼写和语法错误。

与所有的量规一样,如果想有效地使用它来自评、自我调整及理解老师给出的最终评价,学生需要了解每个计分点所对应的作品案例。

纵向[1]量规对于记录学生在一段时间里的进步特别有帮助。英国人在国家内容标准中包含了一套关于各学科的纵向量规。下面的量规描述的是5到16岁的学生在科学课程学习过程中的理解进步水平（学校课程与评估机构，1955）：[2]

要达到的目标1：科学探究

水平1：学生能够对物体、生物、所观察事件的简要特征进行描述或恰当地作出反馈，能以简单的方式，**如举例、讨论自己的工作、绘图、简单图表**等方式交流彼此的发现。

水平2：学生能对发现事物的方法的建议作出回应，在老师帮助下，对于如何收集数据来回答问题形成自己的意见。在老师的帮助下用简单的文字找到信息。用所提供的简单设备开展与实验任务相关的观察。观察并比较物体、生物和事件。用科学的词语描述所观察到的现象并做记录，在合适的时候使用简单的表格。能够说明所发生的事情是否是他们原来所期待的。

水平3：学生对如何找到问题的答案提出了自己的想法和建议。认识到收集数据对回答问题的重要性。能使用简单的文本找到信息。使用一些简单的实验设备观察和测量有关的长度和数量。在恰当的时候，可以在老师的帮助下进行合理性测试，以此认识和解释为什么是合理的。用多种方式记录实验观察。能够解释自己的观察数据中所包含的简单模型。能够科学地表达自己的发现并对自己的工作提出改进建议。

水平4：学生意识到科学的概念都是建立在证据基础之上的。在自己的调查研究过程中，可以确定恰当的方法，如用合理性测试回答问题。在恰当的时候，描述或展示其探究方法，知道如何改变一个因素而使其他因素保持不变。在必要时作出预测。从所提供的资源中选取信息。根据任务需要选择合适的实验工具来进行一系列的观察和测量，使用表格和柱形图来记录观察、比较和测量的

---

[1] 请参看本书所附术语表中的词条"纵向评估"（longitudinal assessment）。——译者注
[2] 所有量规参见：http://www.ncaction.org.uk/，其中包含不同分数的学生作品及任务范例，以及其他与评估相关的有用信息。

结果。最开始使用散点图形成简单的图形,并用这些图形指出和解释数据所反映的模型。开始把实验结论和这些模型、科学知识与理解联系起来,并能以恰当的科学语言表达出来。能完善自己的探究学习,给出改进的理由。

水平5：学生能够有机结合实验数据和创造性想法,从而得出科学解释。当试图回答一个科学问题时,会选择合适的方法。能从多种渠道选择信息。当研究涉及合理性测试时,能考虑并确定关键因素。在恰当的时候,能根据科学知识与理解作出预测。为整个任务选择实验仪器,并计划有效地使用。能够针对任务进行一系列观察、比较,并实施有一定精确度的测量。开始反复观察、测量,并对产生的差异提供简单的解释。系统地记录观察和测量的数据,有时也用曲线图形呈现数据。能够通过一致的证据得出结论,并开始将这些结论与科学知识和理解联系起来。能够对如何改进工作方法给出实用性的建议。会使用恰当的科学语言和规范来表达定量和定性的数据。

水平6：学生能够描述支持某些公认的科学思想的证据,说明科学家对这些证据的解释如何引起新思想的发展和接受。学生在调查研究工作中,能使用科学知识和理解来确定合适的方法。能有效地选择和使用信息来源。能针对任务进行充分的测量、比较和观察。精确地测量各种数据,并能用仪器分辨它们的细微差别。选择合适的图形图表比例,使观察和测量到的数据和特征得到更有效的展示。能识别不适合所呈现的主要模式的测量和观察。得出的结论与证据相符,能使用科学知识和理解来解释这些结论。能就工作方法的改进给出合理的建议。选择和使用恰当的方法,用科学语言和规范来表达定量和定性的数据。

水平7：学生在科学理论的基础上作出假设,能给出为验证假设所收集到的证据案例。在工作中,使用科学知识和理解确定解决问题的有效方法。在复杂的、变量不可控的情境中确定关键变量,并设计相应的实验步骤。综合分析多种来源的信息,明确二手数据可能的局限性。使用多种仪器进行系统观察和精确测量。知道为了获得可靠数据,何时需要重复测量、比较和观察。在需要的时候使用图表呈现数据,使用最佳拟合线。得出的结论与证据相符,能使用科学知识和理解来解释这些结论。开始考虑他们所获得的数据是否已经足够得出结论。使用大量的科技语言及规范(包含符号和流程图)交流所研究的任务。

水平8：学生对科学解释或模型给出示例,这些解释和模型根据额外的科学证据而不得不发生改变。评估和综合各种来源的数据。意识到研究不同类型的科学问题需要不同策略,并在自己的工作中运用科学知识和理解选择合适的策略。在定性工作中,能够确定哪些观察是相关的,并对合适的细节进行记录。在比较或测量中,能够确定所需要的精确度,收集那些能验证变量关系的数据。能够确定并解释观察和测量中的异常现象,并在绘制图表时将其考虑在内。用科学知识和理解从所获得的证据中得出结论。会批判性地思考图表呈现的结果。会使用恰当的科学语言和规范交流科学发现和论据,能意识到多种观点。

杰出的表现:学生能举出例子,说明科学的解释和模型是怎样被随后的实验所挑战的,解释证据在修正科学理论时的重要性。评估和综合各种来源的数据。意识到研究不同类型的科学问题需要不同策略,并在自己的工作中运用科学知识和理解选择合适的策略。记录相关的观察和比较结果,能够清楚地识别特别重要的信息点。根据测量和收集数据的需要决定数据的精确度以满足要求。用测量的数据验证变量之间的关系。能够确定并解释观察和测量中的异常现象,并在绘制图表时将其考虑在内。用科学知识和理解来解释实验的发展趋势和模型,从所获得的证据中得出结论。会批判性地思考图表呈现的结果,对如何收集更多的证据给出合理的解释。使用恰当的科学语言和规范来交流科学发现和论据,能意识到不确定性程度和多种不同的观点。

理解六侧面的 UbD 量规(见图表 8.3)可以作为开发其他发展性量规的框架。在外语学习中已经存在相似的发展性量规。比如,美国外语教学协会(简称 ACTEL)已经针对说和写开发了熟练程度指南(ACTFL,1999)。各种量规系统也记录了读写能力的发展。比如,早期儿童教育研究者塞缪尔·梅瑟尔(Samuel Meisels)与他人合作开发的综合系统预测了读写能力发展的年级水平,指出幼儿园里的小孩能够预测故事的下一个情节,一年级的学生可能会跳过生词,二年级的学生可能使用图形理解不熟悉的单词。该综合系统致力于从幼儿园到五年级学生的读写水平的提高(Jablon et al.,1994)。

为了理解将"范围和序列"用于课程

我们很少让孩子们重新定义、改变或安排某些事情。反思能力的培养是课程设计所面临的最重要问题之一:如何引导孩子发现回顾练习所带来的力量和乐趣。

——杰罗姆·布鲁纳,《超越所给的信息》,1957,p. 449

大概念的总括性框架、核心任务以及发展性量规,这些是我们构建优秀课程所需要的全部吗?与布鲁纳所说的一样,我们的答案是"不"。这是关于WHERETO的争论,是关于"揭示"的讨论,是对大概念和核心表现的关注。如果理解需要在**单元**中反复思考和持续应用,那么在整个**课程**中应该怎么做?很多教育者并没有意识到范围和序列在宏观课程框架中的重要性。

"序列"听起来很抽象,但在第十章讨论单元组织时,我们注意到两种不同序列所产生的影响是直接且实实在在的。例如,如果一个高级技工在回答"汽化器出现了什么状况"这个问题时,会把整个汽车引擎拆开,把所有的零部件都放在地上,然后用视听教学法充分讲述引擎每一部分结构及与其他部件的关系。这时候,技工学徒可能会觉得这样讲(这个序列)没有什么用,然而专家则认为这些讲座合乎逻辑且完整地呈现了关于汽车引擎的所有相关信息。

换句话说,即便内容和教学方法都很好,课程也不一定能产生有效学习。如果学习者的参与、理解及生产力是判断序列是否合适的指标,那么对于学习活动、任务表现、大概念出现时机的序列安排就和高质量的课程要素一样重要,甚至更重要。我们认为,如果每个主题的学习序列受分立的内容要素所支配,而不是与理解相关的学习者绩效,那学生就更不容易达到理解的目的。

根据我们对大概念和核心表现性任务的讨论,可以用一种简单的方式总结范围和序列的定位。教室里的学习活动的流程和运动场、艺术工作室应该是一样的。所有学习活动的目标都是能够基于理解处理学科问题——获得知识和技能并不是为了个人的目的,而是要作为一种手段处理该领域中的关键任务。无论我们谈论的是物理学还是曲棍球,如果学习目标都是智慧的表现,那么学习的整体逻辑应该是相同的:(1)从明确的表现性目标开始进行逆向设计,根据学习者的反馈和表现结果(如理解的证据)不断调整教学。(2)在表现的单一要素(学习与应用分离的知识和技能)和处于优先地位并能够证明学习发生的复杂整体任务之间不断地进行调整。(3)在被传授和尝试应用知识之间循环往复的常规活动。(4)序列应从结果开始,在向前推进和正式准备实施之前,不对学生进行惩罚。

我们认为这种逻辑可以应用于所有领域的所有课程当中,虽然很多人可能会本能地反对这个观点,因为基于表现的项目与核心内容领域之间存在着本质的不同。回想一下前文,当参加专题工作坊的参与者们描述"最佳设计"的工作流程时,他们认为在不考虑内容的情况下,最好的学习涉及在整体性表现与离散知识和技能要素之间循环往复的教学活动,在清晰的表现性目标基础上不断地应用学科内容。**不论**是哪个学科,我们最好运用部分——整体——部分的学习循环,不断实践、反思和调整。我们只要学习足够的内容并能加以应用,通过解决逐渐变得复杂的概念和表现的各个方面,我们就会取得进步。

然而,大部分学术课程一直以来都像汽车修理中的专家机械师课程那样:内容先行(从基础到高级),要经过很长一段时间(有时甚至是没完没了的)才会涉及应用,从而影响到学习的投入度和有效性。在文科领域,虽不会像修车行、电脑业、银行和运动场这些领域那样机械,但是多年的习惯会蒙蔽我们。像科学、数学和历史等学科,在它们真正应用于实践时,远不只是记住一些事实那么简单。我们用**学科**这个词,原因之一在于学科领域最终是关于**做**的学问——以**学科**的方式应用所学的内容。

另外,在经典学科中确立已久的逻辑是有点讽刺意味的。不管内容多么现代,它们的**教学流程**还是基于前现代的学习观。按照已知内容及**内容逻辑**来推进教学是中世纪的传统,应用于印刷时代之前,那时社会对真相还没有达成深入共识,教育还没为学习者的兴趣服务。前现代的观点是:**理解**只需要接受和关注真理,将其组织成有逻辑的文字——这种做法刻意地将文科教育与其他实践学习区分开来。

我们认为很多课程的结构都是不完善的,仅仅改进内容的架构和传递方式不足以使学习聚焦于理解。事实上,我们越是包含更多的内容并以严谨性和时效性的名义追求所谓的"合乎逻辑",学习者越是难以在传统的序列方法中把握大概念和核心任务。如果想要提高学习者的理解能力(甚至记忆能力),我们建议在更多的"现代"表现性领域(不论对于工程、西班牙语、贸易、爵士乐队或者烹饪)中应用的课程序列也要应用于所有传统学术领域中,因为这样的课程序列更接近于我们所具备的关于人们"如何学习"、"为什么学习"的认知。

内容的逻辑 VS 理解内容的逻辑

让我们来弄清楚"学习利用内容来**表现**的逻辑"和"**内容本身**的逻辑"两者之间的显著区别。举一个简单的例子,如学生被要求熟练掌握软件的学习流程,目标是能够快速高效地使用软件。很多厂商都会提供一本名为**新手入门**的小册子,专门为那些不喜欢阅读说明书又有很多使用困难的人而设计。更有一些软件开发商会提供至少两本不同的手册:一本是典型的在日常情况下对软件的使用说明;另外一本是比较厚的手册,包含所有在需要时可以参考的软件特性说明和问题解决策略。更复杂的软件还会提供辅导材料,帮助操作者熟悉和适应软件的关键特性。比较厚的手册更像传统教材,所有的软件特性均被一一解释;辅导材料的组织方式与此不同,在辅导材料中,其流程是由学习逻辑来决定的,帮助使用者在逐渐复杂的操作中来应用内容。

因此,不出意外的话,即使小孩子也能掌握复杂的软件应用,而大学生在学习历史和生物时却屡屡受挫。当自我满足和有效应用成为学习目标的时候,内容及其组织策略在信息传递上会发生巨大变化,这是所有学术性学习都需要的。从用户的角度来看,软件包往往是一堆代码和一系列功能;而从学习的角度来看,我们的"学科"可不是这样的一个"包"。所以迄今为止,在学术领域我们还没有看到和在培训领域一样的成效。产生成效的关键是最大程度地实现迁移,即有效**利用**一系列材料,而不只是**学习**一系列材料。表现性成就的需求和其优先性决定了使用学习内容的时机和方法。学习序列由关键的表现性任务决定,而不应是培训中用到的参考资料列表。

以上并不是什么新的想法。怀特海(Whitehead, 1929)在近一个世纪前就形象地描述过:

> 要确保介绍给孩子们的主要思想是少量和重要的。让他们尽可能地将知识融合在一起。孩子们应该形成自己的想法,并懂得因时因地地应用……空谈家对教育的作用嗤之以鼻。但是,如果教育没有用,它到底是什

么？难道孩子裹着尿布时已经是天才了吗？……当然教育应该有用……教育是有用的,因为理解是有用的。(p.2)

让我们来看看数学、科学和历史教材。不管包含多少活动、练习和图片,教材看起来就像软件参考手册。内容的呈现一般是按顺序罗列主题,与有意义的应用或者总括性的重要问题割裂开来。教材并没有被当作服务于与应用相关的明确目标的参考资源,而是变成了一个无用且封闭的教学大纲,编写者和使用者都没有正确看待教材的呈现形式和内容。

这种思考方式可能有助于我们把传统课程的不正常的功能看得更清楚。因为这些课程都是内容驱动的,毫不夸张地说它们没有揭示真正的重点。所有主题的呈现方式都是相同的,学习流程不会受到所需学习表现和学习者理解程度的影响。相反,当与关键的表现性目标相关的问题不断发生时,真正的学习优先顺序才变得明显。也就是说,学习的优先顺序必须与教材分离开来,比如,当一个足球教练为最终的表现确定目标时,需要将目标与可能用到的资源材料分离开来。当我们仅仅是依据主题进行灌输时,不管用多少时间,要获得理解、能力,甚至准确、及时的回忆都会存在风险。

有人会将传统的学习方法叫作垒砖式学习,如果垒砖的人只是按照要求一块砖一块砖地操作,那么对于房子的理解是垒完之后才发生的。这不单是学习如何发生的问题。我们必须像工人一样,在头脑中有大的蓝图和设想;我们还得参与其中,努力实现它,并用所学内容去判断它的价值和意义。与垒砖相比,学习更像填字游戏或是构思观念。整体——局部——整体的学习活动很重要,当我们在对要素的掌握与对其重要性的质疑之间进行循环往复的思考时,必然会不断地进行反思。

为了更好地了解以离散方式组织学习所产生的不易察觉的弊端,可以想象一下将与主题相关的全部课程(curriculum)压缩到一门课程(course)中,由一本书给予支撑。换句话说,我们现在所做的相当于围绕百科全书的形式和内容组织所有的学习。只有当我们要解决某个特定的问题,或有某种好奇心,或想呈现出所需表现时(就像软件操作手册的编者所了解的),这些有组织的概要才会有用。当我们在头脑中有一个需要解决的问题时,百科全书的组织形式和内容是最有用的,它使我们能够找到满足需要的内容。但是当我们还不了解学科内容,没有高度优先的问题来引导探究时，没有目的的学习很容易让人产生困惑，是没有意义和使人厌烦的。这就好像我们只是一页页地阅读百科全书，只是考察知识，掌握情况。

结果是，从幼儿园到大学，有这么多的科目，学习者提出的最基础的问题是关于目的的——为什么学这些内容？为什么现在学这些内容？学了这些知识会有什么用？这些问题被不断地提出，但却**被学习本身**所忽略（不管老师在口头上给出什么样的合理解释）。要付出多大代价来理解或是参与其中？能够坚持学习的学生是那些最容易忽视自身需求或者最信任成人的学生，这不该让我们惊讶吗？我们是否让学习本末倒置了？可能最优秀、最聪明的学生是那些自己在学校功课中发现其价值的学生，即使学业课程并没有提供有意义的指导。

重新思考范围及序列

众所周知，对于教育者来说，**范围及序列**是课程逻辑的标签，但是大多数教育者却忽视了它的本义。这是具有讽刺意味的。杜威哲学的改革论者霍利斯·卡斯维尔（Hollis Caswell）曾经使"范围及序列"这个短语广为人知，他努力在迄今为止对教育者都有用的框架中获取我们讨论过的诸多观点。就其本义来说，**范围**（scope）是指"社会生活的主要功能"，**序列**（sequence）是指学生生活在一个特定的时间点中的"兴趣中心"。因此主题的合适顺序，即教学大纲的逻辑，意味着学习活动的开展对学习者来说应该是最自然和最能引起兴趣的。①

杜威是卡斯维尔的导师，他在一百年前就比其他人更清楚地意识到这个问题，他在自己的著作中不断进行论证，认为我们在教育中看到的令人失望的结果，其主要原因是教学过于依赖内容逻辑来指导教学秩序和教学方法，但未能引起人们的关注。

---

① 参见 Kliebard（1987），pp. 223 - 224。然而，克利巴德（Kliebard）无奈地注释：虽然如此，以兴趣为中心来建设课程的想法已经被支持"活动课程"的拥护者（如克伯屈）以更为激进的做法所破坏。主题教学的顺序是否真的"代表儿童兴趣"，或者只是一个更适合的但比较随意的成人构想，对克利巴德来说，这个问题还可再讨论。

我们总会忍不住认为,用完美的方式呈现学科内容能够为学习铺平道路。给年轻人节省时间和精力,从需要的能力点开始,让他们不要犯不必要的错误,这样看起来是不是更自然?在教育史的著作中,大多数都这么认为。学生从这些教材开始学习,教材中的主题都是按照专家的要求进行组织的。在开始的时候就给出技术性概念和定义。法律总是从早期阶段介绍起,最好能有阶段形成的标志……学生学习抽象符号时不需要理解其内在含义。学生学到了信息的技术组成部分,可是并不熟悉其内在联系,通常只是知道了一些词汇而已。(1916, p. 220)

换句话说,在学习者看来,对于"什么是重要内容"的学习(如在问题解决或迎接挑战时,是什么帮助你领会更多,做得更好)而言,内容逻辑并不符合逻辑。重申一遍,杜威的观点是有价值的。

每个学科都经历过或者停留在被称为"剖析"的方法阶段:在该阶段,学科通常被认为由繁多的特质组成……要给每个重要元素都附上一个名称。在正常发展状况下,只有为了解决当时出现的问题,具体特质才会被重视,并单独加以考虑。(1933, p. 127)

激发兴趣与反思、再反思

因此,不管是哪个科目,看看它前几周的学习内容很有揭示意义。"好的,你从基本的事实和原理出发,有逻辑地开展学习。在数学中从定理开始学习,在历史中从很早以前发生的事情开始学习,在科学中从基础的法则开始学习——除此之外,你还知道从哪里开始吗?还知道其他展开课程的方式吗?"然而,如何体现WHERETO中的**W**和**H**两个要素?大纲如何体现内容重点?如何快速激发学习者的学习兴趣?教材对此是毫无帮助的。几乎所有的教材好像都是基于内容的逻辑,从容易混淆和枯燥的定义、原则、定理或一段时间后就会被淡忘的事件开始,它们几乎完全脱离了问题、疑问和学生的学习表现。

当我们提到单元中的WHERETO元素时,**Where**(学习方向和原因)和**Hook**

(兴趣与保持)中的问题、难题和经验要点为重新思考内容逻辑提供了一个完整的思路。课程或学科中的第一要务一定是确立问题和难题,它们使所学内容看起来有趣、有意义和有价值。思考一下作家刘易斯·托马斯(Lewis Thomas, 1983)在多年前就高级科学提出的建议。

> 我建议所有年级的科学导论课都应彻底修订,远离基本原理,把这些所谓的基础知识暂时放到一边,让学生们集中精力关注他们不知道的事情……要让学生们早点儿知道,科学中有那么多的奥秘和悖论……要让他们知道一旦自己掌握了丰富的数学语言,就有可能找到解决这些疑惑的方法。在教学开始的时候,先不要讲基础原理,而要将宇宙中至今无解的诸多谜题呈现给学生。(pp. 151 - 152)

再来看看数学家和教育家莫里斯·克莱因(Morris Kline, 1973)提出的建议:

> 在传统的方法中,把数学作为一种逐步累积的逻辑发展……新的教学方法会呈现那些有趣的、有启发性的、有文化意义的内容……每个主题都必须是引人入胜的。学生提出"为什么要学这些内容?"的问题完全是合理的。(pp. 178 - 179)

克莱因的建议让我们更清楚地看到了数学教育中普遍存在的误解。很多数学老师多年来一直在讲,"数学是有序的,教材只是反映出这些事情从逻辑意义上建立的过程。因为数学遵循一种逻辑顺序,所以就该以这样的方式进行教学"。事实并非如此。教材以这种逻辑顺序组织数学**要素**,就像字典按照字母顺序安排内容,或者像棒球规则手册组织内容的方式一样。主张这种教学方式的数学老师混淆了概要的逻辑和学习的逻辑。如果它们是正确的,那么我们该用字典和存储卡来教英语,或通过规则手册学习如何打棒球。即使教材是按照一定的逻辑进行组织的,可是并不代表人们要以它们出现在参考书中的顺序学习语言或规则。同样,不能因为数学要素和定理最容易以它们的逻辑层次进行组织,就意味着每本教材的摘要都是学习**关键概念、概念含义以及它们之间价值关系**的最好方式。

螺旋式课程

你可能会认为这些关于内容组织的想法对于优等生而言很好,但会让差生变得更差。然而,正如怀特海(Whitehead)所言:改革者已经对一页一页灌输教学内容的逻辑挑战了很长时间。一种很有名的对教学范围和序列进行组织的替代方法就是螺旋式课程。螺旋式的理念作为学习或再思考学习内容的一种隐喻,最初由杜威充分阐述,后来得到布鲁纳的拥护,但它源自早前的哲学和教育传统,可以追溯到皮亚杰(Piaget)、斯坦利(G. Stanley Hall),甚至更早可以追溯到哲学家康德(Kant)、卢梭(Rousseau)和黑格尔(Hegel)。可是即使很多人赞赏这种思想,但能够体现这一思想的课程却很少。当学习理论、令人失望的成绩和常识都指向需要用一个更友好的学习方法来组织学习流程时,确实到了我们重新思考教学策略的时候了。

围绕重复再现的理念,采用螺旋式的方法组织课程内容,不仅能够逐渐加深学生对大概念和重要表现性任务的探究,也能帮助学生达成理解的目的。这种方式不但是有效的,而且能够培养学生的自身智慧。第九章中论述的考古学单元就是采用螺旋方法开展教学活动的例子。为了能够获得更深刻的理解和学习成果,相同的概念和材料不断以更复杂的方式重复。类似地,当学生遇到以更熟悉的形式所讲述的卡明斯(e. e. cummings)的诗歌和詹姆斯·乔伊斯(James Joyce)的故事时,他们可能对先前课上提到的形式、语法及影响产生更深的理解。

布鲁纳(Bruner,1960)对于螺旋式课程有一个众所周知的、直白且具有挑衅性的假设,他认为:"对于任意发展阶段的任何孩子,都能以一种理智的诚实方式有效地教授任何学科。"(p.33)就像他所说的,这是个大胆的假设,但反复思考和持久性理解是教育连贯性的核心。

任何学科的基础都能以某种形式传授给任何年龄的任何人。虽然这一

观点乍看上去让人吃惊,可是它的意图是要在课程计划中强调经常被忽视的关键要点。这些是在所有科学、数学及基础科目中的核心基本概念,它们简单而有力地描述了生活和文化的形式。为了掌握并有效利用这些基本概念,人们需要在逐步复杂的情况下学习使用,逐渐加深对这些概念的理解。

只是当这些基本概念作为公式或复杂概念等规范术语提出时,它们便超出了孩子的理解力。如果孩子们最开始无法凭直觉理解这些概念,那么需要为他们提供机会去试用概念。(pp. 12-13,黑体为原文强调)

杜威(Dewey,1938)最开始用螺旋作类比,描述如何用从问题到问题的方式组织学科内容,让知识的深度和广度逐渐增加。这样的话,课程学习就能够以一种有目的的和系统的方式培养学生的思考能力和学习兴趣,学生在每个学科中都能有大量的收获。学习任务就是在已有知识和不确定问题之间循环往复地开展教学活动;否则,"就不会有问题产生,而问题是诱发思考的刺激因素"。(p. 79)。教师的任务就是设计相关的挑战,使学习引发"新概念的产生",就像学者所做的一样。新的事实和想法"将成为进一步积累经验的基础,从而提出新的问题。**这是一个持续的螺旋式上升的过程**"。(p. 79,黑体为原文强调)

杜威的学生拉尔夫·泰勒(Ralph Tyler)是现代学生评估领域中一位德高望重的学者,他在有关设计的开创性著作《课程和教学的基本原则》(*Basic Principles of Curriculum and Instruction*,1949)一书中强调,需要从学习者的需求和预期学习成果的角度考虑课程内容。确实,泰勒比其他人提出了更多的关于逆向设计的基本原则。他提出,课程内容有效组织的三个指标——衔接、顺序、整合——说明了课程的逻辑应怎样符合学习者(而不是专家)对顺序的感觉:

在确认重要的教学组织原则时,我们必须明白**衔接、顺序和整合**这些指标的贯彻都得根据学习者的经验来决定,而不是从那些已掌握了这些知识的人的角度来考虑。因此衔接指的是要反复强调学习者既往学习经验与将要学到的知识之间的衔接。顺序安排要考虑到学习者认知在广度和深度方面的发展。而整合指的是通过学习,学习者知识的进一步融汇贯通。(p. 96,黑体为原文强调)

对于我们前面所讨论的课程序列问题，泰勒明确指出，在历史课程中，按照时间的先后顺序组织教学内容的典型排列方法并不符合智力发展的连续性。

为什么人们还在坚持过度使用这种基于内容逻辑的分段学习方式呢？一个根本的原因是过度依赖那些围绕内容组织的教材或教学材料。为什么教学大纲还在坚持过度依赖教材？看下面的答案：

> 这个过程能持续这么长时间，可能最主要的原因是该过程本身具有逻辑性，很容易被应用。它简化和具体化了课程建设者、教师、教育行政人员的工作。最差的老师都能按页码安排教材内容，听学生复述相关事实。他通过给学生讲授几页内容，证明自己尽职完成了教学工作。这样还有可能为教学上的失败找到托词，比如抱怨学生没有学好。从教育行政管理者的角度看，很容易划分学校的工作，如明确告诉老师孩子们要学什么，并且具有操作起来非常流畅的系统组织方式。即使教育理论越来越严重地质疑过去三十年来的教学过程的基本假设，但这种方式仍是美国学校中决定教学内容的最主要方式。(Caswell & Campbell, 1935, p. 142)[1]

注意到没有，上述评论发表于1935年！可是现在的情况比20世纪30年代还要糟。比如，在美国，从幼儿园到大学的大多数科学课程，教材就是教学大纲。接下来让我们回顾"2061 计划"的前主席乔治·纳尔逊(George Nelson)通过美国科学促进会作的评论，该评论发表在在线杂志《棱镜》(Prism)上。

> 纳尔逊认为，反映在教材中的主要问题之一，就是"教育群体把科学课程看成是一些事实和词汇的堆砌"。比如格伦科(Glencoe)出版的生命科学教材在每一章开始的空白处列出了一些科学词汇，其中有些词汇，即使在其他领域受过良好教育的科学工作者也可能不知道，或者不需要知道。腐生

---

[1] 我们一直都强烈推荐这篇文章。它对以往所出现的课程框架问题提出了一个最清晰和有用的分析，特别是从该书的一位作者成为激进教育的关键人物后，这篇文章以实践经验力证《追求理解的教学设计》中呈现的几乎所有观点。这本书可以在很多网站上找到，例如，在线图书馆：www.questia.com。——译者注

物、庞纳特方格、植物激长素、胰岛、共栖、针叶林这些内容都是要求七年级学生在生物课上要掌握的。麦克米伦/麦格尔-希尔集团出版的生命科学教材提出的词汇包括：植物、韧皮细胞、果皮细胞、木质细胞、顶端分生组织、栅栏细胞和新生组织等。每一章的练习就是不断地让学生记忆这些枯燥的词汇和定义，没有其他内容……

教材中的内容几乎是不连贯的，这也成为美国科学促进会或其他专家批判的核心问题。被普遍使用的教材是最杂乱的书籍之一，像所有的标准文本一样，以学生容易混淆的顺序抛出一堆概念和词汇。在最开始几页，教材就生硬地抛出了原子的概念，"事物由不同重量的原子组成，原子之间以特定的原则相互作用"，相信大部分学生都是如坠云雾。(Budiansky, 2001)

这就要求有更好的课程组织方法，独立选取教材内容，将逆向设计的思想提高到一个新水平。我们必须以与学习目标有关的标准为基础，重新设计教学范围和序列。

当然，数百年的传统不可能轻易改掉。但是，在一些领域中，根据表现而不是内容来定义教学本身的改变已经发生。一百年前，主要通过学习语法、句法、分析、句子图表和阅读好作品等方式来学习写作。据推测，人们通过先学习写作的逻辑要素来学习写作(实际上，二十年前的标准化测试中考察写作能力真的并不要求学生写文章)。即使是运动教学也曾经依赖于这种抽象的、分解的、渐进的方法。经验丰富的滑雪运动员也要记忆滑雪转弯等方法。现在，新手学习滑雪时应该会立即了解平行滑雪的全部过程，从短滑和小角度斜坡开始练习。目前，写作过程更忠实于一种好的写作目标，因为它使得学生的学习从起点开始就是正确的，即使孩子们还没有掌握所有的写作技巧。

许多高校也经历了这场变革。现在不只是法律和商务学科使用案例教学法，医学、工程、设计以及其他学科都在很短的时间里改进课程设计的整套方法，使课程学习更多地关注迁移能力。

如果我们把学科范围看作专家工作的领域，而不是专家工作用到的内容，那么我们能更容易将从滑雪、软件开发、写作、医学和工程等领域学到的教学方法应用于核心专业领域。我们需要做的就是确定每一个领域的核心表现性任务，从它们开始设计教学和大纲。就像青少年足球训练一样，为了让更小的孩子也能跟着一起玩，我们会一路为他们提供支持，而不是脱离情境让他们先按顺序学习很多简化的材料。

为什么在核心专业领域或教材中没有看到更多关于课程内容编排的实验？这又是习惯使然。选课制度花了近三十年才在高等教育系统中扎根，而且创造性的教材组织还没有找到市场。可能更真实的回答是很多老师从来没有想过其他可能性，或者没有体验过其他教学顺序。

更好的课程大纲

我们提供了一个实用的解决方案，可还要注意，对于时间跨度大的课程，需要进行更多的研究，才能找到更多有效的序列组织方法。我们建议首先应该在可管理的水平上仔细考虑组织序列：比如说，在课程这个层面上进行思考（或者是在小学的一个学年里，考虑各年级各学科的内容）。我们建议**要求所有 K-12 学校的老师们都提供课程大纲**，就像对大学教授的要求一样。以大学为例，我们建议这个**课程大纲**应该是一个公开发布的文档，学生、家长和同事都可获得。

不同地方的现行实践是有区别的，教学大纲也可能有公共标准（与单元标准并行），并且有案例做支撑。教学大纲的形式可能有所不同，但无论它的形式是模板、说明还是日程表，该文档必须至少说明以下内容：

- 处于学科核心位置的基本问题和核心问题；
- 架构所有工作和学习结果的表现性任务及挑战；
- 所使用的量规和评分系统；
- 根据机构教学目标和州立内容标准，对于评估与评分政策的总结与解读；
- 在简要的每周记录中，汇总各周的**主要**学习目标（不同于主题列表）；
- 在教学大纲中嵌入灵活调整的可能性，以适应学生的表现和理解。

课程学习必须从与知识应用有关的大概念和表现性目标开始进行逆向组织，将学习内容作为获取大概念和表现性目标的方法。只有掌握了这一点，教学结果才不会持续让人失望，理解也不会淹没在支离破碎的教学中。

总之,序列将因此开始看起来更像是学习滑雪的大纲逻辑,而不是教材中的物理逻辑;更像是学习写作时的年度计划,而不是语法本身的逻辑;更像是学习如何改进电子表格,而不是按顺序学习乘法表;更像是设计越来越复杂的庭院瓷砖,而不是学习欧几里得定理。

> ■ 误解警告!
>
> 我们不能预测每一个学习者未来的实际表现需求,大多数学生不可能成为专业的艺术家、音乐家和足球运动员。我们之所以要围绕熟练表现来组织内容序列,是因为这是人类高效学习的方式。

"适时"(just in time)教学将很美好,而与之相对的是脱离具体情境的"以防万一"(just in case)的内容覆盖。不断推迟内容**意义**的课程不会产生理解,不能最大程度地引起知识回顾,不会激发学习热情,当然极少数愿意并能自主学习的学生除外。(专家盲点也使很多教育者误以为对这些极少数学生起作用的方法对其他学生也有用。)

直接围绕学习内容而非学习逻辑来创建课程框架不是好习惯,我们必须要对此进行反省。为了让内容看起来直接明了,很多课程框架和课程只是反映了教材中的内容组织形式,而没有体现学习者试图理解这些内容时的学习需要。任何形式的课程改革都依赖于教材是否处于"资源"这一恰当位置,也依赖于是否围绕固有迭代的最佳流程——能在表现中以理解为目标有效地使用大概念进行非线性学习——组织教学大纲和计划。①

---

① 要想了解关于探究逻辑的背景资料,参见 Collingwood (1939)、Gadamer (1994) 和 Bateman (1990)。

第十三章 "虽然如此,但是……"

> 这项工作很复杂,并且需要持续完善,对于那些不得不"忘却"自己以往习惯的教师来说尤为困难。
>
> ——马克·怀斯,社会学科督学,西温莎普兰斯堡,新泽西州
>
> 现在思考一下当他们从禁锢中释放,从愚蠢中清醒时会是什么样子……拿一个刚刚被释放且突然被强迫站起来的人为例,让他扭转脖子面朝灯光……不论是谁都会感觉到疼痛,又由于产生眩晕的感觉,因此不能够识别他之前熟悉的影子……如果人被强迫注视灯光,那么他的眼会受伤并且会下意识躲避……如果使用暴力强行拖拽他,他会痛苦并且恼怒吗?是的,他会。
>
> ——柏拉图,《理想图》,c. 360 B. C. E.

在这本书中,我们详细阐述了一个有意义的课程、评估和教学改革的愿景及途径,所有这些都是围绕理解而精心设计的。我们知道这一改革视角既不是完全原创的,也不是非常彻底的。这本书与过去十年里很多教育家、研究员、改革家的观点有共同之处。

尽管如此,不论什么时候,当改革的观点提出后,都会从善意的教师和管理者那里得到异口同声的回答"虽然如此,但是……"。这些改革提议最后都被无力的赞美送进了地狱,被那些反驳者以不能应用于当今的国家标准和高风险测试等理由而被否决。有些改革者仍然坚信良好的教学法与国家标准和考试本质上是不相容的。无论教育者多么有教学常识,他们仍然担心我们的论点没有研究基础来支撑。①

---

① 例如,参见 Kohn(2000)。

想到教育工作者所面临的压力,我们能够体会到这些哀痛和顾虑。然而,许多循环往复的争论来自于对学习、评估、标准化测试、为理解而教的大概念,以及教学法与当地内容标准之间关系的误解。在本章中,我们提供了论据和研究数据来支持我们的观点,同时考察了三个总是阻止或干涉综合改革的主要错误观念。我们会解释每一条从模糊且有问题的假定中得出的"虽然如此,但是……",并对此作出友好但坚定的反驳。

这些错误观念是:

"虽然如此,但是……我们不得不为了应试而教。"

"虽然如此,但是……我们有太多内容要讲。"

"虽然如此,但是……需要的课程和评估工作很难,并且我实在没有时间去做好这件事。"

错误观念1:"虽然如此,但是……我们不得不为了应试而教。"

全世界都有州、省或国家内容标准和随之而来的考试项目,其主要意图是督促学校履行责任,努力使其课程和教学内容有助于提高学生的成就。然而,讽刺的是,在这个基于标准的改革策略中,关键杠杆——高风险外部测试——不知不觉地为教师避开和降低"教授有方"的价值需求提供了借口,而"教授有方"正是追求深入理解的教学。

在很多教育者看来,追求理解的教学和评估是与国家要求和标准化考试相矛盾的。尽管几乎没有相关研究为这种常见的看法提供支撑。提出此类看法的人说,学校的全体教师都被应试教育所累,他们也不想这样。如果可以的话,他们也想进行追求理解的教学。此说法的关键是其中所隐含的假设:唯一确保和提高测试分数的方法是通过模拟国家考试来设计地方评估,讲解与考试有关的所有内容,并反复进行模拟测试(通常是选择题和简答题)。也就是说,老师们没有时间深入参与到那些关注发展和加深学生对大概念理解的教学中,也没有时间实施表现性评估。

很多读者认为我们对教育的现实世界存在误解,或者是目光短浅,或者是过于天真。老师们不得不为了应试而教,把更高层次的、聚焦大概念的、基于表现性的教学方法搁置一边,这难道不是事实吗?很多想法、言论和行为无疑都是以此为根据的。然而,尽管我们有义务根据内容标准进行教学,但并不是说满足这些标准的最佳方式就是刷题和模拟考试,或是浅显且分散地灌输所有规定的教学内容。

为了更清晰地说明为什么这种常见的抱怨和勉强的解决方案是一种错误理解,请重新思考以牺牲"深度"为代价的、聚焦应试的教学理由。持这种观点的人要求我们相信提高考试成绩的唯一方式是教差一点。当然,他们通常并不会这样说,但本质上就是这个意思:"我喜欢追求理解的教学,但是我不能这样做,因为得不偿失。我更乐于讲授分散的事实和技能,这正是学生参加考试的方式。"以上就是第一个"虽然如此,但是……"反应的真实意义。

只是这种方式令人困惑。这是真的还是假的?为了提高考试分数,我们就不能采用有效的和有吸引力的教学模式了?更为被动、分散且表面的教学更能最大化学生的兴趣与表现?我们认为这种观点是错误的,是对考试作用的错误理解。

与体检作比较

为了揭示该推理中的弊端,我们来看一个相似的案例。我们每年到医生那里做一次体检。没人会特别欣赏这样的体检,但是我们把这样的检查看作是从长远利益来衡量身体健康所做的必要(但表面的)措施。事实上,这更像是审计,因为护士和实验人员在短时间内完成了一些指标的测试(比如血压、脉搏、体温和血胆固醇)。这样的体检是小样本试验,显示了一些有用的健康状态指标。其有效性和价值源于该结果能够表明我们身体的健康状态这一事实,而不是因为体检定义了健康。我们体验了一次相对快速和未受干预的身体检查,以便能检查出各种指标,作为是否需要进行相对复杂的进一步检查的参考。

现在假设我们非常关心检查结果的数字(比如体重或血压),并且这些数字最后都与我们的健康保险费有关。在每年体检前,我们处于一种恐慌的状态,为这次检查可能做的将是不断"锻炼",集中全部精力在这次体检上(而不是指标所建议的)。如果医生知道了我们的行为,他的反应肯定是这样的:"哎哟!你做反了。通过本次检查的最好方式就是要过一种有规律的健康生活——运动,控制体重,降低脂肪摄取,多吃富含纤维的食物,保证充足睡眠,别抽烟。你现在注重的是指标而不是取得理想结果的原因。"

为什么?真正影响健康的要素,如饮食、健康的生活规律,在体检中都不会得到直接测试;医生通过一些间接的因素诊断健康状况,包括血压、体重、肤色、脸色。因此,正常的血压和体重只不过是整体健康的指标,请不要与整体健康相混淆。体检包括评估一些快速出结果的、通常意义上是准确的指标。所以将这些指标与健康本身混淆是不可取的策略。例如,你越是排除日常生活规律中其他重要的事情,只关注自己的体重,那么从长远来看,你的身体可能就越不健康。

与医生类似,国家教育机构每年都会为学校提供一次"检查",通过全国统考所获得的间接证据来测量学生的智力健康水平。这个测试就像体检一样,是一个与全国水平有关的审查。与体检一样,全国统考为我们的健康提供了间接指标。测试项目间接评估了我们"生活习惯"的质量,这与以血压和体重来代替真正健康的日常测试方式相同。

我们可以从快速且粗糙的指标中获得一些关于生活规律是否严谨的有用信息。任何一种好的测试,不论是在学校还是在检查室,都不需要涉及日常生活中的核心表现。对学校而言,它仅仅与对标准进行有效推断的指标有关。正如我们在前几章中所看到的,这是测验效度的本质,即在一套易于获得的指标与一组对应的复杂的预期结果之间建立关联。[1]

那种为体检而进行的锻炼,将其作为保持健康的方式是愚蠢的。但在北美的很多学校中这种错误是非常明显的。因为害怕不能取得好结果,当地教师更多地关注评估指标而不是取得好结果的原因。

请理解,这个解释并不是认可任何具体考试问题和当前各州的考试惯例,这些惯例过于依赖一次性的外部测试,而对这些外部测试的审查通常是不恰当的且在保密状态下进行。实际上,我们强烈地感到政府部门和政策制定者应该对

---

[1] 由于我们一直反对过度依赖间接测试,所以在这里,我们以这种方式阐述该问题可能会让很多读者感到惊讶,但这里是做窄化讨论,主要聚焦于测试效度。大量论述都能说明在教育测试中需要有更多的表现性评估,但在这里的论述是反向的:间接的"脱离真实情境的"测试可以产生有效的推论,就像"真实的"任务能够产生无效的推论一样。

地方考试和州内统考之间的混乱关系负责,他们在州层面的分数计算系统中,坚持不考虑地方评估的比重,也没有努力将分数计量设计得更透明一些(比如为了获得反馈和体现公平,一旦考试进入管理就及时公布所有的考试及其结果)。

地方改革的重要问题,也就是我们所在乎的重点是:我们要为健康负责,而不是州。州的工作是审核,就像体检一样,而不是为我们提供在家中应该有的日常生活规律。事实上,要想真实评估一切有价值的事物,必然涉及超量成本,还要限制外部考试的干扰,所以,即使我们希望州这么做,州也做不到。医生面临相同的问题:要求每个病人都在医学实验室里接受一个连续多日的全面健康计划会过于耗时和昂贵(更不用说未必有保险公司来买单)。因此,在没有数据表明这些指标产生了无效推论的前提下,我们的任务是关注自己怎样做才能更严格,而不是怎样应试。

学生在获得表现性结果时,哪些是因,哪些是果?对于这个问题所存在的误解可能与对考试"表面效度"(考试制定者的术语)的误解有关。老师们在仔细研究了考试的形式和内容后,可能会说,考试既不能激励追求理解的教学,也不能激励基于表现的地方评估。这种观点,虽然可以理解,但是错误的。效度是测试结果、测试目标和当地实践之间的经验联系。这就是为什么如果设计合理,看似不可靠的考试也能得出有效的推论(例如,单词测试通常能很好地预测学业成就),以及为什么有些基于表现的项目的效果会不好(因为这些项目自始至终与内容标准无关)。更糟的是,很多教师错误地认为教学实践在某种程度上是由考试形式决定的,所以他们讲授随意的、缺乏深度的内容,使学生无法进行有趣和有效的学习。

让我们借助一个其他领域的类比来解释这种逻辑上的错误:内容标准就像建筑规章,我们的教学设计就像建筑。设计建筑的目的不是为了盲目地满足建筑规章,而是在符合这些规章的同时,设计一些实用的、舒适的、符合现代风格的建筑。

实际上,教育的形势远比我们假设的要好很多。大部分州的内容标准强调深入理解的重要性,强调掌握关键表现与主题的重要性,因为在这些表现与主题中,知识、技能和理解得以揭示。UbD(以及其他项目和改革)提供了一种方式,即关注大概念、有效评估,以及聚焦的、条理清晰的学习计划,使符合和达到内容标准成为可能。

研究基础

好消息是这个逻辑争论是有观察和实验依据的。在 20 世纪 90 年代中期，纽曼(Newmann, 1996)等人针对实施教改的小学、初中、高中开展了一项研究。这项研究规模很大，调查了 24 所学校，看这些学校在数学和社会研究两个学科上实施真实教学法(authentic pedagogy)的情况如何，进而调查那些高水平应用真实教学法的学校是否比低水平应用的学校更能提高学生的学业成绩。该研究通过一系列标准来评估真实教学法，包括高阶思维、深入理解知识的方法及与课堂之外的联系。研究人员在每一学年对每个学校的指定班级进行 4 次观察，共计对 504 堂课和 234 个评估任务进行了观察，并分析了学生的作品。

研究结果是惊人的。无论班级学生的基础如何，高水平应用真实教学法对学生而言都是大有帮助的。另一个有意义的发现是：当对通常表现不佳的学生使用真实教学法(包括表现策略和评估)时，他们和表现优秀的学生之间的差距大大降低了。

这项研究强有力地证明真实教学法能够提高所有学生的学业成绩，尤其是表现不佳的学生。这项研究为 UbD 所使用的方法(强调运用真实的绩效评估和教学方法，促进对深层知识的关注和理解，关注积极教学和对教与学的不断反思)提供了支持。

芝加哥学校研究联盟最近在芝加哥公立学校开展了两项有关学生学业成绩影响因素的研究。在第一项研究中，史密斯、李和纽曼(Smith, Lee & Newmann, 2001)关注小学中不同形式的教与学之间的联系。他们对 100 000 多名 2 到 8 年级学生的考试成绩和针对 384 所芝加哥小学的 5 000 多名老师的调查进行了研究。研究结果通过数据证明在阅读和数学课中，教师使用的教学方法类型将对学生学习到多少知识产生影响。更特别的是，该研究清楚地发现并证明：在这两个学科中，互动教学法都能促进学生学习更多的知识。

根据研究需要，史密斯、李和纽曼将互动教学法的特征表述如下：

> 教师在教学过程中的角色主要是引导者或教练。教师使用这种教学形

式创造情境，学生提出问题，思考解决问题的策略并进行相互交流。教师希望学生能解释他们的答案并讨论他们是如何得出结论的。这些教师经常通过讨论、项目或者要求解释和拓展写作的测试来评估学生对知识的掌握程度。除此之外，在评估学生的学习质量时，获得答案的过程也会作为评估的重要方面。

在强调互动教学的课堂上，学生通过谈话或与其他同学和老师之间的辩论来讨论想法和答案。学生致力于对材料的应用或解释，以此来形成对所给主题的新的或更深入的理解。这样的任务可能需要几天才能完成。在互动课堂上，老师经常鼓励学生在一个由教师设计好的教学单元中自主选择他们想要研究的问题或主题。这样一来，在同样的课堂阶段内，不同的学生就可能完成不同的任务。(p.12)

这种教学风格有助于提高学生的学业成绩，与 UbD 中为开发和评估学生理解所提倡的教学方法类似。史密斯、李和纽曼（2001）将他们的研究结果总结如下：

> 互动教学的积极影响应是消除恐惧，恐惧不利于学生在阅读和数学方面发展基本技能。而且，我们的发现也对那种认为"对那些学习效率低、经济条件也不好的学生，最好采用讲授式教学和复习"的假设提出严重质疑。研究结果表明：恰恰相反，为了提升学生对基本技能的掌握程度，互动教学应当增加，而讲授式教学和复习应有所节制。(p.33)

一项相关研究(Newmann, Bryk, & Nagaoka, 2001)调查了课堂作业类型与标准化考试成绩之间的关系。研究者系统地收集和分析了从 3 年级、6 年级、8 年级中随机抽取的写作和数学两门学科的课堂作业，并对这些学校的课程进行了持续三年的研究。另外，研究者通过各种任务评估了学生的作业完成过程。最后，研究者审慎地得出了课堂作业类型、学生作业质量和标准化考试成绩之间的关系。根据"真实"智力活动的程度，研究者将作业划分了等级，并将其描述如下：

真实的智力活动包括对知识和技能的创新应用,而不仅仅是对事实和过程的常规使用。也包括通过对特殊问题的精心设计的探究所形成的产品和展示,这些产品和展示具有在学校以外获得成功的意义或价值。我们将真实智力活动的这些与众不同的特点归结为知识建构,通过精心设计的探究来产生论述、产品和超出学校范围的价值表现。(pp. 14-15)

这项研究推断出:

接受更多需要挑战性智力活动的任务的学生在爱荷华州的阅读和数学基础技能测试中取得的成绩比平均成绩要高,并且在伊利诺伊州的目标评估项目中,在阅读、数学和写作方面表现得更好。没想到的是,我们在芝加哥的一些条件较差的学校发现了一些高质量作业,并且发现这些班级的所有学生都受益于这种教学方法。因此,我们得出结论:作业需要更多真实的智力活动来真正提高学生在传统测试中的分数。(p. 29)①

读者可能会立刻有意识地将其与 UbD 进行对比。结果发现:用来提升学生学业成绩的教学方法是 UbD 设计模型中阶段 3 所需教学法的基本要素。正如研究者对真实智力活动的设想一样,UbD 教学方法要求学生通过精心设计的探究来进行意义构建。对理解的评估要求学生在真实的情境中运用自己所学,并能解释或证明自己的工作。

我们经常被问到:"你们的意思是说为应试而付出的教学努力会降低分数?"我们不是这个意思。应试教学明显会产生一些效果,特别是在先前教学几乎没有关注标准,也没有关注结果的情况下,这种应试练习更显有效。当学校或学区把更多注意力放在一个共同目标时,分数在短期内确实会提高。与我们预料的一样:无论以何种方式进行测量,加强对结果的关注都会提高学生的表现。但是一旦考试项目得到解决,学生熟悉考试形式和技巧后,就很难取得长期的进

---

① 完整研究报告的获取网址:http://www.consortium-chicago.org/publications/p0001.html。

步。更为严重的是,当考试内容有变化或重新确定规范时,考试分数一般会下降。①

最后,让我们看看支持我们论点的一般证据。在表现最差的学校里,我们能看到更多"追求理解的教学和评估"吗？在最优秀的学校里,我们能看到学生不断地为参加州和国家考试而做的机械训练吗？不能。在过去的 15 年里,我们对美国和加拿大(包括一些最好的公立和私立学校)的数百个学校和地区进行观察,发现在表现优秀的学校里有更深入的教学和严格的评估方式,而在表现差的学校中,他们的训练和练习正是为应试而设计的——这种训练和练习常常以牺牲更有意义的学习和持久性表现为代价。

总而言之,我们开展教学是为了达到标准的要求,要根据反映在标准中的语句,而不是根据考试,来开发各种复杂的评估。

错误观念 2:"虽然如此,但是……我们有太多内容要讲。"

从幼儿园到高中毕业,老师们总是用"信息时代"、"知识爆炸"等类似的词汇描述现实世界。他们面对的挑战来自日益增长的海量信息,却总希望能在教学中将所有内容都讲完。

理论上讲,标准化运动通过可识别的课程重点为信息超载指明了一条解决路径。内容标准本来的目的是为学生学习知识和培养动手能力指定最重要的内容,因而也是为课程、教学和评估提供特别需要的关注点和优先顺序。但实际上,国家、州和地区的课程标准委员会经常脱离现实,好高骛远地制定关于学科的大量重要内容列表,而不是关注课程进展是否顺畅。在很多地方,标准内容过多导致了教学负载过重的问题。

由于很多教师倾向于把教材的内容作为教学必须完成的任务,从而无形中增加了他们的压力。这些教师存在一个基本误解,而我们能够纠正它：教师要

---

① 进一步讲,最新研究怀疑：针对学术能力评估测试(SAT)进行培训的公司夸大了他们在学生分数提高中所起到的作用。

将教材作为资源,而非教学大纲来使用。根据表现性目标和理解的框架,一门课程有特定的优先学习顺序。我们不能假设书本上的所有知识都要在课堂上教给学生或学生都要学习。美国教材出版商为了满足50个州的教材采纳委员会、全国的学科领域组织和各种特殊利益集团的要求,尝试编辑海量内容的教材,结果总是面面俱到(但不深刻)地处理所有专家知识。

这些超载的教材和冗长的内容标准总会导致一个基本误解,部分教师认为他们的工作就是要讲授很多教学内容。教师认为自己需要"讲完",是基于两个隐含的假设:(1)如果我把这些教完了(例如讲一讲内容,布置一些作业),学生们应对考试就没问题了;(2)如果我没讲到,那学生们就没有学。我们认为这些假设是毫无根据的。

在整本书中,我们一直强调,专家盲点使实际工作产生困难。"提及式教学"不可能确保初学者都能记住所学知识,更不用说理解学科中关键的想法和核心的过程。表面的和不连续的教学信息在任何考试中都不可能产生最佳结果。我们再次陷入教学和学习的混乱中。

有趣的是,当教师们坚持认为他们需要按照教材和教学大纲的步调才能开展教学(而不考虑学生的理解程度或学习结果)时,他们总是说上级管理者的明文规定给他们带来了外部压力。我们从没能够从行政渠道找到此类文件,也找不到一个管理者说自己颁布了这种文件。调查表明,教师经常将管理者对考试分数的关注理解为一种隐含的要求——将完全忠于教材和应试作为唯一的教学策略。

遵循内容标准为我们提出了一个重要问题:内容标准与在全国范围内销售的教材或商业资源之间的配合问题。这一问题要求教师根据州立和地区的内容标准重新审视教材内容,确定两者之间的相关程度,要求教师在图表13.1中选择一幅最能体现标准和教材之间关系的插图。

针对教材的几个独立检查结果更加令人担忧。其中最彻底的检查来自美国科学促进会(AAAS)的"2061计划",涉及与高中生物、初中科学和代数有关的教材。检查结果让人震惊。

> 目前高中生物课本中没有讲清楚重要的生物学思想……(国家科学院

图表13.1 教材和标准之间的关系

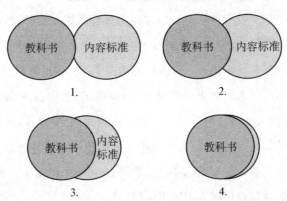

的院长提出)"令人遗憾的是,很明显我们的教材继续被商业市场所歪曲,它们在范围上要求包含所有内容……因此牺牲了为学生提供深入对待核心概念的机会,同样也没有给学生真正理解这些概念的机会。"①

几乎没有一本应用广泛的中学科学教材的评价结果是令人满意的……"我们的学生每天背着那些厚重的教材回家,书中的内容是一些毫无系统性可言的事实描述,它们既没有教育意义,又没有激励作用。""2061计划"的主管乔治·纳尔逊博士说道。……"这项研究证实了我们最坏的担忧,孩子在关键学段的教育中所用的教学资源是有问题的。"②

即使有好的教材可用,认为教师的工作就是教教材也是一个误解。设计、教学和评估的工作是根据内容标准、知识重点、学生需求及兴趣来形成教学大纲,从而达到明确的学习目标。因此,教材应当作为满足并服务于标准的众多资源中的一种。教材是一本参考书,它的目的是总结知识,而不是像百科全书一样涵盖所有知识。将教材看成教学大纲使得总体设计缺乏目的性和连贯性。把教材看成研究课程相当于将百科全书从A学到Z。就逻辑和效率而言,可以;就目的

---

① 来源:http://www.project2061.org/about/press/pr000627.htm。美国科学进步会(American Association for the Advancement of Science,网址:http://www.aaas.org)的"2061计划"已经用于指导美国数学和科学教材的评估工作。见 http://www.project2061.org/publications/articles/textbook/default.htm。

② 来源:http://www.project2061.org/about/press/pr990928.htm。

第十三章 "虽然如此,但是……"

与成效而言,不可取。

为什么这个误解没有被认清?也许因为教育系统在招聘、指导和评估教学人员的工作时,未能充分强调一个最基本的问题:"我的工作是什么?"几乎很少有系统对教师工作有清晰描述。大多数的初高中课程假设教材是教学大纲。学校人事部门根据应聘者的证书招聘储备教师(美国、历史、3年级)。所以,不用多说,这很容易使人想到教材就是工作内容。当然,公平地说,虽然对教师要做什么没有清晰的描述,但各个地区的聘用合同中也没有说教师的工作就是最大程度地讲授教材内容。要知道,美国50个州中有49个州设立了州立内容标准,并且希望各地的教师根据标准把知识传授给学生。①

我们从国际研究中学到了什么?

1995年召开的第三届国际数学和科学研究(TIMSS)支持这一观点。研究人员针对42个国家3个年级(4年级、8年级和12年级)的学生,测试他们的数学和科学成绩。TIMSS一直承担着最广泛、最全面、最严格的评估工作。虽然TIMSS的结果是众所周知的——美国学生被大多数工业化国家的学生超越了(Martin, Mullis, Gregory, Hoyle, & Shen, 2000)——但就教材包含的内容范围这个问题而论,TIMSS的不广为人知的伴随研究提供了有趣的、解释性的见解。简单地说,使用少量文本支持的、追求深度理解的问题化教学法比典型的、过多关注教材内容的美国方法的效果好。

继在对美国、日本和德国的课堂教学进行详尽分析后,研究人员对追求理解的教学在优化学生的表现性行为方面提供了明确的证据。例如,从TIMSS测试中得到的数据和教学研究清晰表明,即使日本教师在数学课堂上教得很少,他们的学生也能得到较好的分数。日本教师表明他们最初的目标是在他们的学生中建立"理解"的概念,而不是随意地讲授彼此毫无关联的技能。他们强调深度教学而不是一知半解的灌输式教学。尽管日本教师对教材中分散的主题和内容涉及很少,但他们强调基于问题的学习,由学生完成规则和定理的推论和解释,由

---

① 爱荷华州没有颁布州立内容标准,它要求学校和地区开发本地的标准和评估;除了本地的努力外,很多地区也使用了爱荷华州关于基本技能的测试方法。

此产生更深入的理解(Stigler & Hiebert,1999)。

虽然日本的数学教师实际上讲较少的内容,但他们的学生在测试中却能够得到较好的成绩。这些教师报告说他们的目标是对概念的理解,而不是发展很多离散的技能,他们的教学实践反映了他们的目标,这些与美国教师对自己工作的观点完全相反。在日本,课程的目标是为学生培养数学思维;而在其他国家,课程目标是获得具体的数学解题过程。研究者总结了日本、德国、美国的8年级数学课的不同:

在日本8年级数学课的典型教学步骤中,对理解的强调是非常明显的:
教师提出一个复杂的、发人深省的问题。
学生解决问题。
不同的学生在课堂上提出自己的想法和解决方案。
教师对同学们的结论进行总结。
学生实践相似的问题。
相反,在很多美国、德国的数学课中,对技能获得步骤的强调非常明显:
教师向学生讲解概念或技能。
教师为全班同学解答例题。
学生自己进行练习,同时教师对个别学生提供指导。(美国教育部,1999)

日本教师强调基于问题的学习,从中得出规则和定理,而不仅仅是通过讲授和不断练习来加强理解。调查显示:在8年级数学课中,42%的日本学生对遇到的问题可以给出两个可选择的答案,而美国只有8%的学生能做到。日本学生通常占用44%的课堂时间尝试归纳从问题中学习到的观点,而美国学生用于培养这种技能的时间少于课堂时间的1%。相反,美国95%的课堂时间用于练习学习到的解题过程,而这样的时间在日本课堂中仅占40%。

在一个相关调查中,研究者表示美国教师在数学和科学课堂中比其他国际同行要教授更多的主题。他们教授的课堂之间很少有联系——在日本,96%的中学教师关注课堂之间的联系,而在美国只有40%的教师会这样做。

衡量一致性的一种方法是找出影响课程一致性的因素，这些因素使课程设计变得困难且难以支撑一个顺利发展的主题。影响因素包括频繁地更换主题或被外界干扰打断。我们发现，与日本课程相比，美国课程明显包含更多主题；与德国和日本课程相比，美国课程更容易从一个主题更换到另一个主题。

日本教师比美国教师更深入地开展教学：

我们对"深入"的定义非常丰富，包括对概念进行解释和图示说明，即使只是一些句子和简短的例子。我们发现在美国课堂中，1/5 的主题包含深入的概念，而 4/5 的主题仅仅包含陈述的概念……在日本，这样的比例分布几乎是相反的。(p.60)

我们为什么称美国教育是"学习术语和练习流程"呢？其中一个原因是，美国课堂似乎更强调术语的定义，较少关注隐含的原理。当计算所有课堂中呈现的定义数量时，我们发现美国是日本和德国的两倍。(p.58)

教与学

对定义的讨论表明，在"需要讲所有内容"这一说法下隐藏着一条假设，即认为我们想要学习的每一个知识点都需要教师的讲授，教授关键的事实才能引发学习行为。这种想法显然是错误的，前面对作业（学生进行研究、讨论和实际表现的基础）的反思已说明了这一点。我们的目标是让学生更多地通过精心设计的任务获得学习成就，学生也需要付出努力以达到理解（也许通过观察艺术家、运动员和计算机科学家）。很多评论家对赫希（E. D. Hirsch）的著作存在误解——他只是说如果学生们需要高水平的智力表现，就需要习得文化素养，但他在任何地方都没有说过要用直接讲授的方式来教这些内容。(追求理解的教学设计已经在基于赫希理念的核心素养学校中成功应用，也在开展项目学习的学校中得以应用。)赫希(1988)没有说他那著名的核心知识列表是最重要的，也没有说必须以直接讲授的方式来教。

这种拓展课程在正式的传统学校和非正式的实验学校中都可以实施。任何类型的学校都能发现在课程中包含这些细小内容的方法……强化型课程,尽管有所不同,但同样是非常重要的。在这样的课程里,鼓励学生通过深入学习来充分理解学科,使他们的知识整合且连贯……为了理解如何将孤立的事实以某种连贯的方式整合在一起,我们必须获取它们关联方式的思维图示,而这些图示只能从详尽的、深入的学习和体验中获得。(pp. 128-129)

我们在讨论理解时指出,把大概念作为需要记忆的信息来讲授必定是失败的,大概念(如正义、无理数、讽刺)对天真的学习者来说本质上是抽象的,甚至是违反直觉的。他们需要进行深入学习来揭示其内涵。实际上,我们认为在前面几章中所描述的学生误解,其主要原因是过度的说教式教学。[①]

因此,我们可以毫无争议地指出,教学工作就是对值得学生学习的内容进行优化,而不是不顾结果地"灌输"教材内容,也不是为了应试而教。我们认为逆向设计(而不是教材的内容安排)——从内容到绩效标准(以及隐含的评估内容)——是履行教学义务的最好方式。

将我们的非正式的研究成果放在这里是比较合适的。以下是当我们问教育工作者"什么是好的教学设计"时,他们给出的最常见反馈:
- 清晰的表现性目标,基于真实的和明确的挑战任务。
- 自始至终亲身实践,与传统教学相比,不会在前期超量载入内容。
- 聚焦有趣的并且重要的观点、主题、问题、难题。
- 在真实世界可以运用,因此对学习者是有意义的。
- 功能强大的反馈系统,使学生们可以从尝试和错误中学习。
- 个性化的方法,通过一种以上的方式完成主要的学习任务,为满足不同风格、兴趣和需求提供过程和目标的调整空间。
- 清晰的模型和建模。
- 留出时间用于集中反馈。

---

① 参见 Gardner(1991),第八章;Bransford, Brown, & Cocking (2000), p. 10ff

- 方法、分组和任务的多样性。
- 为有风险的任务提供安全环境。
- 与引导者或教练相似的教师角色。
- 与传统课堂经验相比,更注重沉浸式体验。
- 在学习内容的部分和整体之间不断地进行明显的转换,自始至终明确提供任务蓝图。

关于学习的正式研究进一步支持了教育工作者们的论点。在近几年处于引领地位的、关于学习的最详细的论著《人是如何学习的》中,作者清晰地阐述了这一思想:灌输更多的内容并不能引发更多的学习。三种观点构成了该书的基础:

1. 学生在学习前头脑中就有前概念,如果他们最初的理解未能得到激发,那么他们就不能掌握新的概念和信息。

2. 为了发展学生在探究领域的能力,学生必须(a)对事实性知识有很深的基础;(b)理解概念范围背景下的事实和想法;(c)以便于搜索和应用的方式组织知识。

3. 通过定义学习目标和控制完成任务的进程,元认知的教学方式能够帮助学生学会自我控制学习。

简言之,"这项研究表明,当将这三个原则整合进教学时,学生成就将提高"(Bransford, Brown, & Cocking, 2000, p.21)。

此书在设计和教学方面的重要启示是什么?这里我们将重点列出作者对迁移和理解提出的一些最相关的观点:

> 学校教育的一个主要目标是为学生灵活适应新问题和新环境作好准备。将所习得的知识迁移到新情境中的能力为判断学生的适应性和灵活性提供了重要依据。(p.235)
>
> 大量零散的事实性知识对学生学习而言是不充分的。要发展学生在探究领域的能力,学生必须有机会进行追求理解的学习。对学科内容的深入理解将会把事实性信息转变为有用的知识……在这里有一个关键的发现……考虑到更大范围的知识迁移,我们需要的素养是把信息整合到一个

概念框架中。(pp.16,17)

伴随着理解的学习比简单的信息记忆更可能提升迁移能力……很多课堂活动关注的是事实或细节,而不是与原因和结果相关的更大范围的主题。

如果**学生学会如何从他们的学习经验中提取潜在的主题和原理**,那么学生就会知道在什么时间和地点、为什么以及如何应用他们的知识去解决新的问题,并对此形成灵活的理解。理解在什么时间如何应用知识……是专业知识的重要特点。在复杂的环境中进行学习,最有可能会在这个方面提升迁移能力。(p.236,黑体文字为原文强调)

浅显地讲完所有主题的教学必须要被深入地只讲较少主题的教学所替代,后者关注的是理解学科所需的关键概念。

尽管有传统教育的魔咒,还有对考试问题的担忧,但全覆盖教学——对不重要的事实和技能给予同样的关注(而不是关注赋予事实与技能意义的、具有挑战性的概念和表现)——并无益于使学业成就最大化。

错误观念 3:"虽然如此,但是……这项工作太难,而且我也没时间。"

即使我们能够说服教育工作者相信第一个和第二个"虽然如此,但是……"是由于误解和长期以来的习惯造成的,但是第三个争论也总是会发生:现在没有时间来做这些。在一定程度上,我们是同意这种说法的。从表面来看,这种说法不是误解。的确,使课程符合内容标准,辨识"大概念",创设基本问题,设计更加真实的评估,以具有吸引力的方式为追求理解的教学制订计划,分析学生完成的作业,以及开展行动研究来验证干预效果都是非常具有挑战性的工作,也是需要花时间才能完成的。事实上,个体教师也不需要花费所有的时间来做这项复杂的工作(如果这项工作已经做好了的话)。但我们需要更加智慧地工作,而不仅仅是盲目努力。

为了更加智慧地工作,我们必须意识到还有一些误解作为某种无意识的假设潜伏着:(1)每位教师、每所学校或者每个地区都必须独自努力攻克难关;

(2)所需时间必须直接来自教学时间,而教学时间本身已经不够用(我们认同);(3)必须独立考虑每个标准和基准,很多单元都要从零开始设计;(4)"艰难和耗时"是一件不好的事情。

在工作中构建持续的合作研究与开发

正如最佳设计练习所表明的那样,通过本地的学习团队和行动研究可以更好地发展教师的理解。我们必须将列表上所说的以及书上所提供的内容运用到提升教师的理解上,即在学习中对"大概念"的深入探究是重要的,学校必须把学习放在专业发展和职业描述的中心位置。对于教学中的很多问题,其核心是教师盲点的变体:"我教过了,所以学生一定已经学到了;如果我教更多的内容,他们就会学得更多。"不是这样的。对我们而言,灌输的习惯比它本身更难改正。我们必须更好地理解学习,我们必须发展洞察力,学习更好地把合理的关于教育研究的理论"解释"和"说明"应用于教育工作。

教师、团队、部门和全体教职员每年必须问问自己:在不考虑习惯和态度的情况下,什么样的课程设计、教学及评估方法能够让学生实际上产生最大的学习收益?相关的答案告诉我们,我们必须在专业发展方面实践UbD中关于"理解"的说法,通过持续的探究与讨论来"发现"而非"灌输"大概念。

但要同时考虑时间问题和深入学习的需求,本地研究的范围要小,程度要深——一年聚焦一个单元。由团队合作设计一个单元,并且每年随着对学生作业的深入分析,尝试多次调整。以当前教学工作和团队会议的所需时间来看,这样的过程肯定是可以接受的。打个比方来看看推进这种方式的可行性和价值:每学年有多少忙碌的教育工作者能够每天晚上准备丰盛的晚餐?想想就笑了。即使我们当中有热心的厨师,也不会有这个时间和精力。但是每年的确会有几次,也许更多次,我们确实会参与到需要更加精心准备的家庭宴会(例如家庭假期聚会)中。相对于普通的日常饮食,这样的宴会需要更大的计划,更多的准备时间,更多的对展示效果的关心。将每年完成一个达到"宴会级"的单元作为教学工作要求,通过管理支撑,使这样一个单元得到发展、收集、回顾及分享。(试想一下,十年以后的学校和学区将有怎样的课程"食谱"!)

这样的递增方法是《教学差距》(The Teaching Gap)[①]一书所提出的主要建议,它以开发教学范例为基础,在开发过程中,每个参与其中的人都可以从中得到学习。除了日本教师与美国教师的教学差异外,研究者还注意到了在两国当前的教师教育中存在的另一个重要不同。在日本,教师教育追求深度,而不是宽度;是"揭示",而非"灌输";在工作中学习,而不是"教"新技术。几十年来,日本教师运用被称作课程研究的程序,每年以小组合作的形式定期开发、教授和改进一个研究课程。他们不仅在教职工会议上与同事分享行动研究的成果以及相应的课程设计,也在地区教学展示会上进行分享,这样一来,其他教师也能从他们的成果中受益。

我们强调,教师专业发展的改革是提升所有教师实践和专业水准的唯一保证:

> 课程研究的合作特性具有另一个重要好处——它提供了一个标杆学习的过程,教师可以通过该过程评估自己的技能……同时,该特性也使自我批判得到平衡……因为改进教学是一个共同努力的过程……如果出现问题,那通常可以归因于团体的共同设计……从而使教师更具批判意识。(Stigler & Hiebert, 1999, p. 125)[②]

合作开展单元和课程的设计、改进及区域分享的过程,在 UbD 的同行评审过程中有所体现。对此,在《追求理解的教学设计专业发展工作手册》一书中有详细的信息、说明和案例(McTighe & Wiggins, 2004)。

对于缺少时间的抱怨,其实只有部分是真实的。每个学校每年至少花费 12 个小时用于专业发展,将近 16 个小时用于人事、职称以及部门会议。想象一下,

---

[①] *The Teaching Gap* 是詹姆斯·W·施蒂格勒(James W. Stigler)于 2007 年完成的著作,书的全名为 *The Teaching Gap: Best Ideas from the World's Teachers for Improving Education in the Classroom*,该书比较了日本、德国和美国的数学教学,两个领衔研究者提出了令人震惊的新观点,并为提高美国课堂的教学成效提出了大胆的行动计划。——译者注

[②] 关于本研究的其他信息请见国际数学与科学评测趋势(TIMSS)网站(http://nces.ed.gov/timss/)。更多的在线课程研究,见 Lewis(2002)。

如果重新安排这些时间,将其中一半的时间用于作为教学工作要求的某种形式的课程研究,将其纳入到职称、部门会议日程以及工作的时间中,将会有怎样的成就?随着时间的推移,行动研究将会成为所有团队和部门职责中的一部分,那时每年的年度报告会发布已解决的成就目标、研究与发展情况、所发现的结果以及未来的研究建议。

让我们看看下面这一例子,思考这种方法是如何发挥作用的。想象一下,在你们学校和学区的教师每三年有一次机会参加区域夏季课程设计研讨会。他们接受邀请,并带来自己最满意(例如,最吸引人的和最有效的课程内容)的教学单元(当然,与地区和州立内容标准有关)。他们会加入由一个或两个教相同学科、具有相似水平的教师组成的团队,同时,他们已经确定了一个类似的单元主题,这些教师在一位内容专家的指导下工作,准备一个"宴会级"单元。在工作开展过程中,同行和专家会根据课程设计标准对他们的工作进行评估(像在《追求理解的教学设计》中所描述的工作一样),并给出反馈供他们调整。然后,他们会以统一的格式(如 UbD 三阶段逆向设计模板)将他们最好的想法存入电脑,与 UbD 交流网站(http://ubdexchange.org)上的操作一样。

在接下来的学期中,他们将会实施改进后的单元,收集学生的作业作为结果证据。他们将会在这一年中(也许安排在工作日)见面,共同评价学生的作业,并对单元设计进行必要的调整。他们完成的设计将有资格参加内容专家的区域评审(以设计标准和学生作业反馈的结果为基础)。评选出的具有典型性的优秀单元将通过电子数据库的形式以供其他教育工作者参考。在过去五年多的时间里,我们已经帮助很多学校开发了这样一个系统。①

还有一种误解阻碍了更多此类合作的开展(某种程度上受当地文化的影响,教师彼此之间处于一种不正常的孤立状态),那就是我们总是假定内容标准和基准都需要逐一处理,每个老师每次在目标有限、彼此孤立的教学中解决一个独立

---

① 2001 年,我们与美国督导与课程开发协会(ASCD)开始建设"追求理解的教学设计"网站(http://ubdexchange.org)。该网站包含 1 000 多个以 UbD 电子模板为基础的单元设计。并为所有用户进行课程单元的创建、分享和同行评审提供了一个强大的交流论坛。该论坛为讲授相同课程的教师提供了分享教学经验和评估想法的机会,为学校和区域的管理者提供了大量的资源,包括复杂的搜索功能、课程地图、专家评审及课程本地化设计。

的标准(或基准)。这种理解会让教育工作者产生一种有太多工作需要处理的感觉,但是这个假定是有缺陷的。这个困惑与第一个"虽然如此,但是……"中提出的有关州统考表面效度的争论有关。典型的标准化考试常通过去情境化的考题来与标准一一对应。因此,考试的表象、考试给人的感觉,以及标准列表往往误导我们,让我们以为应该每次教一个标准,似乎每个标准、基准和指标都是同等重要的。

情况并非如此。让我们回到"追求理解的教学设计"的开始:通过三个椭圆形图(图表3.3),我们依据来自标准的大概念和核心任务设置优先顺序。之后,当单元包含丰富的、深入的任务,最终形成复杂表现时,很多标准将以恰当分层的顺序同时得到关注,从学习者的角度来看更具有连贯性。在地方层面所面临的挑战不是为每个指标设计一堂课,而是设计丰富的单元,这些单元最终应能符合所有的标准,并且清楚地向学生表明优先顺序。这个问题是可以通过更好地解读标准、撰写课程、规划教学和收集数据来解决的。

我们认为,这样的行动研究会带来四个明显的好处:

1. 践行设计理念。通过在我们**自己**的专业工作中应用标准,提高课程和评估设计的质量。不能因为我们很敬业且设计了学生喜欢的活动,就认为设计是合理的,设计的有效性必须要经设计标准验证。满足标准且使学生达到预期学习结果的课程设计可以作为范例,为将来的课程工作树立高标准。

2. 形成智力模板。逆向设计的逻辑要求在确定学习活动和选择学习资源**之前**要明确预期结果和所需的评估证据。当教师使用逆向设计模板设计课程单元时,他们为课程计划开发出一个通用的智力模板,这有助于避免"活动导向"和"灌输导向"这两大教学问题。这样的设计过程对于那些新教师尤其有价值,因为他们还没有积累一堆自己喜爱的活动,也没有形成依赖教材的习惯。

3. 应用技术,更智慧地工作。大多数教育工作者有义务讲授本州的内容标准,那么为什么不能常态地开展全州范围内的共享呢?不同学科的州立标准大同小异,那么这种共享能不能拓展到全国范围呢?我们相信能。这种方法使用一个经过验证的可搜索的单元数据库,从而为更智慧地工作提供一种途径,而不是每个老师、每个学校和每个地区都进行一些没有必要重复的设计和创造工作。我们不需要为没有每天准备美食而感到内疚。定期关注范例(无论是食谱或课程设计)对每个人来说都是有益的。我们因此可以将精力集中在开发一个或两个高质量的单元上,并在工作中发展更高的标准和更娴熟的设计技巧。和烹调书一样,明智的做法是共享我们的设计,使每个人都能从经过验证的食谱中受益。

4. 加强专业对话。除了高质量的课程产品外,分享设计工作的**过程**也可以提供丰富的专业发展。来自跨区域设计团队的教师的反馈已经证实了经验的价值。与一个放之四海而皆准的教师通识培训不同,这种设计工作坊聚焦于教授和评估具体内容主题的特定方面,产生教师直接就能用的真实产品。工作坊对话聚焦于专业核心问题:我们想要学生理解的大概念是什么?我们如何知道学生已经真正学会了这些内容?符合这些标准意味着什么?什么样的教与学体验是最具吸引力的和最有效的?哪些学生工作说明了课程和教学的优势和需求?鉴于专业发展可利用的时间有限,这种工作坊势必是以结果为导向的——这与请外部专家介绍教育发展趋势的讲座式培训非常不同。

耗时的工作不是一件坏事,正如本章开篇引用的柏拉图的《理想国》中的话一样,这是件有益的、至关重要的事情。学习,真正的学习,**总是**困难的。它总是颠覆以往的学习,导致失衡和抵触。我们发现,许多教育工作者对学习有一种矛盾的抵触——尤其是教师习惯于独立工作,并认为根据他们的习惯在所教的学科范围内有效控制所发生的一切是最重要的。也许以合作方式重新设计学习的最好理由是:这种办法是克服老师对改变习惯的抵触、对实验方式的担忧以及对批评和失败的恐惧的唯一方法。当一群教师一起开展个人的和集体的实践研究时,会有更大的勇气——对释放彼此学习的压力是有益的。

这里涉及到理解六侧面。如果教师要真正理解学习是如何发生的,他们需要做一些能够更多培养自己神入与自知能力的工作。在神入和自知方面的盲点不仅让我们看不到学生有可能产生的误解、他们的个体差异和不同的学习需求,也让我们看不到所有学习的痛苦。我们不是老师,我们是学生学习的动因,我们也是学生。因此,这项工作需要我们始终处于学习之中,理解学习是如何进行的,不断提醒自己学习是多么困难的一件事。学校应该要求教师开展行动研究,这样他们才能不断**感受**学习是怎么回事,提醒自己无论年龄多大,天赋如何,真正的学习总是令人惧怕,使人受挫,并导致自我怀疑。如果这份工作和时间安排只会让我们认为自己是教师,而不是模范学习者,我们将错过使教育更诚实、更有活力以及更能自我调节的机会,而这样的机会是每个人(包括大人和小孩)都需要的。行动研究所需的时间不应被看作是额外时间,而是必须要保障的。

结论

在本章中,我们考虑了一些教师普遍持有的、阻碍追求理解的设计、教学和评估的观点,并尝试着揭示它们的潜在误解。我们认为"追求理解的教学设计"中的观点能够让教师和学生积极投入智力,并提升学生在外部评估中的表现。这些观点包括:(1)为理解大概念以及完成学科领域的核心任务开展教学和评估;(2)将设计标准用于检验和精炼本地课程和评估,作为持续进行的本地研究与开发的一部分嵌入到工作中。

我们不要求、也不希望大家因为我们所说的话而接受我们。经验告诉我们,习惯和误解基本不会因为口头上的说服而得以克服!没错,如果要让本章乃至本书中的观点被认可,被接受(或被拒绝),需要大家在自己的情境中去揭示、讨论、验证、争论和探索。这也是《教学差距》(The Teaching Gap)这本书的作者所描述的对于美国学校改革的一个关键推论。

> 因为教学是复杂的,如果在教师教和学生学的课堂上提升教学,这将是最成功的……在一个课堂中起作用的方式方法在另一个课堂中未必能起作用。从长远来看,应该对改进的想法(例如,我们从日本课堂上学到的一些东西)进行试验和调整,以适应我们自己的课堂。(Stigler, & Hiebert, 1999, p. 134)

我们在这里发出挑战,请大家调查什么是理解,什么不是理解,如何才能最好地为理解进行教学,如何才能最好地对理解进行评估。所有这些都应围绕各自学科领域中特定的标准、测试和学生进行。世界上所有的研究,如果你看不到它们在你的课堂中所起的作用,那么意义都不大。理解这本书意味着在你的工作中尝试应用本书中的这些观点,即在课堂研究中有所行动。

通过对经常听到的一些悲观言论的辨析,我们希望能够鼓励学校的教职员工和地区负责人以更积极的姿态去改进学习,而不管你所处的环境和所需的辛苦工作。研究结果是令人振奋的。不考虑有关学生、学校和社会等我们不能控制的因素,我们可以控制的因素(如设计、教学、反馈)仍然可以对教学成就产生显著的影响。

后记：开始行动吧

> 老师们停下来思考、筛选和整理他们关于活动和课程的技能，这本身就是思考模式的转变。教师仔细思考他们的教学内容到底是什么。他们对每个任务进行评估，从而确保其有效性。教师舍弃那些习惯了的和最喜欢的，但不能达到预期结果的课程和活动。这很伟大，真的很伟大！
>
> ——安吉拉·瑞恩，教学助手，宾西法尼亚州赫喜镇

> 想做就做！
>
> ——耐克公司广告口号

在阐明了基本原理、研究基础以及 UbD 的关键理念后，我们根据一些已经被验证过的想法为 UbD 的有效应用总结了一个实践指南。

开发设计方案是一个很自然的起点。对于大多数教师来说，我们建议从单元计划开始。通常情况下，教师可以选择一个熟悉的单元，围绕 UbD 中的设计元素进行重构。或者，教师可以设计一个新的主题单元，通常你会发现逆向设计法和 UbD 模板对于新单元设计非常有帮助。同时，本书的姊妹篇《追求理解的教学设计专业发展工作手册》(McTighe & Wiggins, 2004)中提供了 250 多页的工作表、练习、案例和设计技巧，可用于支持设计工作。

对于管理者来说，我们建议两个 UbD 应用的方案：(1)围绕确定的内容标准，与教师共同设计课程；(2)使用逆向设计法和 UbD 模板为成人学习者规划职业发展平台或课程。许多教育工作者都谈到，直到他们把 UbD 应用到实际的课程设计中并收到来自同事的反馈时，他们才完全理解和领会 UbD 的精髓。正如任何大概念一样，在应用和反思之后，就更容易抓住这个框架的细节和微妙差别。

323   不管是什么样的设计主题，除了看《追求理解的教学设计专业发展工作手册》之外，我们建议你研究下 UbD 网站（http://ubdexchange.org），它提供了以下内容：

- 基于逆向设计法的三阶段，以电子设计模板为主要特征的在线课程设计环境。通用格式保证了本地课程设计的连贯性，方便工作人员之间共享。很多支撑网站提供了指向模板不同部分的热门链接。例如，阶段 2 提供了多种可即时访问的有关绩效评估和量规的网站链接。

- 以通用格式进行课程设计的可搜索数据库。相关的数据库包含单元、表现性任务和评分指标。它包含 5 000 多种设计，并会定期补充更新。多重搜索变量允许用户以项目、主题、课程标题、关键字、年级、地区、学校、设计师名字、单元名称，以及以上元素的任意组合来定位查找教学设计。数据库还设有"我的喜好"书签功能。

- 基于 UbD 设计标准的在线同行评审规则。在审查过程中，鼓励设计师根据设计标准对自己的工作进行评估，并与其他用户互动，给予或接受反馈。在推进课程设计理念持续不断的完善时，设计标准确立了一个质量控制程序。设计人员可能需要由 UbD 和内容领域专家组成的团队给予专家评审，由他们提供详细的在线反馈。

- 在线指导、个别辅导和交互式自我评估以支持用户。网上还提供了技术援助和"向作者提问"论坛。

- 各种专用管理功能。包含协助学校或地区管理员管理订阅费。

通过合作提高成效

为了配合课程单元的创建（最好在 UbD 交流网站），我们强烈支持定期使用 UbD 设计标准进行自我评估和同行评审。该标准明确指明了有效 UbD 设计的优点，鼓励教师进行反思和修订。

当团队、学校或整个地区以协调的方式采纳和应用时，UbD 框架就会发挥更大的价值。下面列出了一些可以被年级组、课程研发部门、学校教师或整个地区教职员工采用的行动方案：

- 形成一个研究小组，阅读和讨论《追求理解的教学设计(第二版)》的选定章节。
- 浏览并讨论 ASCD 视频《什么是理解？使用逆向设计法》。
- 派教师和管理人员代表小组参加本地的、区域的或国家的 UbD 研讨会。
- 在本地或本校举办介绍 UbD 的工作坊(如安排一个工作日)。
- 在全体教职工或教研组研讨等情况下，以 UbD 所倡导的基本问题的形式来探讨关键问题(例如，我们如何以有趣和有效的方式教授内容标准所指定的内容？什么样的内容值得去理解？我们怎么知道学生真正理解了我们所教授的知识？如果不用"题海战术"，我们怎样来提高学生成绩?)。
- 派团队去考察应用 UbD 的学校或区域，回来后向本地或本校领导汇报 UbD 的潜在价值。
- 在学校或区域层面，选拔一批优秀的骨干教师和管理者去传播 UbD。
- 选派骨干成员到区域或国家的 UbD 学院中学习 3 到 5 天。
- 给骨干成员提供时间(和其他激励)来设计和分享 UbD 单元。
- 在开展本地单元设计的同行评审时，应用 UbD 设计标准。
- 在 ubdexchange.org 网站为核心成员购买会员资格，让他们搜索和共享 UbD 中的"精选"主题单元，应用 UbD 设计标准评估网站上的已有单元，将自己所设计的单元上传并要求专家评审。
- 面向学科或学段来解析内容标准，明确内容标准中的不同内容所对应的理解侧面和基本问题。
- 面向学科或学段，应用三个椭圆形的工作表(见第 3 章，图表 3.3)将内容标准和教材内容按重要性进行排列。
- 基于 UbD，创建学校或区域的课程地图，包含不同侧面的理解、基本问题和核心表现性任务。
- 在教室张贴基本问题。在全体教师会议上分享案例。
- 基于理解六侧面设计核心表现性任务和通用评价量规。
- 在年级组或学科组中检查和评估学生在核心表现性任务中的工作。为量规选择学校范围或地区范围的参照样例。
- 分析考试成绩和学生工作，识别学生容易产生误解的内容并制订干预计划。
- 围绕学习的问题区，建立行动研究小组并开展工作。
- 开发和实施引导项目，吸引新教师加入 UbD。
- 应用逆向设计法规划学校和区域的各种行动计划。
- 寻求政府或基金拨款以支持 UbD 的实施。

行动胜于空谈

没有单一的途径能让个人或团队快速理解和精通 UbD。不过，我们建议教育工作者不能只谈不做，现在就用逆向设计法来规划如何使用 UbD 吧！

附录：6页模板范例

在设计你自己的 UbD 单元时，可使用下面完整的 6 页模板作为指南。

单元封面

单元标题：**人如其食**　　　　年级：**5年级**
学科/主题：**健康与营养**
关键词：**营养、保健、健康、均衡饮食、食物金字塔**
设计者：**鲍勃·詹姆斯**　　　　时间周期：**3周**
学区：**蒙哥马利小山公立学校（Montgomery Knolls P. S.）**　　学校：**柴郡猫小学（Cheshire Cat Elem.）**

单元概述（包括单元背景和单元目标）：
　　在这个关于健康教育课程的介绍单元中，学生将学习有关人体营养需求、食物种类、各种食物的营养价值、美国农业部（USDA）食物金字塔指南以及与营养不良有关的健康问题。学生将设计一本图文并茂的营养手册来向低年级的学生解释良好营养对健康生活的重要性，以小组协作的方式分析虚拟家庭的饮食，建议改进营养价值的方式，并对不良饮食习惯引发的健康问题进行研究。
　　在最后的表现性任务中，学生需要为即将举行的为期三天的户外教育夏令营制定并提交一份可行的菜单。这份包括了正餐和零食的菜单应符合美国农业部食物金字塔的建议。在本单元最后，学生要评估其个人的饮食习惯以及饮食的健康程度。

单元设计状态：☑ 完成模板页——阶段1、2、3
☑ 为每个表现性任务设计计划表　　☐ 完成量规
☐ 为学生和教师提供指引　　　　　☐ 列出材料和资源
☐ 住宿建议　　　　　　　　　　　☐ 拓展建议
状态：○ 初稿（时间：3/12）　　　○ 初稿修订（时间：7/14）
☑ 同行评审　　○ 内容审查　　☑ 现场测试　　○ 获得批准　　○ 定稿

阶段1——确定预期结果

所确定的目标：

> 内容标准6——学生将理解有关营养和饮食的基本概念。　　Ⓖ
> 　　6a——学生将运用对营养的理解，为自己和他人安排合理饮食。
> 　　6c——学生将了解自己的饮食习惯和方式，以便对其进行改进。

我们需要思考哪些基本问题？

> - 什么是健康饮食？　Ⓠ
> - 你的饮食健康吗？你是如何知道的？
> - 对一个人来说是健康的饮食，为何对另一个人却不是健康的？
> - 尽管有很多可用的信息，但在美国为什么还有这么多由营养不良引发的健康问题？

预期的理解是什么？

> *学生将会理解……*　Ⓤ
> - 均衡饮食有益于身心健康。
> - 美国农业部食物金字塔提出了相关的营养指南。
> - 饮食需求因年龄、活动量、体重和整体健康状况的不同而不同。
> - 健康的生活需要个体根据可用的信息去搭配好营养，即使这可能会打破舒适的生活习惯。

作为单元学习的结果，学生将会获得哪些重要的知识和技能？

> *学生将会知道……*　Ⓚ
> - 关键术语——蛋白质、脂肪、卡路里、碳水化合物、胆固醇。
> - 每个食物种类中的食物类型及其营养价值。
> - 美国农业部食物金字塔指南。
> - 外在变量影响营养需求。
> - 营养不良引发的普遍健康问题。

> *学生将能够……*　Ⓢ
> - 阅读并解释有关食物标签中的营养信息。
> - 分析食物的营养价值。
> - 为自己和他人制订均衡的饮食计划。

阶段2——确定合适的证据

什么能够证明学生理解了所学知识？

表现性任务：

人如其食——学生们制作一本图文并茂的手册，向低年级学生宣传良好营养对健康生活的重要性。为打破低年级学生不良的饮食习惯出谋划策。

大快朵颐——学生们为即将开始的户外教育夏令营制作一张为期三天的菜单，包括正餐和零食。他们需要给夏令营主管写一封信，解释为什么他们的菜单应该被采纳（说明其符合美国农业部食物金字塔的提议，而且对学生来说也足够美味）。他们要为特定饮食条件（糖尿病或素食）或有特殊宗教信仰的人群至少修改一次菜单。

根据阶段1的预期结果，还需要收集哪些证据？

其他证据：

（例如，测试、小测验、问答题、工作样本、观察报告）

课堂测验——食品种类和美国农业部食物金字塔。

简答题——描述两个可能由营养不良导致的健康问题，并解释如何避免该类问题。

技能测试——口头解释关于食品标签上的营养信息。

学生的自我评估和反馈：

1. 自我评估手册：人如其食。
2. 自评夏令营菜单：大快朵颐。
3. 在单元学习结束时，反思你的饮食的健康程度（与单元学习开始时作比较）。

阶段2——确定合适的证据(续)

评估任务计划表

通过这个任务,我们需要对哪些理解或目标进行评估? ⓖ

- 学生将为自己和他人制订恰当的饮食计划。

不考虑任务的特殊性,在内容标准和理解中隐含哪些准则?学生工作必须呈现哪些品质才能表明他已达到了内容标准的要求?

- 全面的营养
- 口味与营养的平衡
- 可行性

通过什么样的真实的表现性任务来证明学生的理解?

任务概述: ⓣ

由于我们一直在学习有关营养的知识,户外教育中心的夏令营主任要求我们提供一份营养均衡的饮食菜单,为该中心本年度随后为期三天的旅行作准备。你需要使用美国农业部食物金字塔指南和食物标签上的营养表,设计一个三天的计划,包括三顿主餐和三顿点心(上午、下午和夜宵)。你的目标是设计一份美味和营养均衡的菜单。除了准备菜单外,还需要写一封信给夏令营主管,解释你的菜单是怎样达到USDA营养指南要求的。并且附带一张图表,说明脂肪、蛋白质、碳水化合物、维生素、矿物质和卡路里是怎样被分解的。

学生的哪些作品和表现将为预期的理解提供证据?

- 含有营养价值表的菜单
- 给夏令营主管的信

通过哪些标准来评估学生的作品和表现?

- 符合USDA指南的菜单
- 营养价值表是准确和完整的
- 菜单关注相应的人群及其状况

- 对所建议菜单的营养价值及口味的合理解释
- 恰当的信件格式
- 正确的拼写和语法

阶段3——设计学习体验

WHERETO

什么样的教与学的体验顺序有助于学生参与、发展和展示预期理解？下表逐一列出了关键的教学和学习活动，同时以 WHERETO 元素中的相应首字母为每个活动编码。

1. 以一个导入问题(你吃的食物会引起青春痘吗?)切入，吸引学生思考营养在他们生活中的作用。H
2. 介绍基本问题，讨论单元的最终表现性任务(大快朵颐和饮食行动计划)。W
3. 注意：通过各种学习活动和表现性任务，根据需要介绍主要的术语。学生阅读和讨论健康教材中的相关章节，以支持学习活动和任务。作为一个持续性的活动，学生将他们的日常饮食用图表记录下来，以便后期检验和评估。E
4. 展示关于食物种类概念的介绍视频，然后让学生依据食物图片进行分类练习。E
5. 介绍食物金字塔，辨别不同种类的食物。让学生以小组为单位，为每组提供包含食物的剪纸图，让各组分别制作一张食物金字塔的海报。在教室或走廊中展示这些海报。E
6. 进行关于食物种类和食物金字塔的小测验(匹配题)。E
7. 回顾和讨论来自美国农业部的营养手册。讨论问题：每个人都必须遵循相同的健康饮食原则吗？R
8. 小组合作，分析一个虚拟家庭的饮食(不均衡的饮食)，然后给出改善饮食的建议。在此期间，教师观察并为学生提供相应的指导。E-2
9. 每个小组分享他们关于饮食的分析，然后在全班范围内讨论。E，E-2(注意：教师收集和点评这些关于饮食的分析，并找出需要指导的错误理解。)
10. 每个学生设计一本带插图的营养手册，向低年级学生介绍良好营养对于健康生活的重要性以及与不良饮食相关的问题。这个活动需要在课后完成。E，T
11. 各小组内学生相互交换小册子，根据标准列表进行互评。允许学生根据评价反馈进行修改。R，E-2
12. 播放并讨论视频《营养和你》，讨论和不良饮食有关的健康问题。E
13. 学生们聆听主讲嘉宾(当地医院的营养学家)的讲座，并对营养不良引起的健康问题进行提问。E
14. 学生们以书面形式回答简答题：描述两个由营养不良引起的健康问题，并解释如何通过改变饮食而避免这些问题。(教师收卷并评分。)E-2
15. 教师示范如何阅读和解释食物标签上有关营养价值的信息，然后学生利用捐赠的空盒子、罐头和瓶子进行相应的练习。E
16. 学生独立制作一份三天的夏令营菜单。评估和反馈夏令营菜单项目。学生利用量表自评和互评他们的项目。E-2，T
17. 在单元总结时，学生回顾他们完成的日常饮食图表，并自评自己饮食的健康程度。他们注意到改变和提升了吗？他们注意到自己的感觉和外貌上的变化了吗？E-2
18. 学生为健康饮食制订个人的"饮食行动计划"。这些内容将被留存，并在即将到来的学生参与的家长会上进行展示。E-2，T
19. 在单元结束时，让每个学生都对个人饮食习惯进行自我评估，并为"健康饮食"目标制订一个个人行动计划。E-2，T

332

阶段3——设计学习体验（续）

思考WHERETO元素

	星期一	星期二	星期三	星期四	星期五
	HW	E	ET	ET	ET
	1. 吸引学生们就饮食习惯和"青春痘"进行讨论。2. 介绍基本同题和关键术语。3. 让学生们着手写饮食日记以记录他们的日常饮食模式。	4. 播放关于食物种类的视频，然后让学生给食物分类。5. 让学生们阅读并讨论USDA营养手册。	6. 播放关于食物金字塔的视频，然后让学生分组给食物分类。7. 让学生设计一本图文并茂的营养手册，向低年级的学生解释良好营养对健康生活的重要性。	8. 阅读并讨论健康教材中的相关章节。给低年级的读者提供一本图文并茂的小册子。9. 观看并讨论视频《营养与你》。	10. 对手册进行评估并给予反馈。允许学生们依据一系列的标准进行自评，进行自我评估和同伴互评。
	E	E	R	E	E
	11. 小组合作，让学生们分析一个虚拟家庭的饮食，然后给出改善饮食的建议。	12. 依据对饮食的分析，组织小组审查饮食建议并给予反馈，允许修改。	13. 让学生们聆听主讲嘉宾（当地医院的营养师）的讲座。对营养不良引起的健康同题进行提问。	14. 让学生开展不良饮食引发健康同题的研究。为学生如何分享自己的调查结果提供一些选择。	15. 对如何解释食品标签上的营养价值信息进行模拟。让学生进行实践练习。
	E	ET	E	E	ET
	16. 教师与学生们一起览关于夏令营菜单的量规，使学生们理解这个标准。让他们独立制作完成为期三天的夏令营菜单。	17. 在学生们制作菜单的过程中，老师要从旁观察并给予指导。	18. 对夏令营菜单项目作出评价并给予反馈。让学生们利用量规对项目进行自评和互评。	19. 让学生们回顾自己的饮食日记，寻找饮食习惯上的一些变化。让每个学生为改善营养制定个人目标。	20. 以学生对他们个人饮食习惯的自我评估来结束本单元的学习。让每个学生为健康饮食目标制订个人行动计划。

术语表

问答题(academic prompt)：

介于真实表现性任务与简答题或小测验之间的一种评估形式。问答题是一种开放式的书面表现性测试。

这种评估形式只在学校或考试中出现。要求测试者对特定的引述、观点或表现进行回答。尽管要求有相应的表现，但这样的评估并不是真实性评估，因为在答题时，在可访问的资源、可利用的时间、可交流的机会等方面都存在约束。与**真实性评估**和**小测验**相对。

成就目标(achievement target)：

预期结果(desired result)、**学习成果**(learning outcome)的同义词，是与教育最终寻求的目标有关的术语。参见**预期结果**。

分析型评分(analytic-trait scoring)：

作为评分的一种类型，它使用多个不同的指标对学生的作品和表现进行评价。也就是说，对于一个表现可以进行多次评估，每次都使用相互独立的指标。例如，当对一篇文章进行分析型评分时，我们可能会从五个方面进行评价：组织结构、细节运用、吸引力、说服力和规范。分析型评分不同于**整体型评分**，整体型评分是对学生表现的整体印象进行判定。参见**量规**。

参照样例(anchors)：

作业或表现的例子，用于为**量规**的每个等级设置特定的表现标准。例如，前面是一段关于写作的六个等级表现的文字描述，后面附上两三个作文样例来说明六个等级的具体表现是什么样的。获得最高分数的样例通常被称为**范例**。

参照样例对提高评分的可靠性非常重要。没有参照样例的量规对于评分人员来说通常比较模糊,不能为评分人员设置一个清晰的标准。像"熟练并具有说服力"或"有见地的数学解决方案"这些短语,除非老师举几个例子来给出确切的界定,否则毫无意义。参照样例为学生提供了关于作业质量的真实范本。

应用(application):

理解六侧面之一,也是理解的一个传统指标,主要通过考察学习者在不同情境中对知识和技能的应用能力来体现其对知识的理解程度。

这个概念并不是 UbD 所创造或特有的,布鲁姆和他的同事(1956)认为应用是理解的关键,它不同于很多课堂中进行的填空活动,"教师经常说,如果一个学生真的理解了知识,那么他就能对其进行应用……应用在两个方面不同于知道和简单的理解:学生不是在提示下给出特定的知识,也没有一成不变的问题情境"(p.120)。参见**神入**、**解释**、**阐明**、**洞察**、**自知**。

评估(assess):

根据特定的目标和标准,彻底地、有条理地分析学生成就。这个词来自于拉丁语 assidere,意为"坐在旁边"。参见**表现性任务**。

评估(assessment):

根据特定的目标和标准分析学生成就的技术。考试就是一种评估方法,其他方法还包括面谈(如皮亚杰的著作中所说的)、观察、自我评估以及调查等。好的评估方法需要在各种技术之间取得平衡,因为每种技术的应用都是有限的,也是有错误倾向的。

用"评估"这个词,而不用"考试"这个词,也代表一种方式和态度的区别。评估这个词的拉丁语原意是和学生"坐在一起",它的含义是教师要进行细致的观察和客观的判断,为学生提供清晰、有用的反馈。

虽然有时人们认为**评估**(assessment)和**评价**(evaluation)是同义词,但在通常使用上是有差别的。教师可能评估学生表现的优点和缺点,但不一定给学生的表现评价一个分数或等级。参见**表现性任务**、**标准化**。

标准化考试(audit test)：

用于指代州或国家的标准化考试的术语。正如商务审计或医生体检一样，它是一个概要性的测试，使用简单的指标去评估一些重要和复杂的事情。考试中的问题能够反映出重要的目标和标准，正如血压值能够快速反映出人的整体健康情况一样。我们必须提醒读者的是，在目标和形式上，标准化测试与对目标和标准的更直接的评估方法有很大不同，所以只采用标准化测试将没有多大意义。相反，如果和当地的综合评价情况结合起来，标准化统考就会表现出它的作用了。与**直接测试**相对。

真实性评估(authentic assessment)，**真实性任务**(authentic task)：

由**表现性任务**(performance tasks)和活动组成的评估方法，为模拟或复制重要的真实挑战而设计。真实性评估的核心是基于真实表现的测试——要求学生通过真实世界的方式，以真正的目的、观众和情境变量应用所学知识。

因此，评估的情境不仅仅是任务本身，可能是基于表现的或是亲身实践的，这些都能使工作更真实(例如，问题的杂乱情况，寻求反馈和改进的能力，使用合适的资源)。真实性评估不仅仅是测试：它们应该告诉学生(和老师)要完成一个什么样的主题任务，以及在一个领域或行业中，哪些表现性挑战实际上是最重要的。选择这些任务是因为它们包含这个领域中的典型基本问题或者从业者所面临的挑战。

真实性测试是对学生的重要表现的直接测量，而选择题测试是对学生表现的间接测量。(例如，对于正在考取驾照的人来说，路考是直接测量，而理论考试是间接测量。)在测量领域，真实性测试属于直接测试。与**问答题**和**小测验**相对。

逆向设计(backward design)：

一种设计课程或单元的过程，在设计开始时就已经在脑海里清楚其结果，并且为了达到该结果而进行设计。尽管这样的设计方法看起来很有逻辑性，但它之所以被认为是"逆向的"，是因为许多教师在设计他们的单元时，是从教材、喜欢的方法和传统的活动开始的,而不是从终点——如内容标准和理解这样的目标结果开始的。我们提倡逆转原来的习惯:从终点(预期的结果)入手,然后确定必要的证据来判定是否已达到预期结果(评估)。在明确预期的结果和评估方法,设计者确定必需的(使能)知识和技能之后,才需要开展教学以为学生表现提供支持。

这种观点并不是首创,拉尔夫·泰勒(Ralph Tyler,1949)在50多年前就已经清晰简洁地描述了逆向设计的逻辑:

> 教育目标成为材料选择、内容规划、教学程序开发、测试以及考试准备等过程所依据的指标……阐明目标的目的是为了说明将带给学生的各种变化,从而规划和开发可能实现这些目标的教学活动。(pp.1,45)

基准(benchmark):

基准是评估体系中一个发展得当的标准,有时也被称为"里程碑"标准。例如,许多区域范围的系统为4年级、8年级、10年级、12年级设置基准。在很多州立内容标准中,基准为标准提供进一步的具体指标——它们充当子标准。在体育竞技和工业中,这个术语经常被用来描述最高水平的表现——标杆。作为一个动词,基准指的是为某个特定的目标寻找一个最好的表现和成就样本;作为结果的基准(名词)是指朝着既定的目标设置最大可能的表现标准。因此,从这种意义上讲,教师使用基准是指所用的参照样例是作品标杆(而不是普通的学区作品实例)。

以基准作为参照样例的评估,无论从上述哪个意义来讲,都不应该期待它产生可预测的结果曲线。基准与合理预期不同(参见**标准**)。可能只有极少数的产品和表现(甚至根本就没有)能够符合基准的表现。

大概念(big idea):

在本书中,大概念指的是那些用于课程、教学和评估方法的核心概念、原则、理论和过程。从定义上来说,大概念是重要的、持久的。它可以超越特定单元范围(例如:适应、寓言、美国梦、有意义的数字)进行迁移。大概念是构建理解的支持材料，被认为是能够连接碎片化知识的一种有意义的模式。

这些概念不局限于具体的事实和技能，而是关注更大的概念、原则和过程，可以运用到学科内外新的情境中。例如，学生将英国大宪章的制定当作一个特定的历史事件来学习，因为它在更大的概念——法治方面具有重要意义，据此成文的法律明确限定了政府权力，保障了个人权利，例如法定诉讼程序。法治这个大概念超越了其在13世纪英国的根源，成为当代民主社会的基石。

大概念也可以被描述为"车辖概念"，车辖是将轮子固定在轮轴上的销钉。因此车辖概念是理解的必要条件，没有它学生将无法开展学习。例如，如果没有了解法律字面意义和精神层次的差别，学生就不能理解美国宪法和法律体系——即使他们知识渊博，并十分了解历史事实。如果不能关注车辖概念的持久价值，学生可能只学到那些容易遗忘的零散知识。

布鲁姆的目标分类法（Bloom's Taxonomy）：

这是教育系统中的通用分类方法，它将可能的智力目标的认知程度从易到难进行分类和阐释；实际上，也是对知识理解程度的分类。40多年前，本杰明·布鲁姆和他的同事通过测试和测量开发了这个模型，用来在设计学生评估的时候从最复杂的知识应用中区分出最简单的回忆形式。他们的研究成果在现在广为传播的著作《教育目标分类法：认知领域》（*Taxonomy of Educational Objectives: Cognitive Domain*）中得到了总结。

正如作者经常提到的那样，测试中不断出现的问题是本书写作的持久动力。教育者需要知道应该如何测量教育目标或教师目标，但实际上却未达成对目标含义的清晰共识，例如"完全掌握"和"彻底了解"是测试开发人员经常使用的词汇。

在关于目标分类学的介绍中，布鲁姆和他的同事认为理解是一个常见的、但不够清晰明确的概念：

> 例如，一些教师坚信他们的学生应该"真正理解"，其他教师希望他们的学生"内化知识"，还有一些教师希望学生"掌握核心和本质"。他们讲的是一回事吗？尤其是，学生"真正理解"的时候会做什么，不理解的时候又不会

做什么？通过参照目标分类法……教师可以定义这些模糊的术语。(p.1)

他们确定了六个认知层次：知道、领会、应用、分析、综合、评价，后面三个层次被认为是认知的高级层次。注意，在这个体系中，按照他们的定义，高级思维不包括"应用"。考虑到"应用"的看似复杂的要求以及那些提倡通过真实性评估来促使学生更有效应用知识的人们的关注，把"应用"排除在高级思维之外有些奇怪。但这并不是布鲁姆和他的同事所定义的应用，他们所说的应用与现在教育者所说的应用相比要更狭义一些，指的是在考试环境下应用分散的知识和技能，如构造一个句子或解决一个数学问题；而今天所提到的应用则指的是更复杂的行为，利用全部技能解决一个复杂的、多方面的、处于特定背景中的问题。因此，在一般的表现性评估活动中或特定的情况下，布鲁姆分类法中的"综合"层次相当于追求理解的教学设计中的"应用"层次，因为他们强调这样的目标需要"学生"产生独特的产品。

概念（concept）：
用一个单词或短语代表一种智力建构或分类。概念即包含具体的事物（例如：椅子、兔子），也包含抽象的观念（例如：民主主义、勇敢）。总括性理解源自于概念。

内容标准（content standards）：
参见**标准**。

灌输教学法（coverage）：
不考虑学生的理解或参与度，肤浅地讲授知识内容并进行测试的一种教学方法。灌输教学法通常有负面的含义：暗指在一定时间范围内，通过对大量材料（通常是课本）的学习来实现教学目标。（具有讽刺意味的是，"灌输"这个词的一个含义是"掩盖、隐藏"。）教师们通常以课程框架的要求（"我也想把教学内容讲得深刻一些，但我们不得不讲授全部的内容"）或外部测试（"但是考试会考……考试结果会在文件中公布"）为借口开展灌输式教学。与**揭示教学法**

相对。

指标(criteria):

为符合标准,任务必须要达到的质量。如果问"什么是指标?"相当于问"如果学生已成功理解,那么在检查学生作品或表现时,我们希望看到的是什么?我们如何确定工作是令人满意的?"

在设计具体的表现性任务之前(虽然对新教师来说这看起来有点奇怪),我们就应该考虑指标。如果要设计一个考查批判性思维的任务,那需要事先知道批判性思维的特征是什么,然后再进行任务设计,使学生通过自己的表现最终展示这些特征。

评估还必须确定各个指标的权重。因此,如果教师同意拼写、组织结构和发展思路是判断写作水平的重要方面,那么他们必须思考:"这些方面是同等重要的吗?如果不是,每个方面应该分配多少百分比?"

课程(curriculum):

从字面意义上理解为"课程的安排":在《追求理解的教学设计》一书中,这个术语指的是基于内容和表现标准,遵循一定框架设计的明确而综合的计划。

设计(design):

指计划某事的形式和结构,或者确定一件艺术品的格调和主题。在教育中,教师是这两个意义上的设计者,旨在为获得确定的结果,开发有目的的、条理清楚的、有效的和生动的课堂、单元和课程及评估方法。

通过设计使某件事情发生,就是说这件事情的发生经过了一个缜密的计划,而不是偶然或即兴的。追求理解的教学设计的核心思想是教师在课前所进行的准备和计划与教师在课堂上的教学是同等重要的,甚至更重要。

设计标准(design standards):

用来评价单元设计质量的特定标准。标准和同行评审过程为教师的工作提供了一种与评估学生工作相同的评估方式,即根据量规和参照样例进行评估,而不是把设计仅仅看成是良好意愿和艰苦工作的结果。设计标准有双重目的：(1)指导自我评估和同行评审，用以明确设计的优点和需要改进的地方；(2)提供一种质量控制机制，作为验证课程设计的一种手段。

预期结果(desired result)：

明确的教育目标或者成就目标。在追求理解的教学设计中，阶段1需要对所有的预期结果进行归纳。常见的同义词包括标的、目标、目的和想要的结果。预期结果在教育中通常包含5种类型：(1)事实或基于规则的陈述性知识(例如，名词是一个人、地方或事物的名称)；(2)技能和过程(例如，绘制一张透视图，研究一个主题)；(3)从思想、人物、情境和过程中推断出来的理解和感悟(例如，在电磁波频谱中，可见光代表非常小的波段)；(4)思维习惯(例如，毅力和歧义容忍度)；(5)态度(例如，将阅读欣赏作为一种有价值的业余爱好)。

尽管预期结果包含了很多复杂的学习，但它们必须是可测量的项目。换句话说，任何有效的评估设计都是为了测量学习者的工作达到预期目标的程度。

参见**成就目标**。

直接测试(direct test)：

在期望预期表现发生的背景(例如，驾驶考试中的平行停车)中，测量目标表现成就的一种测试类型。相比之下，间接测试是在发生环境之外经常使用特意简化的方式测量相同的表现(例如驾照考试的笔试部分)。从定义上看，直接测试比间接测试更真实。与**标准化考试**相对。

神入(empathy)：

理解六侧面之一，站在他人的立场看待事物，避开个人情绪反应转而去抓取别人反应的能力，这正是"理解"这个词最常用的含义。当我们试图理解另外一个人、一个民族、一种文化的时候，我们要努力做到神入。因此，它不是简单的情感反应，也不是同情。它是能够从别人的立场了解世界(或文本)的能力。它是使用想象力的行为，去感受别人所看到和感觉到的，想象不同的事物是可能发生的,甚至是令人满意的。

　　神入和**洞察**不同,洞察包含以批判的角度看待事物,为了更客观地看待事物而将自己从具体情境中分离出来。神入则指从其他人世界观的角度进行观察,包括在主观和美学领域发现的见解、经验和情感。

　　"神入"这个词由德国学者西奥多·立普斯在20世纪末创造,用来描述人们在理解一本著作或一场艺术表演时必须要做的事情。因此神入是一种有意的行为,试图找到他人观点和行为的合情合理之处和意义所在,即使那些观点或行为令人费解或不快。参见**应用**、**解释**、**阐明**、**洞察**、**自知**。

　　持久理解(enduring understandings):

　　基于大概念的明确推断,拥有课堂之外的持久价值。在本书中,我们鼓励设计者将这些推断陈述完整,形容它们是什么,确切地说是学生应该理解的主题。"学生将理解……"这个题干为确定理解提供了一个实用的工具。

　　为了思考一个单元或课程中的持久理解,就要鼓励教师提问:"我们想让学生理解什么,在学生忘记了具体的知识细节后,这种理解还能持续几年(从现在开始)?"

　　持久理解是学科教学的核心,能够迁移到新的情境中。例如,在学习法律制度时,学生理解了以下推断:"法律明文规定了政府权力的局限,详细说明了个人权利,如法定诉讼程序。"这个推断来自于事实,基于诸如"权利"和"法定诉讼程序"这样的大概念,提供了一个统一的概念透镜,通过它不仅可以认识到大宪章的意义,也能对发展中世界的新兴民主国家进行研究。

　　因为这样的理解本质上通常是抽象的、不明显的,因此需要持续探究的启发式教学,而不是一次性的灌输式教学。作为学习的结果,学生必须达到理解或掌握这种观点。如果老师把理解看作是一个事实,学生是不可能获得持久理解的。

　　热身问题(entry question):

　　在一堂课或一个单元开始的时候使用的一个简单的、引起思考的问题。它通常以一种可接受的方式阐述一个关键的想法或理解。有效的热身问题能够激发关于共同经验、引发思考的问题或令人费解的问题的讨论。热身问题可作为单元和基本问题的引入。

热身问题应该以最简单的方式进行设计,用学生容易理解的语言,具有引发思考的价值,指向更大的单元和基本问题。设计所面临的挑战是从热身问题、难题和活动中自然地产生基本问题和单元问题。

基本问题(essential question):

在学科或课程中处于核心位置的问题(与之相对应的是不重要的或引导性问题),促进对学科的探究或揭示。因此,基本问题没有唯一直接的答案(引导性问题有),而是会产生不同的貌似合理的回答。关于这些答案,思维缜密和知识渊博的人可能会有不同的意见。

基本问题在研究范围内既可以是总括性问题,也可以是针对具体单元的主题性问题。(注意,这与早期 UbD 材料的表述有一些变化,第一版《追求理解的教学设计》一书中,基本问题只指总括性问题。)

解释(explanation):

理解六侧面之一。理解的内涵要大于仅仅知道信息。一个人理解了就能够解释为什么是这样的,而不仅仅是陈述事实。这样的理解作为一个成熟的和有支撑的论述出现,对数据、现象、观点和情感的含义进行解释。理解通过表现和产品来揭示,这些内容可以清晰、彻底、启发性地解释如下问题:事情是如何发生的,说明了什么,在什么地方相互联系,为什么会发生。

这个意义上的理解不仅是给出正确的答案,而且能提供观点的依据(能解释如何选出正确的答案,为什么这个答案是正确的)。需要使用一些动词来描述学生的理解,如证实、概括、支持、核实、证明和用事实支持。在不考虑学科内容、学生年龄、学生是否成熟的情况下,理解在这个意义上揭示了其自身,即拥有"展示自己工作"的能力,解释为什么答案是正确的,把当前的工作归入到更普遍和更强大的原则中,提供有效的证据支持自己的观点,并能为自己的观点辩护。参见**应用**、**神入**、**阐明**、**洞察**、**自知**。

侧面(facet),**理解的侧面**(facet of understanding):

揭示理解的一种方式。在《追求理解的教学设计》中定义了六种不同的理解：**解释**、**阐明**、**应用**、**洞察**、**神入**和**自知**。一个人是否真正理解了，可以通过他是否具有以下能力来判断：

- 能解释：提供关于现象、事实和数据的彻底的、支持性的及合理的叙述。
- 能阐明：叙述有深度的故事；提供合适的转化；从历史角度或个人角度揭示观点和事件的含义；通过图片、趣闻、类比和模型等方式达到理解的目的。
- 能应用：在各种不同的真实情境中有效地使用和调整我们学到的知识。
- 能洞察：批判性地看待、聆听观点；观其大局。
- 能神入：能从他人认为古怪的、奇特的或难以置信的事物中发现价值；在先前直接经验的基础上能进行敏锐的感知。
- 能自知：察觉诸如个人风格、偏见、预测和思维习惯等促成或阻碍理解的因素；意识到哪些地方我们不理解，及为什么理解这些内容有困难。

以上所讲的理解的各侧面意味着理解（或缺乏理解）以不同的相辅相成的方式揭示其本身的含义。换句话说，如果学生对同一观点越是能够给出更多的解释、加以应用并提供多种看法，那么学生越可能理解这个观点。

因此，理解的侧面更像表现性评估的指标而不是学习风格。它更多地是用来帮助教师判断学生是否展示了理解，而不是用来满足教师培养学习者能力的愿望。一篇文章如果要起作用，就必须有说服力和逻辑性（无论一个人是否拥有那些特征或是否重视这些特征）；同样地，这些侧面告诉教师如果他们准备下结论说学生已经理解了，他们需要看到什么样的表现。

这并不意味着对任何特定事物的理解都包括这六侧面。例如，在寻找证据证明学生理解了许多数学概念时，往往不会考虑自知和神入两侧面。理解六侧面不是定量配额，而是为设计课程和评估提供了一个框架或一套指标，用来更好地开发和测量理解。

表现的类型（genre of performance）：

智力表现和产品的一种类型或类别。例如，人们通常说的写作类型（叙事、散文、信件）或演说类型（研讨会发言、正式演讲、给出指示）。因此，一个类型指的是智力表现的三种主要方式（口头、书面、展示）的一个子集。

整体型评分(holistic scoring):

对表现或产品质量的整体印象的一种表征。整体型评分区别于**分析型评分**。在分析型评分中,使用单独的量规为组成表现的每个单独指标进行评价。然而,复杂的整体型评分适合于涉及多个标准的多侧面的表现性任务。例如,可运用不同的整体型评分对相同任务的口头陈述和书面报告两方面进行评价,不用将评分标准分解成每种形式的分析要素(例如,口头陈述的组织性和清晰度)。

劣构的(ill-structured):

是指在回答或解决一个问题、疑问或任务时,缺少解决方案或明显规则的术语。劣构的任务或问题没有建议或暗示确保取得成功的特定策略或方法。通常这类问题是模糊的,在解决方案提出前需要进一步定义或明确。因此,这类问题或疑问更多需要的不是知识,而是良好的判断力和想象力。所有好的论文问题、科学问题,或设计挑战都是劣构的问题:即使目标已理解,期望也已明确,但要完成任务或解决问题,还必须要经历一个过程。不变的是,劣构的任务需要持续的自我评估和修订,而不只是知识迁移的简单应用。

生活中的大多数问题都是劣构的,而大多数测试题目则不是。测试问题有单一的、明确的正确答案,或者有明显的解决方案的过程,因此它们具有良好的结构。这样的题目适合对知识要点进行有效的评价,而不适合用于判断学生明智地运用知识的能力,即如何判断何时应用何种知识和技能的能力。(让我们通过篮球案例作类比来阐明两者之间的区别。每次篮球训练的"测试"表现不同于正式比赛中的"测试"表现:篮球训练是可以预见的和有结构性的,而比赛情况是事先无法规划和预测的。)

间接测试(indirect test):

即脱离常规情境测量表现的一种测试。因此,根据定义,针对任何复杂表现(阅读、写作、解决问题)的任何选择题测试都是间接的。美国大学入学考试(简称 ACT)和学术能力评估测试(简称 SAT)都是评估学生在大学里可能取得的成功的间接方式,因为它们的结果与新生的平均成绩点数相关联。

根据定义,间接测试与直接测试相比缺乏真实性。然而,如果间接测试的结果与直接测试的结果是相关联的,那么表现的间接测试是有效的。

智力工具(intelligent tool):

将抽象观点和过程转换为具体(有形)形式的工具。智力工具可以在认知任务(如学习单元的设计)上提高表现。例如,一个有效的图形组织器就像一张故事地图一样,帮助学生内化故事情节,从而提高他们的故事阅读和写作能力;而且,经常使用智力工具,如单元计划模板和追求理解的教学设计工具,还可以帮助用户形成关于 UbD 主要理念的心理模板。参见**模板**。

阐明(interpretation):

理解六侧面之一。阐明就是在人类的经验、数据或文本中发现含义、重要性、意义和价值。即讲一个发人深省的故事,提供一个强有力的隐喻或发表社论来强化理念。

相对于解释所包含的推理或分析,阐明因此充满更多的内在主观性和试探性。即使一个人知道相关的事实和理论原则,也很有必要问一问:这一切意味着什么?它的重要性是什么?(事实上,动词"理解"在字典里的一个定义是"知道重要性"。)陪审团试图了解虐待儿童事件的意义和意图,而不是从科学上进行准确的概括。理论家提出这一现象的客观知识叫作"虐待",但是小说家通过调查一个怪人的精神生活可能提供更有洞察力的见解。

这种叙事的建构是建构主义的真正含义。当教师说学生必须"有自己的理解"时,他们的意思是:告诉学生预先准备好的关于意义的解释或概念,没有让学生自己解决,也没有让学生了解一些更有效的解释和说明,这会导致虚假的理解。以纯粹讲授的方式进行阐明很可能会导致对知识的肤浅理解和快速遗忘,还会使学生对有内在争议的所有阐释的本质产生误解。参见**应用**、**神入**、**解释**、**洞察**、**自知**。

迭代的(iterative):

需要持续回顾以前的工作。因此,迭代方法是非线性的或非一步步的过程。迭代的同义词是递归的、迂回的和螺旋式的。课程设计的过程总是迭代的。设计者一边设计每个元素,一边不断地回顾自己最初的想法:他们所追求的是什么,如何评价它,以及应该如何教它。根据后来的设计和结果(学习发生或未发生),他们重新考虑先前的单元和课程。

引导性问题(leading question):

用来讲授、澄清或评估知识的一种问题。与**基本问题**不同,引导性问题有正确和直接的答案。说一个问题是"引导性的"并不是指它不重要,引导性问题在教授和检查学生的理解方面是非常有用的。但是,它们的目的和基本问题的目的是完全不同的。

纵向评估(longitudinal assessment):

使用一个固定的得分数轴对相同的表现进行多次评价,以此来跟踪项目向标准方向努力的进展(或缺失)情况,因此也叫作"发展性评价"。例如,美国国家教育进展评估(NAEP)使用一个固定的比例来衡量 4 年级、8 年级和 12 年级学生的数学成绩提升情况。同样地,美国外语教育委员会(ACTEL)使用一个新手—专家的连续数轴来绘制所有进行语言学习的学生在过去一段时间的进步情况。大多数的学校测试,不论是本地的还是全州范围的,不是纵向的评估,因为这些测试是使用一次性评分系统的一次性事件。追求理解的教学设计提出一种使用评分量表和任务的评估系统,这些方法可用于为各个年级层次提供纵向评估。

开放式问题(open-ended question):

是指那些没有唯一正确答案的任务或问题。然而,这不意味着所有的答案都具有相同的价值。当然,它意味着许多不同的、可以接受的答案都是可能的。这些答案与"正确的"答案相比是"合理的"、"可信的"或"经得起推敲的"。例如,作文考试是开放式的,而选择题不是。

结果(outcome):

在教育中,是"想要的教学结果"的简称。想要的结果即预期结果,达到教育者设定的明确目标。在追求理解的教学设计中使用术语**成就目标**和**目标**来描述这些意图。确定结果是否已达到需要与特定测量方式（评估任务、指标和标准）相一致。

尽管过去几年基于结果的教育备受争议，但**结果**这个词是中性的，并不意味着特定目标或者教育理念。它指的是课程或教学计划的重点。基于结果的方法关注预期的输出，而不是输入（内容和方法）。关键的问题是以结果为导向的（作为教学的结果，学生将学到什么，能做什么？）而不是基于输入的（我们应使用什么样的教学方法和教学材料？）。

执行（perform）：
采取行动并完成。参见**表现性任务**。

表现（performance）：
参见**表现性任务**。

表现性任务（performance task）：
也称作**表现**。用一个人的知识来有效地执行任务或实现某个复杂产品，以此来展现个人的知识和专业能力。配乐朗诵、口头演讲、艺术表演和车技竞赛都是表现性任务。

许多教育者将**表现性评估**错误地当作**表现性测试**（参见**评估**、**评估方法**）。表现性评估并不仅仅涉及单一的表现性测试，也可能会用到其他评估形式（如调查、访谈、观察和小测验等）。

无论真实与否，表现性测试都不同于选择题或简答题。在一个表现性测试中，学生需要在劣构的、非常规的或不可预期的问题或挑战的情境中，综合运用所学知识。相反，大多数传统的简答题或选择题与表现性测试相比更像是体育训练。真正的表现者（运动员、辩手、舞者、科学家或者演员）必须通过学习来不断更新和运用他们的知识和看法。相反，选择题每次只能让学生对孤立的、分散的知识或技能进行回忆、识别或填空。

因为许多类型的表现是暂时的行为，所以一个公正的、技术上可行的评估方法通常包含产品的创造过程。这确保了充分的证据记录,为评价表现时的适当的审查与监督提供可能。参见**表现**。

洞察(perspective):

理解六侧面之一,指能看到其他观点合理之处的能力。也意味着理解使人与所知之间存在距离,避免陷入一种观点和一时的冲动。参见**应用**、**神入**、**解释**、**阐明**、**自知**。

档案袋(portfolio):

一个人的代表作品集。正如这个单词的词根所表明的(仍是在艺术领域),为特定的目标制作样本,并将其从一个地方带到另一个地方以进行检查或展览。

在学术领域,档案袋通常有两个不同的目的:对学生作品进行归档;为评价学生过去一段时间所取得的进步提供参考依据。归档文件通常有三个作用:揭示学生对课程或项目的所有主要内容、技术、类型和主题的掌握程度;允许学生回顾和突出自己最好的作品(通过让他们选择哪些作品将放到档案袋里);提供作品如何发展和改善的证据。

前需知识和技能(prerequisite knowledge and skill):

成功完成最后的表现性任务或者达到预期理解时所需的多项离散知识和技能。通常,前需条件确定了一个有意义的最终表现所需要的多项离散知识和专门技能,并将它们整合到一起。例如,USDA 食物金字塔指南的知识被认为是制作健康的、营养均衡的一周饮食菜单这一任务的前需条件。与**结果性知识和技能**相对。

过程(process):

在评估情境中,学生在达到评估界定的最终表现或最终产品的过程中所经历的中间步骤。过程包括完成给定的任务所用到的全部策略、决定、子技能、草案和排练。

在问及产生最终表现或产品的过程评价时,评估员有时需要对学生表现的中间步骤作出清晰的判断,这些步骤与从最终结果中推断出来的过程相比是独立的。例如,评估员可能在一个小组中或在为研究项目准备大纲的过程中评价学生的工作能力,独立于小组或个人写作的最终产品。然而,单独对过程技能进行评价需谨慎。评价的重点应该是最终产品或表现是否满足标准要求,而不是学生是怎么实现的。

产品(product):
表现和过程的有形结果。产品对于评估学生的知识掌握程度是有效的,反映了生产过程的成功或失败:(1)产品体现了知识的传授和评价;(2)在教学中,产品是整个课程中相对重要的材料的合适样本。

项目(project):
项目是智力挑战的复杂集合,其发生大多需要较长的时间。项目通常包括广泛的学生调查,最终产生学生作品和表现。一个单元可能由单个项目组成,但随着时间的推移还包含其他形式的评估证据(小测验、测试和观察等)。

简答题(prompt):
参见**问答题**。

命题(proposition):
描述概念间关系的声明。UbD 建议目标理解应当由明确的理解命题来架构,而不仅仅是指向主题或内容标准的短语。命题包括原理、概括、公理和法则。

问题(question):
参照**热身问题**、**基本问题**、**引导性问题**和**开放式问题**。

小测验(quiz):
选择题或简单测试题(口头或书面的),唯一的目的是对离散的知识和技能进行评价。与**问答题**和**真实性评估**相对。

信度(reliability)：

指在测量和测试中评分的准确性。错误是否很少？如果重新进行测试或者对相同的表现由不同的人重新进行评分，所得分数或等级是否一致？错误是不可避免的，所有的测试，包括可靠性最高的选择题测试都不具备100%的信度。我们的目标是将错误减少到可接受的水平。

在表现性评估中，信度问题通常以两种形式发生：(1)一般在什么程度上可以从单个或少量的表现中概括出学生最终可能的表现？(2)不同的评价者使用相同的方式评价相同表现，获得相同结果的可能性是多大？第二个问题涉及的内容通常被称作"间信度"。

评分错误不一定是考试组织者方法上的欠缺，但这个统计事实关系到：(1)外在的因素如何不可避免地影响被试者和评价者；(2)在单一情境下，使用问题或任务的小样本所带来的局限性。

通过对同一结果设定多种任务来确保获得足够的信度是有可能的。当学生面临多种任务而不是一个任务时可以获得更高信度。同样，由受过良好培训和指导的评价者使用清晰的量规和明确的参考文本或表现来进行评价时，评分信度会得到很大提高。（这些过程长期被用于大规模写作评估和跳级项目中。）

结果(result)，**预期的**(desired)：
参见**预期结果**。

结果性知识和技能(resultant knowledge and skill)：

从学习单元中学到的知识和技能。除了预期的理解，教师确定的其他预期结果（如"聆听"的技能）。

结果性知识和技能不同于前需知识和技能。结果性知识是单元的目标，前需知识是完成单元目标所需要的前提。例如，以历史人物角色扮演活动来结束一个单元，前需知识包含被描述人物的传记事实，前需技能是角色扮演的能力。设计者使用UbD确定阶段1的结果性知识和技能，同时把前需知识编排到阶段3，即教学计划中。

量规（rubric）：

基于指标的评分指南，有助于对学生的工作作出可靠的判断，帮助学生自我评估。一个量规可以对学生表现的一个或多个特性作出评估。量规回答了有关确定结果的理解或熟练程度看上去怎么样的问题。参见**分析型评分**。

抽样（sampling）：

所有单元和测试的设计都要从知识、技能和任务的最大可能范围中进行抽样。像盖洛普民意调查（Gallup polls）一样，如果投放或回复的样本是合适的、合理的，抽样可以使评价者从有限的调查中作出有效的推断。

单元和测试的设计应用两种不同的抽样类型：一种是从所有可能的课程问题、主题和任务这个更大的领域进行抽样；另一种抽样涉及对整体学生中的一部分学生进行评价，而不是对每个学生都进行测试。在大规模的测试系统中，这两种抽样类型结合使用，形成矩阵抽样，凭借这种抽样方法，可以用不同的测试手段测试部分或全部学生，尽可能覆盖较多的知识领域。

教师试图在单元中通过特定的任务对主题范围进行抽样，他们会问：哪些可行的或有效的任务或问题抽样能使我对学生的整体表现作出有效的推断（因为我们不可能测试学生所学的每一个知识点）？当老师试着使用一小部分人群来构建一个更有效、更经济的方法进行测试时，他们提出的问题和民意调查专家是一样的：怎样构建学生的小样本，才能使我们有效地从选取的样本中推断出所有学生的情况？

评分量表（scoring scale）：

一个用于评估表现的连续的等分的数轴。量表明确规定使用了多少种不同的分数。表现性评估通常使用一个比标准化测试评分规模小一些的量表。大多数基于表现的评估使用 4 分或 6 分的量表，而不是 100 分或更大规模的量表。

使用小数值的量表有两个原因：第一，量表中的每个分数的设定都不是随意的（正如常模测试的评分），它是为了对应于一个特定的指标或工作质量。第二个原因很实际，使用离散数字过多的量表会降低评分信度。

评分指南(scoring guide)：

参见**量规**。

保密测试(secure)：

包含多个问题且教师或学生在测试前无法事先准备这些题目的测试。大多数选择题测试一定是保密的，否则会违背它们的有效性，因为它们依靠少量的简单问题进行测试。然而，许多有效的表现性评估不是保密的。例如，棒球比赛或驾照考试中的路考。被评估的学生通常事先知道乐曲片段、辩论主题、口试问题或论文主题，老师为了测试表现而适当地教。

自知(self-knowledge)：

理解六侧面之一，正如在理解六侧面的理论背景下所讨论的，自知是指准确地进行自我评估，以及能够意识到个人探究风格、思维习惯和未经检验的信念对理解可能带来的影响。在这种情况下，自我评估的准确性意味着学习者清晰而明确地知道自己尚未理解的内容(苏格拉底称这种能力为"智慧")。

自知还涉及对自我偏见的觉悟程度，清楚地知道这些偏见是如何影响了理解主题的思维、洞察和信念。也就是说，一个人不只是接受理解(如通过眼睛得到的图像)，其思考和分类的方式将不可避免地投射于情境之中，从而影响理解。参见**应用、神入、解释、阐明、洞察**。

标准(standard)：

如果问什么是标准，即相当于问学生必须如何表现、执行什么类型的任务、基于什么内容才会被认定为是熟练的或高效的。因此，有三种类型的标准，每种类型解决不同的问题。内容标准回答关于"学生应该知道或者能做什么"的问题；表现标准回答"学生必须把工作做到多好"的问题；设计标准回答"学生应该面临哪些有价值的任务"的问题。大多数州立文件只定义了内容标准。一些州立标准也明确了表现标准——一个被认为是典型的或适当的特定结果或成就水平(通常通过标准化测试来衡量)。UbD 也定义与强调了与任务本身质量相关的设计标准。教育者通过这些标准和指标区分单元的优劣。

因为有各种各样的标准，由此导致的混淆比比皆是。更糟糕的是，标准这个词有时候被用来作为一个高期望值的同义词。在其他时候，它也被作为**基准**——人们可以达到的最佳表现或产出——的同义词。在大规模测试中，标准往往含蓄地意味着最低标准，也就是说，是最低合格分数。我们也经常听到将标准作为通用的指导或原则的说法。最后，标准经常因为用来评价表现而与指标混淆。(许多人错误地认为，量规对评价来说已是足够的，但表达清晰的表现标准(通常包含参照样例和范例)也是必要的。)

当我们谈论基于标准的教育时，教育工作者应该从多个方面进行考虑。首先，从广泛的意义上而言，必须注意不要将标准与期望混淆。对于一个表现标准，如果无论是尝试者还是训练有素的人都不一定能达到，那它最好被理解成一个期望。无论是只有少数人符合还是任何人都能符合，标准都是有价值的。标准和期望是不同的，期望的要求高，而标准是可以"达到"的。就是说，很多学生如果坚持并从教师(有高期望值的人们)那里得到良好的教学，不仅可以而且应该能够达到标准。

第二，用于评估的表现标准通常设定为"范例"表现，或者一些详细说明，或者及格分数线。想想更广范围内的标杆(基准)：四分钟跑完一英里、获得马尔科姆·波多里奇国家质量奖(Malcolm Baldrige Award)的企业、海明威的写作、彼得·詹宁斯(Peter Jennings)的口头报告。如果以这样的标杆作标准，几乎没有多少学生能够达到，但是它们仍然是架构学科和评估的有价值的目标。学校测试很少利用专业基准设定表现标准，尽管这些样例是教学模型或量规指标的来源。一个学校的标准通常通过选择基于同伴的参照样例或表现范例(被称作"里程碑"或"适龄"标准)进行设定。对这样的工作样例的选择设定了实际上的标准。

一个关键的评估问题因此就变成了这样：学生的工作样例从何而来？怎样才能有效选择参照样例？教师如何将学校标准和更广范围内的以及成人的标准联系起来？老师通常做的是从全体被测试的学生中选择最好的工作。(UbD的支持者认为，通常需要由高年级的经验丰富的学生来提供参照样例，以便为长期目标提供服务，指导持续反馈。)

第三，标准不同于用来判断表现的指标。跳高或议论文的指标多多少少是固定的,不考虑学生的年龄和能力。所有跳高,要想成功,必须满足相同的指标:栏杆必须不能掉下来。关于写作,所有议论文必须使用适当的证据,进行有效的推理。但是栏杆应该放置多高?论据应该要多复杂和多严密?这些是关于标准的问题。(在量规中对不同层级的描述通常包含指标和标准两个部分。)

标准不是常模,即使常模被用来确定适龄的标准。在传统意义上,表现标准的应用需要通过所谓的及格线来确定一个可接受的最低表现水平。通常,在课堂评分和国家考试中,60分被认为是表现的最低标准。但是测试设计者很少被要求设立一个合理的及格分数。在一开始就规定60分是通过而59分是未通过是武断的;几乎没有测试在设计上能明确区分59和61之间有意义的质的不同。因此,当考虑把标准作为一个及格分界点时,很容易把一个标准参照评分系统变成一个常模参照(norm-referenced)评分系统。

因此,改进内容标准不一定会提高表现标准。内容是指输入,表现是指输出。内容标准指的是学生必须掌握的特定知识。很多当前的改革都假定输入的改进必然地会引起输出质量的提高,但这显然是错误的。在所要求的课程学习中,教师还是会看到学生的低质量工作。事实上,如果只是提高内容标准,短期内学生的表现会更糟糕,这样的预期是有道理的。如果所有其他因素(用在学生工作上的教学和时间)保持不变的话,只在讲授疑难知识点时设立更高的标准可能会导致学生更大程度的失败。

在设置有效且有用的表现标准时要问的关键问题是:学生什么水平的表现是"恰好合格或能被证明"的?因此,将标准应用于实践的有效方案是将学校的内部标准与一些对等的、有价值的外部世界的成就水平(更广范围内的基准)等同起来,并在评分时考虑实质性、稳定性和可靠性。这是职业教育、音乐、体育和其他基于表现的学习形式的共有特征。

标准化(standardized):
用来描述测试或评估的术语,即对所有学生来说,管理条件和要求都是统一的。换句话说,如果给所有的学生相同的考题、时间、材料、反馈指导和限制条件,那么这个测试就是标准化的。对标准化测试经常会有三种误解:

● "选择题"和"标准化测试"是同义词。作为统一管理的一种测试,表现性任务也是一种标准化考试，就像现实中驾照考试中的路考，或者奥林匹克的资格面试。
- 标准化测试一直都是客观评分（机器评分）的。一些跳级的考试作文和全国的写作考试由行政管理机构的评估员进行评分，但也是标准化考试。
- 只有国家级的常模参照考试或标准参照考试（如 SAT）才是标准化的。其实高中学校的分科考试也是一种标准化考试。

也就是说，所有正式的考试都是标准化的。但评估不是这样的。在评估中，组织者可以自由地变化题目、任务、任务顺序和时间分配等要素，最终取得公平、有效、可靠的评估结果。这也是皮亚杰用他的诊断方法（clinical method）来反对比纳（Binet）的测试方法（test method）的争论所在。参考**评估**。

目标（target），**成就**（achievement）：
参考**成就目标**。

模板（template）：
为设计者提供的指南或框架。在日常应用中，模板指的是一种形式——由纸张、木材和金属片构成——其轮廓为特定形状的切割提供了指导。在《追求理解的教学设计》一书中，单元计划模板为单元学习的开发和逆向设计各类元素的优化应用提供了概念上的指导。模板的每一页都包含了关键的问题，提示使用者考虑逆向设计的特定元素，同时图形组织器包含用于记录设计思路的框架。参见**智力工具**。

可迁移性（transferability）：
当处在一个新的不同于最初的学习环境时，学习者能恰当和充分地应用知识的能力。例如，一个理解了"均衡饮食"（基于 USDA 食物金字塔指南）概念的学生通过评价假想饮食的营养价值，以及创建符合食物金字塔建议的营养菜单来迁移理解。

揭示教学法(uncoverage)：

对于理解所有事物所需要的教学方法。和"灌输"的含义相反，"揭示"一个主题是深入挖掘的过程。有三种类型的教学内容通常需要用发现教学法。第一种内容可能是原理、法则、理论或概念，只有看起来是明智的或貌似合理的，这类内容对于学生才有意义。也就是说，学生通过探究和建构可以校验、归纳或证明这类内容。第二种内容可能是违反直觉的、存在细微差别的、微妙的或很容易产生误解的观点，诸如地心引力、进化论、虚数、反语、文本、公式、理论或概念。第三种内容可能是任何技能的概念性或策略性元素(例如，写作中的说服力或足球中的"创造空间")。考虑到技能的局限性，这种发现教学法涉及有效的和有效率的手段，从而引发更大的目的性和对技术的智慧应用。与**灌输教学法**相对。

理解(understanding)：

通过各种恰当的外在表现来显示对思想、人、条件和过程的领悟。理解意味着使所学习的内容有意义，能了解为什么，具有在不同条件和情境中运用这些知识的能力。

单元(unit)：

学习单元的简称。单元通常代表课程中相对独立的学习模块，通常跨越几天或几个星期。比如，三年级科学中的生物课程的学习需要持续一年，其中关于自然栖息地和环境适应的内容都可以作为单元。

虽然对于什么是单元没有严格且简要的标准，教育者通常把单元看作是一个主题性主体，其跨度介于一堂课和整个课程学习之间；关注重要主题(如美国的革命战争)或过程(如研究过程)；持续时间从几天到几周不等。

效度(validity)：

基于评估结果对学生的学习进行可信赖推论的程度。考试是否测量了需要测量的内容？考试结果是否与教育者认为的其他有效表现结果相关？如果考试涉及学习的每一项内容，对问题或任务的安排是否准确地反映了学生确实需要做的内容？测试结果是否具有预测价值，即是否与将来可能取得成功的相关主题有联系？对这些问题(大部分或全部)的回答一定是肯定的,才说明考试具有有效性。

　　因为很多测试都会提供学生表现的样本,这些样本的范围和本质会影响结论的有效程度。能够从学生在某一个具体任务中的表现准确可靠地推断学生已经掌握了整个领域的内容吗？某一类型任务的结论能够推断出其他类型任务的结论吗(比如,通过写作能力能够推断出所有其他类型的能力吗)？如果答案是否定的,用于表现性评估中的典型任务不足以为归纳提供充分的基础。一个解决办法是,用多年积累的大量的相似类型的学生成果作为总结性评估的部分。

　　确切地说,不是测验本身是有效的,而是教育者所声称的能够从测验结果中作出的推断是有效的。这样,在评估效度时,必须要考虑考试的目的。如果用选择题阅读测试来检查学生的理解能力,那么这种测试可能是有效的。可是如果用选择题阅读测试来测量学生有关阅读策略的本领和建构对文本的恰当的、有洞察力的反应的能力,可能是无效的。

　　考试这种形式有可能带来误导,一个非真实性的测验在技术上可能仍然是有效的。它可能会从主题范围内合理抽样,准确预测今后的表现。尽管如此,它却是基于不真实的任务,甚至是没有意义的任务。SAT入学水平考试和奥蒂斯-列侬学业能力测试(Otis-Lennon School Ability Test)经常被它们的开发者在某种有限的意义上说成是有效的：它们可能作为有用的预测因子是有效的,反过来,对于真实的任务却是无效的。

　　关于效度,评分系统会产生其他问题。当问及表现性任务是否有效时,在可行的范围内,如果评分聚焦于表现的最重要方面,而不是最容易评分的方面,那么它就是有效的。最合适的指标是否已明确？量规是否建立在关于质量的最恰当的不同方面？或者评分只是强调容易计算和评分的项目？换句话说,是不是为了信度而牺牲了效度？

WHERETO：

　　是如下内容的首字母：方向在哪里(W)；吸引学生(H)；探究和准备(E)；反思和修订(R)；展示和评价(E)；根据学生需要、兴趣和风格进行调整(T)；为了最大的参与程度和有效性进行组织(O)。若考虑更多的细节,WHERETO包含以下部分：

- (W)下一步工作的努力方向是什么？为什么是这个方向？学生最终的表现性责任和表现性评估是什么？判断学生理解的指标是什么？（学生会问这些问题，要提前帮助学生看到这些问题的答案。）

- (H)设计对学生有吸引力的、有挑战性的切入点：指向基本问题、核心思想和最终表现性任务，能激发学生思考与关注的经验、问题、奇特事物、难题和挑战。

- (E)探究和准备。让学生在体验中投入学习，让他们有机会探究大概念和基本问题；引导他们寻求线索或直觉，研究和验证想法，试着解决问题。通过教学指导及前需知识和技能的训练，让学生为最后的表现性任务作好准备。让他们体验这些思想，并将它们变为现实。

- (R)反思和修订。对某些主题进行深入探究（通过理解各侧面）。根据需要修订、复述和提炼。引导学生根据探究过程、所得结论和后续讨论等得到的反馈进行自我评估和自我调整。

- (E)评价理解。通过最终的表现和作品揭示学生的理解程度。让学生进行最终的自我评估，明确尚未解决的问题，设定未来目标，指向新的单元和课程。

- (T)个性化设置学习任务（量体裁衣），最大程度地保持学生兴趣和学习成果。使用多样化的教学方法，提供足够的选择和种类（但并不是给目标打折扣），尽可能保证所有学生的学习都是投入的和有效的。

- (O)根据预期结果，组织和安排学习内容，最大程度地保证学习的参与度和有效性。

参考资料

Abbott, E. (1884/1963). *Flatland: A romance of many dimensions*. New York: Barnes & Noble Books. (Original work published 1884)

Adler, M. (1982). *The Paideia proposal: An educational manifesto*. New York: Macmillan.

Adler, M. (1984). *The Paideia program: An educational syllabus*. New York: Macmillan.

Adler, M. (1999). *The great ideas: A lexicon of Western thought*. New York: Scribner Classics.

Adler, M., & Van Doren, C. (1940). *How to read a book*. New York: Simon & Schuster.

Alverno College Faculty. (1979). *Assessment at Alverno College*. Milwaukee, WI: Alverno College.

American Association for the Advancement of Science. (1993). *Benchmarks for science literacy*. New York: Oxford University Press.

American Association for the Advancement of Science. (1995). *Assessment of authentic performance in school mathematics*. Washington, DC: Author.

American Association for the Advancement of Science. (2001). *Atlas of science literacy*. New York: Oxford University Press.

American Council on the Teaching of Foreign Languages. (1999). *ACTFL proficiency guidelines — speaking*. (Report). Alexandria, VA: Author. Available: http://www.actfl.org.

American Council on the Teaching of Foreign Languages. (2001). *ACTFL proficiency guidelines — writing*. (Report). Alexandria, VA: Author. Available: http://www.actfl.org.

Anderson, L. W., & Krathwohl, D. R. (Eds.). (2001). *A taxonomy for learning, teaching, and assessing: A revision of Bloom's taxonomy of educational objectives*. New York: Longman.

Andre, T. (1979). Does answering higher-level questions while reading facilitate productive learning? *Review of Educational Research*, 49, 280–318.

Arendt, H. (1963). *Eichmann in Jerusalem: A report on the banality of evil*. New

York: Viking Press.

Arendt, H. (1977). *The life of the mind*. New York: Harcourt, Brace, Jovanovich.

Arter, J., & McTighe, J. (2001). *Scoring rubrics in the classroom: Using performance criteria for assessing and improving student performance*. Thousand Oaks, CA: Corwin Press.

Ashlock, R. B. (1998). *Error patterns in computation* (7th ed.). Upper Saddle River, NJ: Merrill.

Association for Supervision and Curriculum Development. (1997). *Planning integrated units: A concept-based approach* [video]. Alexandria, VA: Producer.

Bacon, F. (1620/1960). In F. Anderson (Ed.), *The new organon* (Book I). New York: Bobbs-Merrill. (Original work published 1620)

Barell, J. (1995). *Teaching for thoughtfulness*. White Plains, NY: Longman.

Barnes, L., Christensen, C. R., & Hansen, A. (1977). *Teaching and the case method*. Cambridge, MA: Harvard Business School Press.

Baron, J. (1993, November). *Assessments as an opportunity to learn: The Connecticut Common Core of Learning alternative assessments of secondary school science and mathematics*. (Report No. SPA-8954692). Hartford: Connecticut Department of Education, Division of Teaching and Learning.

Baron, J., & Sternberg, R. (1987). *Teaching thinking skills: Theory and practice*. New York: W. W. Freeman & Co.

Barrows, H., & Tamblyn, R. (1980). *Problem-based learning: An approach to medical education*. New York: Springer.

Bateman, W. (1990). *Open to question: The art of teaching and learning by inquiry*. San Francisco: Jossey-Bass.

Beane, J. (Ed.). (1995). *Toward a coherent curriculum: The 1995 ASCD yearbook*. Alexandria, VA: Association for Supervision and Curriculum Development.

Berenbaum, R. L. (1988). *The cake bible*. New York: William Morrow Co.

Bernstein, R. (1983). *Beyond objectivism and relativism: Science, hermeneutics, and praxis*. Philadelphia: University of Pennsylvania Press.

Bloom, B. S. (Ed.). (1956). *Taxonomy of educational objectives: Classification of educational goals. Handbook 1: Cognitive domain*. New York: Longman, Green & Co.

Bloom, B., Madaus, G., & Hastings, J. T. (1981). *Evaluation to improve learning*. New York: McGraw-Hill.

Blythe, T., & Associates. (1998). *The teaching for understanding guide*. San Francisco: Jossey-Bass.

Bottoms, G., & Sharpe, D. (1996). *Teaching for understanding through integration of academic and technical education*. Atlanta, GA: Southern Regional Education Board.

Boyer, E. (1983). *High school: A report on secondary education in America by the

Carnegie Foundation for the Advancement of Teaching. New York: Harper & Row.

Boyer, E. L. (1995). *The basic school: A community for learning*. New York: Carnegie Foundation for the Advancement of Teaching.

Bransford, J., Brown, A., & Cocking, R. (Eds.). (2000). *How people learn: Brain, mind, experience, and school*. Washington, DC: National Research Council.

Brooks, J., & Brooks, M. (1993). *In search of understanding: The case for constructivist classrooms*. Alexandria, VA: Association for Supervision and Curriculum Development.

Brown, R., Dolcani, M., Sorgenfrey, R., & Cole, W. (2000). *Algebra: Structure and method book I*. Evanston, IL: McDougal Littell.

Brown, S., & Walter, M. (1983). *The art of problem posing*. Philadelphia: Franklin Institute Press.

Bruner, J. (1957/1973a). *Beyond the information given: Studies in the psychology of knowing*. J. Anglin (Ed.). New York: W. W. Norton. (Original work published 1957)

Bruner, J. (1960). *The process of education*. Cambridge, MA: Harvard University Press.

Bruner, J. (1965). Growth of mind. *American Psychologist, 20*(17), 1007–1017.

Bruner, J. (1966). *Toward a theory of instruction*. Cambridge, MA: Harvard University Press.

Bruner, J. (1973b). *The relevance of education*. Cambridge, MA: Harvard University Press.

Bruner, J. (1990). *Acts of meaning*. Cambridge, MA: Harvard University Press.

Bruner, J. (1996). *The culture of education*. Cambridge, MA: Harvard University Press.

Budiansky, S. (2001, February). The trouble with textbooks. *Prism Online*. Available: http://www.asee.org/prism/feb01/html/textbooks.cfm.

Bulgren, J. A., Lenz, B. K., Deshler, D. D., & Schumaker, J. B. (2001). *The question exploration routine*. Lawrence, KS: Edge Enterprises.

Burns, J. M., & Morris, R. (1986). The Constitution: Thirteen crucial questions. In Morris & Sgroi (Eds.), *This Constitution*. New York: Franklin Watts.

Carroll, J. M. (1989). *The Copernican plan: Restructuring the American high school*. Andover, MA: Regional Laboratory for Educational Improvement of the Northeast Islands.

Caswell, H. L., & Campbell, D. S. (1935). *Curriculum development*. New York: American Book Company.

Cayton, A., Perry, E., & Winkler, A. (1998). *America: Pathways to the present*. Needham, MA: Prentice-Hall.

Chapman, A. (Ed.). (1993). *Making sense: Teaching critical reading across the curriculum.* New York: College Entrance Examination Board.

Coalition for Evidence-Based Policy. (1992, November). *Bringing evidence-driven progress to education: A recommended strategy for the U. S. Department of Education.* Washington, DC: Author.

College of William and Mary, Center for Gifted Education. (1997). *The Chesapeake Bay: A problem-based unit.* Dubuque, IA: Kendall Hunt.

Collingwood, R.G. (1939). *An autobiography.* Oxford, UK: Oxford-Clarendon Press.

Committee on the Foundations of Assessment. Pellegrino, J.W., Chudowsky, N., & Glaser, R. (Eds.). (2001). *Knowing what students know: The science and design of educational assessment.* Washington, DC: National Academy Press.

Content Enhancement Series. Lawrence, KS: Edge Enterprises.

Costa, A. (Ed.). (1991). *Developing minds: A resource book for teaching thinking.* Vol. 1(Rev. ed.). Alexandria, VA: Association for Supervision and Curriculum Development.

Covey, S.R. (1989). *The seven habits of highly effective people: Powerful lessons in personal change.* New York: Free Press.

Coxford, A., Usiskin, Z., & Hirschhorn, D. (1993). *Geometry: The University of Chicago school mathematics project.* Glenview, IL: Scott Foresman.

Darling-Hammond, L., Ancess, J., & Falk, B. (1995). *Authentic assessment in action: Studies of schools and students at work.* New York: National Center for Restructuring Education, Schools and Teaching (NCREST), Teachers College, Columbia University.

Darling-Hammond, L., et al. (1993). *Authentic assessment in practice: A collection of portfolios, performance tasks, exhibitions, and documentation.* New York: National Center for Restructuring Education, Schools and Teaching (NCREST), Teachers College, Columbia University.

Darwin, C. (1958). *The autobiography of Charles Darwin.* New York: W. W. Norton.

Delisle, R. (1997). *How to use problem-based learning in the classroom.* Alexandria, VA: Association for Supervision and Curriculum Development.

Desberg, P., & Taylor, J. H. (1986). *Essentials of task analysis.* Lanham, MD: University Press of America.

Descartes, R. (1628/1961). Rules for the direction of the mind. In L. LaFleur (Ed. and Trans.), *Philosophical essays.* Indianapolis, IN: Bobbs-Merrill. (Original work published 1628)

Detterman, D.K., & Sternberg, R.J. (Eds.). (1993). *Transfer on trial: Intelligence, cognition, and instruction.* Norwood, NJ: Ablex Publishing Corporation.

Dewey, J. (1916). *Democracy and education: An introduction to the philosophy of education.* New York: Macmillan.

Dewey, J. (1933). *How we think: A restatement of the relation of reflective thinking to the educative process.* Boston: Henry Holt.

Dewey, J. (1938). *Experience and education.* New York: Macmillan/Collier.

Diamond, J. (1997). *Guns, germs, and steel: The fates of human societies.* New York and London: W.W. Norton.

Dillon, J.T. (1988). *Questioning and teaching: A manual of practice.* New York: Teachers College Press.

Dillon, J.T. (1990). *The practice of questioning.* New York: Routledge.

Drucker, P.F. (1985). *Innovation and entrepreneurship.* New York: Harper & Row.

Duckworth, E. (1987). *"The having of wonderful ideas" and other essays on teaching and learning.* New York: Teachers College Press.

Educational Testing Service/College Board. (1992). *Advanced placement United States history free-response scoring guide and sample student answers.* Princeton, NJ: Author.

Educators in Connecticut's Pomperaug Regional School District 15. (1996). *A teacher's guide to performance-based learning and assessment.* Alexandria, VA: Association for Supervision and Curriculum Development.

Egan, K. (1986). *Teaching as story-telling: An alternative approach to teaching and curriculum in the elementary school.* Chicago: University of Chicago Press.

Egan, K. (1997). *The educated mind: How cognitive tools shape our understanding.* Chicago: University of Chicago Press.

Einstein, A. (1954, 1982). *Ideas and Opinions.* New York: Three Rivers Press. (Original work published 1954)

Elbow, P. (1973). *Writing without teachers.* New York: Oxford University Press.

Elbow, P. (1986). *Embracing contraries: Explorations in learning and teaching.* New York: Oxford University Press.

Erickson, L. (1998). *Concept-based curriculum and instruction: Teaching beyond the facts.* Thousand Oaks, CA: Corwin Press.

Erickson, L. (2001). *Stirring the head, heart, and soul: Redefining curriculum and instruction* (2nd ed.). Thousand Oaks, CA: Corwin Press.

Fink, L.D. (2003). *Creating significant learning experiences: An integrated approach to designing college courses.* San Francisco: Jossey-Bass.

Finkel, D.L. (2000). *Teaching with your mouth shut.* Portsmouth, NH: Heinemann.

Fogarty, R., Perkins, D., & Barell, J. (1992). *How to teach for transfer.* Palatine, IL: Skylight Publishing.

Fosnot, C.T., & Dolk, M. (2001a). *Young mathematicians at work: Constructing multiplication and division.* Portsmouth, NH: Heinemann.

Fosnot, C.T., & Dolk, M. (2001b). *Young mathematicians at work: Constructing number sense, addition, and subtraction.* Portsmouth, NH: Heinemann.

Freedman, R.L.H. (1994). *Open-ended questioning: A handbook for educators.* Menlo

Park, CA: Addison-Wesley.

Frome, P. (2001). *High schools that work: Findings from the 1996 and 1998 assessments.* Triangle Park, NC: Research Triangle Institute.

Gadamer, H. (1994). *Truth and method.* New York: Continuum.

Gagnon, P. (Ed.). (1989). *Historical literacy: The case for history in American education.* Boston: Houghton-Mifflin.

Gall, M. (1984). Synthesis of research on teacher questioning. *Educational Leadership, 42*(3), 40–46.

Gardner, H. (1991). *The unschooled mind: How children think and how schools should teach.* New York: Basic Books.

Goodlad, J. (1984). *A place called school.* New York: McGraw-Hill.

Gould, S. J. (1977). *Ontogeny and phylogeny.* Cambridge, MA: Harvard University Press.

Gould, S. J. (1980). Wide hats and narrow minds. In S. J. Gould (Ed.), *The panda's thumb.* New York: W. W. Norton.

Gragg, C. (1940, October 19). Because wisdom can't be told. *Harvard Alumni Bulletin.*

Grant, G., et al. (1979). *On competence: A critical analysis of competence-based reforms in higher education.* San Francisco: Jossey-Bass.

Greece Central School District. (n. d.). www.greece.k12.ny.us/instruction/ela/6-12/writing. Greenberg, M. J. (1972). *Euclidean and non-Euclidean geometries: Development and history.* San Francisco: W. H. Freeman Co.

Griffin, P., Smith, P., & Burrill, L. (1995). *The American literacy profile scales: A framework for authentic assessment.* Portsmouth, NH: Heinemann.

Gruber, H., & Voneche, J. (1977). *The essential Piaget: An interpretive reference and guide.* New York: Basic Books.

Guillen, M. (1995). *Five equations that changed the world: The power and poetry of mathematics.* New York: MJF Books.

Guskey, T. (2002). *How's my kid doing? A parent's guide to grades, marks, and report cards.* San Francisco: Jossey-Bass.

Hagerott, S. (1997). Physics for first graders. *Phi Delta Kappan, 78*(9), 717–719.

Hakim, J. (1993). *A history of us: From colonies to country.* New York: Oxford University Press.

Halloun, I., & Hestenes, D. (1985). The initial knowledge state of college physics students, *American Journal of Physics, 53,* 1043–1055.

Halpern, D. F. (1998). Teaching critical thinking across domains: Dispositions, skills, structure training, and metacognitive monitoring. *American Psychologist, 53*(4), 449–455.

Hammerman, E., & Musial, D. (1995). *Classroom 2061: Activity-based assessments in science, integrated with mathematics and language arts.* Palatine, IL: IRI/

Skylight.

Haroutunian-Gordon, S. (1991). *Turning the soul: Teaching through conversation in the high school.* Chicago: University of Chicago Press.

Harvard-Smithsonian Center for Astrophysics. (1997). *Minds of our own* (videotape). Available through learner.org, Annenberg CPB.

Hattie, J. (1992). Measuring the effects of schooling. *Australian Journal of Education, 36*(2), 99–136.

Heath, E. (1956). *The thirteen books of Euclid's elements* (Vols. 1–3). New York: Dover.

Heath, T. (1963). *Greek mathematics.* New York: Dover.

Hegel, G.W.F. (1977). *Phenomenology of spirit* (A.V. Miller, Trans.). London: Oxford University Press.

Heidegger, M. (1968). *What is called thinking?* (J. Gray, Trans.). New York: Harper.

Hestenes, D., & Halloun, I. (1995). Interpreting the FCI. 1992. *The Physics Teacher, 33*, 502–506.

Hestenes, D., Wells, M., & Swackhamer, G. (1992, March). Force Concept Inventory, *The Physics Teacher, 30*, 141–158. The revised Force Concept Inventory can be found at: http://modeling.asu.edu/R&E/Research.html.

Hirsch, E.D., Jr. (1988). *Cultural literacy: What every American needs to know.* New York: Vintage Books.

Hunter, M. (1982). *Mastery teaching.* Thousand Oaks, CA: Corwin Press.

Jablon, J.R., et al. (1994). *Omnibus guidelines, kindergarten through fifth grade* (3rd ed.). Ann Arbor, MI: The Work Sampling System.

Jacobs, H.H. (Ed.). (1989). *Interdisciplinary curriculum: Design and implementation.* Alexandria, VA: Association for Supervision and Curriculum Development.

Jacobs, H.H. (1997). *Mapping the big picture: Integrating curriculum and assessment K–12.* Alexandria, VA: Association for Supervision and Curriculum Development.

James, W. (1899/1958). *Talks to teachers on psychology and to students on some of life's ideals.* New York: W.W. Norton. (Original work published 1899)

Johnson, A.H. (Ed.). (1949). *The wit and wisdom of John Dewey.* Boston: Beacon Press.

Jonassen, D., Tessmer, M., & Hannum, W. (1999). *Task analysis methods for instructional design.* Mahwah, NJ: Lawrence Erlbaum.

Kant, I. (1787/1929). *The critique of pure reason* (N. Kemp Smith, Trans.). New York: Macmillan. (Original work published 1787)

Kasulis, T. (1986). Questioning. In M.M. Gilette (Ed.), *The art and craft of teaching.* Cambridge, MA: Harvard University Press.

Kliebard, H. (1987). *The struggle for the American curriculum, 1893–1958.* New

York: Routledge & Kegan Paul.

Kline, M. (1953). *Mathematics in Western culture*. Oxford: Oxford University Press.

Kline, M. (1970, March). Logic vs. pedagogy. *American Mathematical Monthly, 77* (3), 264–282.

Kline, M. (1972). *Mathematical thought from ancient to modern times*. New York: Oxford University Press.

Kline, M. (1973). *Why Johnny can't add: The failure of the new math*. New York: Vintage Press.

Kline, M. (1980). *Mathematics: The loss of certainty*. Oxford, UK: Oxford University Press.

Kline, M. (1985). *Mathematics and the search for knowledge*. New York: Oxford University Press.

Kobrin, D. (1996). *Beyond the textbook: Teaching history using documents and primary sources*. Portsmouth, NH: Heinemann.

Koestler, A. (1964). *The act of creation: A study of the conscious and unconscious in science and art*. New York: Macmillan.

Kohn, A. (2000). *The case against standardized testing: Raising the scores, ruining our schools*. Portsmouth, NH: Heinemann.

Krause, E. (1975). *Taxicab geometry: An adventure in non-Euclidean geometry*. New York: Dover Publications.

Kuh, G. (2003, March 1). What we're learning about student engagement from NSSE. *Change* 35(2), 24–32.

Kuhn, T. (1970). *The structure of scientific revolutions* (2nd ed.). Chicago: University of Chicago Press.

Levy, S. (1996). *Starting from scratch: One classroom builds its own curriculum*. Portsmouth, NH: Heinemann.

Lewis, C. (2002). *Lesson study: A handbook of teacher-led instructional change*. Philadelphia: Research for Better Schools.

Lewis, N. (1981). *Hans Christian Andersen's fairy tales*. Middlesex, UK: Puffin Books.

Light, R. (1990). *The Harvard assessment seminar: Explorations with students and faculty about teaching, learning, and student life (Vol. 1)*. Cambridge, MA: Harvard University Press.

Light, R. J. (2001). *Making the most of college: Students speak their minds*. Cambridge, MA and London: Harvard University Press.

Liping, M. A. (1999). *Knowing and teaching elementary mathematics: Teachers' understanding of fundamental mathematics in China and the United States*. Mahway, NJ: Lawrence Erlbaum.

Lodge, D. (1992). *The art of fiction*. New York: Viking.

Lyman, F. (1992). Think-pair-share, thinktrix, and weird facts. In N. Davidson &

T. Worsham (Eds.), *Enhancing thinking through cooperative learning*. New York: Teachers College Press.

MacFarquhar, N. (1996, September 27). For Jews, a split over peace effort widens. *New York Times*, p. A1.

Mansilla, V. B., & Gardner, H. (1997). Of kinds of disciplines and kinds of understanding. *Phi Delta Kappan, 78*(5), 381-386.

Martin, M., Mullis, I., Gregory, K., Hoyle, C., & Shen, C. (2000). *Effective schools in science and mathematics: IEA's Third International Mathematics and Science Study*. Boston: International Study Center, Lynch School of Education, Boston College.

Marzano, R. J. (2000). Analyzing two assumptions underlying the scoring of classroom assessments. Aurora, CO: Mid-continent Research for Educational Learning.

Marzano, R. J. (2003). *What works in schools: Translating research into action*. Alexandria, VA: Association for Supervision and Curriculum Development.

Marzano, R., & Kendall, J. (1996). *A comprehensive guide to designing standards-based districts, schools, and classrooms*. Alexandria, VA: Association for Supervision and Curriculum Development.

Marzano, R., & Pickering, D. (1997). Dimensions of learning teacher's manual (2nd ed.). Alexandria, VA: Association for Supervision and Curriculum Development.

Marzano, R., Pickering, D., & McTighe, J. (1993). *Assessing student outcomes: Performance assessment using the dimensions of learning model*. Alexandria, VA: Association for Supervision and Curriculum Development.

Marzano, R., Pickering, D., & Pollock, J. (2001). *Classroom instruction that works: Researchbased strategies for increasing student achievement*. Alexandria, VA: Association for Supervision and Curriculum Development.

Massachusetts Department of Education. (1997a). *English language arts curriculum framework*. Boston: Author.

Massachusetts Department of Education. (1997b). *History curriculum framework*. Boston: Author.

McCarthy, B. (1981). *The 4-Mat system*. Barrington, IL: Excel.

McClean, J. (2003, Spring/Summer). 20 considerations that help a project run smoothly. *Fine Homebuilding: Annual Issue on Houses*, 24-28.

McCloskey, M., Carramaza, A., & Green, B. (1981). Naive beliefs in "sophisticated" subjects: Misconceptions about trajectories of objects. *Cognition,* 9(1), 117-123.

McGuire, J. M. (1997, March). Taking a storypath into history. *Educational Leadership,* 54(6), 70-72.

McKeough, A., Lupart J., & Marini, Q. (Eds.). (1995). *Teaching for transfer: Fostering generalizations in learning*. Mahwah, NJ: Lawrence Erlbaum.

McMillan, J. H. (1997). *Classroom assessment: Principles and practice for effective instruction*. Boston: Allyn & Bacon.

McTighe, J. (1996, December – 1997, January). What happens between assessments? *Educational Leadership*, 54(4), 6 – 12.

McTighe, J., & Lyman, F. (1988). Cueing thinking in the classroom: The promise of theoryembedded tools. *Educational Leadership*, 45(7), 18 – 24.

McTighe, J., & Wiggins, G. (2004). *Understanding by design professional development workbook.* Alexandria, VA: Association for Supervision and Curriculum Development.

Meichenbaum, D., & Biemiller, A. (1998). *Nurturing independent learners: Helping students take charge of their learning.* Cambridge, MA: Brookline Books.

Milgram, S. (1974). *Obedience to authority.* New York: Harper.

Milne, A. A. (1926). *Winnie the Pooh.* New York: E. P. Dutton.

Mursell, J. L. (1946). *Successful teaching: Its psychological principles.* New York: McGraw-Hill.

Nagel, N. G. (1996). *Learning through real-world problem solving: The power of integrative teaching.* Thousand Oaks, CA: Corwin Press.

National Assessment of Educational Progress. (1988). *The mathematics report card: Are we measuring up? Trends and achievement based on the 1986 national assessment.* Washington, DC: U. S. Department of Education.

National Center for History in the Schools, University of California. (1994). *History for grades K – 4: Expanding children's world in time and space.* Los Angeles: Author.

National Center for History in the Schools, University of California. (1996). *National standards for United States history: Exploring the American experience, Grades 5 –12* (Expanded Version). Los Angeles: Author.

National Center for Research in Vocational Education. (2000). *High schools that work and whole school reform: Raising academic achievement of vocational completers through the reform of school practice.* Berkeley, CA: University of California at Berkeley.

National Center on Education and the Economy. (1997). *Performance standards: English language arts, mathematics, science, applied learning.* Pittsburgh, PA: University of Pittsburgh.

National Survey of Student Engagement. (2001). *Improving the college experience: Using effective educational practices.* Bloomington, IN: Indiana University Center for Postsecondary Research.

National Survey of Student Engagement. (2002). *From promise to progress: How colleges and universities are using engagement results to improve collegiate quality.* Bloomington, IN: Indiana University Center for Postsecondary Research.

National Survey of Student Engagement. (2003). *Converting data into action: Expanding the boundaries of institutional improvement.* Bloomington, IN: Indiana University Center for Postsecondary Research. Available: http://www.iub.edu/~

nsse/html/report-2003.shtml.

Newmann, F. N., & Associates. (1996). *Authentic achievement: Restructuring schools for intellectual quality.* San Francisco: Jossey-Bass.

Newmann, F., Bryk, A., & Nagaoka, J. (2001). *Authentic intellectual work and standardized tests: Conflict or coexistence?* Chicago: Consortium on Chicago School Research. Available: http://www.consortium-chicago.org/publications/p0001.html.

Newmann, F., Marks, H., & Gamoran, A. (1995, Spring). Authentic pedagogy: Standards that boost student performance. Issue Report No. 8. Madison, WI: Center on Organization and Restructuring of Schools.

Newmann, F. N., Secada, W., & Wehlage, G. (1995). *A guide to authentic instruction and assessment: Vision, standards and scoring.* Madison: Wisconsin Center for Education Research.

New York State Department of Education. (1996). *Learning standards for the arts.* Albany, NY: Author.

New York Times (2003, November 11). Science Times. p. D1.

Ngeow, K. Y. (1998). Motivation and transfer in language learning. ERIC Digest ED427318 98.

Nickerson, R. (1985, February). Understanding understanding. *American Journal of Education 93*(2), 201–239.

Nickerson, R., Perkins, D., & Smith, E. (1985). *The teaching of thinking.* Hillsdale, NJ: Lawrence Erlbaum.

O'Neill, M. (1996, September 1). *New York Times Sunday Magazine.* p. 52.

Osborne, R., & Freyberg, P. (1985). *Learning in science: The implications of children's science.* Aukland, NZ: Heinemann.

Parkes, J. (2001). The role of transfer in the variability of performance. *Educational Assessment, 7*(2).

Passmore, J. (1982). *The philosophy of teaching.* Cambridge, MA: Harvard University Press.

Peak, L., et al. (1996). *Pursuing excellence: A study of U.S. eighth grade mathematics and science teaching, learning, curriculum, and achievement in international context (NCES 97–198).* Washington, DC: U.S. Department of Education, National Center for Education Statistics.

Perkins, D. (1991, October). Educating for insight. *Educational Leadership, 49*(2), 4–8.

Perkins, D. (1992). *Smart schools: From training memories to educating minds.* New York: Free Press.

Perkins, D. N., & Grotzer, T. A. (1997). Teaching intelligence. American Psychologist, 52(10), 1125–1133.

Perry, W. (1970). *Forms of intellectual development in the college years: A scheme.*

New York: Holt, Rinehart & Winston.

Peters, R. S. (1967). *The concept of education*. London: Routledge & Kegan Paul.

Phenix, P. (1964). *Realms of meaning*. New York: McGraw-Hill.

Piaget, J. (1965). *The moral judgment of the child*. New York: Humanities Press.

Piaget, J. (1973). *To understand is to invent: The future of education*. New York: Grossman's Publishing Co.

Piaget, J. (1973/1977). Comments on mathematical education. In H. Gruber and J. Voneche (Eds.), *The essential Piaget*. New York: Basic Books. (Original work published 1973)

Poincaré, H. (1913/1982). Science and method. *In The foundations of science* (G. B. Halstead, Trans.). Washington, DC: University Press of America. (Original work published 1913)

Polya, G. (1945). *How to solve it: A new aspect of mathematical method*. Princeton, NJ: Princeton University Press.

Popper, K. (1968). *Conjectures and refutations*. New York: Basic Books.

Pressley, M., (1984). Synthesis of research on teacher questioning. *Educational Leadership, 42*(3), 40–46.

Pressley, M., et. al. (1992). Encouraging mindful use of prior knowledge: Attempting to construct explanatory answers facilitates learning. *Educational Psychologist, 27*(1), 91–109.

Redfield, D. L., & Rousseau, E. W. (1981). A meta-analysis of experimental research on teacher questioning behavior. *Review of Educational Research, 51,* 237–245.

Regional Laboratory for Educational Improvement of the Northeast & Islands. (undated). *The voyage of pilgrim '92: A conversation about constructivist learning* [newsletter].

Roseman, J. E., Kulm, G., & Shuttleworth, S. (2001). Putting textbooks to the test. *ENC Focus, 8*(3), 56–59. Available: http://www.project2061.org/publications/articles/articles/enc.htm.

Rothstein, E. (2003, August 2) Shelf life: A bioethicist's take on Genesis. *New York Times,* p. B7.

Rousseau, J. (1979). *Emile, or education.* (A. Bloom, Trans.). New York: Basic Books.

Ruiz-Primo, M. A., et al. (2001). On the validity of cognitive interpretations of scores from alternative concept-mapping techniques. *Educational Assessment, 7*(2).

Russell, J. (2003, September 13). On campuses, handhelds replacing raised hands. *Boston Globe*.

Ryle, G. (1949). *The concept of mind*. London: Hutchinson House.

Salinger, J. D. (1951). *The catcher in the rye*. Boston: Little Brown.

Sanders, N. (1966), *Classroom questions: What kinds?* New York: Harper & Row.

Saphier, J., & Gower, R. (1997). *The skillful teacher: Building your teaching skills*

(5th ed.). Carlisle, MA: Research for Better Teaching.

Schank, R. (1990). *Tell me a story: Narrative and intelligence.* Evanston, IL: Northwestern University Press.

Schmoker, M. (1996). *Results: The key to continuous school improvement.* Alexandria, VA: Association for Supervision and Curriculum Development.

Schneps, M. (1994). *"A private universe" teacher's guide.* Washington, DC: The Corporation for Public Broadcasting.

Schoenfeld, A. (1988). Problem solving in context(s). In R. Charles & E. Silver (Eds.), *The teaching and assessing of mathematical problem solving.* Reston, VA: National Council on Teachers of Mathematics/Erlbaum.

Schön, D. A. (1989). *Educating the reflective practitioner: Toward a new design for teaching and learning.* San Francisco: Jossey-Bass.

School Curriculum and Assessment Authority. (1995). *Consistency in teacher assessment: Exemplifications of standards (science).* London: Author.

School Curriculum and Assessment Authority. (1997). *English tests mark scheme for paper two (Key stage 3, Levels 4–7).* London: Author.

Schwab, J. (1971). The practical: Arts of eclectic. *School Review, 79,* 493–542.

Schwab, J. (1978). The practical: Arts of eclectic. In *Science, curriculum, and liberal education: Selected essays.* Chicago: University of Chicago Press.

Senk, S., & Thompson, D. (2003). *Standards-based school mathematics curricula: What are they? What do students learn?* Mahwah, NJ: Lawrence Erlbaum.

Serra, M. (1989). *Discovering geometry: An inductive approach.* Berkeley, CA: Key Curriculum Press.

Shattuck, R. (1996). *Forbidden knowledge: From Prometheus to pornography.* New York: St. Martin's Press.

Shulman, J. (1992). *Case methods in teacher education.* New York: Teachers College Press.

Shulman, L. (1999 July/August). Taking learning seriously. *Change, 31*(4), 10–17.

Singh, S. (1997). *Fermat's enigma: The epic quest to solve the world's greatest mathematical problem.* New York: Walker & Co.

Sizer, T. (1984). *Horace's compromise: The dilemma of the American high school.* Boston: Houghton Mifflin.

Skemp, R. R. (1987). *The psychology of learning mathematics: Expanded American edition.* Hillsdale, NJ: Lawrence Erlbaum.

Smith, J., Lee, V., & Newmann, F. (2001). *Instruction and achievement in Chicago elementary schools.* Chicago: Consortium on Chicago School Research. Available: http://www.consortium-chicago.org/publications/p0001.html.

Smith, R. J. (1997, January 5). The soul man of suburbia. *New York Times Sunday Magazine,* sec. 6, p. 22.

Southern Regional Education Board. (1992). *Making high schools work.* Atlanta, GA:

Author.

Spiro, R., et al. (1988). *Cognitive flexibility theory: Advanced knowledge acquisition in ill-structured domains.* Hillsdale, NJ: Lawrence Erlbaum.

Stavy, R., & Tirosh, D. (2000). *How students (mis-) understand science and mathematics: Intuitive rules.* New York: Teachers College Press.

Steinberg, A. (1998). *Real learning, real work: School-to-work as high school reform.* New York: Routledge.

Steinberg, A., Cushman, K., & Riordan, R. (1999). *Schooling for the real world: The essential guide to rigorous and relevant learning.* San Francisco: Jossey-Bass.

Stepien, W., & Gallagher, S. (1993, April). Problem-based learning: As authentic as it gets. *Educational Leadership,* 50(7), 23–28.

Stepien, W., & Gallagher, S. (1997). *Problem-based learning across the curriculum: An ASCD professional inquiry kit.* Alexandria, VA: Association for Supervision and Curriculum Development.

Stepien, W., & Pyke, S. (1997). Designing problem-based learning units. *Journal for the Education of the Gifted,* 20(4), 380–400.

Stepien, W., Gallagher, S., & Workman, D. (1993). Problem-based learning for traditional and interdisciplinary classrooms. *Journal for the Education of the Gifted,* 16(4), 338–357.

Sternberg, R., & Davidson, J. (Eds.). (1995). *The nature of insight.* Cambridge, MA: MIT Press.

Stiggins, R. J. (1997). *Student-centered classroom assessment.* Upper Saddle River, NJ: Prentice-Hall.

Stigler, J. W., & Hiebert, J. (1997, September). Understanding and improving classroom mathematics instruction: An overview of the TIMSS video study. *Phi Delta Kappan,* 79(1), 14–21.

Stigler, J. W., & Hiebert, J. (1999). *The teaching gap: Best ideas from the world's teachers for improving education in the classroom.* New York: Free Press.

Stone, C. L. (1983). A meta-analysis of advance organizer studies. *Journal of Experimental Education,* 54, 194–199.

Strong, M. (1996). *The habit of thought: From Socratic seminars to Socratic practice.* Chapel Hill, NC: New View.

Sullivan, K. (1997, December 22). Japanese director commits suicide. *Washington Post,* p. C1.

Sulloway, F. (1996). *Born to rebel: Birth order, family dynamics, and creative lives.* New York: Pantheon Press.

Tagg, J. (2003). *The learning paradigm in college.* Bolton, MA: Anker Publishing Company.

Tannen, D. (1990). *You just don't understand: Women and men in conversation.* New York: Ballantine Books.

Tharp, R. G., & Gallimore, Ronald (1988). *Rousing minds to life: Teaching, learning, and schooling in social context.* Cambridge, UK: Cambridge University Press.

Thier, H. D., with Daviss, B. (2001). *Developing inquiry-based science materials: Guide for educators.* New York and London: Teachers College Press.

Thomas, L. (1983). *Late night thoughts on listening to Mahler's Ninth Symphony.* New York: Viking Press.

Tishman, S., & Perkins, D. (1997). The language of thinking. *Phi Delta Kappan, 78* (5), 368.

Tomlinson, C. A., Kaplan, S. N., Renzulli, J. S., Purcell, J., Leppien, J., & Burns, D. (2001). *The parallel curriculum: A design to develop high potential and challenge high-ability learners.* Thousand Oaks, CA: Corwin Press.

Trible, P. (2003, October 19) Of man's first disobedience, and so on. *New York Times,* sec. 7, p. 28.

Tyler, Ralph W. (1949) *Basic principles of curriculum and instruction.* Chicago: University of Chicago Press.

U. S. Department of Education, National Center for Education Statistics (NCES). (1998). *Third international math and science study* [Online]. Available: http://nces.ed.gov/timss/.

U. S. Department of Education, National Center for Education Statistics (NCES). (1999, February). The TIMSS videotape classroom study: Methods and findings from an exploratory research project on eighth-grade mathematics instruction in Germany, Japan, and the United States, NCES 99-074, by James W. Stigler, Patrick Gonzales, Takako Kawanaka, Steffen Knoll, and Ana Serrano. Washington, DC: U. S. Government Printing Office. Available: http://nces.ed.gov/timss/.

U. S. Department of Health, Education, and Welfare. (1976). *The American Revolution: Selections from secondary school history books of other nations* (HEW Publication No. OE 76-19124). Washington, DC: U. S. Government Printing Office.

Vaishnav, A. (2003, August 3). MCAS's most onerous questions revealed. *Boston Globe.*

Van de Walle, J. A. (1998). *Elementary and middle school mathematics: Teaching developmentally.* New York: Longman.

Vanderstoep, S. W., & Seifert, C. M. (1993). Learning "how" versus learning "when": Improving transfer of problem-solving principles. *Journal of the Learning Sciences, 3*(1), 93-11.

Van Manen, M. (1991). *The tact of teaching: The meaning of pedagogical thoughtfulness.* Albany: State University of New York Press.

Von Hippel, E. (1988). *The sources of innovation.* New York: Oxford University Press.

Weil, M. L., & Murphy, J. (1982). Instructional processes. In H. E. Mitzel (Ed.), *Encyclopedia of educational research*. NY: Free Press.

Wenglinsky, H. (1998). *Does it compute? The relationship between educational technology and student achievement in mathematics*. New Jersey: Educational Testing Service.

White, R., & Gunstone, R. (1992). *Probing understanding*. London: Falmer Press.

Whitehead, A. N. (1929). *The aims of education and other essays*. New York: Free Press.

Wiggins, G. (1987, Winter). Creating a thought-provoking curriculum. *American Educator, 11*(4), 10–17.

Wiggins, G. (1987). *Thoughtfulness as an educational aim* (unpublished dissertation: Harvard University Graduate School of Education).

Wiggins, G. (1989, November). The futility of teaching everything of importance. *Educational Leadership, 47*(3), 44–59.

Wiggins, G. (1993). *Assessing student performance: Exploring the purpose and limits of testing*. San Francisco: Jossey-Bass.

Wiggins, G. (1996, January). Practicing what we preach in designing authentic assessments. *Educational Leadership, 54*(4), 18–25.

Wiggins, G. (1997, September). Work standards: Why we need standards for instructional and assessment design. *NASSP Bulletin, 81*(590), 56–64.

Wiggins, G. (1998). *Educative assessment: Designing assessments to inform and improve performance*. San Francisco: Jossey-Bass.

Wiggins, G., & McTighe, J. (1998). *Understanding by design* (1st ed.). Alexandria, VA: Association for Supervision and Curriculum Development.

Wilson, J. (1963). *Thinking with concepts*. London: Cambridge University Press.

Wiske, M. S. (1998). *Teaching for understanding: Linking research with practice*. San Francisco: Jossey-Bass.

Wittgenstein, L. (1953). *Philosophical investigations*. New York: Macmillan.

Wolf, D. (1987, Winter). The art of questioning. *Academic connections*.

Woolf, V. (1929). *A room of one's own*. New York: Harcourt Brace & World.

Wynn, C. M., & Wiggins, A. W. (1997). *The five biggest ideas in science*. New York: John Wiley & Sons.

作者简介

格兰特·威金斯(Grant Wiggins)是"真实性教育"(Authentic Education)的负责人,这一组织位于新泽西州的蒙茅斯章克申。他在多种教育改革项目中为学校、学区和州教育部门提供咨询;针对各种教育改革问题组织会议和工作坊;并基于追求理解的教学设计理念,开发教材和网络资源。威金斯的工作已得到皮尤慈善信托基金会、杰拉尔丁·R·道奇基金会、美国国家科学基金会,以及州教育委员会的支持。

在过去的 15 年里,威金斯参与了一些重大的教育改革,包括佛蒙特州的档案袋系统和精英学校联盟。他建立了一个州范围的教育共同体,专注于教育评估改革,还为北卡罗来纳州和新泽西州设计了一套以学生表现为基础的、由教师实施的档案袋评估模型。

威金斯的著作有《教育评估》(*Educative Assessment*)和《评估学生表现》(*Assessing Student Performance*);也在很多期刊上发表过文章,如《教育领导力》(*Educational Leadership*)和《卡潘》(*Phi Delta Kappan*)。

威金斯的工作是以他 14 年的初中教学与教练经验为基础的。他教的是英语和哲学选修课,并为学校足球代表队、越野训练、校少年棒球队和田径赛提供指导。他还曾指导自己的两个儿子和女儿完成了足球和棒球训练。2002 年,威金斯在新泽西大学做访问学者。他从哈佛大学获得了教育学博士学位,从纳波利斯的圣约翰学院获得了文学学士学位。他还是 Hazbins 摇滚乐队的吉他手和主唱。

威金斯的联系方式是:

地址：Authentic Education，4095 US Route 1，Box 104，Monmouth Junction，NJ 08852

电话：(732)329-0641

E-mail：grant@authenticeducation.org

杰伊·麦克泰格(Jay McTighe)在充实而多元的教育工作经历中积淀和发展了丰富的经验。他目前是马里兰州评估委员会的主任，该委员会是一个州立的学区合作体，教育工作者在这里共同工作以开发和分享形成性表现评估。在担任这个职位之前，麦克泰格参与了马里兰州教育部门的学校提升工程。在这个工程中，为了提升学生的思维品质，他通过协调全州之力来开发教学策略、课程模型和评估流程，并因此赢得了声誉。麦克泰格也指导过教学框架、多媒体教学数据等的开发工作。除了在州层面的工作，麦克泰格在马里兰州的乔治王子县也有工作经验，他曾做过那里的学校教师、资源专家和项目协调人。他还曾是马里兰州天才儿童夏季中心的主任，这是一个在圣玛丽学院举办的、服务于本州居民的提升项目。

麦克泰格在一些前沿期刊和书籍中发表了多篇文章，包括《教育领导力》(Educational Leadership，美国督导与课程开发协会(简称 ASCD))，《发展思维》(Developing Minds，ASCD)，《思维技能：概念与技术》(Thinking Skills：Concepts and Techniques，国家教育协会(简称 NEA))，以及《开发者》(The Developer，国家管理人员发展学会)。他与人合著了三本有关评估的书：《在课堂中评估学习》(Assessing Learning in the Classroom，NEA)，《评估学生成果：使用学习模式的角度开展绩效评估》(Assessing Student Outcomes：Performance Assessment Using the Dimensions of Learning Model，ASCD)，以及《用以提高并评价学生绩效的具》(Evaluation Tools to Improve as Well as Evaluate Student Performance，科文出版社)。他与格兰特·威金斯合著了《追求理解的教学设计专业发展工作手册》(Understanding by Design Professional Development Workbook，ASCD)，《追求理解的教学设计指南》(Understanding by Design

Handbook)。

麦克泰格在教师专业发展方面经验丰富,常常作为专家参加国家、州、地区的会议和工作坊。他也在一些视频项目中担任重要嘉宾和专家,如 *Performance Assessment in the Classroom*(教育视频期刊)、*Developing Performance Assessments*(ASCD)和 *Understanding by Design* 的系列视频(1—3)(ASCD)。

麦克泰格在威廉与玛丽学院获得学士学位,在马里兰大学获得硕士学位,并在约翰·霍普金斯大学完成了研究生课程。他通过位于华盛顿的教育领导力协会入选参加了教育政策研究计划。他是国家评估论坛成员,这个教育与民权组织联合机构致力于国家、州和地方的评估政策与实践的改革。他也完成了任期三年的 ASCD 出版委员会工作,并于 1994—1995 年期间担任该委员会主席一职。

麦克泰格的联系方式是:

地址:6581 River Run, Columbia, MD 21044 - 6066

电话:(410)531 - 1610

E-mail:jmctigh@aol.com

网址:jaymctighe.com

畅销书
《追求理解的教学设计(第二版)》
姊妹篇

本书为学校改革提供了一个清晰且有力的方法——基于设计的学校教育,以及实现使命的实用战略。通过借鉴大量的实践策略和案例,明确地阐释了学校教育的使命、课程重建策略、教师和学术带头人工作职责等内容,并且对于逆向设计如何应用于学校改革、改革过程必须持续的三步骤以及学校渴望的改革成就等方面做出了科学地规划和指导。

"追求理解的教学设计"工作坊，
带你通向理解，助力教学！

纸上得来终觉浅，行动胜于空谈。

如果你在阅读本书的过程中，还存在问题和困惑，欢迎参加由本书主译者华东师范大学闫寒冰教授亲自带领团队授课的"追求理解的教学设计"工作坊，一起探寻：

- 什么是理解？
- 为什么理解是一项重要的教学目标？
- 我们如何达到这一教学目标？
- 又如何知道学生是否达到了这个目标？
- ……

【课程对象】

中小学各学科教师、教研员。

【课程目标】

1. 认知"理解"的本质，探寻具体学科情境中发展学生核心素养的关键点。
2. 应用逆向教学设计策略，完成基于学生理解的单元目标、评估和活动的设计。
3. 完善单元设计方案，提升指导学生开展"深度学习"的策略与技巧。

【项目特色】

- 中西合璧的理念引领；
- 角色互补的专家团队；
- 实践操作的参与体验；
- 聚焦应用的持续改进。

【课程安排】

培训前：

- 加入班级学员微信群，组建学习共同体；
- 《追求理解的教学设计》书籍共读分享；
- 参与完成课程主题讨论，做好上课准备。

培训中：

模块名称	主要内容与任务	培训时间
核心素养与逆向教学设计	• 明晰工作坊的学习任务； • 明确核心素养的本质； • 掌握"理解六侧面"的内涵； • 理解逆向教学设计的理念； • 案例分享。	一天
设计 单元目标	• 理解单元设计的意义与价值； • 掌握确定单元目标优先顺序的技巧； • 掌握综合性基本问题及单元性基本问题的设计方法。	一天
设计 单元评估	• 总结分析目前已有的评估方法及学习证据； • 理解基于证据的评估者思维； • 掌握利用 GRASPS 法进行表现性任务的构建； • 掌握评价量规的设计方法。	一天
设计 单元活动	• 利用 WHERETO 方法，完成单元活动设计； • 单元设计要素的有效整合； • 单元设计的吸引力与有效力。	一天
成果展评	• 单元活动设计方案复盘、分享、展示与点评	一天

培训后：

- 获得一次免费的方案实施指导意见；
- 有机会参加后续培训优秀方案分享。

官方培训，带你通向理解、破解难题、助力教学！

本项目同时接受学校集体报名以及相关课程/案例研发和指导咨询，具体费用另行沟通。

联系方式：宋老师：021 - 62233381；xlsong@dec.ecnu.edu.cn

华东师范大学教师发展学院